LOUISA MAY ALCOTT
vida, cartas e diários

Ednah Dow Cheney

LOUISA MAY ALCOTT
vida, cartas e diários

Tradução: Maíra Meyer Bregalda

Principis

Esta é uma publicação Principis, selo exclusivo da Ciranda Cultural
© 2021 Ciranda Cultural Editora e Distribuidora Ltda.

Traduzido do original em inglês
Louisa May Alcott: life, letters, and journals

Produção editorial
Ciranda Cultural

Texto
Louisa May Alcott,
organizado por Ednah Dow Cheney

Diagramação
Fernando Laino

Design de capa
Ana Dobón

Tradução
Maíra Meyer Bregalda

Imagens
LiliGraphie/shutterstock.com

Preparação
Jéthero Cardoso

Revisão
Fernanda R. Braga Simon
Agnaldo Alves

Dados Internacionais de Catalogação na Publicação (CIP) de acordo com ISBD

L888	Louisa May Alcott: vida, cartas e diários / organizado por Ednah Dow Cheney ; traduzido por Maíra Meyer Bregalda. - Jandira, SP : Principis, 2021.
	368 p. ; 15,5cm x 22,6cm. - (Biografias)
	Tradução de: Louisa May Alcott: life, letters, and journals
	ISBN: 978-65-5552-236-5
	1. Biografia. 2. Louisa May Alcott. I. Cheney, Ednah Dow. II. Bregalda, Maíra Meyer. III. Título. IV. Série.
	CDD 920
	CDU 929
2020-3066	

Elaborado por Vagner Rodolfo da Silva - CRB-8/9410

Índice para catálogo sistemático:
1. Biografia 920
2. Biografia 929

1ª edição em 2021
www.cirandacultural.com.br
Todos os direitos reservados.
Nenhuma parte desta publicação pode ser reproduzida, arquivada em sistema de busca ou transmitida por qualquer meio, seja ele eletrônico, fotocópia, gravação ou outros, sem prévia autorização do detentor dos direitos, e não pode circular encadernada ou encapada de maneira distinta daquela em que foi publicada, ou sem que as mesmas condições sejam impostas aos compradores subsequentes.

Para a
Senhora Anna B. Pratt,
Única irmã ainda viva de Louisa M. Alcott,
e por sua ajuda, consolo e amizade inesgotáveis
do nascimento à morte,

Dedico esta biografia,
com respeito e ternura, a
Ednah D. Cheney.
Jamaica Plain, junho de 1889.

Sumário

Introdução 9

Genealogia e filiação 11
Infância 15
Fruitlands 29
O período sentimental 51
Autoria 68
O ano da Boa Sorte 100
Hospital Sketches 124
Europa e *Mulherzinhas* 155
Europa 186
Mudanças familiares 247
Últimos anos 305
Conclusão 354

Introdução

Louisa May Alcott é mundialmente reconhecida como a maior e mais popular contadora de histórias para crianças de sua geração. Ela sabia o caminho para o coração dos jovens, não apenas de sua própria classe, ou mesmo país, mas de todas as condições de vida e em muitas línguas estrangeiras. Platão afirma: "Cuidado com aqueles que ensinam fábulas a crianças"; e é impossível mensurar a influência que o escritor popular de ficção tem sobre o público que ele consegue atrair para ouvir suas histórias. O pregador, o professor e o escritor de obras didáticas descobrem seu público nas horas intensas, com o senso crítico bem afiado, a fim de questionar suas premissas e refutar seus argumentos. O romancista vem até nós nos intervalos de lazer e descanso e, por meio de suas sedutoras influências imaginativas e sentimentais, toma posse da fantasia e do coração antes que o juízo e a razão surjam para defender a fortaleza.

Portanto, cabe a nós, que protegeríamos as jovens mentes de tentações sutis, estudar o caráter dessas obras que encantam e deleitam as crianças.

Pode-se dizer com mais verdade sobre Louisa Alcott do que sobre qualquer outro autor que sua obra é uma revelação de si mesma. Ela raramente procurava o conteúdo de suas histórias em crônicas antigas ou aventuras estrangeiras. Seu capital eram sua própria vida e experiências, e as de outros diretamente ligados a ela; e as próprias e bem-recordadas travessuras e fantasias de criança certamente encontraram compreensível aceitação na mente de outras meninas.

É, portanto, impossível compreender por inteiro a obra da senhorita Alcott sem conhecer sua própria vida e experiências. Por herança e educação, ela tinha talentos férteis e peculiares; e sua vida tinha raras vantagens, e também grandes dificuldades. De posse de sua mais autêntica e franca natureza, ela nos deu a chance de conhecê-la sem máscaras; e é assim que tentarei retratá-la, mostrando quais foram as coisas que a influenciaram no decorrer da vida e quanto atuou com fidelidade e plenitude independentemente dos desafios que as circunstâncias faziam recair sobre ela. Felizmente, posso deixá-la falar por si mesma na maior parte das vezes.

A senhorita Alcott revisou seus diários em épocas diferentes no fim da vida, riscando o que era pessoal demais para outros olhos além dos dela e destruindo muitas coisas que, sem sombra de dúvida, teriam se provado muito interessantes.

A pequena quantidade de cartas disponíveis será, indubitavelmente, uma decepção. A senhorita Alcott quis que a maioria de suas cartas fosse destruída, e a irmã respeitou seus desejos. Ela não foi uma correspondente prolífica; não permitia muita intimidade, e raramente escrevia cartas a não ser à família, a menos que houvesse algum propósito que considerasse de extrema importância. A escrita era sua constante ocupação, e ela não caiu na tentação de desfrutá-la como lazer. Suas cartas são breves e vão direto ao ponto, mas sempre caracterizadas pelo sentimento e expressão; e, mesmo sob pena de repetir temas contidos em seus diários ou livros, mostrarei fragmentos abundantes delas conforme chegaram às minhas mãos.

E. D. C.
Jamaica Plain, Massachusetts, 1889

Genealogia e filiação

*PARA LOUISA MAY ALCOTT,
DE SEU PAI.*

*Quando me lembro com que leve coração,
Em meio aos alarmes da guerra e aos males da disputa civil,
Partiste em ansiedade juvenil,
Arriscando segurança, paz e vida,
Para cuidar a ferida do soldado, cobrir os mortos
Como perfurados pelo dardo envenenado da febre,
E trouxeste para casa, inconsciente, com a cabeça mais inconsequente,
Desde então, um pouco de langor e leve dor,
Para obter fortuna, prezar pelos entes queridos,
A pressa com estudos sérios afligiu um cérebro brilhante,
Em muitas famílias acenderam-se o amor e a alegria,
Nem de ti mesma pelo alto trunfo da Fama enganada,
Soando neste e no hemisfério mais distante,
Eu te pressiono contra meu coração, como filho fiel do Direito.*

Louisa Alcott foi a segunda filha de Amos Bronson Alcott e Abba May Alcott. A grafia desse nome era Alcocke em registros ingleses. Por volta de 1616, um brasão de armas foi concedido a Thomas Alcocke de Silbertoft, no condado de Leicester. O artefato mostra três galos, símbolos da vigilância, e o lema é *SemperVigilans*[1].

O primeiro nome que surgiu em registros ingleses é Alcocke of Beverley, Yorkshire, sobre quem Fuller presta um esclarecimento em seu *Worthies of England*[2].

Thomas e George Alcocke foram os primeiros nomes entre os colonizadores na Nova Inglaterra. O nome é frequentemente encontrado nos registros de Dorchester e Roxbury e passou por mudanças sucessivas até sua forma atual.

O nome de Bronson veio do avô materno do senhor Alcott, o robusto capitão Amos Bronson, de Plymouth, Connecticut. "Seus ancestrais de ambos os lados foram pessoas importantes, de posição respeitável na Inglaterra, e tinham ligação com os fundadores e governadores das principais colônias da Nova Inglaterra. Na época do nascimento do senhor Alcott eles haviam se tornado meros fazendeiros, levando uma vida simples em suas pequenas fazendas em Connecticut."

Amos Bronson Alcott, pai de Louisa, nasceu em 29 de novembro de 1799 no sopé de Spindle Hill, na região denominada New Connecticut. Ele mesmo compôs em versos simples a história de sua curiosa vida rústica na infância, e Louisa a reproduziu em sua história sobre a "Eli's Education/ Educação de Eli" (nas *Spinning-Wheel Stories*[3]), que faz um relato bem verdadeiro de sua vida na juventude e aventuras. Ele herdou o caráter refinado e gentil da mãe, que acreditava no filho e viveu para vê-lo como o acadêmico realizado que, na juventude, jurara se tornar. Embora criado em um ambiente rústico, seus modos sempre foram os de um verdadeiro cavalheiro. Mais tarde, o nome da cidadezinha montanhosa passou a ser

---

[1] Sempre Vigilante, em latim. (N.T.)
[2] *History of The Worthies of England*, livro póstumo do escritor Thomas Fuller (1608-1661), publicado em 1662. (N.T.)
[3] Livro de contos de Louisa May Alcott, publicado pela primeira vez em 1884. (N.T.)

Wolcott, e Louisa registrou no diário uma peregrinação feita para lá em anos posteriores[4].

A mãe de Louisa Alcott era filha do coronel Joseph May, de Boston. Essa família é tão conhecida que é bem pouco necessário repetir sua genealogia aqui[5]. Ela era irmã de Samuel J. May, por muitos anos pastor da igreja Unitarista em Siracusa, ternamente amado por homens de todas as convicções religiosas em sua terra e amplamente conhecido e respeitado por sua coragem e entusiasmo pela causa antiescravagista, e também por seus inúmeros trabalhos filantrópicos.

A mãe da senhora Alcott era Dorothy Sewall, descendente daquela família já ilustre nos anais da colônia de Massachusetts e que nada havia perdido da fama de competente e virtuosa em seus últimos representantes[6].

A senhora Alcott herdou em grande parte as características que distinguiam sua família. Era uma mulher alta, de bom físico e cheia de vida. Seu temperamento era tão ágil e caloroso quanto seus afetos, mas cheio de vasta generosidade altruísta. Sua incansável energia era constantemente usada não somente em benefício da família, mas de todos ao seu redor. Ela tinha uma mente refinada e, mesmo não tendo tido oportunidades significativas para uma educação acadêmica, sempre desfrutou das vantagens da sociedade intelectual e conversas com mentes nobres. Ela adorava se expressar por escrito, e suas cartas são repletas de sagacidade e humor, crítica afiada e nobres sentimentos morais. O casamento com um idealista, que não tinha nenhum meio de subsistência, trouxe-lhe muitos desafios e privações. Ela os suportou com heroísmo, nunca hesitando na demonstração de afeto pelo marido ou na dedicação aos filhos. Ainda que o temperamento impetuoso e impaciente às vezes escapasse em uma fala precipitada, suas atitudes eram sempre elevadas e altruístas.

---

[4] Para mais detalhes sobre a genealogia Alcott, ver "New Connecticut", poema de A. B. Alcott publicado em 1887. Também agradeço a valiosa leitura documental do senhor F. B. Sanborn no velório em Concord, em 1888. (N.A.)

[5] Para mais detalhes sobre a genealogia das famílias May, ver "A Genealoy of the Descendants of John May", que veio da Inglaterra para Roxbury, nos Estados Unidos, em 1640. (N.A.)

[6] Sobre as famílias Sewall, ver "Doutorakes History of Boston", ou relatos mais completos nos Sewall Papers, publicados pela Sociedade Histórica de Massachusetts. (N.A.)

Ficará patente na vida de Louisa que ela herdou as características do pai e da mãe, e que os talentos incomuns de mente e coração que a distinguiam não foram por acaso, e sim o resultado cumulativo da vida de gerações de homens e mulheres fortes e nobres.

Ela era bem nascida.

Do senhor Alcott para o coronel May.

GERMANTOWN, *29 DE NOVEMBRO DE 1832.*

CARO SENHOR – *É com grande prazer que lhe comunico o nascimento de uma segunda filha. Ela nasceu às 12h30 de hoje, no dia do meu aniversário (de 33 anos), e é uma bela criança saudável, muito mais do que Anna ao nascer, tem boa reserva de saúde e força de caráter. Abba está bem e em breve voltará a cumprir as tarefas domésticas e maternas que tanto lhe aprazem e em cuja execução fornece um excelente modelo a ser seguido. Apenas os que a presenciaram nesses afazeres, por mais que haja em seu caráter geral o que admirar e apreciar, podem formar uma opinião genuína de seu valor pessoal e incomum coração dedicado. Ela foi feita para o sentimentalismo doméstico, e não para a contemplação e a crueldade do que se denomina, falsamente, de "sociedade". Abba está tentada a chamar o bebê de* Louisa May *– um nome que para ela exprime toda associação relacionada à bondade amigável e valor elevado. Espero que a atual possuidora deste nome possa atingir um alcance equivalente e mereça um lugar na estima da sociedade.*

Com os cumprimentos de Abba, Anna e Louisa, permita-me assegurar-lhe meus mais sinceros sentimentos.

Atenciosamente,
A. BRONSON ALCOTT.

As crianças que viveram até a maturidade foram

ANNA BRONSON ALCOTT, LOUISA MAY ALCOTT,
ELIZABETH SEWALL ALCOTT, ABBA MAY ALCOTT.

Infância

AO PRIMEIRO TORDO[7]

*Seja bem-vindo, pequeno estranho,
Não tema perigo, não tema dano;
Estamos contentes em vê-lo cantar
"A Doce Primavera já vai chegar".*

*Agora a branca neve já derrete;
Agora uma flor surge, alegre:
Venha, caro tordo, faça seu ninho
Pois nós amamos você, passarinho.*
        Louisa May Alcott.
        Concord.

---

[7] Poesia composta aos 8 anos de idade. (N.A.)

O senhor Alcott havia sido transferido para Germantown, Pensilvânia, para assumir uma escola, e Louisa nasceu lá em 29 de novembro de 1832. Ela foi a segunda filha, recebida com o mesmo orgulho e afeto com que fora a irmã mais velha. Temos, da carta de uma das amigas de sua mãe, este pequeno e agradável vislumbre dela quando mal completara 1 mês de idade. Mesmo sendo tão jovem, o amor viu os sinais de uma inteligência incomum, e amigos e pais amorosos ansiaram por uma carreira promissora.

Trecho de uma carta da senhorita Donaldson.

GERMANTOWN, PENSILVÂNIA, *16 de dezembro de 1832.*
Tenho um fraco pela pequena Louisa, da senhora Alcott. É a coisinha mais fofa do mundo, a melhor. Você ficará surpreso ao me ouvir chamar algo tão tenro de bonito, mas é verdade a um nível incomum; ela tem uma bela compleição, olhos escuros brilhantes, um longo cabelo preto, a testa alta e, no geral, dá mostras de uma inteligência fora do convencional.

A mãe é uma mulher tão agradável que meu coração se alegra sempre que vou visitá-la. Fui vê-la por um instante na noite em que recebemos sua carta, e acho que nunca a vi mais bem-disposta; e, sem dúvida, se bondade e integridade são garantias de felicidade, ela merece ser feliz.

A história mais antiga de que se recorda sobre Louisa é esta: quando a família partiu de navio a vapor da Filadélfia para Boston, as duas garotinhas estavam usando lindos vestidos de viagem; mas não levou muito tempo a bordo até a agitada Louisa desaparecer, e após longa busca ela foi trazida da sala dos motores, aonde sua ávida curiosidade a levara e onde estava tendo um ótimo momento, com "muita sujeira".

A família foi transferida para Boston em 1834, e o senhor Alcott inaugurou sua famosa escola no Templo Maçônico. Louisa era jovem demais para frequentar a escola, exceto como visitante ocasional; mas descobriu muita coisa interessante e diversão ao brincar no parque fazendo amizade com toda criança que conhecia, e em certa ocasião caindo no tanque das rãs. Ela forneceu uma imagem muito vívida deste período de sua vida em *"Poppy's Perfect Pranks",* em que a animada jovem era um retrato de si mesma, sem exagero algum.

A família viveu sucessivamente na rua Front, na praça Cottage e na rua Beach durante os seis anos consecutivos em Boston. Às vezes passavam algumas semanas em Scituate durante o verão, o que as crianças adoravam.

A senhora Hawthorne conta uma pequena história que mostra como o coração da criança desabrochava nessa família feliz: "Certa manhã na rua Front, à mesa do café, Louisa de repente quebrou o silêncio com um sorriso radiante, dizendo: 'Eu amo todo mundo do mundo *intelo*'".

Duas crianças nasceram durante essa estada em Boston. Elizabeth foi nomeada como assistente da escola do senhor Alcott – senhorita E. P. Peabody, desde então amplamente conhecida e amada por todos os amigos da educação. Um menino nasceu e morreu logo depois. O pequeno corpo foi sepultado com reverência no jazigo do coronel May, no antigo cemitério da praça, e as crianças foram instruídas a falar com ternura sobre o "irmãozinho".

Quando Louisa tinha cerca de 7 anos, visitou amigos em Providence. A senhorita C. escreve a seu respeito: "Ela é uma garotinha linda de se ver, e adoro seus modos afetuosos. Acho que se parece mais com a mãe do que qualquer um dos outros". Como geralmente acontece, o diário de Louisa, ao qual ela deu início em tenra idade, fala com mais detalhes sobre suas lutas e dificuldades do que seu temperamento vivo e radiante que a tornava atraente. Uma pequena carta cuidadosamente escrita e enviada para casa durante essa visita se conservou. Nela a menina diz que não está feliz; e ela teve uma única experiência difícil lá, a qual menciona em *My Boys*. Ao ver algumas crianças pobres que pensou estarem com fome, ela pegou comida de casa sem pedir permissão e a levou para elas, e depois ficou muito atordoada e triste ao ser repreendida em vez de elogiada pelo feito. A senhorita C. diz: "Ela tivera vários períodos de tristeza; mas um passeio ou conversa logo dispersam qualquer melancolia. Ela estava meio mal-humorada quando escreveu a carta; mas agora está contente como uma cotovia. Ela adora brincar lá fora, e às vezes tende a não ficar em casa quando está chato". Em seus rascunhos de *My boys*, Louisa descreve dois de seus companheiros daqui, sem se esquecer da doçura de um e da malícia de outro.

Embora a família desfrutasse de certo conforto durante o período em que o senhor Alcott lecionou em Boston, as crianças estavam cansadas de sua dieta extremamente pobre de arroz cozido puro sem açúcar e farinha integral sem manteiga ou melaço. Uma velha amiga que não conseguia comer todas as fartas refeições feitas para ela no United States Hotel costumava guardar sua fatia de torta ou de bolo para as crianças Alcotts. Frequentemente Louisa levava sua fatia para casa para dividir com os outros, em uma caixa de chapéu que ela trazia para esse fim.

Essa amiga ficou ausente na Europa durante muitos anos, e na volta descobriu que o nome de Louisa Alcott ficara famoso. Ao encontrar a autora na rua, foi cumprimentada efusivamente. "Como assim? Não achava que você se lembraria de mim!", disse a senhora. A resposta imediata foi: "Acha que algum dia vou esquecer aquela caixa de chapéu?".

Em 1840, com o insucesso da escola do senhor Alcott, a família se mudou para Concord, Massachusetts[8], e alugou um chalé descrito em *Mulherzinhas* como "a primeira casa de Meg", embora Anna nunca tivesse morado lá após o casamento. Era uma casa agradável, com um jardim cheio de árvores e, o melhor de tudo, um celeiro grande, a que as crianças poderiam ter livre acesso e onde poderiam encenar todas as peças com as quais suas cabecinhas estavam fervilhando. É claro que, para as crianças, a mudança de cidade foi maravilhosa, e ali passaram dois anos felizes, já que eram jovens demais para entender as preocupações que oprimiam o coração de seus pais. A vida era cheia de coisas interessantes. Em uma manhã fria, eles encontraram no jardim um pequeno pássaro faminto, e, após o aquecerem e alimentarem, Louisa ficou inspirada para escrever um

---

[8] Concord é uma cidade do Estado de Massachusetts, EUA. Segundo o censo de 2000, sua população era de aproximadamente 17 mil habitantes. Mesmo pequena, Concord é reconhecida por seu papel relevante na história e na literatura, com Ralph Waldo Emerson, Thoreau e Louisa May Alcott. (N.T.)

poema bonito para "O Tordo". A amorosa mãe ficou tão encantada que lhe disse: "Você será um Shakespeare quando crescer!". Das lições de seu pai ela criara o hábito da escrita livre, mas esse é o primeiro registro de sua tentativa de expressar em versos seus sentimentos.

Com influências de pais como esses, conforme descrevi, a vida familiar em que Louisa cresceu se tornou completamente inigualável.

Se o pai teve que desistir de seus queridos projetos de uma escola inspirada em suas ideias, pelo menos conseguiu educar os próprios filhos; e o fez com a mais terna devoção. Mesmo quando eram bebês, ele lhes dispensou muitos cuidados e adorava colocar os pequenos na cama e usar a "hora da criança" para infundir, em seus corações, lições de amor e sabedoria. Ele também era muito divertido e se deitava no chão e brincava com eles, fazendo de suas pernas compridas compassos para desenhar letras e diagramas. Não havia sombra de medo associada ao respeitoso reconhecimento da vida espiritual superior do pai. Assim, seus corações se abriam para ele, que conseguia ajudá-las a resolver seus problemas.

Muito do que ele lhes ensinou foi pela escrita; e temos muitas amostras de suas listas de palavras para soletrar, escrever e compreender. As aulas em Scituate com frequência eram no jardim, e seu pai sempre chamava a atenção delas para a natureza e suas belas formas e sentidos. Pequenas imagens simbólicas ajudavam a ilustrar suas aulas, e às vezes ele mesmo fazia desenhos. Aqui está um exemplo das aulas. Uma pequena imagem peculiar representa uma criança tocando uma harpa e outra desenhando uma flecha. A inscrição é:

PARA LOUISA.
1840.
Duas fortes paixões dividem nossa vida:
Amor dócil, gentil, ou ruidosos turbilhões.

Abaixo da criança tocando harpa, lê-se:

Amor, Música, Concórdia.

Abaixo do atirador, lê-se:

Raiva, Flecha, Discórdia.

Em outro panfleto, lê-se:

*PARA LOUISA.
1840.
Louisa ama – O quê?
(Com ternura.)
Brincadeiras.
Brinque um pouco então, diz o pai.
Véspera de Natal, dezembro de 1840.
Concord.*

*PARA ANNA.
1840.
Beleza ou dever, do que
Anna gosta mais?
Uma pergunta de seu Pai.
Véspera de Natal, dezembro de 1840.
Concord.*

Uma carta lindamente impressa pelo pai para Louisa (1839) lhe fala de consciência, e ela acrescenta esta observação: "L. começou cedo, ao que parece, a lutar com sua consciência". As crianças eram sempre solicitadas a fazer regularmente os diários e, embora estes estivessem abertos à inspeção do pai e da mãe, eram muito francos e registravam de fato suas lutas internas e desejos. A mãe tinha o hábito de escrever pequenas observações às crianças, para chamar a atenção delas a qualquer erro ou peculiaridade. Louisa preservou várias delas, no cabeçalho.

[*Fragmentos* de cartas de minha Mãe, recebidas durante os primeiros anos. Eu as guardo para mostrar a ajuda sempre terna e cuidadosa dispensada à filha que lhe causou mais ansiedade, ainda que parecesse a mais querida de seu coração até o fim. L. M. A.]

N.º 1 – MINHA QUERIDA MENININHA – Aceita esta boneca como presente de seu sétimo aniversário? Ela será uma colega quietinha de brincadeiras para minha ativa Louisa por mais sete anos. Seja uma mamãe gentil, e ame-a por mim.

Sua mãe.
Rua Beach, Boston, 1839.

De Sua Mãe.

Do chalé em Concord

Querida Filha – Seu décimo aniversário chegou. Que seja feliz, e que a cada novo ciclo você renove sua força de vontade e resolução em ser gentil com suas irmãs, obediente a seus pais, amável com todos e feliz consigo mesma.

Dou-lhe a caixa de lápis que prometi, pois notei que você adora escrever, e quero estimular esse hábito.

Continue tentando, querida, e a cada dia será mais fácil ser boa e se sair bem. Você precisa ajudar a si mesma, pois a causa de seus pequenos problemas está em você; e, com o tempo, a paciência e a coragem só a tornarão o que sua mãe reza para que você seja – sua menina bondosa e feliz.

Concord, 1843.

Querida Louy – Envio uma foto sua da qual sempre gostei, pois imaginei que você realmente poderia ser uma filha por demais trabalhadora, e eu, uma mãe por demais frágil, mas amorosa, contando com sua labuta para ganhar o meu pão de cada dia.

Guarde-a por mim e por você, pois sempre gostamos de ficar bem juntas.

Mamãe.

EDNAH DOW CHENEY

Versos que escrevi em meu diário, sob a foto:

PARA MAMÃE

Espero que em breve, mãe querida,
Você e eu possamos estar
No quarto silencioso que minha fantasia
Com frequência teve para lhe dar,
O quarto agradável, ensolarado,
A poltrona confortável,
O livro à sua disposição
O vaso de flores sensível;
A escrivaninha ao lado da janela
Onde brilha o sol, intenso e a ferver:
E aqui, em paz e silêncio
O livro que você prometeu escrever;
Ao me sentar perto de você,
Enfim contente em ver
Que você pode descansar, mãe querida,
E posso cuidar de você.

[O sonho se realizou, e em seus últimos dez anos de vida Marmee ficou em paz, com todos os desejos garantidos, mesmo em relação a "ficar bem juntas"; pois ela morreu em meus braços. – L. M. A.]

Um trecho da história de Louisa em *Rapazinhos* descreve uma de suas brincadeiras de infância. Eles "faziam acreditar" que suas mentes eram pequenas salas redondas em que a alma vivia, e em que coisas boas ou ruins eram preservadas. Essa brincadeira nunca foi esquecida na maturidade, e com frequência as meninas olhavam para dentro de suas salinhas atrás de alívio ou orientação durante desafios ou tentações.

Louisa adorava animais, conforme frequentemente mostrado em suas histórias. Ela nunca teve a felicidade de possuir muitos animais de estimação, com exceção de gatos, e eles eram a alegria da casa. As crianças brincavam com eles de todas as maneiras, cuidavam deles quando doentes, enterravam-nos com honras funerárias, e Louisa embalsamou a lembrança dos bichos na história "Os Sete Gatos Pretos" em "A Bolsa de Retalhos da Tia Jo".

Bonecas também eram uma fonte de alegria. Criativas, as crianças mal as reconheciam como artigos fabricados, mas as dotavam de vida e sentimentos. Louisa incluía as bonecas em todas as experiências de vida; elas eram alimentadas, educadas, punidas, recompensadas, cuidadas e até enforcadas e enterradas, e então ressuscitavam em suas histórias. O relato do "Sacrifício das Bonecas" ao exigente Kitty Mouse em *Rapazinhos* agrada às crianças por causa de sua mistura de lamentável sinceridade e ludicidade. Foi inspirado na experiência de outra família com filhos.

A senhorita Alcott afirmou duas vezes que nunca foi a nenhuma escola além da do pai; mas houve algumas breves exceções a essa regra. Durante alguns meses ela frequentou uma pequena escola de bairro em Still River Village. Essa era uma verdadeira escola das antigas, da qual extraiu as sugestões de brincadeiras em *Sob o Lilás*. A senhorita Ford também mantinha uma escola no celeiro do senhor Emerson, que as crianças frequentavam; e Mary Russell tinha uma escola, que Louisa frequentou aos 8 ou 9 anos. Essas circunstâncias, no entanto, tiveram pouca influência em sua formação.

Durante essa época da vida em Concord, tão feliz para as crianças, o coração da mãe estava cheio de preocupações angustiantes. Porém, ela participava de todas as alegrias infantis de seus filhos, e o cuidado atento ao aprimoramento moral deles é demonstrado por suas cartas e pelos diários de Louisa.

A filha mais nova, Abba May, que nasceu no chalé, tornou-se a queridinha da família e preocupação particular da irmã mais velha, Anna.

O diário de infância de Louisa nos dá muitas amostras de sua vida feliz. Ela revisou esses diários em anos posteriores, acrescentando comentários significativos bem interessantes. Ela os projetou para caberem em sua biografia, que tinha esperanças de escrever.

Partindo de três fontes diferentes – seus diários, um artigo escrito para publicação e um manuscrito preparado para um amigo –, apresentamos seu próprio relato desses anos de infância. Ela não seguiu à risca a ordem dos acontecimentos e, portanto, não foi possível evitar repetições; mas eles dão a tônica do início de sua vida e mostram com clareza o tipo de educação que recebeu do pai e as circunstâncias que a cercavam.

Esboços da Infância, por ela mesma

Uma das primeiras coisas que lembro é de brincar com livros no escritório de meu pai – construindo casas e pontes com os dicionários e agendas grandes, olhando as fotografias, fingindo ler e rabiscando páginas em branco sempre que conseguia achar uma caneta ou um lápis. Muitas dessas primeiras tentativas de autoria ainda subsistem nos *Ensaios* de Francis Bacon, nas *Vidas Paralelas* de Plutarco e outras obras de caráter sério, e aparentemente meu gosto infantil era por literatura consagrada.

Em certa ocasião, construímos uma torre alta ao redor de Lizzie quando bebê, enquanto ela brincava sentada no chão com seus brinquedos, e, atraídas por alguma coisa lá fora, esquecemos nossa pequena prisioneira. Foi feita uma busca, e enfim encontramos o paciente bebê que se encolheu e adormeceu rápido em sua masmorra, da qual saiu tão corada e sorridente após o cochilo que nos perdoaram pela falta de atenção.

Outra lembrança é de meu quarto aniversário, comemorado na sala de aula de meu pai no Templo Maçônico. Todas as crianças estavam lá. Eu estava usando uma coroa de flores e fiquei em pé em uma mesa para entregar bolo a cada criança, conforme a fila andava. Por algum descuido os pedaços não foram suficientes, e percebi que, se eu entregasse o último, não comeria nenhum. Como eu era a rainha da diversão, senti que deveria ficar com ele, e o segurei com força até minha mãe dizer: "Sempre é melhor dar as coisas boas do que ficar com elas; então, sei que minha Louy não deixará sua amiguinha ficar sem".

A amiguinha recebeu o dileto bolo de ameixa, e eu, um beijo por minha primeira lição sobre a doçura da abnegação – lição que minha querida mãe demonstrou lindamente durante toda a sua longa e honrada vida.

Fugir era um dos prazeres de meus primeiros anos; e ainda hoje gosto de voos repentinos para fora do ninho a fim de olhar este mundo bem interessante e, depois, voltar aos relatos.

Em uma dessas ocasiões, passei um dia diferente com algumas crianças irlandesas, que gentilmente dividiram comigo suas batatas frias, peixe salgado e cascas de pão conforme nos divertíamos nos montes de cinzas que adornavam as terras ermas onde hoje se encontra o Albany Depot. Um passeio no parque animou a tarde, mas, quando chegou o anoitecer e meus amigos se afastaram de mim, senti que minha casa era um bom lugar, afinal, e tentei encontrá-la. Lembro-me vagamente de ver uma lamparina acesa enquanto me sentava para descansar em alguns degraus na rua Bedford, onde um cachorro grande me recebeu com tanta gentileza que adormeci usando suas costas curvadas como travesseiro, e lá fui encontrada pelo pregoeiro público, que meus desatentos pais tinham enviado para me procurar. Seu sino e o anúncio do desaparecimento de uma "garotinha, 6 anos de idade, com um vestido rosa, chapéu branco e sapatos verdes novos" me despertaram, e uma vozinha respondeu em meio à escuridão: "É, tô aqui!".

Com dificuldade para me separar de meu amigo de quatro patas, fui carregada para a casa do pregoeiro, e lá me alimentaram com um suntuoso banquete de pão com melaço em um prato de alumínio com o alfabeto nas bordas. Mas a diversão acabou no dia seguinte, quando fui amarrada ao braço do sofá para me arrepender do que fiz.

Tornei-me abolicionista na mais tenra idade, mas nunca consegui decidir se foi por ver o retrato de George Thompson escondido sob a cama durante a revolta de Garrison[9], e por ter ido confortar o "pobre homem que fora bom com os escravos", ou porque alguns anos mais tarde fui salva do afogamento no tanque das rãs por um menino negro. Independentemente

---

[9] William Lloyd Garrison, editor do jornal *O Libertador*, que atacou fortemente a política escravagista. (N.R.)

do motivo, a conversão foi genuína; e meu maior orgulho reside no fato de ter vivido para conhecer os homens e mulheres corajosos que tanto fizeram pela causa, e de ter tido uma pequena contribuição na guerra que pôs fim a tão grande erro.

Outra recordação de sua infância foi de um "contrabando" escondido no forno, que deve ter aguçado sua percepção sobre os horrores da escravidão.

Nunca fui à escola, exceto à de meu pai ou alguma preceptora que de vez em quando entrava na família. As escolas da época não eram como as de hoje; então, tínhamos aulas todas as manhãs no escritório. E eram horas muito felizes para nós, porque meu pai ensinava, de maneira sábia, o que se revela na natureza escondida da criança, assim como o desabrochar de uma flor, em vez de abarrotá-la, como a um ganso de Estrasburgo, com mais do que consegue digerir. Nunca gostei de aritmética ou gramática, e evitava essas partes em todas as ocasiões; mas de leitura, redação, história e geografia eu gostava, bem como das histórias que ele lia para nós com peculiar habilidade.

O peregrino, "As Parábolas de Krummacher", "Miss Edgeworth" e os melhores dos adorados contos de fadas faziam da hora da leitura a mais agradável de nosso dia. Aos domingos tínhamos uma cerimônia simples de histórias bíblicas, hinos e conversas sobre o estado de nossas pequenas consciências e a conduta de nossas vidas infantis que nunca serão esquecidas.

Passeios matinais pelo parque quando na cidade e longas caminhadas por montanhas e vales quando nosso lar era o campo foram parte de nossa educação, bem como todo tipo de tarefa de casa, e por eles sempre fui muito grata, já que esse conhecimento traz independência nestes dias de atribulações domésticas com a "ajuda" que, com muita frequência, não passa de obstáculos.

Começamos a costurar cedo, e aos 10 anos minha habilidosa irmã fez uma bela camisa de linho; enquanto eu, aos 12, estabeleci-me como costureira de roupas para bonecas, com uma placa do lado de fora e modelos maravilhosos na janela. Todas as crianças me contratavam, e em certa época meus turbantes foram a última moda, para grande desgosto das galinhas dos vizinhos, as quais eu calorosamente perseguia a fim de arrancar suas penas mais vistosas para adornar os enfeites de cabeça das bonecas.

Exercícios ativos eram minha alegria, desde a época em que, com 6 anos de idade, dei voltas no parque sem parar, até os dias em que percorri trinta quilômetros em cinco horas e fui a uma festa à noite.

Sempre pensei que devo ter sido um cervo ou um cavalo em alguma forma anterior, porque correr era uma alegria imensa. Nenhum garoto podia ser meu amigo até que eu o vencesse em uma corrida, e nenhuma garota também podia ser se ela se recusasse a subir em árvores, pular cercas e ser meio moleque.

Minha sábia mãe, ansiosa por me proporcionar um corpo forte que desse suporte a um cérebro ativo, soltou-me no campo e me deixou correr livre, aprendendo com a natureza o que nenhum livro é capaz de ensinar, e sendo levada, como os que a amam de verdade com frequência não conseguem ser,

"Por meio da natureza até o Deus da natureza."

Lembro-me de que, certa manhã de verão, ao caminhar pelas colinas bem cedo e fazer uma pausa para descansar na floresta silenciosa, vi, através de um arco de árvores, o sol surgir acima das colinas, e vastos prados verdes como nunca vira antes.

Alguma coisa nasceu dessa hora agradável, um bom humor e as aspirações reveladoras de uma alma infantil pareciam me trazer bem próxima de Deus; e, no silêncio daquela hora matinal, sempre sentia que eu "tinha religião", como diz a frase. Uma sensação nova e vital de Sua presença, terna e encorajadora como os braços de um pai, ocorreu-me então, e nunca mudou em quarenta anos de vida, mas se fortaleceu pelo rigor afiado da pobreza e da dor, do sofrimento e do sucesso.

Esses dias em Concord foram os mais felizes de minha vida, pois tínhamos como encantadores companheiros de brincadeira os pequenos Emersons, Channings, Hawthornes e Goodwins, e os ilustres pais e amigos que gostavam de nossas travessuras e nos acompanhavam nos passeios.

Brincadeiras no celeiro eram uma das diversões favoritas, e encenávamos os contos de fadas em grande estilo. Nosso gigante vinha caindo de uma escarpa quando João cortava a vinha, subindo uma escada que representava o pé de feijão imortal. Cinderela andava em uma abóbora enorme, e um chouriço comprido era erguido por mãos invisíveis e amarrado ao nariz da mulher que desperdiçava seus três desejos.

Peregrinos viajavam pela colina com alforjes, cajados e conchas no chapéu; fadas davam lindas festas entre as bétulas sussurrantes, e bailes do morango na árvore rústica eram homenageados por poetas e filósofos, que nos nutriam com sua sagacidade e sabedoria enquanto pequenas criadas serviam mais comida de seres humanos.

Fruitlands

MEU REINO

Eu possuo um pequeno reino,
Onde habitam o pensamento e sentimento
E bem difícil é o trabalho
De governá-lo a contento;
Pois a paixão me tenta e perturba
Um rebelde, com artimanhas,
Projetará o egoísmo de sua sombra
Em minhas palavras e façanhas.

Como posso aprender a me gerir
A ser a criança que devo ser,
Honesta e corajosa, sem nunca me cansar
De tentar parecer bondosa?
Como ter uma alma iluminada
Que brilhe ao longo de toda a jornada?

Como afinar meu pequeno coração
A cantar docemente em qualquer estação?
Querido Pai, ajude-me com o amor
Que lança fora o temor,
Ensina-me a buscar teu apoio,
e a sentir que estás perto de mim,
Que nenhuma tentação é invisível
E não é pequena nenhuma dor mirim,
Já que tu, com paciência sem fim,
Acalma e conforta a todos.

Não peço coroa nenhuma
Além da que a todos pertence,
Nem busco conquistar mundo algum
Exceto aquele a nós inerente.
Sê tu meu guia até eu achar,
Guiada por mão que apraz,
Teu reino feliz em mim *mesma*
E o comando assumir, audaz.

Em 1842, o senhor Alcott foi à Inglaterra. Sua mente estava muito preocupada, na época, com planos para uma vida social organizada em um plano mais elevado, e na Inglaterra ele encontrou amigos que pensavam o mesmo e lhe foram solidários e incentivadores. Durante alguns anos ele defendera uma dieta estritamente vegetariana, com que a família consentiu por respeito a ele; consequentemente, as crianças nunca haviam provado carne até a idade adulta. Ao retornar da Inglaterra, estava acompanhado por amigos preparados para se unir a ele na realização prática de suas teorias sociais. O senhor Lane morou por alguns meses com a família Alcott em Concord e deu aulas às crianças. Embora ele não pareça ter conquistado seus corações, elas ainda extraíram muita vantagem intelectual de suas aulas, já que ele era um hábil acadêmico.

Em 1843, esta companhia de entusiastas comprou uma fazenda na cidadezinha de Harvard, próximo a Concord, à qual nomearam, com esperança confiante, Fruitlands[10]. A senhora Alcott não compartilhava, de todo, as ideias do marido e dos amigos, mas era tão dedicada a ele que estava pronta para ajudá-lo a levar a cabo seus planos, ainda que não fizesse o melhor juízo sobre eles.

A mãe faz uma alusão muito breve ao experimento em seu diário, já que a experiência era amarga demais para se discorrer a respeito. Ela não conseguia botar os sentimentos para fora realçando o lado cômico, como sua filha o fez. O relato de Louisa sobre essa colônia, conforme exposto na história "Transcendental Wild Oats" [Aveias Selvagens Transcendentais], é muito próximo dos fatos; e a mistura de *pathos* e humor, a reverência e o ridículo com que alternadamente trata os personagens e as intenções dos que estão envolvidos no esquema compõem um conto rico e agradável. Ele foi escrito muitos anos depois e proporciona uma imagem conforme ela a olha em retrospecto, os absurdos se mostrando em alto relevo, enquanto também vê os contornos grandes, enevoados, das ideias realizadas de maneira tão pobre. Essa história foi publicada no *Independent* em 8 de dezembro de 1873, e hoje pode ser encontrada em suas obras completas *(Silver Pitchers)*.

Felizmente também temos o diário que ela escreveu na época, que mostra que tipo de educação a experiência dessa vida estranha trouxe à criança de 10 ou 11 anos de idade.

O seguinte trecho do senhor Emerson demonstra que este plano de vida parecia bom e agradável conforme seu ponto de vista, embora nunca tivesse se sentido tentado a se juntar a ele. Evidentemente, ele estava ciente da inaptidão dos meios adotados para o fim proposto, mas se regozijou em qualquer esforço para alcançar um ideal elevado de vida.

8 DE JULHO DE 1843.

Diário. O sol e o céu noturno não parecem mais calmos que Alcott e sua família em Fruitlands. Parece que eles chegaram à conclusão de que se livraram do espetáculo e, portanto, que estão serenos. Seus modos e comportamentos na casa e no campo eram próprios de homens superiores, de homens tranquilos. O que eles tinham para esconder?

---

[10] Terra das Frutas. (N.T.)

O que tinham para exibir? E parecia uma realização tão importante que pensei, como muitas vezes antes – e agora mais, porque eles tiveram uma casa adequada, ou a foto foi bem emoldurada –, que esses homens deveriam ser mantidos em seus lugares pelo país por causa de sua cultura.

Rapazes e moças, velhos e velhas deveriam visitá-los e se inspirar. Penso que há tanto mérito em boas maneiras quanto no trabalho árduo. Não os prejulgarei bem-sucedidos. Eles parecem bem em julho; nós os veremos em dezembro. Sei que se saem melhor sozinhos do que como parceiros. Pode-se ver facilmente que eles ainda têm de acertar várias coisas. O fato de dizerem que as coisas estão claras e eles, sãos, não faz com que estejam. Se eles serão deveras amantes, e não egoístas; se eles servirão à cidade de Harvard, e farão seus vizinhos os perceberem como benfeitores onde quer que os toquem – estão tão seguros quanto o sol[11].

Primeiro diário guardado em Fruitlands, 1843.

10 anos de idade.

1.º de setembro. – Acordei às cinco e tomei banho. Adoro água fria! Depois, tivemos aula de canto com o senhor Lane. Após o café da manhã, lavei a louça e corri nas colinas até as nove, e pensei em algumas coisas – estava lindo demais lá em cima. Tive aulas – escrevi, soletrei e fiz contas de adição; e o senhor Lane leu uma história, "The Judicious Father": Como uma menina rica disse a uma menina pobre para não olhar as flores por cima da cerca, e ficou zangada com ela por estar infeliz. O pai a ouviu fazer isso, e fez as meninas trocar de roupa. A pobre ficou contente em fazer isso, e ele lhe disse para ficar com a roupa. Mas a rica ficou muito triste, pois tinha de usar a velha durante uma semana, e após isso ela passou a ser bondosa com garotas maltrapilhas. Gostei muito, e serei gentil com pessoas pobres.

Papai nos perguntou qual foi a obra mais nobre de Deus. Anna disse *os homens,* mas eu disse *os bebês.* Homens frequentemente são maus;

---

[11] Emerson em Concord. Por Edward Waldo Emerson. (N.A.)

bebês, nunca. Tivemos uma longa conversa e me senti melhor depois dela, e *esclarecida*.

Comemos pão e fruta no jantar. Li, caminhei e brinquei até a hora da ceia. Cantamos à noite. Quando fui para a cama, a lua surgiu bem brilhante e olhou para mim. Eu me senti triste, porque havia ficado irritada hoje, e não me importei com Mamãe. Chorei e, então, eu me senti melhor, e repeti aquela frase da senhora Sigourney, "Não devo importunar minha mãe". Peguei no sono recitando poesia. Sei várias delas.

Quinta-feira, dia 14. – O senhor Parker Pillsbury veio e conversamos sobre os coitados dos escravos. Tive uma aula de música com a senhorita F. Eu a odeio, ela é muito exigente. Corri com o vento e brinquei que era um cavalo, e me diverti muito na floresta com Anna e Lizzie. Éramos fadas, e fizemos vestidos e asas de papel. Eu "voei" mais alto do que todas. À noite, falaram sobre viagens. Achei que papai ia à Inglaterra e declamei este trecho de poesia que encontrei nos poemas de Byron:

> *"Quando deixei tuas praias, ó, Naxos,*
> *Nenhuma lágrima verti;*
> *Nenhum suspiro ou voz hesitante*
> *Disse que meu peito doía por ti."*

Chovia quando fui para a cama, e fazia um barulhinho gostoso no telhado.

Domingo, dia 24. – Papai e o senhor Lane foram a N. H. para pregar. Foi bem bonito... Anna e eu ceamos. Na véspera, li "Vicar of Wakefield". Estava irritada hoje, e chorei quando fui para a cama. Tomei boas decisões, e meu coração se sentiu melhor. Se ao menos eu *persistisse* em tudo que faço, seria a melhor garota do mundo. Mas não sou, portanto sou muito má.

[Pobre pecadora! *Ela diz o mesmo aos 50 anos.* – L. M. A.]

Dia 8 de outubro. – Ao acordar, o primeiro pensamento que tive foi: "É o aniversário de Mamãe: Preciso ser bem boazinha". Corri e desejei a ela um feliz aniversário, e lhe dei um beijo. Após o café da manhã, nós lhe demos nossos presentes. O meu era um crucifixo de musgo e um trecho de poesia.

Não tivemos nenhuma escola, e brincamos na floresta e pegamos folhas vermelhas. À noite, dançamos e cantamos, e li uma história sobre "Contentamento". Gostaria de ser rica, bondosa, e que fôssemos uma família feliz neste dia.

Quinta-feira, dia 12. – Após as aulas, passei roupas. Fomos todos ao celeiro e descascamos milhos. Foi bem divertido. Trabalhamos até as oito da noite e tivemos lamparinas. O senhor Russell veio. Mamãe e Lizzie vão a Boston. Ficarei muito sozinha sem a pequenina Betty, e ninguém será tão bom comigo como minha mãe. Li Plutarco. Fiz um poema sobre o pôr do sol:

> *Suavemente desce o sol*
> *Atrás da colina em seu leito, faceiro,*
> *Então, ah, então, adoro sentar*
> *Nos bancos de musgos do desfiladeiro.*

Anna achou bem bonito, mas não gostei muito dele.

Sexta-feira, 2 de novembro. – Anna e eu fizemos as tarefas. À noite, o senhor Lane nos perguntou: "O que é o homem?". Estas foram nossas respostas: um ser humano; um animal com mente; uma criatura; um corpo; uma alma e uma mente. Após uma longa conversa, fomos para a cama muito cansadas.

[Não me admira, depois de fazer as tarefas e preocupar suas cabecinhas com aulas como essas. – L. M. A.]

Amostra das receitas vegetarianas que usávamos em Fruitlands
Dieta vegetariana e bom repouso. Comida animal e pesadelo.

Sem dieta carnívora não haveria guerras sangrentas.
Apolo não come carne e não tem barba; sua voz é pura melodia.
Rapé não deixa de ser rapé mesmo se entregue em uma caixa dourada.

Terça-feira, dia 20. – Acordei às cinco horas, e após o café lavei a louça e, então, ajudei minha mãe com os trabalhos. A senhorita F. foi embora, e Anna está em Boston com a prima Louisa. Cuidei de Abby (May) à tarde. À noite, fiz algumas coisinhas bonitas para minha boneca. Papai e o senhor L. conversaram, e o pai perguntou se *nós* víamos algum motivo para nos separarmos. Mamãe queria, ela está cansada demais. Gostei, mas não da parte da escola ou do senhor L.

Quinta-feira, dia 29. 11 anos de idade. – Era meu aniversário e o de papai. Ganhamos alguns presentes legais. Brincamos na neve depois da aula. Mamãe leu "Rosamond" enquanto costurávamos. Na véspera, papai nos perguntou qual defeito nos incomodava mais. Disse que era meu mau humor.

Disse à mamãe que gostava que ela escrevesse em meu livro. Ela disse que acrescentaria mais coisas, e escreveu isto para me ajudar:

Querida Louy – Sua caligrafia está melhorando muito rápido. Esforce-se e não se apresse. Gosto que você faça observações sobre nossas conversas e suas próprias reflexões. Isso ajuda você a expressá-las e a compreender seu pequenino eu. Lembre-se, querida menina, de que um diário deve ser um resumo de sua vida. Que seja um registro de pensamentos puros e boas ações, assim você será de fato a filha preciosa de sua amorosa mãe.

Dia 10 de dezembro. – Assisti às aulas e caminhei à tarde. Papai leu para nós o querido *O peregrino*. O senhor L. estava em Boston, e estávamos contentes. Na véspera, papai, mamãe, Anna e eu tivemos uma longa conversa. Eu estava muito triste, e todos nós choramos. Anna e eu choramos na cama, e rezei a Deus para que nos mantivesse juntos.

[A pequena Lu começou cedo a perceber as preocupações e lutas peculiares da família. L. M. A.]

Gostei dos versos que Christian cantou e vou adicioná-los:

"Este lugar tem sido nosso segundo palco,
Aqui vimos e escutamos
As coisas boas que de geração em geração
A outros permaneceram por baixo do pano.
"Elas me impeliram a orar e vigiar,
A lutar para ser afetuoso,
A carregar a cruz no dia a dia,
E servir ao Senhor, temeroso."

[Nessa época a pertinência da canção era muito maior do que a que a criança conseguia ver. Ela nunca se esqueceu dessa experiência, e sua pequena cruz começou a ficar mais pesada a partir desse momento. – L. M. A.]

CONCORD, *domingo*. – Todos fomos à floresta pegar musgo para a *árvore* que papai está fazendo para o *senhor Emerson*. Sinto muito a falta de Anna. Fiz um poema para ela:

PARA ANNA

Querida irmã, quando estiveres sozinha,
Com saudades de seu distante lar,
E as imagens de seus entes queridos
Carinhosamente no seu coração vierem ficar,
Em meio a ternos pensamentos e fantasias,
Deixe uma voz suave lhe falar
"Sempre que seu coração estiver pesado,
Anna, querida, deves em mim pensar".
Pense em como nós duas
Seguimos avante dia após dia,
Sempre partilhando tristeza e alegria,
Enquanto rápidos anos iam embora.
Possam todas as horas felizes
De sua juventude irem até ti,
E quando seu coração estiver leve e feliz,
Anna, querida, então pense em mim.

[Nesta época a poesia começou a fluir como um rio estreito, mas abundante. – L. M. A.]

Quarta-feira. – Li Martin Luther. Uma longa carta de Anna. Ela me mandou uma foto de Jenny Lind, a fantástica cantora. Ela deve ser uma menina feliz. Gostaria de ser famosa como ela. Anna está muito feliz; e não sinto tanto a falta dela quanto sentirei no inverno, logo, logo.

Escrevi no meu Livro da Imaginação, e gostei demais. A vida é mais agradável do que costumava ser, e não me importo mais em morrer. Fiz uma ótima corrida e peguei uma caixa de pinhas para queimar. Sentei e ouvi-as cantar por um longo tempo. Na véspera, li "Home", de Miss Bremer. Tive sonhos bons, e vez ou outra acordei para pensar e olhar a lua. Passei um momento agradável com minha mente, porque ela estava feliz.

[As manias começaram cedo. – L. M. A.]

Janeiro, 1845, sexta-feira – Assisti às aulas, e à tarde mamãe leu "Kenilworth" para nós enquanto costurávamos. É fantástico! Fiquei com raiva e chamei Anna de maléfica. Papai me disse para procurar a palavra no dicionário, e o significado era "vil", "desprezível". Fiquei com tanta vergonha de ter chamado minha irmã disso que chorei por causa de minha má língua e temperamento.

Havíamos passado um dia agradável. Todas as árvores estavam cobertas de gelo, e ele brilhava como diamantes de palácios de fadas. Fiz um pequeno poema sobre o inverno:

> *O inverno tempestuoso enfim a chegar,*
> *Com neve, chuva e um frio de rachar;*
> *Lagoas e riachos, congelados,*
> *Não podem mais ser navegados.*
> *Passarinhos foram embora*
> *Para climas mais prazenteiros;*
> *Não voltarão até que de Maio a aurora*
> *Chame-os de volta com flores, em canteiros.*

Oh, então as queridas aves vão se pôr a cantar
De seus ninhos feitos em folhagem.
Todas as criaturas despertam para a Primavera saudar,
E as flores dançam com a aragem.
Com paciência, espere o fim do inverno
E tudo de bom vai reaparecer;
De cada estação, extraia conhecimento hodierno
ou virtude para aprender.

[Uma moral é adicionada inclusive aos primeiros poemas. – L. M. A.]

Li "Philothea"[12], da senhora Child. Achei isto aqui, de que gostei. Platão afirmava:

"Quando ouço uma nota musical, consigo imediatamente encontrar o acorde. Assim como, sem dúvida, há harmonia eterna entre a alma do homem e as formas invisíveis de criação. Se não existissem corações inocentes, não haveria lírios brancos. Frequentemente penso que as flores são o alfabeto dos anjos, com as quais eles escrevem, nas colinas e campos, mistérios e lindas lições para sentirmos e aprendermos."

[Muito bem, garota de 12 anos! Platão, a menina dos olhos de papai, também encantava a garotinha. – L. M. A.]

Quarta-feira. – Estou tão irritada que gostaria de nunca ter nascido.
Quinta-feira. – Li "Heart of Mid-Lothian" e tive um dia bem feliz. A senhorita Ford nos deu aula de botânica na floresta. Lá, sou sempre boa. À noite ela nos falou sobre os ossos de nosso corpo e como eles saem do lugar. Preciso tomar cuidado com os meus, eu subo nas coisas, pulo e corro demais.
Encontrei em meu diário este bilhete de minha querida mãe:

---

[12] "Philothea" era o preferido das meninas. As jovens Alcotts fizeram uma versão para o teatro, que encenavam sob as árvores. Louisa interpretou uma impressionante Aspásia, papel que apreciava muito. A senhora Child era uma amiga muito querida da senhora Alcott, e suas filhas a conheciam muito bem. (N.A.)

Queridíssima Louy – Muitas vezes dou uma espiada em seu diário, na esperança de ver algum registro de mais dias felizes. "Tenha esperanças e mantenha-se ocupada", querida filha, e, quando estiver muito desconcertada ou com problemas, fique à vontade para vir até sua
Mãe.

Querida mãe – Você vai ver mais dias felizes, e eu vou levar minhas preocupações até você, pois é a melhor mulher do mundo.
L. M. A.

Uma Amostra de Nossas Aulas.

"Quais virtudes você deseja mais?", pergunta o senhor L. Respondo:

Paciência
Amor
Silêncio
Obediência
Generosidade
Perseverança
Diligência
Respeito
Abnegação

"Quais vícios deseja menos?"

Preguiça
Teimosia
Vaidade
Impaciência
Insolência
Orgulho
Egoísmo
Agitação
Amor por gatos

Senhor L. L.
SÓCRATES. ALCIBÍADES.

Como conseguir o que se quer? Tentando. Como tentar? Pela resolução e perseverança. Como receber amor? Sendo gentil.

O que é gentileza? Doçura, paciência e cuidado com os sentimentos alheios. Quem a tem? Papai e Anna.

Quem quer tê-la? Louisa, se conseguir.

[Ela nunca conseguiu. – L. M. A.]

Escreva uma frase sobre qualquer coisa.
"Espero que chova; o jardim está precisando."
Quais são os aspectos da *esperança*? Expectativa, desejo, fé.
Quais são os aspectos do *querer*? O desejo.
Qual é a diferença entre fé e esperança? "Fé é poder acreditar sem ver; a esperança não é certa, mas tenta ter fé quando quer."

N.º 3.
Quais são os tipos mais valorosos de abnegação?
Apetite, temperamento.
Como se conhece a abnegação do temperamento?
Se controlo meu temperamento, sou respeitosa e gentil, e todo mundo vê.
Qual o resultado dessa abnegação?
Todo mundo me ama e sou feliz.
Por que fazer uso da abnegação?
Para meu próprio bem e o de outras pessoas.
Como aprender essa abnegação?
Sendo resoluto e, então, tentando *pra valer*.
O que, então, você pretende fazer?
Ser resoluto e tentar.

[Aqui termina o registro das aulas, e o pobrezinho do Alcibíades foi trabalhar e tentou até os 50 anos, mas sem nenhum sucesso significativo, a despeito de toda a ajuda que Sócrates e Platão deram a ele. – L. M. A.]

Terça-feira. – Mais pessoas vieram morar conosco; gostaria que pudéssemos ficar juntos, e ninguém mais. Não sei quem vai nos vestir e nos alimentar, já que agora estamos pobres demais. Eu estava muito deprimida, então fui caminhar e fiz um poema.

DESALENTO

Silencioso e chateado,
Quando todos estão animados,
E a terra se veste de flores na relva;
Quando alegres, os pássaros a cantar
Até o anel da floresta ressoar,
Enquanto descansam nos recantos da selva.

Oh, por que o lamento,
E esses medos sem tento
Do que pode vir no futuro?
Os pássaros recebem alimento
Do bom Deus, no firmamento
E as flores não conhecem apuros.

Se Ele veste as aves
E, frondosas, as árvores,
Ele não cuidará de ti?
Por que duvidar de Seu cuidado;
Ele está em todo lado,
Embora não possamos vê-lo aqui.

Então por que ficar chateado
Quando todos estão animados
E o mundo está cheio de flores?
Com os pássaros alegres a cantar,
Faça a vida toda brotar,
E sorria nas horas de mais dores.

Louisa Alcott cresceu com tamanha naturalidade em um ambiente religioso saudável que vivia e trabalhava nele sem refletir ou fazer perguntas. Ela não sofreu da tirania eclesiástica ou do fanatismo sectário e não teve que despender tempo ou energia combatendo-os. Ela não parece ter padecido de dúvida ou questionamento, mas caminhado com as próprias pernas lutando contra os verdadeiros males que se lhe apresentavam, acreditando em um poder seguro da retidão e confiante na vitória.

Concord, *quinta-feira.* – Fiz uma corrida matinal na floresta antes que o orvalho saísse da grama. O musgo estava igual veludo, e, conforme eu corria sob os arcos de folhas amarelas e vermelhas e cantava de alegria, meu coração ficava animado demais, e o mundo, belo. Parei no fim do trajeto e vi raios de sol acima dos vastos "prados da Virgínia".
Era como passar de uma vida sombria ou um túmulo para o além-paraíso. Uma sensação muito estranha e solene me ocorreu enquanto estava lá, sem som algum além do farfalhar dos pinheiros, ninguém por perto, e o sol tão glorioso, como se existisse só para mim. Era como se eu *sentisse* Deus como nunca sentira antes, e rezei, de coração, para poder manter essa sensação feliz de proximidade por toda a vida.

[Consegui, pois penso, com toda a sinceridade, que a garotinha "ganhou uma religião" naquele dia na floresta, quando a querida mãe natureza a levou até Deus. – L. M. A., 1885.]

Na época, um dos desejos mais intensos de Louisa era um quarto próprio, onde poderia ter a solitude pela qual ansiava para sonhar seus sonhos e dar asas às suas fantasias. Estes bilhetinhos doces e um trecho de seu diário revelam como esse desejo era sentido e satisfeito.

Queridíssima mãe – *Tenho tentado ser um pouco mais contente, e acho que tenho sido. Tenho pensado no meu quartinho, o qual suponho que nunca terei. Eu ia querer ficar lá o tempo todo, e iria lá para cantar e pensar.*

> *Mas ficarei contente*
> *Com tudo o que me cabe;*
> *Do desvario, penitente,*
> *Então doce é o que se me abre.*
>
> *De sua esforçada filha,*
> Louy.

Minha querida Louisa – Seu bilhete me deixou tão encantada que não consigo fechar os olhos sem primeiro lhe agradecer, querida, por me fazer tão feliz, e bendizer a Deus, que deu a você esse terno amor por sua mãe.

Observei o dia todo sua paciência com o bebê, sua obediência a mim e sua doçura com todos.

Continue "se esforçando", minha criança; Deus lhe dará força e coragem e a ajudará a preencher cada dia com palavras e feitos de amor. Vou deixar isto em seu travesseiro, beijá-la ternamente e fazer uma pequena oração por você enquanto dorme.

Mamãe.

Minha Louy – Fiquei aflita com seu comportamento egoísta de manhã, mas também imensamente satisfeita por encontrá-la sofrendo com tanta resignação a repreensão que seu pai lhe deu por isso. É assim que as coisas são, querida; se descobrir que está errada, suporte com doçura o castigo e não faça mais isso. Não se espera que crianças sempre ajam adequadamente; mas, ah!, que adorável ver uma criança penitente e paciente quando o calor do momento passa.

Pensei em uma pequena oração ao olhar para você, e disse, de coração: "Querido Deus, ampare minha filha neste momento de provações, que nenhuma palavra precipitada, olhar cruel ou atitude irada aumente sua culpa". E Ele a socorreu. Sei que terá um dia feliz após a tempestade e o banho suave; fique em silêncio, leia, caminhe, mas não fale muito até que tudo esteja em paz novamente.

Mamãe.

Hillside, Concord.

Querida – *Estou contente por você ter boas intenções, pois estou certa de que toda força vem de cima. Continue sentindo que Deus está perto de você, querida filha, e Ele nunca a abandonará em um momento de fraqueza. Escreva-me sempre que sentir que posso ajudá-la; pois, embora Deus esteja perto, Mamãe nunca se esquece de você, e seu refúgio está nos braços dela.*

A paciência, querida, nos dará conteúdo, no mínimo. Esteja certa de que o quartinho que tanto deseja virá, se necessário para sua paz e bem-estar. Até lá, tente ser feliz com as coisas boas que tem. Elas são muitas, talvez mais do que merecemos, após nossas frequentes queixas e insatisfações.

Fique contente, minha Louy, e tudo ficará mais alegre com seu sorriso, e todas as coisas boas e agradáveis serão dadas a você quando as merecer.

Sou uma mulher ocupada, mas que nunca consegue se esquecer dos apelos dos filhos.

Mamãe.

Queridíssima – *Tenho certeza de que ficou muito perto de Deus hoje, você foi tão bondosa e feliz. Que todo dia seja como este, e a vida se tornará uma doce canção para você e todos que a amam – ninguém tanto quanto sua*

Mamãe.

13 anos.
Hillside.

Março de 1846. – Finalmente consegui o quartinho que há tanto tempo desejei, e estou muito feliz com ele. Estar sozinha me faz bem, e mamãe o deixou muito bonito e limpo para mim. Minha cesta de tarefas e a escrivaninha ficam ao lado da janela, e meu armário está cheio de ervas secas que cheiram muito bem. A porta que dá para o jardim ficará muito bonita no verão, e posso correr para a floresta quando quiser.

Fiz um plano para minha vida, já que estou na adolescência e não sou mais criança. Sou velha para minha idade, e não ligo muito para coisas de garotas. As pessoas acham que sou selvagem e estranha; mas Mamãe me entende e me ajuda. Não contei a ninguém sobre meu plano; mas *serei* bondosa. Fiz tantas resoluções, escrevi bilhetes tristes e chorei por meus pecados, e isso não parece fazer nada de bom! Agora vou *me esforçar de verdade,* pois sinto um desejo genuíno de melhorar e ser prestativa e acolhedora, não uma preocupação e pesar para minha querida mãe.

15 anos.
Domingo, 9 de outubro de 1847. – Hoje fiquei lendo a troca de correspondência entre Bettina e Goethe.

Ela chama a si mesma de criança, e escreve sobre as coisas belas que viu e ouviu, sentiu e fez. Gostei muito.

[Primeira experiência com Goethe. Três anos atrás, R. W. E. me deu "Wilhelm Meister", e a partir desse dia Goethe tem sido meu principal ídolo. – L. M. A., 1885.]

A experiência em Fruitlands foi (aparentemente) um fracasso total e exauriu os recursos mentais, físicos e psicológicos do senhor Alcott. Louisa não foi exagerada no colapso subsequente. Mas a intrépida e amorosa mãe não podia ceder ao desânimo, pois tinha filhos pequenos para cuidar. Após alguns dias, o senhor Alcott ressurgiu do próprio desespero e ouviu o conselho dela. Eles moraram em Still River durante um período curto e depois voltaram para Concord; mas não para o alegre chalé.

O senhor Alcott procurou algum trabalho que conseguisse fazer com as próprias mãos; mas isso era escasso e insuficiente. A senhora Alcott engoliu o orgulho de seu coração pela necessidade de pedir ajuda a amigos. Havia alguns quartos na casa de uma vizinha gentil, que os recebeu em sua casa, além da própria família grande; e lá eles lutaram contra a pobreza de que Louisa se conscientizou por inteiro pela primeira vez.

Seu diário diz pouca coisa sobre as privações que sofreram, mas está repleto de suas batalhas mentais e morais. Era característica da família o fato de nunca se deixarem vencer pelo entorno. O senhor Alcott podia se recolher em tristeza e reflexões silenciosas, o temperamento acalorado e explosivo da senhora Alcott podia arder em brasas, as crianças podiam ficar briguentas ou barulhentas; mas seu ideal de vida sempre permaneceu elevado, vivo e enaltecedor. Suas almas sempre "souberam de seu destino divino", e acreditavam que encontrariam expressão adequada em algum momento na vida. A "leve penúria" não era capaz de reprimir "sua nobre ira" nem congelar "o curso genial" de suas almas.

As crianças fugiam das privações da vida diária em um mundo de romances, e nas peças no velho celeiro se deleitavam em luxo e esplendor. Essa tendência dramática era muito forte em Louisa, e ela nunca a superou. Ela assumia várias formas e cores, e em certa época ameaçou dominar sua vida.

A educação das crianças era sem dúvida inconstante e insuficiente, mas era inspiradora e trazia à tona seus talentos. Elas aprenderam a sentir e a pensar de forma justa e a expressar pensamentos e sentimentos livre e compulsoriamente, se não conhecessem bem as regras de gramática e retórica. O senhor Alcott sempre amou o estudo da linguagem e tornou-se mestre nisso; a senhora Alcott, por sua vez, tinha um vocabulário rico e de bom gosto, adquirido com os companheiros inteligentes da juventude e literatura da maior qualidade, que ela lia por livre vontade. O senhor Alcott fez ótimo uso do estudo da linguagem em sua docência, e com frequência empregava a definição de uma palavra para transmitir um ensinamento ou aplicar um castigo. As crianças eram estimuladas, e até mesmo obrigadas, a manter regularmente seus diários e escrever cartas. Suas tentativas de fazer poemas ou teatro não eram ridicularizadas, mas valorizadas pelos pais como indicativos de progresso. Os registros do senhor Alcott de sua própria teoria e prática na educação das crianças são repletos de sugestões úteis, e muito ainda permanece sepultado em seus diários. As garotas tinham total liberdade para exteriorizar suas essências, com pouco medo do ridículo ou da crítica. Um senso inato de dignidade e modéstia as impedia de abusar dessa liberdade, e talvez em nenhum outro lugar do mundo isso poderia ter sido mais seguramente favorecido que na vida simples de Concord, cujo próprio clima parecia, então, carregado de uma presença espiritual que tornava a vida livre, pura e serena.

Louisa conta este interessante episódio de suas vidas naquela época:

As pessoas se espantavam com nossas travessuras, mas gostavam delas, e histórias divertidas ainda são contadas sobre as aventuras dessa época. Certa tarde, o senhor Emerson e Margaret Fuller estavam visitando meus pais, e, quando a conversa se voltou para o tema sempre interessante da educação, a senhorita Fuller disse:

– Bem, senhor Alcott, você conseguiu desenvolver seus métodos em sua própria família, e faço questão de ver suas crianças-modelo.

Ela viu em alguns momentos, pois, enquanto os convidados estavam nos degraus da porta, um alvoroço desenfreado se aproximou, e dobrando a esquina da casa veio um carrinho de mão levando a bebê May vestida de rainha; eu era o cavalo, com arreio e cabresto, e conduzido pela minha irmã Anna; Lizzie, por sua vez, fazia o cachorro, e latia tão alto quanto sua voz suave permitia.

Todos estávamos gritando e loucos de alegria, o que, no entanto, teve um fim repentino quando divisamos o imponente grupo à nossa frente; pois tropecei e fomos todos para o chão, uns por cima dos outros, gargalhando; minha mãe, por sua vez, levou a brincadeira ao auge dizendo, com um dramático aceno de mão:

– Eis as crianças-modelo, senhorita Fuller.

Sem dúvida eles foram muito satisfatórios para a senhorita Fuller, que compartilhava amplamente dos pontos de vista educacionais daquela época e amava contar histórias dessa família. Uma das irmãs escreve em seu diário: "Ela *fez* orações; mas acho que minhas resoluções, para serem boas, são orações".

Em 1841, o coronel May, pai da senhora Alcott, morreu e deixou para ela algumas poucas propriedades. A senhora Alcott decidiu adquirir, com essa herança, uma casa em Concord, e o acréscimo de quinhentos dólares do senhor Emerson, que sempre foi a boa providência da família, permitiu-lhe comprar em 1845 o local em Concord conhecido como Hillside. Essa casa fica na estrada para Lexington, a cerca de quinhentos metros da casa do senhor Emerson. Mais tarde, ela foi ocupada pelo senhor Hawthorne.

Foi nessa casa que Louisa passou sua vida de menina, a qual representou tão plenamente em *Mulherzinhas* e sobre a qual fala em seu diário como a época mais feliz de sua vida. Ainda assim, ela não se esquecia da ansiedade dos pais; e o propósito firme de recuperar as fortunas da família e dar à mãe o conforto e a tranquilidade que ela nunca conhecera em sua vida de casada tornou-se a motivação permanente de sua conduta. É sob a luz deste único propósito que seu caráter e sua carreira subsequente podem ser compreendidos por inteiro. Ela naturalmente pensou em trabalhar como professora e teve, por um curto período, uma escolinha no celeiro para os filhos do senhor Emerson e outros.

Era, de fato, um alívio enorme a segurança de um teto sobre suas cabeças, mas ainda havia seis bocas para alimentar, seis corpos para vestir e quatro mentes jovens e ávidas para educar. Concord oferecia pouquíssimas oportunidades de trabalho que o senhor ou a senhora Alcott podiam fazer, e no fim até o bravo coração de mãe cedeu. Ela estava dolorosamente ansiosa com o sustento de seu lar. Uma amiga de passagem por Concord a chamou, e a senhora Alcott não conseguiu esconder os vestígios de lágrimas no rosto.

– Abby Alcott, o que significa isso? – perguntou a visitante, com decidida gentileza. A pobre mãe abriu o coração à amiga e contou sua história de privações e sofrimentos.

– Venha para Boston e lhe conseguirei emprego – disse a amiga.

A família mudou-se para Boston em 1848, e a senhora Alcott, a serviço de sociedades beneficentes, tornou-se uma espécie de assistente social de pessoas pobres, e por último teve um gabinete de informações.

Ela se dedicou ao trabalho com todo o coração; e os filhos, assim como a mãe, aprenderam valiosas lições com isso. Seus registros do trabalho são considerados muito interessantes e cheios de sugestões úteis.

O senhor Alcott começou a realizar colóquios na rua West. Ele atraiu um pequeno círculo de homens e mulheres inteligentes, que se deliciavam com suas aspirações elevadas e pensamentos originais. Era uma ocupação agradável para ele; além disso, trazia felicidade à família, embora muito pouco para seus recursos financeiros. O preço que cobrava pela entrada era pequeno, e convidava gratuitamente qualquer um que poderia gostar de suas reuniões mas não pudesse pagar por elas. Ele era uma influência ótima e útil para jovens mentes. Além do clima moralmente casto e espiritualmente elevado dos pensamentos que ele lhes apresentava, elas descobriam grande benefício intelectual no conhecimento de antigos poetas e filósofos, em cujas vidas ele empaticamente entrara. Suas teorias sobre temperamento e dieta nunca deixaram de gerar discussão e oposição. Uma das minhas primeiras lembranças de Louisa é de uma dessas ocasiões, quando ele estava enfatizando sua doutrina de que uma dieta vegetariana geraria um temperamento brando inigualável e disposição. Escutei alguém atrás de mim dizer à pessoa ao lado: "Quanto a isso, já não sei. Nunca comi nenhum tipo de carne e quase sempre sou bem zangado e irritável".

Em seu décimo quarto aniversário, sua mãe lhe escreveu o seguinte poema, com uma caneta de presente. Foi um presente profético e bem utilizado por quem o recebeu.

Possa esta caneta sua musa inspirar,
Quando envolta em pura poesia a incendiar,
Para escrever versos doces, alguns emocionantes;
Uma canção de amor ou tristeza,
Ou o rumo claro, mas tedioso, da destreza
Na tentativa de esperanças mais brilhantes.
Oh, que sua estirpe seja suave e elevada,
Aqui, de cruzes, além do céu, de coroas ornada;
Possa a verdade sua caneta guiar, seu tema inspirar,
E de cada nota flua a música do bem-estar.

[Original, eu acho. Tentei respeitar. – L. M. A., 1885.]

Em um rascunho escrito a uma amiga, Louisa conta este relato sobre a influência dos pais sobre os filhos:

"Quando amigos zelosos perguntavam à mamãe como ela ousava deixar esses párias andar com suas meninas, ela sempre respondia, com uma expressão de confiança que contribuiu muito para nos manter em segurança: 'Posso acreditar em minhas filhas, e essa é a

melhor maneira de ensinar a elas como afastar esses pecados e consolar esses lamentos. Elas não podem deixar de conhecê-los; melhor sabê-los sob a casa do pai e o cuidado da mãe e, portanto, ser protegidas dessas experiências quando for a vez delas de encarar o mundo e suas tentações'". Uma vez, levamos nosso café da manhã para uma família que passava fome; outra, cedemos todo o nosso jantar a um vizinho que foi pego desprevenido por hóspedes ilustres. Outra vez, em uma noite de sábado em que nevava e nossa madeira estava escassa, uma criança pobre veio implorar por um pouco, já que o bebê estava doente e o pai não controlava os gastos. No início minha mãe hesitou, já que também tínhamos um bebê. Um clima muito frio se aproximava, e ainda havia um domingo para atravessar antes da possibilidade de termos mais madeira. Meu pai disse: 'Dê metade de nosso estoque e confie na Providência; o clima vai amenizar ou virá mais madeira'. Mamãe riu e respondeu com o bom humor de sempre: 'Bem, eles estão mais necessitados que nós, e se nossa metade acabar vamos para a cama contar histórias'. Então, uma metade generosa foi dada ao vizinho pobre, e pouco mais tarde, na véspera, enquanto a tempestade ainda estava a toda e estávamos prestes a cobrir nosso fogo para conservá-lo, alguém bateu à porta e um fazendeiro que costumava nos fornecer provisões apareceu, dizendo, ansioso: 'Estava a caminho de Boston com um carregamento de madeira, mas o vento está arrastando muito e, portanto, quero ir para casa. Não gostaria de me deixar descarregar a madeira aqui? Isso me faria voltar para casa e você não precisaria ter pressa em me pagar por ela'. 'Sim', disse papai; e, assim que o homem foi embora, ele se virou para mamãe com um olhar que nos deixou, crianças, muito impressionados por seus talentos de vidente: 'Não falei que a madeira chegaria se o clima não amenizasse?' O lema de mamãe era 'Tenha esperança e permaneça ocupado', e um de seus ditados, 'Faça o bem sem esperar nada em troca'."

O período sentimental

UMA CANÇÃO DA ESPUMA

Rainha da tina, canto alegremente,
Com a espuma branca a se elevar,
E a lavar, enxaguar e torcer vigorosamente,
E prender as roupas para secar;
Então com o ar fresco balançam livremente,
Sob o céu e o sol a brilhar.
Quem me dera poder lavar de corações e almas
As manchas do dia a dia,
E deixar a água e o ar, com sua magia,
Tornar-nos tão puros quanto eles;
Então na terra de fato haveria
Um glorioso dia da limpeza!
Ao longo do caminho de uma vida útil
Um coração tranquilo sempre vai vicejar;

A mente ocupada não tem tempo para pensar
Em tristeza, preocupação ou pesar;
E pensamentos ansiosos podem ser varridos
Enquanto uma vassoura alguém manejar.
Estou contente por uma tarefa que me foi dada
Para trabalhar dia a dia, ocupada;
Pois ela me traz saúde, força e esperança,
E alegremente, aprendo a dizer,
"Cabeça, você pode pensar; coração, você pode sentir;
Mas, mão, você estará sempre trabalhando!"

O período livre e feliz da infância foi inevitavelmente curto, e por volta dos 15 anos Louisa Alcott começou a sentir a pressão dos pensamentos e deveres que tornavam a vida um problema mais sério. Apesar dos inúmeros fatos divertidos que são abundantes em seus livros, o caráter dela era muito sisudo, e ela não conseguia levar as coisas pouco a sério. Havia tantas predisposições diferentes em sua personalidade que ela deve ter lutado contra muitas dúvidas e questões antes de encontrar o caminho real. Mas ela nunca perdeu de vista o seu norte e nunca deixou de cumprir o dever que lhe parecia o mais próximo e mais imperioso. Se cometia erro de julgamento, não o cometia em lealdade consciente.

As regras de sua mãe para orientá-la eram:

Domine-se.

Ame seu próximo.

Cumpra o dever que está mais perto de você.

Ela nunca perdeu de vista essas instruções.

Apresentarei esse período com as palavras dela, conforme posteriormente escritas para uso de uma amiga.

Meu período romântico começou aos 15 anos, quando tendi a escrever poemas, fazer um diário sentimental e andar sob a luz do luar em vez de dormir tranquila. Naquela época, ao andar pela biblioteca do senhor

Emerson, encontrei o *Correspondência com uma criança*, de Goethe[13], e imediatamente fui tomada de desejo por ser uma Bettina, tornando meu Goethe um amigo de meu pai. Então, escrevi cartas a ele, mas nunca as enviei; sentava-me sob uma cerejeira alta à meia-noite, cantando para a lua até que as corujas me assustassem e eu voltasse para a cama; deixava flores silvestres no degrau da porta para meu "Mestre" e recitava em alemão muito ruim a canção de Mignon[14] sob sua janela.

Apenas muitos anos depois contei a *meu* Goethe sobre esse romance precoce e seu papel nele. Ele se divertiu muito e pediu encarecidamente pelas cartas, dizendo, com gentileza, que se sentia honrado por ser tão venerado. As cartas foram queimadas há muito tempo, mas Emerson permaneceu meu "Mestre" durante toda a vida, fazendo mais por mim – e para muitos outros – do que sabia, pela mera beleza de sua vida, da verdade e sabedoria de seus livros, exemplo de um homem sublime e bom, que não se deixou levar e contaminar pelo mundo que ajudou a tornar melhor enquanto viveu e que deixou mais rico e mais nobre quando partiu.

As batalhas da vida começaram por volta desse período, e a infância feliz acabou. Um dos dias mais memoráveis de minha vida é uma certa tarde sombria de novembro, em que fizemos uma reunião de família relativa a despesas e recursos. No verão vivíamos como as aves, à base de frutas e pão com leite; o sol era nosso fogo, o céu era nosso teto, e a fartura da natureza nos fazia esquecer que existia uma coisa chamada pobreza.

Em 1850 Louisa dá início ao diário "O Período Sentimental". Ela tinha então 17 anos, mas seu diário não dá nenhum indício das ideias sentimentais que com frequência enchem a cabeça de garotas jovens da época. As experiências de Jo com sua encantadora e jovem vizinha em *Mulherzinhas* não representam as dela de forma alguma.

---

[13] Johann Wolfgang von Goethe (1749-1832), famoso polímata, escritor e estadista alemão. Na verdade, *Correspondência* refere-se a uma troca de cartas, entre 1794 e 1803, entre Goethe e Schiller. *Correspondência com uma criança* foi escrito por Bettina Brentano (1785-1859). (N.T.)

[14] Uma das poesias mais populares de Goethe, parte integrante da obra *Os anos de aprendizado de Wilhelm Meister*. No poema, a personagem Mignon, considerada uma das mais interessantes e intrigantes da literatura universal, é roubada de sua família nobre e forçada a levar uma vida errante na companhia de um grupo de saltimbancos. (N.T.)

Um pouco de romance foi sugerido por *Correspondência com uma criança*, de Goethe. Para leitores de hoje, pode ser difícil entender o fascínio que esse livro exercia sobre jovens mentes da última geração, no entanto é certo que ele levou mais de uma garota a conceber uma ligação ideal com um homem muito mais velho que ela, mas extremamente nobre e de intelecto desenvolvido. Theodore Parker[15] disse, a respeito de cartas enviadas por ele a uma garota jovem de New Hampshire: "São tão boas quanto as de Bettina, sem as mentiras". Essa mistura de idealismo e adoração foi uma característica marcante desse período transcendental em que mulheres, tendo pouca formação consolidada e menos empregos na indústria, eram cheias de aspirações nobres e desejos de uma vida mais plena e livre, o que precisa encontrar expressão de alguma forma.

As mulheres jovens de hoje, que usam botas impermeáveis e à prova d'água, andam de patins, de bicicleta e carro, estudam química em laboratórios, exibem suas fotos em competições abertas, escolhem uma profissão sem oposição e vivem solteiras sem medo de reprovação, têm menos tempo para devaneios e mais consideração por fatos.

A senhorita Alcott fez uma escolha segura em relação ao ídolo. A adoração por Emerson só poderia refinar e elevar seus pensamentos, e sua familiaridade íntima com a bela casa que ele tinha transformou sua idolatria em pura amizade reverente que nunca a desapontou. Ela guardou consigo essa adoração e nunca lhe enviou as cartas em que vertia os desejos e rompantes que preenchiam seu coração de menina.

Seu diário, que foi revisado por ela anos depois, conta muito bem a história dessa época. Os detalhes podem ser triviais, mas ajudam a ilustrar esse importante período formador de sua vida.

Diário.

O PERÍODO SENTIMENTAL

BOSTON, *maio de 1850.* – Tanto tempo se passou desde que tive um diário que mal sei como começar.

---

[15] Theodore Parker (1810-1860), ministro reformista norte-americano. (N.T.)

Desde que cheguei à cidade não pareço ter pensado muito, já que a agitação, a sujeira e a mudança desvaneceram todas as imagens agradáveis e sentimentos tranquilos. Em meio a minhas colinas e florestas eu tinha belos momentos livres sozinha e, embora meus pensamentos fossem tolos, ouso dizer, eles me ajudavam a permanecer feliz e bondosa. Agora vejo o que a natureza fez por mim, e meus "gostos românticos", como as pessoas denominavam esse amor pela solidão e a vida ao ar livre, ensinaram-me muito.

Este verão, como o último, devemos passar em uma casa grande (a de tia May, na rua Atkinson), com muito conforto à nossa volta de que todos vamos desfrutar, e no outono espero ter algo para mostrar que o tempo não foi desperdiçado. Dezessete anos vivi, e ainda conheço muito pouca coisa e ainda há muito o que fazer antes que eu comece a ser o que almejo – uma mulher realmente boa e útil.

Ao examinar nossos diários, papai diz: "O de Anna é sobre outras pessoas; o de Louisa, sobre ela própria". Isso é verdade, pois não *falo* sobre mim mesma; mas sempre penso na garota obstinada e temperamental com que tento lidar, e em meu diário escrevo sobre ela para ver como fica. Anna é tão boa que não precisa se importar consigo mesma e pode apreciar outras pessoas. Se me olho no espelho, tento diminuir minha vaidade em relação aos longos cabelos, minha cabeça de bom formato e bom nariz. Nas ruas, tento não cobiçar coisas belas. Minha língua rápida está sempre me metendo em problemas, e minha melancolia torna difícil ficar animada quando penso em como somos pobres, em quantas preocupações a vida tem e em quantas coisas que almejo fazer e nunca posso.

Portanto, cada dia é uma batalha, e estou tão cansada que não quero viver; só que é covarde morrer antes de ter feito algo.

Não posso falar com ninguém além de mamãe sobre meus problemas, e agora ela tem tantos para suportar que não tento arranjar mais. Sei que Deus está sempre pronto para ouvir, mas na cidade o céu fica tão longe, e eu, tão pesada, que não consigo voar para encontrá-Lo.

Ednah Dow Cheney

FÉ

Escrito no diário.

Oh, quando o coração está cheio de medos
E o caminho permanece escuro para o firmamento,
Quando a tristeza dos anos e o cuidado
Tiver levado a paz do coração,
Então, pela névoa das lágrimas escorrendo,
Olhe para cima e seja perdoado.

Perdoado pela falta de fé,
Que lhe tornou tudo escuro,
Deixe a consciência ter pleno domínio
Sobre sua alma obstinada:
Espere, lute e terá
Uma vitória elevada.
Embora esteja cansado e desamparado,
Não deixe a paz ir do coração;
Embora as riquezas deste mundo tenham acabado,
E tua sina seja cuidado e aflição,
Caminhe de hora em hora, não fique desmaiado:
A verdadeira riqueza não está perto do chão.

Em meio a toda a escuridão, ainda olhe para o ápice:
Deixe a virtude ser seu condutor;
Tome seu gole de tristeza no cálice,
Mas permaneça resoluto
Não deixe a tentação vencê-lo,
E o Pai irá provê-lo.

[A família pegou varíola nesse verão, transmitida por alguns imigrantes pobres a quem certo dia mamãe recebeu em nosso jardim e alimentou. Nós, meninas, tivemos casos leves, mas papai e mamãe ficaram muito doentes, e passamos por um período curioso de exílio, riscos e problemas. Sem médicos, e tudo ficou bem. – L. M. A.]

Julho de 1850. – Anna foi a L. depois da varíola. Foi ajudar a senhora... com seu bebê. Tive que ir à escola de vinte alunos de A. na rua Canton. Achei-a melhor do que pensava, embora às vezes seja muito difícil ter paciência com as crianças. Elas parecem felizes e aprendem rápido; então, sinto-me estimulada, apesar de no início ter sido muito difícil, e senti tanto a falta de Anna que costumava chorar durante o jantar e ficar muito triste. Acho que era desse ofício que eu precisava; pois, como *professora,* preciso me comportar, guardar minha língua e maneirar no mau humor, e ser um exemplo de boas maneiras.

Encontrei um dos bilhetes de mamãe em meu diário, um daqueles que ela costumava me escrever quando tinha mais tempo. Isso sempre me estimula; e gostaria que alguém pudesse lhe escrever dessa forma tão prestativa, pois ela precisa de ânimo por causa das atribulações que tem. Com frequência penso em como ela teve uma vida difícil desde que se casou – tão cheia de questionamentos e toda sorte de preocupações! Tão diferente de seus dias fáceis de infância, a mais jovem e mais mimada da família! Acho que ela é uma mulher muito corajosa e boa; e meu sonho é lhe dar uma casa adorável e silenciosa, sem nenhuma dívida ou problema para onerá-la. Mas receio que ela estará no céu antes que eu possa fazer isso. Anna também é frágil e sente saudades de casa, e sinto uma falta terrível dela; pois ela é minha consciência, sempre verdadeira, justa e boa. Talvez algum dia ela tenha momentos felizes em sua própria casinha, como frequentemente planejamos. Mas esperar é tão *difícil!*

Agosto de 1850. – É duro trabalhar na escola, e sinto vontade de sair correndo de lá. Mas minhas crianças se dão bem; então, viajo todos os dias, e dou meu melhor.

Tenho muito pouco tempo para escrever ou refletir; com efeito, meus dias de trabalho começaram, e quando a escola termina Anna me solicita; então, não tenho momentos de silêncio. Acho que um pouco de solidão diária faz bem para mim. No silêncio vejo minhas faltas e tento consertá-las; mas, pobre de mim, não dou uma dentro.

Eu imaginava minha mente como um cômodo caótico e o colocava em ordem; então, varria pensamentos inúteis e espanava fantasias tolas, e a mobiliava com boas resoluções e começava de novo. Mas entram teias de aranha. Não sou boa dona de casa, e nunca consigo organizar bem o meu quarto. Certa vez escrevi um poema sobre ele quando tinha 14 anos, e o chamei de "Meu Pequeno Reino". Ainda é difícil dominá-lo, e acho que sempre será.

Estou lendo Miss Bremer e Hawthorne. *A letra escarlate* é meu favorito. Mamãe gosta mais de Miss B., mais íntegra. Fantasio coisas "sórdidas", desde que também verdadeiras e sólidas.

Anna quer ser atriz, e eu também. Talvez pudéssemos ganhar muito dinheiro, e é uma vida bem alegre. Mamãe diz que somos jovens demais e precisamos esperar. Frequentemente, A. atua de maneira esplêndida. Gosto de peças trágicas, e seria uma Siddons[16] se pudesse. Nós tramamos umas peças boas e fazemos harpas, castelos, armaduras, vestidos, cachoeiras e trovões, e nos divertimos muito.

Foi nesse período de vida que ela foi violentamente atacada por uma mania de palco, e a maior parte de seu tempo de descanso era dedicada à escrita e à encenação de peças. Sua irmã mais velha, Anna, tinha o mesmo gosto e a ajudava a levar a cabo todos os seus planos. Uma família muito talentosa de quem eram íntimas juntou-se a elas, e sua mãe sempre lhes permitiu todas as peças teatrais particulares que quisessem encenar.

Algumas dessas peças iniciais estão preservadas em manuscritos conforme ela as escreveu. Elas são compostas em um estilo formal, melodramático, cheias de sentimentos tensos de lealdade, honra e devoção, com os incidentes mais improváveis e artifícios violentos, e sem um "quê" de vida comum ou o mais ligeiro toque de humor. A ideia de abnegação sempre aparece nelas, mas são completamente femininas. É que meninas sonham e sentem antes de conhecerem minimamente a vida. Seus corações

---

[16] Sarah Siddons (1755-1831), famosa atriz de tragédias britânica. (N.T.)

são repletos de desejos vagos, incansáveis, e elas procuram uma brecha para as energias reprimidas de sua natureza longe da realidade prosaica do presente. Enquanto Louisa costurava as tediosas emendas de suas tarefas diárias, era um imenso alívio para ela deixar a imaginação correr solta entre as cenas mais loucas e mais empolgantes. É claro que uma de suas peças era "Bandit's Bride" [A noiva do ladrão]. "The Captive of Castile; or, The Moorish Maiden's Vow" [O cativo de Castela, ou Os votos da noiva do mouro] foi preservada na íntegra, e é um bom exemplo desses trabalhos femininos. É cheia de surpresas e dissimulações, e o desfecho é tão forçado como poderia ser imaginado. Os diálogos são muitas vezes inteligentes e violentos, e os sentimentos, sempre elevados, e não resta nenhuma dúvida de que pareciam bem grandiosos para o público jovem. A peça foi inspirada em suas leituras, sem nenhum toque de sua vida pessoal. Essa não é a mesma peça descrita com um final caricato em *Mulherzinhas,* embora a heroína tenha o mesmo nome favorito de Zara. Sua própria diversão precoce, no entanto, permeava por inteiro sua mente quando ela escreveu essa cena, que é real.

Um amigo e parente da família que vivia em Roxbury, o doutor Windship, tinha muito interesse no desenvolvimento do talento teatral de Louisa. As garotas sempre desfrutavam de ótimas visitas em sua casa. Ele tentou ajudar as jovens dramaturgas a ter sucesso de público e escreveu à mãe delas:

> *"Apresentei ao senhor Barry, do Teatro de Boston, a [peça] 'Prima Donnas' de Louisa. Ele gostou dela exatamente como é, e a lançará nesta estação em grande estilo. Ele acha que terá uma boa temporada."*

A senhora Barry e a senhora Wood concordaram em interpretar as personagens principais. Porém, por causa de uma dificuldade nos acordos, "The Rival Prima Donnas" não foi produzida. Mas uma grande alegria foi conseguida, já que o senhor Barry deu a Louisa acesso livre para o teatro, que proporcionava uma fonte de descanso e prazeres constantes.

Naturalmente, Louisa estava ávida por atuar. Ela tinha, de fato, uma capacidade dramática extraordinária e conseguia, rapidamente e a qualquer momento, transformar-se em Hamlet e recitar uma cena com efeito trágico. Mas sua zelosa mãe sabia, mais do que a menina, dos desafios e perigos da profissão e a convenceu a não a seguir. Ela também sabia quão pouco essa facilidade de se expressar típica da juventude indica a capacidade de se tornar uma grande atriz.

Louisa reproduziu sua experiência dramática em "Work" [Trabalho], que apresenta um panorama fiel em espírito e em muitos de seus detalhes dessa fase de sua vida. Aqui, ela aponta saber de seus próprios talentos limitados. "Christie's gala" [O baile de Christie] foi uma peça extraída de seu próprio âmago.

Uma peça intitulada "Nat Batchelor's Pleasure Trip; or, The Trials of a Good-natured Man" foi apresentada no Howard Athenaeum. Sobre ela os jornais do dia diziam: "É uma primeira tentativa louvável de composição dramática e recebeu vários aplausos". Outra crítica afirma: "Ela provou ser um tremendo sucesso". A encenação, no entanto, ocorreu em 1860 – período posterior àquele sobre o qual falo hoje.

Um incidente que ocorreu nessa representação provavelmente sugere cenas que se repetem em "Work" e outras histórias da senhorita Alcott.

> *"Uma garotinha fez enorme sucesso, uma certa senhorita Jones, que, tendo de declamar algumas poucas linhas, o fez tão bem que, por seu êxito, recebeu a rara homenagem de uma entusiasmada acolhida do público, apesar do fato de que 'certa questão necessária sobre a peça deveria ser então considerada. Por ora, ela certamente foi a sensação da peça."*

A senhorita Alcott tinha na figura do doutor Windship um assistente gentil e criterioso para suas empreitadas dramáticas e com ele trocava correspondência sob os nomes de Beaumont e Fletcher.

Em 1851, Louisa teve uma experiência que reproduziu em sua história chamada "How I Went Out to Service" [Como saí para trabalhar]. O trabalho que sua mãe fazia com as pessoas pobres de Boston a levou a procurar emprego, e certa vez ela teve um escritório fixo de informações. Um cavalheiro veio vê-la em busca de companhia para o pai idoso e a irmã, que fazia apenas trabalhos leves, para que ele fosse tratado com grande respeito e gentileza. Como a senhora Alcott não conseguia pensar imediatamente em alguém para preencher a vaga, a impulsiva Louisa sugeriu: "Por que não eu, mãe?". Ela foi e passou dois meses de decepção e experiências dolorosas das quais nunca se esqueceu. Ela escreveu a história, publicada tempos depois, intitulada "How I Went Out to Service."

A história é uma lição importante para os que condenam severamente meninas jovens que preferem a vida mais independente nas fábricas ou lojas àquilo que se considera a segurança e o conforto de trabalhar em casas de família. Se uma garota como Louisa, pertencente a uma família conhecida e muito estimada, ela própria merecedora de respeito por suas habilidades e caráter, podia ser tratada com tamanha indignidade por uma família em que ninguém teria temido colocá-la, quanto uma garota pobre sem amigos não seria chamada a sofrer?

Diário.

1851. – Fomos a um comício e ouvimos discursos esplêndidos de Phillips, Channing e outros. As pessoas estavam muito empolgadas e aplaudiam "Shadrack[17] e liberdade", suspiravam por "Webster[18] e escravidão" e faziam muito barulho. Eu me sentia pronta para fazer o que quer que fosse – lutar ou trabalhar, vaiar ou chorar – e elaborei planos para libertar Simms[19]. Ficarei com muita vergonha de meu país se essas coisas acontecerem e o escravo for capturado.

[Ele foi. – L. M. A.]

---

[17] Shadrach Minkins foi um homem escravizado que fugiu de seu proprietário em Norfolk em 1850. Preso em Boston como fugitivo no ano seguinte, foi resgatado na mesma cidade por ativistas antiescravidão. (N.T.)

[18] Daniel Webster foi um dos políticos que abraçaram a Lei do Escravo Fugitivo de 1850, que permitia o retorno para o Sul dos escravos que fugiam de Estados livres. (N.T.)

[19] Thomas Simms foi um afro-americano que escapou da escravidão na Geórgia e fugiu para Boston em 1851. Preso no mesmo ano sob a Lei do Escravo Fugitivo, foi a julgamento e, posteriormente, forçado a voltar para a escravidão. (N.T.)

Rua High, Boston, 1852. – Após o verão da varíola, fomos a uma casa na rua High. Mamãe abriu um escritório de informações, que surgiu de seu trabalho como missionária na cidade e do desejo de encontrar colocações para boas meninas. O trabalho não combinava com ela, mas pagava; e ela sempre fez o que aparecia em termos de dever e caridade e abandonou o orgulho, os gostos e o conforto em prol do amor.

Anna e eu éramos professoras; Lizzie era nossa pequena faxineira – nosso anjo em uma cozinha no porão; May ia à escola; papai escrevia e falava quando conseguia aulas ou colóquios. Nosso pobre casebre tinha muito amor e felicidade e era um abrigo para meninas perdidas, esposas abusadas, crianças sem amigos e homens fracos ou vis. Papai e mamãe não tinham dinheiro algum para dar, mas lhes davam tempo, compaixão, auxílio; e, se bênçãos enriquecessem, eles seriam milionários. Isso é o Cristianismo na prática.

Minha primeira história foi impressa, e pagaram cinco dólares por ela. Foi escrita em Concord quando eu tinha 16 anos. Bela porcaria! Li-a em voz alta para minhas irmãs e, quando elas a elogiaram sem saber o autor, orgulhosamente anunciei o nome.

Decidi ler menos romances, e só os melhores. Lista de livros que aprecio:

Revolução Francesa: Uma história de Carlyle.
Os heróis e *O culto dos heróis.*
Poemas, peças e romances de Goethe.
Vidas, de Plutarco.
Madame Guyon.
Paraíso Perdido e *Comus.* Peças de Schiller.
Madame de Staël. Bettina.
Luís XIV. *Jane Eyre.* Hipácia.
Filoteia.
A cabana do pai Tomás.
Poemas de Emerson.

Em *Mulherzinhas*, ela contou uma história que normalmente tem sido representada como seu primeiro sucesso literário; mas ela transferiu o incidente de sua irmã para sua própria representante, Jo. Foi a discreta Anna que escreveu em segredo a história e a amarrou dentro de um jornal. Ela a leu para a mãe e as irmãs, conforme descrito no livro, e ficou muito encantada com a aprovação e o espanto delas.

1853. – Em janeiro inaugurei uma pequena escola – E. W., W. A., dois L's, dois H's –, com doze alunos em nossa sala. Em maio, quando a escola fechou, fui para a L. como ajudante. Eu precisava da mudança, podia lavar a roupa e estava contente por ganhar meus dois dólares por semana. Fui para casa em outubro com trinta e quatro dólares de salário. Após dois dias de descanso, comecei de novo na escola, com dez crianças. Anna foi a Siracusa dar aulas; papai, para o Oeste, tentar a sorte – tão pobre, tão esperançoso, tão sereno. Que Deus o acompanhe! Mamãe tinha vários hóspedes, e May estava se saindo bem na escola. Betty ainda não saíra de casa e mantinha um pequeno romance com C.

Cartas agradáveis de papai e Anna. Ano difícil. Verão desagradável e solitário; inverno cansativo, com a escola e pessoas de quem não gostava. Sinto falta de Anna, minha única amiga íntima e alento.

1854, Rua Pinckney. – Deixei meu diário de lado durante meses, então preciso escrever. Escola para mim mês após mês. Mamãe ocupada com hóspedes e costuras. Papai se saindo tão bem quanto um filósofo consegue se sair em um mundo que adora dinheiro. Anna em S.

Ganhei um bom dinheiro costurando à noite depois do fim do expediente.

Em fevereiro papai voltou para casa. Pagou sua ida, e nada mais. Uma cena dramática quando ele chegou de madrugada. Despertamos ao ouvir o barulho do sino. Mamãe correu para baixo, gritando "Meu marido!". Corremos atrás, e cinco vultos brancos abraçaram o andarilho meio congelado que chegou com fome, cansado, com frio e decepcionado, mas sorrindo com coragem e sereno como sempre. Nós o alimentamos e o aquecemos, e nos aninhamos ao seu redor, ansiosas por perguntar se ele ganhara algum dinheiro; mas ninguém o fez, até que a pequena May perguntou, após ele ter contado todas as coisas boas: "Bem, e as pessoas pagaram você?". Então, com um olhar estranho, abriu a carteira e mostrou um dólar, dizendo, com um sorriso que nos encheu os olhos: "Só isso! Meu sobretudo foi roubado, e tive que comprar uma manta. Muitas promessas não foram cumpridas, e viajar custa dinheiro; mas abri o caminho, e no ano que vem será melhor".

Nunca me esquecerei da linda resposta que mamãe lhe deu, apesar de a alma gentil e esperançosa ter construído muito do sucesso dele; mas, com rosto sorridente, beijou-o, dizendo: "Para mim, você se saiu *muito bem*. Contanto que esteja em casa em segurança, querido, não pedimos mais nada".

Anna e eu seguramos nossas lágrimas e tivemos uma pequena lição de amor verdadeiro da qual nunca nos esquecemos, nem do olhar que o homem cansado e a terna mulher trocaram. Era meio tragicômico, pois papai estava muito sujo e com sono, e mamãe, com um gorro grande e uma jaqueta velha engraçada.

[Comecei a ver os fortes contrastes, a diversão e a tolice da vida cotidiana nesse período. – L. M. A.]

Anna veio para casa em março. Assumiu a escola durante todo o verão. Preparei *Flower Fables* para impressão.

Louisa também tentou trabalhar com uma prima no país por algum tempo, mas dar aulas, costurar e escrever eram suas principais ocupações durante sua estada em Boston.

Esses sete anos, desde que Louisa tinha 16 até completar 23, podem ser chamados de aprendizado para a vida. Ela experimentou caminhos variados e aprendeu a se conhecer e o mundo que a cercava, embora sequer estivesse segura do sucesso que enfim se abriu diante de si e a levou a cumprir com extremo êxito seu propósito de vida.

Ela tentou lecionar, sem satisfação própria e, talvez, sem deixar outras pessoas satisfeitas. O tipo de educação que ela própria recebeu tornou-a admiravelmente apta a compreender e influenciar crianças, mas não a assumir a rotina de uma escola. A costura era seu ganha-pão quando nada mais aparecia, mas é quase deplorável pensar nela confinada nesse trabalho enquanto habilidades incríveis jaziam latentes em sua mente. Não obstante, Margaret Fuller afirmou que um ano de silêncio rigoroso no campo, dedicado principalmente à costura, foi muito útil para ela, uma vez que revisou e examinou os tesouros ancorados na memória; e sem dúvida Louisa Alcott inventou muitas histórias que posteriormente encantaram o mundo, enquanto seus dedos se ocupavam em manejar a agulha. Mas foi uma grande libertação quando ela descobriu que as produções de seu cérebro trariam o dinheiro necessário para o sustento da família.

L. em Boston até A. em Siracusa.

QUINTA-FEIRA, DIA 27.

QUERIDÍSSIMA NAN – Fiquei muito contente em saber de você e que tudo correu bem.

Estou levando as coisas como de costume, tentando conseguir dinheiro suficiente para comprar um belo xale quentinho para mamãe. Tenho onze dólares, todo o meu dinheiro, cinco ganhei por um conto, e quatro, por uma pilha de roupas que costurei para as senhoras do grupo do doutor Gray, que lhe deram um presente.

... Consegui uma fita vermelha para fazer uma touca para May e peguei meu chapéu de palha para consertá-lo bem com alguns retalhos que tinha. A antiga que May tinha me assombrou durante todo o inverno, e quero que ela tenha uma aparência limpa. Ela é tão graciosa e bonita e tão apreciadora do belo que, para ela, é difícil ser pobre e usar as coisas feias de outras pessoas. Você e eu aprendemos a não nos importar tanto; mas, quando penso nela, fico com vontade de sair por aí e comprar o chapéu mais elegante que a soma limitada de dez dólares pode conseguir. Ela se exprime com muita doçura em uma de suas cartas: "Às vezes é difícil ver outras pessoas com tanta coisa bonita e eu com tão pouco; mas tento não

ser invejosa e me contentar com minhas roupas simples, e me animar com isso". Espero que a pequenina goste da touca, dos babados que lhe fiz e dos laços que consertei usando as fitas coloridas que L. W. jogou fora. Metade das minhas relíquias é do saco de retalhos dela, que não reconhece seu próprio material quando consertado. Espero estar viva para ver a amada criança usando seda e renda, com muitas fotos e *"garrafas de leite fresco"*, Europa, e tudo aquilo que ela deseja.

Para nossa pequena e bondosa Betty, que está usando todos os vestidos que lhe passamos, logo conseguirei comprar um novo e enviá-lo com minhas bênçãos a essa santinha alegre. Ela me escreve os bilhetes mais engraçados de todos e tenta manter os velhos aquecidos e deixar confortável e iluminada a casa solitária no meio da neve.

Ao papai enviarei gravatas novas e um pouco de papel; assim, ele ficará feliz e poderá continuar seus adorados diários ainda que o mundo venha abaixo.

Não ria dos meus planos; vou realizá-los, se conseguir um trabalho. Ver tanto dinheiro voando por aí me faz ter um desejo honesto de conseguir um pouco e dar mais conforto à minha querida família. Sinto-me fraca quando penso em tudo aquilo de que precisam e no pouco que posso fazer.

Quanto a você, fique com o dinheiro que ganhou à custa de tantas lágrimas e sacrifícios e compre roupas para si; fico furiosa em saber que minha bondosa garotinha anda por aí aos trapos e é desprezada por pessoas que não valem seus sapatos remendados ou a bainha de seus velhos vestidos rotos. Mantenha-se limpa e, se sobrar algo, envie à mamãe, pois há sempre muita coisa de que precisam lá em casa, ainda que não nos digam. Só queria que eu também, por qualquer quantia de choro e saudade, conseguisse ganhar bastante. Mas o meu pouco virá a calhar; e, se lágrimas podem acrescentar valor, derramei um litro delas – primeiro, com o livro que não saiu; isso foi um triste golpe, e esperei tanto que foi horrível quando meu castelo no ar veio caindo sobre minha cabeça. O orgulho me fez rir em público; mas no privado chorei, e ninguém soube. O pessoal de casa acha que eu gostei disso, *pois escrevi uma carta divertida. Mas minha viagem foi arruinada; agora estou trabalhando com afinco por uma boa vida, para a qual não vim totalmente em vão. Não queria ficar me lamentando; mas minha garota e eu precisamos contar nossas batalhas uma à outra, e assim a confiança mútua fica fácil. Nunca deixei mamãe saber como você estava infeliz em S. até que nosso tio escreveu.*

Esta semana não tenho muito o que fazer. Enviei um pequeno conto à Gazette, e Clapp perguntou a H. W. se cinco dólares seriam suficientes. O primo H. disse que sim e os deu a mim, com palavras gentis e um bom pacote de papel, dizendo com seu jeito divertido: "Agora, Lu, a porta está aberta; vá e vença". Então, vou tentar. A prima L. W. contou que o senhor B. pegou minha peça e lhe disse que, se a senhora B. também gostou, deve ser uma obra inteligente e que, se não fosse muito cara, ele a apresentaria aos poucos à sociedade. Ainda não falou nada a respeito. O doutor W. me contou que o senhor F. está muito doente; portanto, a peça ainda não pode ser encenada. Mas o doutor está disposto a lançá-la, e nos divertimos com isso. H. W. frequentemente me leva ao teatro quando L. me dispensa. Muitas vezes leio para ela durante a tarde toda, já que está mal, e assim pago minhas dívidas a eles.

Estou escrevendo outra história para Clapp. Quero mais cinco e pretendo obtê-las também.

O tio escreveu que você era a professora favorita do doutor W., e que todos gostavam muito de você. Mas, se não estiver bem, não fique. Venha para casa e seja mimada por sua velha

Lu.

Autoria

NOSSO ANJO EM CASA
Sentada paciente à janela,
Até a luz abençoada chegar,
Uma presença serena e santa
Santifica nosso problemático lar.
Alegrias, esperanças e tristezas terrenas
Quebram como ondas à beira-mar
Do rio profundo e solene,
Onde seus pés dispostos vêm pousar.
Ó, minha irmã, que me entrega
As preocupações humanas e a lida,
Deixe-me como presente as virtudes
Que lhe embelezaram a vida.
Querida, lega-me essa imensa paciência
Que tem poder para o sustento

De um espírito alegre e sem queixas
Em seu lar-prisão de sofrimento.
Dê-me – pois preciso urgentemente
Dessa coragem, sábia e amorosa,
Que tornou a trajetória do dever
Sob seus pés bem-dispostos, viçosa.
Dê-me essa natureza altruísta
Que com divina caridade
Pode perdoar o erro por amor a Deus –
Coração humilde, perdoa-me os meus!
Assim, nossa despedida cotidiana
Perde um pouco de sua amarga contrição,
E, ao aprender essa dura lição,
Minha grande perda torna-se ganho;
Pois o toque do luto tornará
Meu caráter selvagem mais comedido,
Dará à vida novas aspirações,
Uma nova confiança no desconhecido.
De agora em diante, do outro lado do rio segura,
Verei para todo o sempre
Um espírito familiar de candura
Esperando por mim na praia;
Esperança e fé, nascidas da tristeza,
Anjos da guarda se tornarão;
E a irmã que se foi antes de mim
Levar-me-á para casa em suas mãos.

Quando tinha apenas 22 anos, a senhorita Alcott começou sua carreira como autora lançando um adorável livro, chamado por ela de uma pequena pétala de flor que foi lançada em um riacho e que flutuou pelas águas e correu distâncias. Ela sempre escrevera poemas, peças e histórias para agradar a si e aos amigos, e agora estava reunindo alguns contos que escrevera para a filha do senhor Emerson, publicando-os sob o título

Flower Fables. Ela recebeu a pequena quantia de trinta e dois dólares pelo livro, mas isso lhe deu a imensa satisfação de tê-los ganhado por meio do trabalho que amava e que podia executar bem. Ela começou a receber dos jornais pedidos para histórias; porém, as costuras e as aulas ainda pagavam melhor que a escrita. Enquanto costurava, seu cérebro era tomado de esboços de poemas, peças e contos, dos quais fez uso em um período posterior.

Esta carta à sua mãe mostra até que ponto ela a associava ao seu sucesso precoce:

Rua PINCKNEY, 20, BOSTON, 25 de dezembro de 1854.
(*Com* Flower Fables)
QUERIDA MÃE – *Coloquei em seu pacote de Natal meu "primogênito", sabendo que você vai aceitá-lo com todas as falhas (pois as avós são sempre benevolentes), e encará-lo como mera amostra do que ainda estou para fazer; pois, com tantas coisas para me animar, espero, com o tempo, passar de fábulas e fadas a seres humanos e fatos.*

Toda beleza ou poesia que encontrar em meu pequeno livro se deve ao seu interesse e estímulo a todos os meus esforços, do primeiro ao último; e, se algum dia eu fizer algo de que possa me orgulhar, minha maior felicidade será a de poder lhe agradecer por isso, assim como por tudo o que há de bom em mim; e ficarei contente em escrever se isso lhe der prazer.

Jo está fazendo bagunça
Minha lamparina está se apagando.
À minha querida mãe, com os mais sinceros votos de um bom Ano-Novo e um Feliz Natal. Da filha sempre amorosa,

LOUY.

Essa carta mostra que ela já tinha começado a ver que precisava estudar não apenas fadas e fantasias, mas o ser humano e fatos; e agora ela começava a observar a vida, não em livros, mas a que se passava ao seu redor. Na intensa emoção das lutas contra a escravidão daquele período, ela deve ter aprendido muito bem até que ponto a vida real é cheia de situações dramáticas, bem como os elementos da tragédia e da comédia. Ela afirma: "Comecei a ver os contrastes marcantes, a diversão e o lúdico da vida cotidiana por volta dessa época". Ela também pensava em suas leituras e tentava torná-las mais aprofundadas e proveitosas; e ela não "gastava *tinta* com poemas e fantasias", mas com histórias planejadas, todas as que podiam ajudá-la em seu principal objetivo de obter sustento para sua família.

Em junho de 1855, a senhorita Alcott foi a Walpole, New Hampshire, onde viveu uma vida livre entre as colinas por alguns meses. Deve ter sido um grande alívio para ela, após o trabalho na cidade durante o inverno. Em julho, a família a acompanhou e ficou em uma casa pequena. A vida e a alegria do campo logo começaram a encontrar expressão, e ela escreveu um pequeno conto chamado "King Goldenrod" [O rei dourado], sobre o qual afirma "parecer revigorante e real", já que fora escrito naquela bela época e lugar. Mas essa vida agradável no campo durou apenas uma estação, e no frio novembro Louisa partiu para a cidade, com o coração cheio de coragem e trajes escassos, a fim de mais uma vez ir em busca de seu destino. Mesmo ainda costurando para ganhar a vida, ela começou a experimentar uma grande variedade de aventuras literárias. Escreveu anúncios de livros para jornais, e certa vez recebeu cinco dólares por um conto, além de doze dólares pelas costuras. No ano seguinte, os editores começaram a descobrir o valor de sua obra e a encomendar mais contos. Até seus poemas eram aceitos. A pequena Nell era então a heroína favorita de Dickens[20], e o poema de Louisa sobre o tema foi publicado no *Courier*. Embora no início tenha gostado da bela paisagem de Walpole, ela descobriu que a cidadezinha tacanha não lhe oferecia as oportunidades de trabalho das quais precisava; e, deixando a família para trás, seguiu para Boston em busca de seu destino e ficou na famosa pensão da senhora David Reed, na rua Chauncey. O lar feliz que ela teve lá durante o inverno é representado como a casa da senhora Kirke em *Mulherzinhas,* e a água-furtada de Jo é o cômodo no sótão em que morou e escreveu. Ela teve um inverno produtivo, ouvindo

---

[20] Charles Dickens (1812-1870), o mais popular romancista inglês da era vitoriana. (N.T.)

as melhores palestras e aproveitando seu passe livre para o teatro. Um de seus maiores apoios, no entanto, foi a amizade de Theodore Parker, que demonstrou grande interesse em suas lutas e, sabiamente, deu-lhe força e incentivo. Ela adorava ir a essas recepções vespertinas aos domingos e ficava observando em silêncio os diversos membros da sociedade que se reuniam lá; e uma só palavra ou aperto de mão do anfitrião era o bastante para deixá-la animada na semana inteira. Com gratidão, ela registrou essa influência em seus rascunhos do senhor Power em *Work: A Story of Experience*, mas não deu a esse esboço a personalidade marcante do tema que esperaríamos dela. Talvez ela o analisasse demais para tomar nota dos elementos influentes de sua natureza sagaz e bem-humorada, e o tenha retratado com muita seriedade e um pincel incolor.

Diário.

22 anos.

Rua Pinckney, Boston, 1.º de *janeiro* de 1855. – O principal acontecimento do inverno é a publicação de meu livro *Flower Fables*. Uma tiragem de mil e seiscentos exemplares. Vendeu muito bem, e as pessoas parecem gostar dele. Fico bem orgulhosa de que os pequenos contos que escrevi para Ellen E. aos 16 anos agora tragam dinheiro e fama.

Vou apresentar alguns dos anúncios como "variedades". As mães sempre ficam meio tolas diante do primogênito.

A senhorita Wealthy Stevens pagou pelo livro, e recebi trinta e dois dólares.

[Um contraste agradável entre as receitas de apenas seis meses em 1886, sendo oito mil dólares pela venda dos livros, e nada de novo; mas fiquei mais orgulhosa com os trinta e dois dólares do que com os oito mil. – L. M. A., 1886.]

Abril de 1855. – Estou na água-furtada com meus papéis à minha volta, e uma pilha de maçãs para comer enquanto escrevo no diário, planejo histórias e aprecio o som da chuva batendo no teto, em paz e silêncio.

[Jo na água-furtada. – L. M. A.]

Estando atrasada como de costume, anotarei os eventos principais atualizados, pois agora não gasto tinta com poesia e páginas de tolices. Comecei a *viver* e não tenho tempo para reflexões sentimentais.

Em outubro inaugurei minha escola; papai deu palestras, mamãe tomou conta dos inquilinos e tentou ajudar todo mundo. Anna estava em Siracusa dando aulas para os filhos da senhora S.

Meu livro foi publicado; e as pessoas começaram a achar que a caótica Louisa afinal valia alguma coisa, já que ela se saía bem como criada, professora e contadora de histórias. Talvez ela possa.

Em fevereiro, escrevi uma história pela qual C. pagou cinco dólares e pediu mais.

Em março escrevi uma peça para W. Warren, e o Doutor W. ofereceu-a a ele; mas W. W. estava muito ocupado.

Também comecei outro conto, mas tive pouco tempo para trabalhar nele, com escola, costuras e trabalho de casa. Meus rendimentos de inverno são:

    Escola, um trimestre → Cinquenta dólares
    Costuras → Cinquenta dólares
    Histórias → Vinte dólares
    (se eu for paga.)

Um inverno produtivo e **agradável porque**, embora difícil às vezes, eu realmente pareço estar me saindo um pouquinho bem, e isso me incentiva.

Ouvi palestras de Lowell e Hedge, atuei em peças e, graças ao nosso dinheiro das costuras e ao bom primo H., fui ao teatro várias vezes – sempre minha imensa alegria.

Ainda não fiz planos para o verão. Papai quer ir à Inglaterra: não é uma ideia sensata, penso eu. Provavelmente ficaremos aqui, e A. e eu iremos para o interior como governantas. É um modo estranho de viver, mas dramático, e até que gosto disso; pois nunca sabemos o que vem a seguir. Somos os verdadeiros "Micawbers"[21], e sempre "prontos para a primavera".

Planejei outro livro para o Natal e espero conseguir escrevê-lo.

1855. – A prima L. W. me pediu para passar o verão em Walpole com ela. Se não conseguir nenhuma aula, devo ir, pois sinto saudade das colinas e posso escrever meus contos de fadas lá.

Fiz minha palestra burlesca sobre "Woman, and Her Position; by Oronthy Bluggage" [A mulher e o seu lugar, de Oronthy Bluggage] na noite passada, na Deacon G. Foi um momento feliz, e o senhor W. me pediu para fazê-la em H. em troca de dinheiro. Li *Hamlet* em nosso clube – minha peça favorita. Consultei a senhora W. H. sobre a peça; disse que vai se ocupar dela em benefício próprio.

Maio. – Papai foi a C. para conversar com o senhor Emerson sobre a viagem à Inglaterra. Estou para ir a Walpole. Fiz meus próprios vestidos e tive dinheiro suficiente para as meninas. Bom demais ser independente.

[Eu me pergunto se quarenta dólares bastaram para toda a família. Talvez sim, já que montei meu armário com roupas antigas de primas e amigas. – L. M.A.]

WALPOLE, New Hampshire, *junho de 1855.* – Viagem agradável e acolhida gentil. Lugar lindo, no alto das colinas. Muito contente por correr e saltar na floresta e subir no desfiladeiro esplêndido.

Vou escrever aqui, eu sei.

Ajudei a prima L. no jardim; o aroma da terra fresca e o toque das folhas verdes me fizeram bem.

---

[21] Personagem do romance de Charles Dickens *David Copperfield* (1850), símbolo da crença otimista de que "alguma coisa vai aparecer". (N.T.)

O senhor T. veio e elogiou meu primeiro livro, então me senti muito inspirada para continuar e fazer outro. Lembro-me dele em Scituate anos atrás, quando era um jovem construtor naval, e eu, uma garota impertinente de cabelos cacheados, de 5 ou 6 anos.

Acordei às cinco e fiz uma corrida agradável pelo desfiladeiro, vendo a floresta acordar. Planejei um pequeno conto que vai ficar com cara de diferente e verdadeiro, já que veio à mente naquela hora e lugar – "King Goldenrod". Meus dias estão agitados – escrevo de manhã, faço as coisas à tarde e me divirto à noite. Essa estada está me fazendo muito bem.

Julho de 1855. – Li *Hyperion*. No dia 16, minha família veio morar de graça na casa do senhor W. Não havia planos melhores, e estávamos todos cansados da cidade. Aqui papai pode ter um jardim, mamãe pode descansar e ficar perto das sobrinhas gentis; as crianças têm liberdade e ar puro; e A. e eu podemos sair daqui para dar aulas, onde quer que elas aconteçam.

Tempos agitados e felizes durante nossa estada na pequena casa da estrada, perto de meu querido desfiladeiro – peças, piqueniques, pessoas agradáveis e bons vizinhos. Fanny Kemble apareceu, e também a senhora Kirkland e outros, e o Doutor Bellows é o mais divertido de todos. Encenamos "Jacobite,", "Rivals" e "Bonnycastles" para um público de cem pessoas, e escreveram sobre nós nos jornais de Boston. H. T. era nosso gerente, e o doutor B., D. D., o diretor. Anna era a estrela, atuando realmente bem. Interpretei a "Senhora Malaprop", "A Viúva Pottle" e as velhas senhoras.

Terminei o livro sobre fadas em setembro. Anna recebeu uma proposta do doutor Wilbur, de Siracusa, para ensinar no grande asilo de lunáticos. Ela não gostou, mas resolveu ir. Pobrezinha! Tão apreciadora do belo, tímida e terna. É uma luta difícil; mas ela é tão abnegada que tenta gostar disso, porque é um dever.

Outubro. – A. foi a Siracusa. May ilustrou meu livro, e o título dos contos foi *Christmas Elves* [Duendes de Natal]. Melhor que *Flower Fables*. Agora preciso tentar vendê-lo.

[Inocente Louisa, que pensava que um livro sobre o Natal poderia ser vendido em outubro. – L. M. A.]

Novembro. – Decidi ir em busca de meu destino; então, com meu pequeno baú de roupas caseiras, vinte dólares ganhos com as histórias enviadas ao *Gazette* e meus manuscritos, parti com as bênçãos de mamãe em um dia chuvoso no mês mais maçante do ano.

[Meu mês de nascimento, sempre memorável. – L. M. A.]

Achei tarde demais fazer qualquer coisa com o livro, então o deixei de lado e tentei dar aulas, costurar ou qualquer outro trabalho honesto. Não vou para casa ficar no ócio enquanto tiver um cérebro e duas mãos.

Dezembro. – H. e L. W. são muito gentis, e minhas queridas primas de Sewalls me acolheram. Costurei para Mollie e outras e escrevi histórias. C. me deu livros para analisar. Ouvi Thackeray. Tempos de ansiedade; Anna com muitas saudades de casa. Walpole muito fria e maçante agora que as borboletas de verão se foram. Recebi cinco dólares por um conto e doze por costuras; enviei para casa uma cesta de Natal para animar os entes queridos em meio à neve.

Janeiro de 1856. – C. pagou seis dólares por *A Sister's Trial* [O Julgamento de uma Irmã] e me deu mais livros para analisar, e quer mais contos.

[Acredito que sim, pelo preço que pagou. – L. M. A.]

Costurei para L. W. Sewall e outras. O senhor J. M. Field levou minha peça para lançar em Mobile; o senhor Barry, do Teatro de Boston Theatre, está com a peça.

Ouvi a apresentação de Curtis. Comecei um livro para o verão, *Beach Bubbles* [Espumas da Praia]. O senhor F., do *Courier*, publicou um poema meu em *Little Nell*. Recebi dez dólares por "Bertha" e vi cartazes amarelos grandes fincados no chão anunciando-a. Atuei no W.

Março. – Recebi dez dólares por *Genevieve*. Os preços sobem conforme as pessoas gostam dos contos e perguntam quem os escreveu. Terminei *Twelve Bubbles* [Doze Bolhas]. Costurei demais e fiquei muito cansada;

um trabalho para o senhor G. de doze fronhas, uma dúzia de lençóis, seis gravatas elegantes de cambraia e duas dúzias de lenços, em que tive de trabalhar a madrugada toda para terminar, já que eram um presente para ele. Recebi apenas quatro dólares.

Costurar não me deixará rica, mas posso planejar minhas histórias enquanto trabalho, e depois rascunhá-las aos domingos.

Poema em "Little Paul"; a apresentação de Curtis sobre "Dickens" correu bem. Ouvindo Emerson em "England".

Maio. – Anna veio para casa, doente e esgotada; o trabalho foi demais para ela. Tivemos alguns dias felizes de viagem. Não consegui disponibilizar B. B. em formato de livro, mas C. o pegou para pôr no jornal. O senhor Field morreu, então a peça foi cancelada. Alterei o enredo para a senhora Barrow lançar no próximo inverno.

Junho de 1856. – Em casa, encontrei a querida Betty muito doente de escarlatina, que pegou de algumas crianças pobres de quem mamãe cuidou quando se sentiam doentes e que estavam vivendo em um porão onde porcos haviam sido colocados. O senhorio (um diácono) não limparia o local até mamãe ameaçar processá-lo por permitir esse inconveniente. Tarde demais para salvar da febre dois dos pobres bebês, ou Lizzie e May.

[L. nunca se recuperou, mas morreu disso dois anos depois. – L. M. A.]

Tempos de angústia. Cuidei de doentes, fiz o trabalho de casa e escrevi uma história por mês ao longo do verão.

O doutor Bellows e papai conversaram na véspera do domingo.

Outubro. – Cartas gentis de papai, que partiu em viagem para Nova Iorque, Filadélfia e Boston.

Fiz planos de ir a Boston no inverno, já que não há nada a fazer aqui, e lá posso me sustentar e ajudar minha família. C. está oferecendo dez dólares por mês, e talvez mais. L. W., M. S. e outras têm muita coisa para costurar; a peça *talvez* saia, e a senhora R. me dará uma água-furtada por três dólares por semana, com lareira e prancheta. Também costuro para ela.

Se eu conseguir A. L. como governanta, ficarei bem.

Nasci com espírito de menino sob meu babador e minha manta. *Não posso esperar* quando *posso trabalhar;* então, apossei-me de meu pequeno talento e pressionei novamente o mundo, mais corajosa do que antes e mais sábia por causa dos fracassos.

[Jo em Nova Iorque – L. M. A.]

Quase não rezo com palavras; mas, naquele dia, quando parti com todos os meus bens terrenos no pequeno baú, meu próprio dinheiro (vinte e cinco dólares) no bolso, e muita esperança e determinação em minha alma, meu coração estava pleno e pedi ao senhor: "Ajude todos nós, e que cuidemos uns dos outros", como nunca pedira antes, enquanto olhava para trás os rostos queridos que me observavam, tão cheios de amor, esperança e fé.

Diário.

BOSTON, *novembro de 1856. Na casa da senhora David Reed.* – Acho meu quartinho no sótão bem confortável, e uma casa cheia de pranchetas muito interessante para estudar. A senhora Reed é muito gentil. Dou uma volta e levo para C. suas histórias. Consulto a senhora L. sobre A. Não me querem. Um golpe, mas me animo e saio em busca de costuras. Vou ouvir Parker, e ele me passa uma boa impressão. Pede-me que vá a sua casa aos domingos à noite. Fui, e conheci Phillips, Garrison, Hedge e outros homens de destaque, e fico no meu cantinho toda semana, contemplando e desfrutando de minha companhia.

Quando cheguei, o senhor Parker disse: "Deus a abençoe, Louisa; venha novamente"; e seu aperto de mão me deu coragem para enfrentar outra semana de angústia.

3 de novembro. – Escrevi durante toda a manhã. À tarde fui ver a recepção de Sumner[22], já que ele voltou para casa após o caso Brooks[23].

---

[22] Charles Sumner (1811-1874), ex-senador norte-americano, conhecido como líder das forças antiescravidão no Estado de Massachusetts. (N.T.)

[23] Preston Brooks (1819-1857), forte defensor da escravidão, ficou muito conhecido pelo ataque ao senador Charles Sumner em 1856, golpeando-o com uma bengala até quase o matar em reação a um discurso antiescravidão proferido pelo abolicionista, no qual este atacou, verbalmente, o primo-irmão de Brooks. (N.T.)

Vi-o passar pela rua Beacon, pálido e fraco, mas sorrindo e acenando. Corri para a rua Hancock e cheguei a tempo de vê-lo trazer sua velha e orgulhosa mãe à janela quando a multidão lhe deu três vivas. Também dei, e fiquei muito empolgada. O senhor Parker o encontrou em algum lugar antes de a cerimônia começar, e P., mencionado acima, aplaudia feito um menino; e Sumn sorria e acenava com a cabeça conforme seu amigo saltitava e gritava, sem chapéu e radiante.

Minha prima gentil, L. W., conseguiu ingressos para uma série de conferências sobre *Literatura Italiana*, e, ao ver meu casaco antigo, enviou-me um novo, com outras coisas úteis e bonitas como aquelas que garotas adoram ter. Nunca me esquecerei de como ela sempre foi gentil comigo.

5 de novembro. – Fui com H. W. consultar o diretor Barry sobre a eterna peça que está sempre para sair, mas nunca sai. Andamos por todo o grande teatro novo e dancei uma jig[24] no palco imenso. O senhor B. foi muito gentil e me deu uma entrada para vir sempre que quisesse. Era tanta riqueza que não me importava se a peça causaria uma impressão marcante no local, e voltei para casa cheia de alegria. Na véspera, vi La Grange como Norma, e a impressão era que eu sabia tudo sobre aquele lugar. Sou fascinada por teatro e me imaginei no lugar dela, com vestido branco e uma coroa de folhas de carvalho.

6 de novembro. – Costurei com alegria doze lençóis para H. W., e o fiz com muita boa vontade depois de ele ter sido tão gentil comigo.

Fui a Roxbury consultar o primo doutor W. sobre a peça e lhe dar as boas notícias. Voltei para casa nas carruagens novas e as achei muito bonitas.

Na véspera fui dar aulas na Capela Charity School da rua Warren. Ajudarei como sou ajudada, se eu conseguir. Mamãe diz que ninguém é tão pobre que não possa fazer um pouco por alguém ainda mais pobre.

Domingo. – Ouvi Parker em "Individuality of Character" [Individualidade de caráter] e gostei muito. No dia anterior fui conhecer sua casa.

---

[24] Jig, dança celta-irlandesa (N.R.)

A senhora Howe estava lá, bem como Sumner e outros. Sentei-me no meu canto habitual, mas o senhor P. veio e disse, com seu jeito cordial, "Bem, criança, como estão as coisas?". "Estão bem, senhor." "Que bravura." E saiu, com seu aperto de mão caloroso, deixando-me orgulhosa e feliz, embora tenha meus desafios. Ele é como uma grande fogueira de quem todos podem se aproximar e ser aquecidos e reconfortados. Abençoado seja!

Conversei sobre ele durante um chá e o defendi quando W. R. disse que ele não era cristão. Ele é *dos meus,* pois, embora possa não demonstrar reverência pelo Deus das outras pessoas, pelo seu próprio ele trabalha corajosamente e não vira as costas a ninguém que precisa de ajuda, como alguns devotos fazem.

Segunda-feira, dia 14. – May veio cheia de expectativas e alegria visitar a tia B. e estudar desenho. Falamos a respeito e tivemos uma boa conversa em casa, então minha menina foi à casa da titia dar início a um (assim espero) inverno agradável e proveitoso. Ela precisa de ajuda para desenvolver seu talento, e não posso fazer isso por ela.

Fui ver Forrest como Otelo. É engraçado perceber como os cavalheiros outrora frios são atenciosos com a senhorita Alcott agora que ela tem uma entrada para o novo teatro.

19 de novembro. – Meu aniversário. Senti-me desamparada tão longe de casa. Escrevi o dia todo. Parece que aos poucos estou me saindo bem, então devo ficar contente. Fui a uma festinha na casa de B. na véspera.

May estava muito bonita e parecia ser uma das favoritas. Os rapazes zombaram de mim por eu ser autora, e eu disse que ainda seria famosa. Serei se conseguir, mas alguma coisa a mais deve ser melhor para mim.

Achei um alfinete bonito de papai e uma carta delicada quando voltei para casa. O senhor H. os trouxe com cartas de mamãe e Betty, então fui dormir feliz.

Dezembro. – Ocupada com os contos de Natal e Ano Novo. Ouvi uma boa conferência de E. P. Whipple sobre "Courage" [Coragem]. Pensei que precisava disso, já que estou cansada de viver como uma aranha – fritar os miolos por dinheiro.

Escrevi uma história, "The Cross on the Church Tower" [A cruz na torre da igreja], inspirada pela torre em frente à minha janela.

Contatei a senhora L., e ela me pediu para vir e dar aulas a A. durante três horas todos os dias. Exatamente o que eu queria; e a recepção das crianças foi bem bonita e acolhedora para "Nossa Olly", que é como elas me chamam.

Agora a comida está garantida, mas as coisas para casa vão acabar se as histórias e a costura não derem certo. Não ganho muito, mas consigo enviar alguns mimos para mamãe e Betty e manter May asseada.

18 de dezembro. – Comecei com [as aulas] A. L., na rua Beacon. Dei aulas a C. quando morávamos na rua High, a A. na rua Pinckney e agora Al.; então, pelo jeito sou uma instituição e um sucesso, já que consigo começar com o menino, ensinar uma menina e cuidar do pequeno inválido. É um trabalho árduo, mas posso fazê-lo; e estou contente por ficar em um cômodo grande e elegante durante parte dos dias, além de em minha água-furtada, que nada tem de bonito, apenas a torre cinza e o céu azul lá fora, quando me sento à janela para escrever. Adoro o luxo, mas a liberdade e a independência, ainda mais.

A Seu Pai, Escrita da Casa da Senhora Reed.

BOSTON, *29 DE NOVEMBRO DE 1856.*

QUERIDÍSSIMO PAI – Sua pequena encomenda foi muito bem-vinda para mim, já que fico sozinha em meu quarto, com a neve caindo rápido lá fora e algumas lágrimas aqui dentro (pois aniversários são momentos tristes para mim); e a carta elegante, o presente bonito e, acima de tudo, o fato de pensar tão gentilmente em sua velha e ausente filha transformaram o dia escuro e frio em um verão quente e claro para mim.

E agora, com o alfinete de aniversário em meu peito, muita gratidão nos lábios e um coração cheio de amor por quem o deu, vou lhe contar um pouquinho sobre as coisas que estou fazendo, ainda que pareçam tolas em comparação com seus feitos grandiosos. Como gostaria de poder estar com você, aproveitando tudo aquilo que sempre almejei – pessoas elegantes, diversões elegantes e livros elegantes. Mas, como não posso, estou contente por você poder, pois adoro ver seu nome em primeiro lugar entre os conferencistas, ouvi-lo mencionado com gentileza em jornais e perguntado por pessoas boas daqui – para não citar o prazer e o orgulho que sinto em finalmente vê-lo ocupar o lugar que foi feito para você e pelo qual esperou por tanto tempo e com tamanha paciência. Se os nova-iorquinos erguessem uma estátua ao Platão moderno, seria uma atitude sábia e altamente louvável.

Estou muito bem e muito feliz. As coisas correm sem sobressaltos, e acho que me sairei bem e provarei que, embora seja uma Alcott, *eu* posso *me* sustentar. Gosto da sensação de independência e, embora não seja uma vida fácil, é uma vida livre, e gosto dela. Não consigo fazer muitos trabalhos manuais; portanto, usarei minha cabeça como aríete e abrirei caminho através deste mundo turbulento. Tenho muitas conferências agradáveis para divertir minhas noites – do Professor Gajani sobre "Reformadores Italianos", o curso da Mercantile Library, Whipple, Beecher, etc., e, o melhor de tudo, uma entrada livre para o Teatro de Boston. Vi o senhor Barry, e ele a deu para mim com muitas palavras gentis e promessas de lançar a peça muito em breve. Espero que ele a lance.

Minha peça está nas mãos da senhora W. H. Smith, que atua no teatro de Laura Keene em Nova Iorque. Ela a assumiu, dizendo que a lançaria lá. Se você vir ou ouvir algo a respeito, avise-me. Quero que algo seja feito. Passo as manhãs escrevendo. C. leva um por mês, e estou para ver o senhor B., que talvez fique com alguns dos meus produtos.

Durante as tardes, caminho e visito meus inúmeros conhecidos, todos gentis e simpáticos e que parecem interessados em nossos vários sucessos.

Aos domingos à tarde, vou ao salão de Parker e lá encontro Phillips, Garrison, Scherb, Sanborn e muitas outras pessoas agradáveis. Missão cumprida, sento-me em um canto para ouvir, desejando que certo cavalheiro grisalho e pacato estivesse discursando também.

A senhora Parker me visita, lê minhas histórias e é muito boa comigo. Theodore pergunta a Louisa "como vão seus honrados pais", e aliás é muito simpático com a garota grandalhona e tímida que adorna seu salão.

Abby está se preparando para um inverno movimentado e, espero, lucrativo. Ela já tem aulas de música, francês e desenho à espera e, se sua visão aguentar, manterá a palavra e se tornará o que nenhum de nós consegue ser: "uma Alcott realizada". Agora, querido pai, espero saber de você às vezes e responderei com alegria a todas as epístolas de Platão cuja freguesia do salão está se tornando bem famosa. Estou com a Tribuna, mas não a carta, e irei analisá-la. Eu tinha intenção de escrever, mas não sabia onde você estava.

Adeus e feliz aniversário, de sua filha sempre amorosa,

Louisa.

Diário.

24 anos.

Janeiro de 1857. – Ganhei meu primeiro vestido de seda da boa e pequena L. W. – muito elegante; e senti como se todos os Hancocks e Quincys me observassem quando fui a duas festas na véspera de Ano Novo.

Um mês movimentado, feliz – dei aulas, escrevi, costurei, li em voz alta para a "mamãezinha" e fui várias vezes ao teatro; ouvi boas conferências; e aproveitei muito minhas noites no Parker.

Papai veio me ver a caminho de volta para casa; pouco dinheiro; teve bons momentos, e foi solicitado a voltar. Por que pessoas ricas que gostam de seu discurso não pagam por isso?

Filósofos são sempre pobres e modestos demais para passar o próprio chapéu.

Enviei por ele um bom pacote aos pobres Forlornites que moram entre pilhas de neves de três metros em W.

Fevereiro. – Corri para casa para ler um cartão do Dia dos Namorados.

Março. – Coloquei vários ferros no fogo, e estou tentando mantê-los todos quentes.

Abril. – May desenhou, com lápis de colorir, a cabeça de mamãe e da senhora Murdock; ficaram muito parecidas. Todos nós orgulhosos como pavões de nossa "pequena Rafael".

Ouvi o discurso da senhora Butler; muito bom.

Maio. – Saí da casa de L. com meus trinta e três dólares, contente por descansar. May foi para casa com seu desenho, feliz com o trabalho de inverno e o sucesso.

Papai fez três conferências em W. F. Channing. Boa companhia – Emerson, senhora Howe e os outros.

Vi o jovem Booth em Brutus e gostei mais dele que do pai; saí e descansei após meus afazeres; feliz por estar com papai, que gostou de Boston e dos amigos.

Em casa no dia 10, domingo nos Emersons. Fiz o que planejara – sustentei-me, escrevi oito histórias, dei aula durante meses, ganhei cem dólares e enviei dinheiro para casa.

Junho – Todos juntos, felizes. Minha querida Nan ficou comigo, e passamos bons momentos. Betty estava frágil, mas pareceu se animar por um tempo. O inverno longo, frio e solitário fora árduo demais para a delicada criatura, e todos ficamos angustiados por ela. Temo que possa falecer, pois ela nunca pareceu se importar muito com este mundo, além do lar.

Assim, aos poucos os dias pareciam estar se tornando aquilo pelo qual Louisa vinha aguardando ansiosamente há muito tempo. Ela descobriu que podia ser independente, ajudar a família e até ceder a alguns de seus próprios gostos.

Nessa época, a senhorita Alcott menciona uma amiga jovem que morreu em seus braços e fala sobre consolar a irmã solitária. Isso mostra como seu coração acolhedor era devotado aos outros, enquanto a mente estava por demais ocupada com seus planos ambiciosos. Ela também fala sobre os indícios de uma nova história chamada *The Cost of an Idea* [O custo de uma ideia]. Louisa nunca perdeu de vista esse plano, mas não o levou a cabo. Ela tinha em mente a vida e o caráter do pai e desejava retratar o conflito entre o ideal elevado e as dificuldades práticas da vida dele; porém, esse era um tema impossível. O episódio de Fruitlands foi contado em *Transcendental Wild Oats* [Carvalhos silvestres transcendentais], e o início de sua vida, em *A educação de Eli*. No entanto, mesmo que a admiração e o afeto por ele fossem amplamente mostrados em seus diários, talvez ela nunca o tenha compreendido de maneira tão meticulosa a ponto de retratar sua personalidade da forma adequada; nem poderia fazer jus a tudo relacionado a ele sem violação de privacidade, devido aos sentimentos que lhe consagrava.

Uma enorme sombra tomou conta do coração e da vida de Louisa pelo fato de sua querida irmã mais nova, Elizabeth, estar cada vez mais doente. Essa jovem menina era ternamente amada por toda a família, e era de fato tão pura, refinada e piedosa quanto sua representação como Beth em *Mulherzinhas*. Seu declínio foi muito gradual, e ela era tão paciente e doce que a época triste de angústia foi muito preciosa em termos de lembranças.

Essa doença pesou no bolso da família, e oito anos depois Louisa pagou a conta do médico que atendeu sua irmã.

Em outubro de 1857, a família se mudou novamente para Concord, e Louisa ficou em casa para dar assistência nos cuidados com a querida inválida. Eles moraram por alguns meses em uma parte de uma casa que alugaram até que a Orchard House, que haviam comprado, estivesse pronta para eles. Aqui a vida da dileta irmã chegou ao fim.

Essa foi a primeira ruptura no lar, e o coração da mãe nunca se recuperou por inteiro disso. Louisa aceitou a morte com sabedoria sólida e amorosa. A morte, ao que parece, nunca a aterrorizou.

Em julho eles tomaram posse da Orchard House, que dali em diante foi a residência fixa da família. Era uma antiga casa pitoresca ao lado de uma colina, com um pomar de macieiras. Não era longe da casa do senhor Emerson, e dava para ir a pé até o vilarejo; ainda assim, era silenciosa e rural. O senhor Alcott tinha uma biblioteca, e era muito feliz ali; mas o coração de Louisa nunca se apegou a ela.

O noivado da irmã mais velha foi um acontecimento muito estimulante para Louisa, que não gostou do rompimento da antiga relação entre irmãs; mas tudo era tão autêntico e verdadeiro no amor do mais novo casal que ela não pôde evitar aceitar a mudança como uma bênção para a irmã e acolher de coração o novo irmão. Os registros no diário revelam que o retrato esboçado em *Mulherzinhas* desse nobre homem era real, sem nenhum exagero.

Louisa foi a Boston para uma visita, e novamente teve esperanças de subir ao palco; mas um acidente impediu que isso acontecesse, e ela voltou para Concord e para a escrita, exteriorizando sua decepção em uma história chamada "Apenas uma atriz".

Uma das coisas que viveu na época foi uma proposta de casamento, sobre a qual consultou a mãe, dizendo a ela que não se importava muito com o pretendente. Sensata, sua mãe a salvou do impulso da abnegação, o que poderia tê-la levado a aceitar uma posição que teria ajudado sua família.

Embora esse não tenha sido o único exemplo de propostas de casamento mais ou menos vantajosas que lhe foram feitas, Louisa não tinha a menor inclinação para o matrimônio. Seu coração estava ligado à família, e ela mal conseguia contemplar os próprios interesses à parte dos interesses familiares. Ela adorava atividade, liberdade e independência. Não podia nutrir ilusões com ternura; sempre dizia que estava cansada de todo mundo, e tinha certeza de que se cansaria do marido se se casasse. Ela nunca quis fazer suas heroínas se casar, e histórias de amor são a parte de seus livros pelas quais menos se importava. Louisa cedia aos desejos do público, que não aceitaria a vida sem o reconhecimento dessa imensa alegria inerente a ela. Não obstante, deve-se admitir que às vezes ela retratou cenas de amor muito ternas e naturais, embora mais frequentemente sob uma aparência pitoresca e caseira do que à moda dos romances antigos.

"King of Clubs and Queen of Hearts [Rei de Paus e Rainha de Copas]" é muito bem contada, e "O bule da senhora Todger" faz jus ao afeto tranquilo e sincero que não arrefece com a idade.

Ela continuou a escrever e recebia cinco, seis ou dez dólares por cada história; mas ainda não se aventurara a abandonar a costura e as aulas, que ainda eram o recurso seguro.

Sua irmã mais nova começara a exercitar seu talento e ilustrou um pequeno livro de Louisa chamado *Os elfos do Natal*, que afirma ser melhor que *Flower Fables*.

Diário.

Li a biografia de Charlotte Brontë[25]. Muito interessante, mas triste. Tão cheia de talento; e depois de tanto trabalho, com a chegada do sucesso, do amor e da felicidade, ela morre.

Eu me pergunto se serei famosa o bastante a ponto de as pessoas se importarem em ler minha história e minhas batalhas. Não posso ser uma C. B., mas ainda assim vou fazer algumas coisas.

Julho. – Vovó Alcott veio nos visitar. Uma senhora amorosa; estou feliz em conhecê-la e ver de onde papai herdou seu caráter. Oitenta e quatro anos e, ainda assim, muito esperta, diligente e sábia. Um lar precisa de uma avó.

Ao conversarmos sobre a infância de papai, nunca antes tinha percebido com tanta clareza quanto ele fez por si mesmo. Sua infância parecia um lindo romance antigo, e mamãe acrescentou os trechos de amor.

Tive uma ideia para uma história; algum dia a escreverei e a chamarei de "The Cost of an Idea" [O custo de uma ideia]. Spindle Hill, Temple School, Fruitlands, Boston e Concord dariam bons capítulos.

As provações e os triunfos da Família Patética dariam um livro essencial; que eu possa viver para escrevê-lo.

Agosto. – Mês triste, angustiante. Betty piorou; mamãe a leva até a praia. Papai decide voltar para Concord; ele nunca fica feliz longe de Emerson, o único amigo verdadeiro que realmente o ama, o compreende e o ajuda.

Setembro. – Uma casa antiga perto da de R. W. E. é comprada com o dinheiro de mamãe, e nos propomos a mudar. Mamãe está em Boston com a pobre Betty, que está definhando rápido. Anna e eu tivemos dificuldades para nos separarmos.

Outubro. – Mudei-me para Concord. Ocupei metade de uma casa na cidade até a primavera, quando a antiga deve ficar pronta.

Betty é a sombra do que era, mas sempre doce e paciente. Preparei um quarto bonito para ela, e espero que o lar, o amor e os cuidados possam conservá-la.

---

[25] Charlotte Brontë (1816-1855), escritora e poetisa inglesa, a mais velha das irmãs Brontë. Seu romance mais conhecido é *Jane Eyre*, escrito sob o pseudônimo de Currer Bell. (N.T.)

Pessoas gentis e simpáticas, e o antigo lugar parece agradável, embora não queira morar aqui nunca.

Novembro. – Papai vai para o Oeste, levando vovó para casa. Nós nos conformamos com o inverno, seja lá o que for. Lizzie parece melhor, e fizemos algumas peças. A escola de Sanborn dá vida às coisas, e fechamos um bom negócio neste mês. Sinto meu quarto de século pesar sobre meus ombros neste exato instante. Tenho duas vidas para levar. Uma parece alegre, com as peças e tudo o mais; a outra, bem triste – no quarto de Betty; pois, embora ela deseje que atuemos e adore nos ver prontas, a sombra está lá, e mamãe e eu a vemos. Betty adora minha companhia; e fico com ela à noite, pois mamãe precisa descansar. Betty diz que se sente "forte" quando estou perto dela. Muito contente por ser útil.

Dezembro. – Algumas peças bonitas para a caridade.

Janeiro de 1858. – Lizzie piorou muito; o doutor G. diz que não há esperança. Coisa difícil de se ouvir; mas, se for para ela sofrer, rezo para que vá embora logo. Ela ficou contente em saber que ia "melhorar", como dizia, e tentamos suportar isso com coragem por causa dela. Desistimos das peças; papai voltou para casa; e Anna assumiu as tarefas de casa, para que mamãe e eu pudéssemos nos dedicar a ela. Dias tristes e silenciosos em seu quarto, e madrugadas estranhas mantendo o fogo aceso e observando a pequena sombra querida passar as longas horas insones sem me incomodar. Ela costura, lê, canta baixinho e fica deitada olhando para o fogo – tão doce e paciente, e tão exausta, meu coração está partido ao ver a mudança. Escrevi alguns versos certa noite sobre "O Anjo da Casa".

[Jo e Beth. – L. M. A.]

Fevereiro. – Um mês ameno; Betty bem tranquila, e nós levemente esperançosos.

A querida Betty está partindo, e cada hora é preciosa demais para desperdiçar, portanto vou guardar para mim as lamentações sobre os assuntos de Nan até que essa tarefa acabe.

Lizzie faz algumas coisinhas e as joga da janela para os alunos, sorrindo ao vê-los surpresos. De madrugada ela me pede para ser a senhora Gamp, quando lhe dou seu almoço, e tenta ficar alegre por eu manter meu ritmo. Santinha querida! Devo ser uma pessoa melhor por toda a vida por causa dessas horas tristes com você.

14 de março. – Minha querida Beth morreu às três horas desta madrugada, após dois anos de dor resignada. Na última semana ela pôs o trabalho de lado, dizendo que a agulha estava "pesada demais", e, tendo nos dado o pouco que possuía, preparou-se para a partida de seu jeito simples, silencioso. Durante dias ela sofreu muito, implorando por éter, embora o efeito tenha acabado. Na terça-feira ela se deitou nos braços de papai e nos chamou ao redor dela, sorrindo satisfeita e dizendo: "Todos aqui!". Acho que ela nos deu adeus nesse momento, enquanto segurava nossas mãos e nos beijava com ternura.

No sábado ela dormiu, e à meia-noite ficou inconsciente, despedindo-se em silêncio da vida até as três horas; então, com um último e lindo olhar, ela se foi.

Aconteceu uma coisa curiosa e vou contá-la aqui, pois o doutor G. disse que era verdade. Alguns momentos depois do último suspiro, quando mamãe e eu nos sentamos em silêncio observando a sombra recair sobre o rostinho amado, vi uma pequena bruma se erguer do corpo, flutuar e desaparecer no ar. Os olhos de mamãe seguiram os meus e, quando eu perguntei "O que você viu?", ela descreveu a mesma bruma leve. O doutor G. disse que era a vida partindo de maneira visível.

Pela última vez nós a vestimos com a beca e o chapéu habituais e a deitamos na cama – enfim, o descanso. O que ela sofreu era visível no rosto; pois, aos 23 anos, parecia uma mulher de 40, de tão exausta que estava, e todo o seu lindo cabelo havia caído.

Na segunda-feira, o doutor Huntington leu o culto na Capela, e cantamos o hino favorito dela. O senhor Emerson, Henry Thoreau, Sanborn e John Pratt a carregaram da velha casa até a nova em Sleepy Hollow, escolhida por ela mesma. Eis a chegada da primeira ruptura, e sei o que a morte significa: uma libertação para ela, um ensinamento para nós.

Abril. – Vim ficar em uma ala da casa de Hawthorne (que já foi nossa) enquanto a outra estava sendo reformada. Papai, mamãe e eu cuidávamos juntos da casa; May em Boston, Anna na Fazenda Pratte, pela primeira vez sem a Lizzie. Não sinto a falta dela como eu esperava, pois ela parece mais próxima e mais querida do que nunca antes; e estou contente por saber que ela está livre da dor e da velhice em algum mundo em que sua alma deve estar feliz.

A morte nunca me pareceu terrível, e agora ela é linda; portanto, não consigo temê-la, mas a acho agradável e maravilhosa.

Maio. – Mês solitário em que todas as meninas foram embora, e papai e mamãe entretidos na antiga casa, com a qual não me importo, não gosto de Concord.

No dia 7 de abril, Anna veio nos contar que estava noiva de John Pratt; mais uma irmã que se vai, portanto. J. é um exemplo de filho e irmão – um homem de verdade –, cheio de potencialidades maravilhosas, mas tão modesto que não as enxergamos à primeira vista. Ele é belo, saudável e feliz; recém-chegado do Oeste, e tão cheio de amor que é agradável olhar para ele.

Lamentei a sós minha grande perda e disse que nunca perdoaria J. por tirar Anna de mim; mas perdoarei se ela a fizer feliz, e voltei-me à pequena May como consolo.

[Agora que John está morto, posso de fato dizer que todos tínhamos motivos para abençoar o dia em que ele entrou na família, pois ganhamos um filho e um irmão, e Anna, o melhor marido que já existiu.
Por dez anos ele fez da casa dela um pequeno paraíso de amor e paz; e, quando morreu, deixou-lhe um legado de uma linda vida, e um nome íntegro para seus filhinhos. – L. M. A., 1873.]

Junho – As meninas vieram para casa e fui visitar L. W. em Boston. Vi Charlotte Cushman e desejei estar no palco. O doutor W. pediu a Barry que me deixasse atuar nesse teatro, e ele concordou. Eu interpretaria a Viúva Pottle, já que o vestido era um bom disfarce e eu sabia bem minha parte. Era tudo um segredo, e eu tinha esperança de tentar uma vida nova;

já que a antiga mudara tanto, senti que deveria achar interesse em algo que me encantasse. Mas o senhor B. quebrou a perna, então tive que desistir; e, quando se soube, os queridos e respeitáveis parentes ficaram horrorizados com a ideia. Tentarei de novo logo, logo, e verei se tenho talento. Talvez eu tenha nascido para o palco, não para a escrita. A natureza deve ter algum tipo de escape.

Julho. – Fui à casa nova e comecei a organizá-la. Papai está feliz; mamãe, contente por descansar; Anna está em êxtase com seu adorável John; e May está ocupada com os desenhos. Tenho planos latentes, mas preciso varrer, espanar e lavar minha louça por um bom tempo até ver uma saída.

Aliviei minha paixão por palco escrevendo uma história, e me senti melhor; e também um conto com moral, e recebi vinte e cinco dólares, o que remendou nossos vestidos e chapéus de verão. Pelo menos, a parte interna de minha cabeça pode cobrir a de fora.

Agosto. – Muita companhia para ver a casa nova. Todos pareciam contentes em ver a família errante finalmente ancorada. Não nos mudaremos de novo por vinte anos, se eu puder ajudar. Pessoas velhas precisam de um lugar permanente; e, agora que a morte e o amor levaram dois de nós, eu posso, espero, cuidar dos quatro que restarem.

Todos os semanários receberão histórias; e posso cozinhar romances enquanto faço o trabalho de casa, portanto vejo um dinheirinho no fim do túnel, e talvez com mais frequência se um dia eu fizer sucesso.

Provavelmente por causa da agitação do luto pela morte da irmã, e do pesar pelo noivado feliz de Anna, em outubro Louisa ficou mais desanimada do que nunca estivera e partiu para Boston em busca de trabalho. À medida que caminhava pela barragem do moinho, o rio corrente trouxe a ideia do Rio da Morte, que daria fim a todos os problemas. Não foi nada além de um impulso momentâneo, e o bravo coração jovem se ateve ao pensamento: "Há trabalho para mim, e eu o conseguirei!". Seu diário conta como o senhor Parker a ajudou durante esse período de ansiedade. Ela estava pronta para ir a Lancaster, para trabalhar duramente e costurar, quando seu antigo cargo de governanta lhe foi novamente oferecido, e o próprio sustento estava garantido.

Outubro. – Fui a Boston em minha busca habitual por emprego, já que não sou necessária em casa e pareço a única provedora neste momento.

Meu ataque de desespero passou logo, pois parecia tão covarde fugir antes que a batalha tivesse acabado que não consegui fazer isso. Então, disse, com firmeza: "*Há* trabalho para mim, e o conseguirei", e fui para casa decidida a pegar o destino pelo pescoço e tirar uma vida de dentro dele.

No domingo, o senhor Parker fez um sermão sobre "Jovens Mulheres Laboriosas". Tudo de que eu precisava, pois dizia: "Confie em seus semelhantes, e deixe que o ajudem. Não seja orgulhoso demais para pedir e aceite o mais humilde trabalho até encontrar a tarefa que deseja".

"Eu vou", disse, e fui até o senhor P. Ele havia saído, mas contei à senhora P. o que eu queria, e ela disse, gentilmente, que certamente Theodore e Hannah teriam algo para mim. No caminho de casa, encontrei a senhora L., que não me queria, já que Alice estava na escola. Ela perguntou se eu estava noiva, afirmou que A. não estava se saindo bem, e pensou que talvez eles poderiam me querer de volta. Fiquei alegre, e fui para casa com a sensação de que o jogo começara a virar. No dia seguinte, a senhorita H. S. veio me oferecer uma vaga no Reformatório para Meninas em Lancaster, para costurar, fazer e remendar roupas dez horas por dia. Eu disse que iria, já que podia fazer qualquer coisa com uma agulha; mas acrescentei, se a senhora L. me quiser, eu prefiro.

"É claro que sim. Aceite se conseguir e, se não, experimente meu trabalho." Prometi e esperei. Na véspera, quando minha sacola estava pronta e tudo estava preparado para Lancaster, chegou um bilhete da senhora L. oferecendo o antigo salário e a antiga função. Cantei de alegria, e no dia seguinte postei uma carta para a senhorita S. Ela ficou contente e apertou minha mão, dizendo: "Foi um teste, minha cara, e você passou. Quando disse ao senhor P. que você iria, ele falou: 'É uma menina autêntica; Louisa conseguirá'".

Fiquei muito orgulhosa e feliz, pois coisas assim são testes de caráter e também de coragem, e eu almejava o respeito de pessoas como o senhor P. e a senhorita S.

Avante, minha menina de coração iluminado! Pois, com os contos e as costuras para Mary, que pagam minha alimentação, estou pronta para o inverno e minhas preocupações se acabam. Graças ao Senhor!

Desta vez Louisa encontrou editores ávidos por suas histórias e começou a escrever para eles. Ela se sentiu estimulada pelo elogio de E. P. Whipple a "Mark Field's Mistake" e pelo ganho de trinta dólares, cuja maior parte enviou para casa.

Diário.

Ganhei trinta dólares, mandei vinte para casa. Ouvi as conferências de Curtis, Parker, Higginson e da senhora Dall. Vi o *Hamlet* de Edwin Booth, e finalmente cumpri meu ideal.

Meu vigésimo sexto aniversário é no dia 29. Algumas cartas gentis de casa, e um anel dos cabelos de A. e J. como oferta de paz. Dia silencioso, com muitos pensamentos e memórias.

O ano passado nos trouxe a primeira morte e o noivado – dois acontecimentos que mudaram minha vida. Vejo que essas experiências se apossaram muito de mim, e ou me mudaram ou me aprimoraram. Lizzie me ajuda espiritualmente, e um pouco de sucesso me deixa mais autoconfiante. Agora que mamãe está esgotada demais para se cansar com minhas alterações de humor, preciso lidar com elas sozinha e estou aprendendo que trabalhar com a mente e as mãos é minha salvação quando a decepção ou o cansaço oneram e escurecem minha alma.

Em meu pesar, penso que instintivamente cheguei mais perto de Deus, e encontro conforto em saber que a ajuda Dele era certa quando nada mais era.

Um luto significativo me ensinou mais do que qualquer ministro, e quando me sinto mais sozinha encontro refúgio no Amigo Todo-Poderoso. Se isso é vivenciar a religião, eu o fiz; mas penso que esta é a lição que se precisa aprender quando ela chega, e fico contente em saber disso.

Após meu ataque de desespero, pareço estar mais corajosa e mais animada, e tirei de dentro de mim um bom coração. Espero que isso dure, pois preciso de toda a coragem e consolo que conseguir.

Sinto que poderia escrever melhor agora – com mais certeza das coisas que senti e que, portanto, eu *sei*. Espero que ainda escreva meu livro excelente, pois parece que esse é meu trabalho, e estou amadurecendo para ele. Penso até em tentar o *Atlantic*[26]. É ambicioso para você! Tenho certeza de que algumas histórias são muito chatas. Se o senhor L. ficar com o que papai levou para ele, acho que posso fazer alguma coisa.

Dezembro. – Papai começou sua viagem pelo Oeste cheio de esperanças. Homem encantador! Como ele ficará feliz se as pessoas apenas o ouvirem e *pagarem* pela sabedoria dele.

May veio até B. e ficou comigo enquanto fazia aulas de desenho. Natal em casa. Escrevi uma história indiana.

Janeiro de 1859. – Enviei um pacote para casa, para mamãe e Nan.

Mamãe muito doente. Em casa, cuidando dela por uma semana. Perguntando-me se eu não deveria ser enfermeira, já que pareço ter talento para isso. Lizzie, L. W. e mamãe dizem que sim, e gosto disso. Se eu não soubesse escrever ou atuar, tentaria. May ainda vai. Vinte e um dólares de L.; quinze para casa.

Algum dia farei meu melhor e serei bem paga por isso.

[Três mil dólares por uma série curta em 1876. Uma verdadeira profetisa. – L. M. A.]

Escrevi uma sequência para "Mark Field". Passei momentos estranhos com ela, acordando de madrugada para escrevê-la, plena demais para conseguir dormir.

Março. – "Mark" foi um sucesso, e muito elogiado. Portanto, acredito que o sopro divino finalmente baixou. Vida ocupada dando aulas,

---

[26] Possível referência ao periódico *The Atlantic Monthly*, de Boston, fundado em 1857 e no qual Louisa chegou a publicar algumas de suas histórias. (N.T.)

escrevendo, costurando, extraindo tudo o que posso de conferências, livros e pessoas boas. A vida é minha faculdade. Que eu possa ter uma boa formação e adquirir algumas honras!

Abril. – May veio para casa depois de um inverno feliz na Escola de Desenho, onde se saiu bem e lhe fizeram várias promessas. O senhor T. disse coisas boas sobre ela, e ficamos muito orgulhosas. Não há dúvidas sobre o que ela poderá ser, se conseguirmos mantê-la por perto.

Também fui para casa, tendo me desligado de A., que saiu da cidade cedo. Não darei mais aulas se puder, não gosto; e, se conseguir escrever o suficiente, posso me sair muito melhor.

Fiz mais do que esperava. Sustentei-me, ajudei May e mandei algumas coisas para casa. Não tomei um centavo emprestado e fiquei com apenas cinco dólares. Portanto, minha terceira batalha acaba bem.

Maio. – Cuidei de L. W., que estava doente. Certo dia andei de C. a B., trinta quilômetros em cinco horas, e fui a uma festa à noite. Não muito cansada. Bom trabalho para uma produção de legumes!

Junho. – Aceitei dar aulas e alimentar duas crianças. Mês ocupado, já que Anna estava em B.

Setembro. – O Great State Encampment está aqui. Cidade cheia de soldados, com afobação militar. Gosto de acampamento e almejo uma guerra, para ver como é. Não posso combater, mas posso muito bem ser uma enfermeira.

[Novamente profética – L. M. A.]

Outubro de 1859. – May fez uma linda cópia do Endymion[27] de Emerson para mim. Mamãe faz 60 anos. Deus a abençoe, mulher corajosa!

Boas notícias de Parker em Florença, meu amado ministro e amigo. A ele e a R. W.

A E. eu devo muito de minha educação. Que eu seja uma pupila digna de homens como eles!

---
[27] Um belo baixo-relevo de propriedade do senhor Emerson. (N.A.)

Novembro. – Oba! Minha história foi aceita; e Lowell perguntou se não era uma tradução do alemão, tão diferente dos outros contos. Senti-me muito estimulada, e meus cinquenta dólares serão muito bem-vindos. As pessoas parecem achar que ela é ótima para entrar no *Atlantic*, mas não venho tentando todos esses anos em vão, e ainda posso ter livros, editoras e uma fortuna própria. O sucesso subiu à minha cabeça, e devaneio um pouco: 27 anos de idade, e muito feliz.

A tragédia de Harper's Ferry[28] torna este mês memorável. Contente por ter vivido para ver o movimento antiescravidão e este último ato heroico. Gostaria de ter feito minha parte nele.

Dezembro de 1859. – A execução de Santo John, o Justo, ocorreu no segundo dia. Uma reunião no auditório, e Concord inteira estava lá. Emerson, Thoreau, papai e Sanborn discursaram, e todos sentiam reverência e admiração pelo mártir.

Fiz alguns versos sobre isso e enviei-os ao *Liberator*.

Uma doença da senhora Alcott que levou Louisa a cuidar dela faz a autora questionar se ser enfermeira não é sua verdadeira vocação. Mais tarde, ela teve uma chance de tentar.

Há muito interesse pelo trabalho de Louisa nessa época, quando ela lançou histórias sensacionais tão rápido quanto eram desejadas, a partir da consideração que passou a ter com *Mulherzinhas*. Ela concentrara em um único período curto o trabalho e as sensações de um tempo muito mais longo. Sem dúvida ela deixou seus caprichos correr soltos nesses contos, e eles eram tão sensacionais quanto o dinheiro que os jornais lhe dedicavam. Ela tinha paixão por uma vida selvagem e aventureira, e mesmo por pendores lúgubres e ações melodramáticas, que conseguiu satisfazer ao máximo nessas histórias. Louisa sempre foi um ser temperamental; e era um enorme alívio exteriorizar certos sentimentos pela zona

---

[28] Incursão militar provocada por ativistas abolicionistas liderada por John Brown, um dos maiores nomes na luta antiescravagista dos Estados Unidos. Em 1859, Brown ocupou o arsenal de Harpers Ferry, situado na Virgínia, a fim de usar as armas em uma grande rebelião antiescravagista. No entanto, foi rendido e capturado no mesmo ano, enviado a um tribunal que o sentenciou à morte, acusando-o de traição e assassinato. No dia 2 de dezembro de 1859, Brown foi enforcado. Mais de quinze meses depois do ocorrido, teria início a Guerra Civil Norte-Americana (1861-1865). (N.T.)

de conforto de pessoas e cenários imaginários em uma história. Ela não tinha ninguém para orientá-la ou criticá-la; e o fato de esses símbolos de fantasia trazerem o tão necessário dinheiro e de serem, como ela de fato os chamou, "literatura duvidosa" certamente não a desanimaram de se saciar neles. Provavelmente ela está certa em chamar a maioria deles de "trastes e besteiras", pois ainda era uma garota sem formação e não estudara a si mesma ou a vida com muita profundidade; mas as severas condenações que ela mesma fez deles em *Mulherzinhas* podem transmitir uma ideia falsa. As histórias nunca são vulgares ou imorais. Elas transmitem um retrato lúgubre e não natural da vida, mas o pecado não é cativante nem a imortalidade é atraente. Frequentemente há uma lição de moral destacada. Elas não envenenaram os leitores, apenas lhes deram alimentos artificiais muito temperados, o que pode destruir o gosto por uma nutrição mental saudável.

Nossa tendência é perguntar: o que Louisa ganhou com esta viagem pela Noite de Valpúrgis[29] entre fantasmas e duendes, deixando sua fantasia correr solta e saciando cada estado de espírito conforme eles surgiam?

Será que essa viagem não lhe conferiu o dinamismo e a liberdade de escrita que encontramos em todos os seus livros, o domínio da linguagem e um reconhecimento do brilho e da força da vida? Ela considera esta última não uma labuta comum, mas algo repleto de grandes possibilidades. Não lhe conferiu, também, um interesse por todos os loucos devaneios e sonhos de meninas, todo o desejo pelas aventuras dos meninos, e a tornou esperançosa, mesmo em relação aos mais jovens malandros, de que eles exteriorizariam as energias turbulentas da juventude se houvesse atividades sabiamente disponibilizadas para eles?

Nunca se reconheceu que alguma autora infantil tivesse entendido tanto de crianças. Elas jamais sentiram que Louisa ficava de pé sobre um pináculo de sabedoria para censurá-las, mas que veio diretamente para o meio delas a fim de trabalharem e brincarem juntas, e, ao mesmo tempo,

---

[29] Festa tradicional europeia, sobretudo alemã, com origens pagãs. Na literatura, autores como Bram Stoker, H. P. Lovecraft e Goethe fazem alusão a esse festival. (N.T.)

mostrar-lhes o caminho pelos matagais emaranhados e ajudá-las a ver a luz em meio ao mais lúgubre desespero.

Ainda assim, ela reconhecia, sem pestanejar, que não estava fazendo o melhor trabalho de que era capaz; e ela aguardava, com expectativa, os livros que estava para escrever, bem como a fortuna que estava para fazer. Ela não gostava de nenhuma referência a essas histórias extraordinárias sobre vida após a morte, embora às vezes reutilizasse tramas ou incidentes nelas; e não tinha a menor boa vontade em vê-las republicadas.

Boletim de Boston – Nona Edição.

Véspera de domingo, novembro de 1858.

Minha abençoada Nan – Tendo finalizado minha história, posso renovar a alma escrevendo-lhe estas mal traçadas linhas, embora nada tenha a dizer de muito interessante.

A senhora L. vai me pagar um "salário" todo mês, já que ela gosta de liquidar todas as contas assim; portanto, ontem ela pôs quase vinte e um dólares em minhas ávidas mãos e me deu folga sábado à tarde. Esses dólares inesperados, junto com os dez dólares por minha história (se eu consegui-la) e os cinco pelas costuras, darão a enorme quantia de trinta e cinco dólares. Devo comprar um carpete usado para a saleta, um chapéu para você e alguns sapatos e meias para mim, já que três voltas pelo parque no tempo frio causam frieiras, devido a meias com muito espaço para os dedos, mas sem nada no calcanhar, e sapatos com muito espaço para o calcanhar, mas sem nenhum para os dedos. O preconceito da sociedade exige que meus pés estejam cobertos nas casas de pessoas ricas e importantes; portanto, vou me munir de meias e calçados e, se sobrar alguma coisa de minha fortuna, investirei três por cento no Fundo de Amortização Alcott, o Micawber R. R., e Skimpole.

Diga-me de quanto carpete precisa, e T. S. encontrará um bom para mim. Em dezembro, devo ganhar outros vinte dólares; então, avise-me o que quer, e não viva à base de "dois quilos de arroz e algumas xícaras de ervilhas" o inverno todo, eu imploro.

O que achou de "Mark Field's Mistake" [O erro de Mark Field]? Não sei se é bom ou ruim; porém manterá a panela fervendo, e não peço mais nada. Quis sair e ver se "Hope's Treasures" [Os tesouros de Hope] havia sido aceita, mas fiquei com receio. M. e H. apareceram; mas um caiu no sono, e o outro se esqueceu de se lembrar; então, ainda encarno a Paciência em uma cadeira dura, sorrindo para um tinteiro. A senhorita K. me pediu para ir ver Booth pela última vez no sábado. Esse pensamento arrebatador me deixou flutuando a semana toda, muito feliz, e dancei, cantei e toquei sinos todos os dias. No sábado de manhã a senhorita K. enviou um bilhete dizendo que não poderia ir, e do meu cume de alegria fui jogada em um abismo de angústia.

Enquanto me encontrava no referido abismo, a senhora L. pôs vinte dólares em minhas mãos. Foi um momento de terrível provação. Cada um desses dólares gritava: "Hurra! Vem cá, e seja feliz!". Mas oito pés gelados andavam para lá e para cá sobre um carpete de palha, de um jeito tão patético que tranquei a maldita tentação e me joguei nas costuras como um mimo de sábado!

Mas eis que a virtude foi recompensada. A senhora H. veio correndo e me levou ao Museu para ver "Gold" e "Lend Me Five Shillings". Warren, com gravata laranja, casaco vermelho, sobretudo branco de veludo e fitas de tom escarlate nos tornozelos, era a criatura mais engraçada que você jamais vira; e ri até chorar – o que foi melhor para mim que o melancólico Dane, ouso dizer.

Estou enojada com esta carta, com efeito, sempre começo tentando me manter limpa e asseada, mas minha caneta não se contém e a tinta tende a se espalhar quando usada com abundância e rapidez. Atualmente tenho de ser tão ética e digna que a ludicidade de meu caráter vai jorrar quando tiver uma chance, e as consequências, como você pode ver, são bobagens. Mas você gosta; portanto, sejamos felizes enquanto podemos, pois amanhã é segunda-feira, e a labuta semanal começa novamente.

O ano da Boa Sorte

A CANÇÃO DAS CRIANÇAS

Melodia – *"Espere pela carruagem"*

Há um mundo à nossa frente, e acima, um céu em esplendor;
Nossas vidas estão cheias de sol, nossos lares, de amor;
A beleza de nosso dia não se entristece de preocupações e dores
Temos prazeres simples como, pelo caminho, apanhar flores.

Coro – Oh! Cantem com bem-aventurança,
Como nas árvores os passarinhos;
Para meninos e meninas, crianças,
Com alegria nos coraçõezinhos.

A aldeia é nossa terra das fadas: seus bons homens, nossos governantes;
E vagando por seus atalhos, mentes ocupadas encontram asas.
A sala de aula é nosso jardim, e nós, as flores de lá,
E mãos bondosas nos cuidam e regam, para que assim possamos brotar.

Coro – Oh! Dancem em círculos de ar,
Como fadas ao abrigo do vento;
Para que meninos e meninas, a dançar,
Fiquem com os pés leves por um momento.

Aí está o Pastor do redil; o Pai das vinhas;
O Eremita do Walden[30] azul; o Poeta das pinhas;
E um Amigo que vem ficar conosco, com sábios e meigos conselhos
E neve branca na testa, ainda que, bem no fundo, um fedelho.

Coro – Oh! Sorria como um rio em abundância,
Fluindo lento para o mar;
Para que meninos e meninas, na infância,
Possam cheios de paz ficar.

Não há uma nuvem no céu, mas dele cai silencioso orvalho;
Nenhuma violeta no prado, mas bênçãos com seu tom azulado
Nenhuma criança feliz em Concord que não possa ter seu quinhão
Em tornar melhor o grande mundo, por inocência de coração.

Coro – Oh! Florescer ao sol brilhante
Sob a árvore do vilarejo;
Pois meninos e meninas, infantes,
São as mais belas flores que vejo.

Após lutas duradouras e árduas, é um prazer encontrar o diário de 1860, intitulado "Um Ano de Boa Sorte". A nomeação do senhor Alcott como Superintendente de Escolas em Concord foi uma alegria imensa para a família. Era um reconhecimento de seu caráter e talento, além de

---

[30] Referência ao livro *Walden, ou A vida nos bosques*, de Henry David Thoreau (1817-1862), ativista político. (N.T.)

lhe conferir uma ocupação adequada e uma pequena compensação em termos de dinheiro.

Louisa estava escrevendo para o *Atlantic* e recebendo uma remuneração melhor pelo trabalho; Anna estava feliz; e May, absorvida na própria arte.

No verão, a senhorita Alcott teve como experiência cuidar de uma jovem amiga durante um acesso temporário de loucura, que parcialmente reproduziu no retrato comovente de Helen na história do "Trabalho". É uma lição marcante, mas aplicada de forma quase cruel, e é uma marca artística no livro. Ainda que o grande problema da hereditariedade deva ser estudado, e suas lições, reforçadas, ele ainda é um mistério, cujas leis não são compreendidas; e não é sensato retratar seus possíveis efeitos à luz sinistra da imaginação exaltada, o que com muita frequência pode suscitar os males que um decoro sábio e moderado pode evitar. Para o médico e o professor, investigações como essas são importantes, mas perigosas para pessoas jovens e sensíveis.

A carta a seguir, excepcionalmente longa, oferece uma imagem agradável da vida familiar neste período:

À Senhora Bond.

APPLE SLUMP, *17 de setembro de 1860.*

CARA TITIA *– Considero este um exemplo prático de um dos provérbios jocosos modificados de mamãe: "Lança teu pão sobre as águas, e após vários dias ele retornará com manteiga*[31]*; e que a "regra de três" não "me confunda*[32]*", como os outros o faziam; pois meus trajes respeitáveis foram embora com um, se não dois, pés na cova e retornaram sob a forma de três anjos corpulentos, ressuscitados pelo espírito que mora do outro lado do rio Charles Jordan. Muito*

---

[31] Referência ao trecho do Eclesiastes, 11:1, onde se lê: "Lança teu pão sobre as águas, porque depois de muitos dias o acharás". (N.T.)

[32] Referência ao jogo de palavras *"Multiplication is vexation, division is as bad; the rule of three doth puzzle me, and practice drives me mad."* (Em tradução livre, "Multiplicar é uma vergonha, dividir é tão ruim quanto; a regra de três me confunde, e exercícios me deixam louca".) (N.T.)

obrigada, e esteja certa de que meus sonhos com eles serão agradáveis; pois, quer você os tenha costurado ou não, sei que trazem alguma influência da titia em sua força, leveza e acolhimento; e, embora uma Vândala, penso que quaisquer orações que eu puder fazer serão as melhores para as afetuosas lembranças que me revestirão quando eu colocar essas lindas batas, enquanto minha crença em providências terrenas e divinas será maravilhosamente fortalecida pelo conhecimento de algumas vidas aqui, cuja beleza torna impossível duvidar da existência de outras vidas.

Ficamos muito contentes em saber que o Papai melhorou; pois, quando os "Richards" paternos não são "eles mesmos", todo mundo sabe o clima angustiante que fica no ambiente doméstico.

Espero que Georgie (não me lembro do último nome) tenha se recuperado da dor de dente causada pelas bagas de frutas, e que "a Mama" tenha aproveitado a viagem tanto quanto os outros, com exceção, talvez, do cavalo.

Esta cidadezinha amigável está convulsionando neste instante de phullapepsia[33]*, que se revela muito violenta nas escolas e entre grupos jovens de maneira geral. O doutor Lewis "nos vacinou contra a doença", e a vacina "foi eficaz"; com efeito, todos se tornaram moinhos de vento ambulantes, com todas as quatro pás se movendo como se houvesse vento; e os casos mais virulentos apresentam o fenômeno de olhos escurecidos e escoriação das partes salientes do corpo, isso para não mencionar entorses e rompimento de veias despontando no futuro.*

Os fundadores da cidade aprovam; e os filhos e filhas da cidade pretendem mostrar que Concord tem tanto músculos quanto cérebro, e se preparar para outra luta em Concord, se Louis Napoleon for capaz de cobiçar a famosa terra de Emerson, Hawthorne, Thoreau, Alcott & Co. Abby e eu estamos entre as pioneiras; e a delicada produção

---

[33] Doença rara, conhecida como febre da ginástica. (N.R.)

de vegetais comemora em segredo quando as jovens que comem carne desmaiam e se transformam em burras bonitas e supérfluas.

No sábado recebemos J. G. Whittier, Charlotte Cushman, a senhorita Stebbins, escultora, e o senhor Stuart, condutor da ferrovia subterrânea desta encantadora terra livre. Portanto, você vê que nosso humilde local de residência está se recuperando; e, quando a "grande autora e a artista" perderem a timidez, seremos a glória de nosso país e o terror do inimigo – contanto que a boa fortuna não nos confunda ou a má fortuna não nos esmague.

Papai continua agitando as escolas como um bom interiorano, mamãe cantando Hebrom entre panelas e frigideiras, Anna e o Príncipe Consorte arrulhando feito pombinhos no ninho, Oranthy Bluggage[34] apostando suas fichas no Atlântico e fazendo uma mancha enorme em si mesma trabalhando na embarcação, Abby ensinando belas-artes e bancando o decoro da família, e a antiga casa dando o melhor de si e zombando da ideia de voltar ao caos de onde veio.

Esta é uma história resumida da "família patética", que também é uma "família feliz", por causa da permanência de amigos e muita gentileza nas embalagens originais, "que estão sempre chegando" quando a "garrafa de óleo da viúva Cruise" começa a chegar ao fim.

Você sabe que nunca consegui fazer nada de um jeito organizado e adequado; então você receberá este bilhete caótico da mesma forma que recebe quem o escreve, e com amor de todos para todos, acredite nela, querida titia,

Sua amorosa sobrinha,
L. M. A.

Esta carta peculiar não apenas mostra os sentimentos amorosos de Louisa e retrata sua vida como, também, indica que a "Família Patética", que foi a base para *Mulherzinhas*, já estava tomando forma em sua mente.

---

[34] A personagem também aparece na obra *Mulherzinhas*, referida por Louisa Alcott como "uma palestrante realizada e determinada". (N.T.)

A carreira do senhor Alcott como Superintendente de Escolas foi um sucesso gratificante e ainda é lembrada por amigos da área da educação na cidade. O ano se encerrou com um festival na escola, para o qual Louisa escreveu um poema e do qual extraiu enorme prazer.

Em 1861, declarou-se a guerra contra o sul[35]. Os Alcotts estavam todos fervilhando de entusiasmo patriota, e Louisa participou ativamente aprontando os rapazes para o Exército. Mas ela também encontrou tempo para ler muito. O senhor Alcott, em seu soneto, usa esta frase sobre Louisa: "A pressa com tantos estudos sérios irritou um cérebro ativo".

É possível que ele estivesse se referindo a esse período, embora ela nunca possa ter sido adequadamente chamada de estudante. Louisa era uma leitora voraz, inteligente, e seu gosto era rigoroso e perspicaz. Quando pequena, andava pela biblioteca do pai, repleta de obras de filósofos antigos e poetas ingleses pitorescos, e dessa fonte bebeu pensamentos elevados e sentimentos; mas sua leitura, como toda a sua educação, não tinha métodos. Vez ou outra ela prepararia aulas de leitura, que realizou durante algum tempo; mas, no geral, ela abraçou a avidez saudável por conhecimento, lendo tudo o que via pela frente. Já adulta, frequentemente lia muita literatura leve, a fim de afogar a sensação de dor e matar as horas em que estava cronicamente doente.

Ela lia em francês com facilidade e aprendeu a falá-lo no estrangeiro; também estudou alemão, mas não adquiriu tanta fluência no idioma. De línguas antigas não tinha nenhum conhecimento. História não pôde deixar de interessar a uma aprendiz da vida, e ela adorava demais a natureza para não aproveitar as revelações da ciência quando trazidas a seu conhecimento; porém, ela nunca teve tempo de proceder a um estudo aprofundado de ambas.

No diário dessa época, ela fala sobre sentimentos religiosos, aprofundados pelas experiências de luto e desespero, bem como da esperança restituída. A alma de Louisa Alcott era de fato religiosa; ela sempre viveu

---

[35] A Guerra de Secessão (1861-1865), também conhecida como Guerra Civil Americana, travada nos Estados Unidos entre as regiões norte e sul do país. (N.T.)

consciente de um Poder Superior que a amparava e abençoava, cuja presença lhe foi revelada por meio da natureza, de palavras inspiradoras de grandes pensadores e das experiências profundas do próprio coração. Ela nunca considerou sua vida um bem isolado que pudesse usar para o próprio prazer ou glória. De fato, seu pai a chamava de "filha fiel do dever", e sua vida era dedicada a essa virtude que ela reconhecia, em especial, como sua. Mas pouco se importava com formalidades externas e ritos religiosos; sua casa lhe era sagrada, e aí ela encontrou o melhor da vida. Ela adorava Theodore Parker, e encontrou força e amparo significativos em suas pregações, e posteriormente começou a gostar de ouvir o doutor Bartol; porém, nunca fez parte de nenhuma igreja. A Bíblia não era sua leitura favorita, embora o pai a tivesse lido muito para ela durante a infância, com seu charme interpretativo característico.

O peregrino[36] foi um dos poucos livros religiosos de que ela passou a gostar da mesma maneira.

Sua irmã Anna se casou em maio; naturalmente, foi um grande evento para a família. Mesmo extremamente contente com a felicidade da irmã, Louisa sentiu a falta dela como companheira e confidente assídua. O diário proporciona uma descrição satisfatória do evento. Sua forte afeição pelo cunhado aparece em *Mulherzinhas* e em *Os meninos de Jo*. Nessa época, sua peça foi encenada no Howard Athenæum[37].

Ela continuou a escrever histórias, já que isso ajudava a pagar as despesas da família; mas a labuta contínua e apressada começara a afetar sua saúde, e às vezes ela ficava muito doente.

No verão de 1861, a senhorita Alcott começou a escrever seu primeiro romance, intitulado *Moods*. Ele se revelou uma de suas obras de menor sucesso; ainda assim, como muitas crianças sem sorte, era o mais querido

---

[36] Alegoria da vida cristã, a obra *O peregrino – A viagem do cristão à cidade celestial* foi escrita pelo pastor batista John Bunyan e publicado na Inglaterra pela primeira vez em 1678. (N.T.)

[37] Fundado em 1845 e também conhecido como Old Howard Theater, esse foi um dos teatros mais famosos de Boston. Funcionou como casa de cultura durante boa parte de sua existência até seu fechamento, em 1953. (N.T.)

de sua mãe. Não foi escrito por causa de dinheiro, mas por si própria, e ela se envolveu pelo enredo e pelos personagens. Warwick representava seu ideal de herói, enquanto a irmã preferia o tipo amigável de Moor; entretanto, há muito menos de seu eu externo revelado nesta obra do que em outras histórias de sua autoria. O livro contém muito de seus pensamentos e fantasias, mas não de sua vida. A obstinada, temperamental e encantadora Sylvia não nos afeta como a tempestuosa Jo, que é uma presença real para nós, e a quem passamos a amar a despeito de suas falhas. Os homens são tais e quais os dos livros, mas a quem nunca conheceu pessoalmente e, como os esboçou com muito cuidado, não têm a personalidade de Laurie e do professor Bhaer. A ação acontece em um mundo imaginário; e, embora haja muitos cenários bonitos, eles não têm o verdadeiro sabor da vida na Nova Inglaterra. O acontecimento principal, que mostra uma garota viajando rio acima para um piquenique de alguns dias com o irmão e dois outros homens jovens, era tão contrário às ideias comuns de decoro que o motivo dificilmente parece adequado para a aprovação de sua austera irmã; porém, para a vida simples e inocente que os Alcotts levavam em Concord, escrúpulos como esses eram pouco percebidos.

A senhorita Alcott não enfatizou a questão do casamento como característica principal do livro; ela se importou mais em descrever os modos obstinados de uma garota, cheia de bons sentimentos e almejando uma vida rica e nobre, mas não fundamentada em convições e princípios.

Ela quis representar boa parte de sua própria natureza em Sylvia, pois sempre foi uma pessoa temperamental, o que a família aprendeu a identificar e a respeitar. Mas a disciplina do trabalho familiar e do amor foi muito diferente, o que salvou Louisa de caprichos fatais e rompantes indefinidos de fantasias (isto é, da paixão), para sorte da rica e admirada Sylvia. A senhorita Alcott diz que os episódios do casamento, embora não inspirados na vida real, eram tão parecidos com um caso verdadeiro que a esposa lhe perguntou como ela conhecia seu segredo; mas tal realismo é uma justificativa fraca na arte. O que se aceita é aquilo que se torna verdadeiro à imaginação e ao coração por meio de sua personificação vívida de caráter, e não os meros fatos. A questão importante do período transcendental era a verdade da vida interior, e não a lei externa. Mas em *Moods* a questão do casamento não é afirmada com veemência; ela não chega a esse princípio central. Somente na tragédia uma relação a dois pode ser suportada, quando a situação é forçada pelo destino – o destino do personagem e circunstâncias avassaladoras – e quando não há nenhuma solução feliz possível. Mas a situação de Sylvia só se dá por sua própria fraqueza, e o amor que se opõe ao dever externo não tem direito de existir. Se seu amor por Warwick *podia* ser superado, o dever não era a questão; e, quando ela aceita as críticas que Faith faz dele, fica claro que foi muito mais um leve encanto que a fascinou, e não o amor. Não aceitamos a catástrofe que sacrifica uma vida maravilhosa para arranjar uma solução confortável à dificuldade prática, e para permitir a Sylvia que aceite um lar feliz sem uma reforma completa de coração e mente. Mas essas eram falhas naturais da juventude e da inexperiência; Louisa conhecia muito pouco dessas lutas. Amor e casamento eram temas que não lhe interessavam, e ela ainda não encontrara seu verdadeiro poder.

Não obstante, o livro possui grande mérito literário. Ele é bem escrito, em um estilo mais bem-acabado do que qualquer outra obra da autora, com exceção de *Modern Mephistopheles,* e o diálogo é enérgico e vivaz. Apesar da cuidadosa revisão e supressões, há uma ou outra sobra de efusão juvenil no livro, e talvez isso tenha tocado o coração de garotas jovens, que descobriam, nos problemas que Sylvia tinha consigo mesma, um reflexo dos seus próprios.

Os episódios das "bodas de ouro" têm algo de sua liberdade e vivacidade habituais. Ela está em casa com um bando de mães, bebês e meninos barulhentos. Mas as "bodas de ouro" eram uma coisa nova importada da Alemanha, e não próprias da fazenda na Nova Inglaterra. Por que não poderia ter sido um casamento de verdade ou uma festa pela colheita?

Louisa nunca perdeu o interesse por essa obra inicial, embora tenha sido o mais desafortunado dos livros, sujeito a um tratamento rígido. Ele era enviado de mão em mão, de editor para autora, cada um sugerindo alguma mudança. Redpath o enviou de volta, por ser extenso demais. Ticknor o achou bem interessante, mas não podia usá-lo no momento. Loring gostou, mas queria que fosse mais curto. Ela o resumiu e alterou até que seu espírito de autora se rebelou, e afirmou que não faria mais mudanças nele.

Depois que seus outros livros a deixaram famosa, *Moods* foi novamente apresentado e republicado, conforme a escrita original. Ele teve uma recepção mais calorosa que a anterior, e uma edição barata foi publicada na Inglaterra para atender à demanda popular.

A senhorita Alcott aprendeu a primeira dura lição de mexer demais no livro. Ela foi absorvida por ele, e durante três semanas trabalhou com tanto afinco que sentiu intensamente os efeitos no corpo.

Felizmente, novas tarefas domésticas (pois as filhas de John Brown vieram com ele) e o entusiasmo do momento modificaram o fluxo de seus pensamentos.

Diário.

Fevereiro de 1860. – O senhor... não aceitará *M. L.*, já que é antiescravagista, e o querido Sul não precisa se ofender. Comprei um carpete com meus cinquenta dólares, e a cabeça louca de Louisa aqueceu os pés de seus familiares.

Março. – Escrevi *Uma cinderela moderna*, com Nan como heroína e John como o herói.

Fiz meu primeiro vestido de baile para May, e ela foi a garota mais bonita da festa. Minha menina alta, loira, graciosa! Fiquei orgulhosa dela.

Escrevi uma canção para o festival da escola, e ouvi-a ser cantada por quatrocentas crianças felizes. Papai organizou o evento, e nunca se viu um acontecimento tão bonito em Concord antes. Ele disse: "Gastamos muito com o gado e exposições de flores; vamos fazer uma apresentação com nossas crianças em toda primavera, e não negar nenhum tipo de cultura a elas". Todo mundo gostou, exceto os velhotes que querem as coisas como eram desde a Arca de Noé.

Abril. – Fiz dois trajes para andar a cavalo, e May e eu demos bons passeios. Ambas precisávamos de exercícios, e isso nos fez bem. Assim, um de nossos sonhos se tornou realidade, e de fato "fugimos a cavalo".

Sanborn quase foi raptado por ser amigo de John Brown; mas sua irmã e A. W. o resgataram quando ele estava algemado, e os malandros debandaram. Muita agitação na cidade. Uma reunião e comoção geral.

Tive um encontro engraçado, com um homem que me conheceu no meio das carruagens e disse que perdera o coração na hora. Um belo quarentão. Um sulista, muito efusivo e empolgado, entrou em contato e quis me cortejar; e, informado de que eu não desejava vê-lo, foi embora para escrever cartas e atormentar os transeuntes na rua com o chapéu na mão, enquanto as meninas riam e se divertiam muito com o amante de Jo. No fim, ele partiu e a paz voltou a reinar. Meus admiradores são todos excêntricos.

Enviei *Cinderela* para o *Atlantic*, e foi aceita. Comecei *Bythe River*, e pensei que certamente este seria um ano de sorte; com efeito, após dez anos de árdua subida, eu chegara a um bom degrau na escada e podia olhar com mais esperanças para o futuro, enquanto meus barcos de papel navegavam alegremente pelo *Atlantic*.

Maio. – Casamento de Meg.

Minha peça foi encenada, e fui vê-la. Não muito bem executada; mas sentei-me em uma cabine, e o bom doutor entregou um buquê à autora e fez o que podia por um evento pequeno.

Conheci o lar, doce lar de Anna em Chelsea – um chalezinho em meio a um pomar de macieiras em flor. Lugar bonito, simples e agradável. Que Deus abençoe!

Nossa querida se casou no dia 23, o mesmo dia do casamento de mamãe. Dia adorável; a casa cheia de luz solar, flores, amigos e felicidade. O tio S. J. May casou-se em meio a isso, sem alvoroço, mas com muito amor; e todos nós de pé, rodeando-a. Ela em seu vestido cinza de seda, com lírios-do-vale (a flor de John) no peito e no cabelo. Nós com vestes finas e rosas – pano de saco, como chamei, e cinzas de rosas; com efeito, lamento a perda de minha Nan, e ninguém me consola. Ganhamos uma pequena ceia, enviada pela bondosa senhora Judge Shaw; depois, ao estilo alemão, os velhos dançaram no gramado ao redor do casal de noivos, gerando uma imagem bonita para recordar sob nosso olmo revolucionário.

Depois, com lágrimas e beijos, nossa menina querida de chapeuzinho branco foi embora feliz com seu bondoso John; e assim terminamos nosso primeiro casamento. O senhor Emerson a beijou; e pensei que a honra tornaria suportável até mesmo o matrimônio, pois ele é o deus a quem idolatro, e assim foi durante anos.

Junho. – Em Boston, para a reunião em memória do senhor Parker, que foi muito linda e provou o quanto ele era amado. O Music Hall estava cheio de flores e luz, e centenas de rostos, tristes e orgulhosos, enquanto os diversos oradores relatavam a vida de amor e labuta que torna a memória de Theodore Parker um legado tão rico para Boston. Eu estava muito contente por ter conhecido um homem tão bom e de ter sido chamada de "amiga" por ele.

Vi Nan em seu ninho de amor, onde ela e o companheiro vivem como um casal de pombinhos. Muito doce e bonito, mas prefiro ser uma solteirona livre e remar minha própria canoa.

Agosto. – *Moods*. A genialidade trabalhava com tanto afinco que durante quatro semanas escrevi o dia todo e fiz esboços a madrugada toda, ficando quase possuída pelo meu trabalho. Eu estava totalmente feliz, e parecia não ter desejo algum. Terminei o livro, ou melhor, um esboço dele, e o deixei de lado. O senhor Emerson se ofereceu para lê-lo quando mamãe lhe disse que se tratava de *Moods* e que tinha um dos ditados dele como lema.

Ouso dizer que nada sairá daí; mas ele *tinha* de ser feito, e estou mais fértil para uma experiência nova.

Setembro. – Recebi setenta e cinco dólares de Ticknor por *Cinderela*, e me sinto muito rica. Emerson o elogiou, e as pessoas me escreveram falando sobre ele e me tocaram de leve na cabeça. Contas pagas, e comecei a preparar outro.

Outubro. – Fui a B. e vi em uma parada o Príncipe de Gales trotar ao redor do parque com sua comitiva. Um garoto loiro muito semelhante à mãe. Fanny W. e eu acenamos com a cabeça e com as mãos enquanto ele passava, e ele deu uma bela piscada para nós com seus olhos infantis; pois Fanny, com seus cabelos loiros ondulados e rebeldes, estava com uma aparência meio briguenta, e o coitado do principezinho queria se divertir um pouco. Rimos e pensamos que nos destacamos mais pela piscadela atrevida do que pela reverência senhorial. Meninos são sempre alegres – até mesmo os príncipes.

Li Richter e gostei demais.

Mamãe foi ver o tio S. J. May, e eu cuidei da casa. Entreguei-me com tanta energia a isso que sonhei com torradas, conversei sobre molho de maçã, pensei em tortas e transpirei em bolinhos. Li meu livro para Nan, que veio me animar em meio a minhas batalhas; ela riu e chorou com a obra, e disse que era "boa". Então me senti estimulada, e farei retoques nela quando o dever não ordenar mais que eu me sacrifique.

Novembro. – Papai faz 61 anos; L. está com 28. Nosso aniversário. Dei a papai uma resma de papel, e ele me deu o retrato de Emerson; assim, ambos ficamos felizes.

Escrevi pouco, já que estava ocupada com as visitas. A Associação John Brown me encomendou um poema, que escrevi.

A gentil senhorita R. enviou a May trinta dólares pelas aulas, então ela foi a B. pegar algumas referências de Johnstone[38]. Ela é uma das sortudas e consegue facilmente o que quer. Preciso trabalhar para comer, ou fico sem isso. Bom para mim, sem dúvida, ou não seria assim; portanto, anime-se, Louisa, e continue!

Dezembro. – Mais sorte para May. Ela quis ir dar aulas em Siracusa, e o doutor W. mandou buscá-la, graças ao tio S. J. May. Costurei como uma máquina a vapor durante uma semana e a aprontei. No dia 17, fui a B. e vi nosso mais jovem rebento em seu primeiro voo solo pelo mundo, cheia de esperança e coragem. Que tudo dê certo para ela!

O senhor Emerson me convidou para assistir às suas aulas, quando eles se encontram para falar sobre Genius[39]; uma grande honra, já que todas as damas cultas vão.

---

[38] David Claypoole Johnston (1799-1865), cartunista, pintor, litógrafo e autor de Boston, Massachusetts. (N.T.)

[39] Possível referência ao artigo *On Genius*, do poeta e ensaísta Joseph Addison (1672-1719), publicado na revista britânica *The Spectator* em 1711. (N.T.)

Enviei *Debby's Debit* para o *Atlantic*, e eles aceitaram. Soube da reunião de John Brown, mas não tinha "roupa boa", então não fui; mas meu "poema" foi e saiu no jornal. Não ficou bom. Sou melhor patriota do que poetisa, e não consegui expressar o que sentia.

Um Natal tranquilo; sem presentes, mas com maçãs e flores. Não houve festa, pois Nan e May haviam partido e Betty estava debaixo da neve. Mas estamos habituados a tempos difíceis e, como diz mamãe, "enquanto há fome no Kansas, não devemos pedir ameixas com açúcar".

Em nossa casa, nenhuma filosofia está nos estudos; uma boa parte dela está na cozinha, onde uma senhora elegante pensa e faz coisas boas enquanto cozinha e esfrega.

Janeiro de 1861. – 28 anos; recebi treze presentes de Ano Novo. Um acesso de generosidade mais incomum pareceu tomar conta das pessoas e fui abençoada com todas as coisas boas possíveis, desde uma caneta de ouro e marfim até um bolo de carne e um gorro.

Estava escrevendo um livro – *Success* [*Work*] – até que mamãe se sentiu doente, quando fechei meu tinteiro e virei enfermeira. A querida mulher estava muito adoentada, mas ressurgiu das cinzas como uma fênix após o que alegremente chamou de "o conflito irreprimível entre a doença e a constituição de Maio".

Papai deu quatro palestras na [escola de] Emerson; pessoas agradáveis vieram, e ele gostou muito delas. Ganhou trinta dólares. R. W. E. provavelmente deu vinte. Ele tem um jeito doce de distribuir presentes na mesa, debaixo de um livro ou atrás de um castiçal, quando pensa que papai quer um dinheiro e ninguém o ajudará a ganhar. Este homem terno e diligente é um amigo verdadeiro.

Escrevi um conto e o deixei de lado, para ser enviado quando *Debby* sair. "F. T." apareceu e consegui um vestido, tendo remendado o meu antigo de seda de seis anos até restarem mais remendos e rasgos do que tecido. Eu mesma fiz meu xale e gostei, assim como faço com qualquer coisa comprada com meu "dinheiro da cabeça".

Fevereiro. – Outra modificação em *Moods,* que remodelei. Do dia 2 ao dia 25 fiquei escrevendo, saindo para correr ao anoitecer; não conseguia dormir, e por três dias fiquei tão envolvida nele que não pude parar para me levantar. Mamãe me fez um chapéu verde de seda com um laço vermelho, para combinar com a velha roupa de festa verde e vermelha, que eu usava como o "manto da fama". Assim paramentada, sentei-me em uma floresta de manuscritos, "vivendo para a imortalidade", como dizia May. Mamãe entrava e saía com providenciais xícaras de chá, preocupada porque eu não comia. Papai achou bom e trouxe as maçãs mais vermelhas que tinha e a cidra mais forte para meu Pégaso se alimentar. Havia muita diversão acontecendo, mas não me importava se o mundo voltasse ao caos, contanto que eu e meu tinteiro pudéssemos "ficar acesos" no mesmo lugar.

Foi muito agradável e alegre enquanto durou; porém, após três semanas assim, descobri que minha mente estava muito alvoroçada para meu corpo, já que a cabeça estava tonta, as pernas bambas e nada de o sono chegar. Então, larguei a caneta e fiz longas caminhadas, tomei banhos frios e mantive Nan acordada para se divertir comigo. Li para minha família tudo o que eu fizera, e papai disse: "Emerson precisa ver isso. De onde você tirou sua metafísica?". Mamãe achou maravilhoso, e Anna, como sempre faz em relação a minhas obras, riu e chorou, dizendo: "Minha querida, estou orgulhosa de você".

Portanto, eu me diverti, mesmo que isso nunca dê em nada; de fato, valeu alguma coisa ver minhas três pessoas mais queridas acordadas até a meia-noite ouvindo, com olhos bem abertos, o primeiro romance de Lu.

Planejei isso algum tempo atrás e fiquei com a cena na cabeça desde então, mas agora ela começa a tomar forma.

Papai organizou o festival escolar habitual, e Emerson me pediu para escrever uma letra de canção, o que fiz. No dia 16, todas as escolas se reuniram na prefeitura (quatrocentas pessoas) – um círculo bem bonito, ladeado por pais e amigos orgulhosos. Alguns dos velhos fizeram objeção aos nomes de Phillips e John Brown. Mas Emerson disse: "Desistir? Não, não; *eu* vou ler". E o fez, para minha enorme alegria; pois, quando o grande homem da cidadezinha diz "Faça", considere feito. Então o coral cantarolou, e a vaidade dos Alcotts subiu até as alturas.

Papai era pura glória, como um pastor feliz com um bando grande de ovelhas ativas; com efeito, todos fizeram alguma coisa. Cada escola tinha seu emblema – uma, fitas cor-de-rosa, outra, faixas verdes nos ombros, e outra, grinaldas de pipoca na cabeça. Uma escola para a qual papai lera *O peregrino* contou a história, com uma criança após a outra aparecendo para falar a sua parte e, no final, uma menorzinha deu um passo à frente dizendo, com um ar de deslumbramento: "E eis que foi tudo um sonho".

Quando tudo acabou e papai estava prestes a dispensá-las, F. H., um rapaz alto e belo, veio até ele e, olhando com um ar confiante para seu velho rosto bondoso, pediu a "nosso querido amigo, o senhor Alcott, que aceitasse *O peregrino* e os Poemas de George Herbert feitos pelas crianças de Concord como uma pequena demonstração de seu amor e respeito".

Papai ficou muito emocionado e surpreso, corando e gaguejando como um garoto, abraçado aos belos livros enquanto as crianças aplaudiam até o teto tremer.

Seu relato foi muito admirado, e foram impressas mil cópias para suprir a demanda; com efeito, um relato nem maçante nem seco era uma novidade, e os professores ficaram contentes com as dicas dadas, tornando a educação uma parte da religião, não somente mero ganha-pão para os professores e um cursinho irritante para as crianças.

Abril. – Foi declarada guerra contra o Sul, e o grupo de Concord foi a Washington. Foi um período agitado para prepará-los e triste o dia em que os vimos partir, pois numa cidadezinha como esta e em tempos como estes parecemos todos uma única família. Na estação, a cena era muito dramática, já que os corajosos rapazes foram embora talvez para nunca mais voltar.

Há muito tempo eu queria ver uma guerra, e agora realizaria meu desejo. Gostaria de ser homem; mas, como não posso lutar, vou me contentar em trabalhar por aqueles que podem.

Costurei muito colocando em ordem os apetrechos de verão de May, já que ela enviou seus trajes para que eu remendasse, comprasse alguns e enviasse.

Histórias fervilhavam em minha cabeça, pedindo para serem escritas; mas as deixei fervilhar, sabendo que, quanto mais tempo a musa inspiradora fosse represada, melhores elas seriam.

As filhas de John Brown vieram para ficar e atrapalharam meus planos de descansar e escrever quando a narrativa e as costuras estivessem prontas. Tive minha crise de aflição ao ver o grande saco de retalhos e, então, deixei de lado meus papéis, começando a cuidar da casa. Acho que a decepção deve ser boa para mim, tenho isso sempre; os baques constantes que o destino me causa podem ser um processo de amadurecimento. Portanto, acho que serei uma maçã doce e no ponto antes de morrer.

Maio. – Passei o 1.º de maio trabalhando para nossos homens – trezentas mulheres costurando juntas na prefeitura durante dois dias.

May não voltará a S. após suas férias de julho; e, sendo a sortuda que é, tão logo ela deseja algo F. B. S. precisa de uma professora de desenho na escola e lhe oferece o cargo.

Nan descobriu que eu estava usando todas as roupas velhas que ela e May deixaram; logo, as duas boas almas se uniram e me compraram outras novas. E o belo pacote, junto com uma carta adorável, foi uma linda surpresa para mim.

Nan e John saíram de Cambridge por um dia, e todos nós regressamos. Peguei um barco até o forte e vi nossos homens em guarda lá. Senti-me aguerrida como Joana d'Arc enquanto estava nas muralhas, com a bandeira voando sobre mim e canhões por todos os lados.

Junho. – Li bastante; cavei o jardim e deixei a velha casa bonita para May. Gostei demais da *Revolução Francesa* de Carlyle[40]. Seu estilo tempestuoso combina comigo.

Charles Auchester[41] é encantador – um tipo de contos de fadas para adultos. O velho e bom *Evelina*[42], considerado como uma mudança, foi

---

[40] A obra *A Revolução Francesa: Uma História* foi escrita pelo escritor e ensaísta escocês Thomas Carlyle (1795-1881). Publicada pela primeira vez em 1837, narra a trajetória da Revolução Francesa desde 1789 até o chamado Reino do Terror, culminando em 1795. (N.T.)

[41] Romance da autora britânica Elizabeth Sara Sheppard (1830-1862), de 1853. A obra tem como herói uma imagem idealizada do compositor Felix Mendelssohn. (N.T.)

[42] Romance escrito pela autora inglesa Fanny Burney (1752-1840), publicado anonimamente pela primeira vez em 1778. (N.T.)

prazeroso. Emerson recomendou *India,* de Hodson[43]; adquiri-o e o li; também li a biografia de Sir Thomas Morus[44]. Li *Amelia*[45], de Fielding, e o achei vulgar e risível. A heroína tendo o "lindo nariz desfeito em pedaços após cair de um cabriolé" foi uma ideia nova. O que alguns dizem sobre Richardson se aplica a Fielding: "As virtudes de seus heróis são os vícios de homens decentes".

Julho. – Passei um mês nas Montanhas Brancas com L. W. – período adorável que me fez muito bem. Montanhas são relaxantes e inspiradoras para minha mente. Fiquei na floresta e me deleitei com riachos, aves, pinheiros e paz.

Agosto. – May chegou em casa muito cansada, mas satisfeita com sua primeira tentativa, muito bem-sucedida em todos os sentidos. Ela é uma beleza agora, e muito bem acabada – uma loira alta, cheia de graça e vivacidade.

Setembro. – Ticknor enviou cinquenta dólares. Escrevi uma história para C., já que Platão precisa de camisas novas, Minerva de um par de botas, e Hebe, de um chapéu de outono.

Outubro. – Todos juntos no aniversário de Marmee. Costurando e tricotando para "nossos meninos" o tempo todo. A impressão é que algumas mulheres vigorosas poderiam levar uma guerra a cabo melhor que os homens estão levando até agora.

Uma semana com Nan no ninho. Feliz como sempre.

Novembro e dezembro. – Escrevi, li, costurei e quis algo para fazer.

Em 1862, conforme sugerido pela senhorita Peabody, a senhorita Alcott abriu uma escola de Jardim de Infância; mas ela não fez sucesso, e Louisa se despediu para sempre da profissão de professora, voltando a escrever – o que descobriu ser sua verdadeira vocação. Ela escreveu muito; com

---

[43] William Stephen Raikes Hodson (1821-1858) foi um líder britânico da cavalaria durante a rebelião indiana de 1857, conhecido como motim indiano ou motim Sepoy. (N.T.)

[44] Um dos grandes humanistas do Renascimento, o londrino Thomas Morus (1478-1535) foi filósofo, escritor, homem de Estado e diplomata. Ocupou vários cargos na política, sendo o mais famoso deles o de chanceler na corte de Henrique VIII. (N.T.)

[45] Romance sentimental escrito pelo inglês Henry Fielding (1707-1754) e publicado pela primeira vez em 1893. (N.T.)

efeito, "o cérebro estava tinindo, e o trabalho, pago prontamente". Além das histórias eventuais em jornais e revistas, seu trabalho mais importante foi a preparação da narrativa *Work,* ou, conforme originalmente denominada, *Success.* Porém, ela só foi publicada dez anos depois. Aqui a autora tomou o caminho que mais tarde a levaria à fama e fortuna, escrevendo com base em sua experiência de vida. Christie é a própria Louisa sob um disfarce muito tênue, e todas as suas experiências como serviçal, governanta, dama de companhia, costureira e atriz são apresentadas para dar vivacidade ao perfil; ao mesmo tempo, muitas outras personalidades podem ser reconhecidas como modelos de seu retrato sagaz. O livro sempre foi merecidamente popular.

Janeiro de 1862. – E. P. Peabody quis que eu abrisse uma escola de jardim de infância, e o senhor Barnard cedeu um lugar na capela da rua Warren. Não gosto de lecionar, mas aceito o que vier; então, quando o senhor F. ofereceu quarenta dólares para a instalação, doze alunos e patrocínio, comecei.

Vi muita gente importante, e não achei que ninguém era superior às outras pessoas do mundo – na maioria dos casos, não tão boas quanto alguma alma humilde e que não faz barulho. Aprendi muito em minha trajetória e não estou nem um pouco impressionada com a sociedade como estava antes de dar uma espiada nela. Por ter conhecido Emerson, Parker, Phillips e o grupo de homens e mulheres realmente bondosos, que vivem a serviço do mundo e de Deus, a mera mostra de pessoas parece, por sua vez, insignificante e tola, embora tenham boa aparência e se sintam como estrelas.

Fevereiro. – Conversei com algumas pessoas, já que minha escola não arrecadou o suficiente para o aluguel e a assistente que me obrigaram a ter, embora eu não a quisesse.

Fui a palestras; vi Booth no Goulds', de cara fechada em um canto – um homem belo e tímido.

Muito cansada desta vida instável e do trabalho desagradável, mas mantive minha palavra e persisti.

Detesto visitar pessoas que só me pedem para ajudar a divertir os outros, e no mais das vezes eu só queria beber um vinho em um sótão, com liberdade e uma caneta. Nunca soube antes quais coisas rudes uma dona de casa pode fazer, nem os cargos falsos que a pobreza pode obrigar alguém a ocupar.

Abril. – Fui e voltei todos os dias de C. para poder ficar em casa. Mais de sessenta quilômetros por dia é algo maçante; mas fico com pessoas queridas à noite, e não sou mendiga.

Escrevi *King of Clubs* – trinta dólares. Já que a escola não tinha nenhuma base real (uma vez que as pessoas que deram a ideia não se importavam com jardins de infância e a senhorita P. quis que eu aceitasse alunos gratuitamente para testar o novo sistema), desisti dela, pois podia me sair muito melhor fazendo outra coisa. May assumiu meu lugar por um mês, para que eu pudesse cumprir minha parte no acordo; limpei a casa e escrevi uma história que me rendeu mais que todos os meses dando aulas. Eles acabaram em um inverno perdido e uma dívida de quarenta dólares – que pagarei se vender meu cabelo.

Maio. – Finalizei a escola e paguei a senhorita N. dando-lhe toda a mobília, deixando-a fazer o que quisesse com ela; nesse meio-tempo voltei a escrever, o que paga muito melhor, embora o senhor F. tenha reforçado: "Continue lecionando, você não sabe escrever". Obstinada, afirmei: "Não vou lecionar; sei escrever, sim, e vou provar".

Vi a senhorita Rebecca Harding[46], autora de *Margret Howth,* que foi uma sensação e é muito bom. Uma mulher bela, viçosa e calma, que afirma nunca ter tido nenhum problema, embora escreva sobre angústias. Disse-lhe que eu tivera muitos problemas, então escrevo contos felizes; ficamos nos perguntando por que procedemos assim.

Junho, julho, agosto. – Escrevi um conto para B. e ele o perdeu, e não serei paga.

Escrevi dois contos para L. Gosto de escrever histórias românticas do meu jeito e, embora meus contos sejam bobinhos, não são ruins; e meus

---

[46] Rebecca Harding Davis (1831-1910), autora e jornalista nascida nos Estados Unidos, pioneira do realismo literário norte-americano. (N.T.)

pecadores sempre passam maus bocados. Espero que sirvam para prática criativa e linguística, pois sou rápida nisso; o senhor L. diz que meus contos são por demais "dramáticos, vívidos e cheios de conspirações", exatamente o que ele quer.

Setembro, outubro. – Costurar aselhas e panos de linho para "nossos garotos" nos mantinha ocupadas, e a possibilidade do primeiro neto alegrou o coração dos familiares.

Escrevi muito, pois meu cérebro estava a toda e o trabalho foi pago imediatamente. Reescrevi a última história e a enviei para L., que quer mais do que consigo lhe mandar. Então, entre casacos de flanela azul para "nossos garotos" e pijamas delicados para Louisa Caroline ou John B. Jr., conforme seja, elaboro meus contos "eletrizantes" e faço uma bagunça estranha no meu trabalho, mas interessante.

Más notícias da guerra. Rostos ansiosos, corações disparados e mentes agitadas.

Gosto da tensão no ar e anseio pela batalha como um cavalo de guerra ao sentir cheiro de pólvora. O sangue dos Mays está pronto para a luta!

Após o Casamento de Anna.

Domingo de manhã, 1860.

Senhora Pratt:
Minha querida senhora – Trago notícias da cidade, apresentando-as no estilo usual jornalístico de correspondência. Após a partida do cortejo nupcial, os enlutados se refugiaram nas respectivas casas; a família consternada amenizou a angústia lavando pratos durante duas horas e devorando os restos da refeição fúnebre. Às quatro horas, depois que todos já estavam calmos, fomos todos derrubados da cama pelo surgimento de uma longa fila de crianças que lotaram nossa alameda, lideradas pelas senhoritas H. e R. Papai correu até o porão e apareceu com um cesto grande de maçãs, que passou de mão em mão. A infantaria ligeira fez um semicírculo, e

matronas e criadas lhes deram de beber. Foi algo realmente bonito de se ver: setenta crianças carregadas de guirlandas e flores, de pé sob o olmo ao sol, cantando em coro a canção que escrevi para elas. Foi um pequeno elogio ao superintendente e à filha dele, que ficou contente em descobrir que o "poema" dela era um favorito entre "meninos e meninas" que o declamavam "com vozes alegres, como tordos na árvore".

Papai deu o toque final ao espetáculo saindo em disparada, aos pulos, e todas as crianças o seguiram em um turbilhão de êxtase diante da ideia. Ele os levou para cima e para baixo, dando voltas até se cansarem; depois, eles se organizaram e, com uma canção de despedida, setenta das criancinhas mais felizes que sempre quis ver foram embora marchando. Nós nos acalmamos, deitando em nossas camas com o pensamento de que "Annie se casou e foi embora" como uma canção de ninar, que não teve resultados muito eficazes para todas as partes envolvidas.

Na quinta-feira organizamos a casa, e às duas horas a correria começou. Chegou a circular no estrangeiro que o senhor M. e a senhora Capitão Brown dariam o ar da graça, portanto calmamente vieram muitas pessoas que não haviam sido convidadas e que nada tinham a fazer aqui. As pessoas costuraram e tagarelaram até que chegou a senhora Brown, com a viúva de Watson Brown e o bebê; depois, houve uma barreira de contenção. As duas pálidas mulheres permaneceram quietas e serenas em meio ao barulho; e o lindo bebê de olhos brilhantes recebeu homenagens da multidão como um pequeno rei, aceitando os beijos e elogios com a maior dignidade. Ele recebeu o nome de Frederick Watson Brown em honra ao tio assassinado e ao pai, e é um bebê lindo e com aparência de herói, com uma bela fronte e olhar sério que lhe dá um ar interessante, como se dissesse: "Sou um Brown! Eles são amigos ou inimigos?". Uma vez eu quis chorar diante de uma cena protagonizada inconscientemente pelo bebê. Alguém o pegou e o beijou com brutalidade; ele não chorou, mas pareceu incomodado e, ansioso, arregalou os olhos à procura de algum rosto familiar que o tranquilizasse com um sorriso. Sua mãe não estava lá; porém, embora muitas mãos lhe estivessem estendidas, ele se virou para a vovó Bridge e, estendendo seus bracinhos para ela como se fosse um amparo, riu e cantarolou como não havia feito antes quando ela o colocou sobre os joelhos e o fez dançar. A velha senhora pareceu encantada; Freddy tocou-lhe o rosto adorável e arrulhou como um legítimo descendente daquele antigo casal de pombinhos.

Quando ele voltou ao escritório, brincando em segurança aos pés de sua mãe, C. e eu saímos e prestamos à nossa maneira as homenagens ao neto de John Brown, beijando-o como se fosse um pequeno santo, e nos sentimos muito honradas quando ele chupou nossos dedos ou caminhou até nós com seus autênticos sapatinhos vermelhos, bem desgastados pelo uso.

Bem, o bebê me encantou de tal forma que me esqueci de uma dor de cabeça violenta e de quarenta mulheres tagarelando conversas fiadas. A senhora Brown, senadora, é uma mulher alta e robusta, simples, mas com uma expressão forte e benevolente, e uma dignidade natural que demonstrou que ela era algo melhor que uma "dama", embora *bebesse* direto do pires e usasse um discurso mais simples.

A mulher mais jovem tinha um rosto tão paciente e magoado que parecia a tragédia da Harper's Ferry. Quando recebemos sua carta, mamãe e eu corremos ao escritório para lê-la. Mamãe a leu em voz alta, pois apenas C., A., I., a senhora Brown e eu estávamos na sala. Enquanto lia o texto, verdadeiro poema em sua simplicidade e felicidade, a pobre jovem viúva deixou escorrer lágrimas pela face; com efeito, suponho que trouxe à memória o dia do próprio casamento há menos de dois anos, e, enquanto ela chorava, o bebê ria e cantarolava aos seus pés, como se não houvesse problema algum no mundo.

Os preparativos haviam sido feitos para vinte pessoas, no máximo; portanto, quando apareceram quarenta almas e seus corpos, ficamos desesperadas, e nossa pequena ceia organizada se transformou em uma "batalha do chá" comum. A., C., B. e eu corremos feito baratas tontas para lá e para cá, tentando satisfazer a multidão que comeria e beberia rápido como esponjas. Enchi um prato grande com tudo o que consegui pegar e, com duas xícaras de chá, fortes o bastante para doze pessoas, entreguei tudo ao senhor E. e ao tio S., dizendo-lhes que comessem, bebessem e se divertissem, pois um período de fome se aproximava. Eles se aninharam em um canto; e então, sentindo que minha missão estava cumprida, deixei os famintos *esperar* e os sedentos *reclamar* por chá, enquanto optava por ajudar o grupo antiescravagista.

Superamos isso; mas foi um momento terrível, e a mente de mamãe vagava, totalmente perdida em uma selva de bules; B., por sua vez, invadia a vizinhança pedindo água quente, e nós, as meninas, espalhávamos bolo para lá e para cá.

Quando os pratos esvaziaram e os bules secaram, as pessoas limparam as bocas e admitiram, finalmente, que estavam satisfeitas. Seguiu-se uma conversa, que vovô B. e E. P. P. levaram adiante e na qual meu tio e papai causaram um ligeiro incômodo, dando início a outra da qual todo mundo quis participar. O doutor B., o senhor B., T. e outros apareceram, e o barulho continuou até as nove horas, quando um tal de Solomon sugeriu que os Alcotts deviam estar cansados e todo mundo partiu, à exceção de C. e S. Mamãe e meu tio dançaram polca, C. e B. dançaram um tipo de quadrilha, e S. fez um *étude*, após o qual apareceram alguns resquícios da ceia e "drenamos as gotas de cada xícara", engolimos todos os bolos e tortas, etc.; então a paz recaiu sobre nós, e nossos restos foram decentemente enterrados.

Hospital Sketches

A FLAUTA DE THOREAU

Dissemos, gemendo,
"Nosso Pan está morrendo;
Sua flauta jaz muda ao lado do rio
Perto dela um raio de sol tremula, fugidio,
Mas a voz aérea da Música se foi.
Como por geada prematura, a primavera chora;
O pássaro azul canta um réquiem;
A flor de salgueiro espera por ele;
– O Gênio da floresta foi-se embora".
Então, da flauta intocada pelas mãos,
Veio um suspiro baixo, harmonioso:
"Para alguém como ele não há morte;
Sua vida, a eternidade comanda;
Sua natureza se elevou acima da meta humana.

A sabedoria de um conteúdo decente
Transformou um pequeno lugar em continente,
E tornou em poesia a prosa mundana.

"Perseguindo colinas, riacho, florestais,
Andorinha e áster, lagos e pinhos
Seres que se tornaram humanos ou divinos,
Para essa criança de grande coração, são companheiros ideais.
Tal homenagem a natureza sempre recorda,
E anualmente na cama fornida
Sob a qual sua amada repousava escondida
Nas violetas o seu nome borda.

"Ele não tem nenhuma lamentação vã
Sua alma, esse mais fino instrumento,
Não deu ao mundo nenhum fraco lamento
E, sim, notas de madeira sempre doces e sãs.
Ó, amigo solitário! Ele ainda será
Presença marcante, ainda que invisível –
Firme, sagaz e impassível;
Não o procure – contigo ele estará."

A senhorita Alcott não pôde deixar de se emocionar profundamente quando a guerra estourou. Seu pai havia sido um dos primeiros abolicionistas, tendo participado com Garrison da Sociedade Antiescravagista, e ela se lembrava bem do escravo fugitivo que sua mãe escondera dentro do forno. Agora essa emoção podia se unir a seu zelo patriótico e amor profundo pela vida ativa, e era inevitável que desejasse, em pessoa, tomar parte dos perigos e da agitação da guerra.

Louisa sempre foi a enfermeira da família, e ela tinha o poder magnético natural que anima e ajuda os fracos e sofredores; logo, já que nenhuma outra via para servir à causa se abria para ela, era mais do seu feitio tomar as rédeas da própria vida e juntar-se ao grupo das enfermeiras dedicadas. Ela foi aceita e partiu para Washington. Seu diário retrata a situação por que passou no Union Hospital em Georgetown. Era um hospital pequeno, muito inferior em consultas aos que posteriormente foram disponibilizados.

Embora Louisa nunca tivesse ficado muito doente até então e fosse excepcionalmente resistente, ela não tinha a constituição vigorosa para dar conta do trabalho duro e da exposição próprios de um cargo como esse; os hábitos saudáveis da vida ao ar livre e a comida simples a que sempre fora habituada tornaram as condições do hospital lotado e pouco ventilado particularmente arriscadas para ela. Louisa afirma: "Nunca fiquei doente antes disso, e depois nunca melhorei".

No entanto, com todas as dificuldades, a senhorita Alcott encontrou no hospital a vida humana variada e intensa que desejara conhecer. Seu coração de ouro estava aberto a todos os homens, negros ou brancos, o ferreiro de Virgínia e o rude morador de Michigan. Ela tentou, inclusive, fazer amizade com o único rebelde solitário que fora deixado para trás e levado ao hospital, para indignação de alguns dos homens; mas ele era inacessível a toda forma de gentileza, e ela não conseguiu descobrir nada de simpático ou romântico nele que lhe chamasse a atenção.

A senhorita Alcott permaneceu no hospital apenas por umas seis semanas. Ainda assim, esse período curto exerceu uma influência marcante, tanto positiva quanto negativa, em sua vida futura. A grave crise de febre que a excluiu do cargo a deixou com os nervos em frangalhos e a constituição enfraquecida, e nunca mais ela conheceu a vida plena e saudável que tinha antes. O quarto da casa silenciosa em Concord estava cada vez mais assombrado por visões temíveis de delírio, e ela não conseguiu recuperar ali a paz de que necessitava para trabalhar. Mas a experiência de vida, a observação dos homens sob a agitação da guerra, a forma como eles se encontravam com a grande conquistadora – a Morte –, as revelações de heroísmo e amor e, às vezes, de amargura e ódio conferiram a ela a visão mais profunda da vida humana que ela jamais tivera, e deram a suas obras um realismo maior.

Louisa frequentemente escrevia à família sobre suas experiências, e essas cartas eram tão interessantes que alguém a convenceu a publicá-las no jornal *Commonwealth*. Elas atraíram muita atenção, e pela primeira vez a tornaram ampla e favoravelmente conhecida por um público maior do que aquele que lera suas histórias.

As cartas foram publicadas por James Redpath em formato de livro, e a senhorita Alcott recebeu duzentos dólares por ele – quantia muito bem-vinda naquela época. Os esboços são quase uma reprodução literal das cartas à família; mas, por serem tão extensamente lidas e acessíveis a todo mundo, darei preferência a fragmentos de seu diário feito no hospital. Outras histórias originárias de sua experiência no hospital, ou conectadas a ele de forma mais remota, foram publicadas no mesmo volume, em edições posteriores.

My Contraband é um das histórias mais dramáticas e vivazes que ela escreveu. Ela retrata a intensidade do ódio de natureza nobre – o ódio justificado pela provocação e, no entanto, impedido de execução fatal pelas mais altas insinuações da religião. Essa história suscitou uma carta de recomendação e críticas construtivas do coronel T. W. Higginson, que serviu como um grande estímulo à jovem escritora.

Os lindos versos sobre a flauta de Thoreau, o mais perfeito de seus poemas, com exceção do tributo primoroso à sua mãe, foram compostos pela primeira vez nas horas de vigília do hospital e, posteriormente, relembrados durante os dias tediosos de convalescença em Concord. Esse poema foi publicado no *Atlantic* e lhe conferiu uma oportuna nota de dez dólares.

Hospital Sketches foram escritos às pressas e com pouca atenção à execução literária, mas eles são revigorantes e originais e, mais ainda, autênticos, e vieram à tona no exato momento em que o público queria. Todos os corações ansiavam por notícias não apenas do campo de batalha e do acampamento, mas também dos hospitais, onde filhos e irmãos recebiam cuidados tão ternos. O estado de espírito generoso e cheio de esperanças que a senhorita Alcott assumiu no trabalho foi reconhecido como a injeção de ânimo para o corajoso grupo de mulheres que atenderam com tamanha prontidão ao chamado da pátria, e cada coração leal e amoroso vibrava em uníssono com as cordas que ela tocou com tanta habilidade.

Diário feito no Hospital, Georgetown, D.C., 1862.

Novembro. – 30 anos. Decidi ir a Washington atuar como enfermeira se puder encontrar um lugar. Eles necessitam de ajuda e adoro cuidar, e *preciso* de novas maneiras para liberar minha energia acumulada. O inverno é sempre uma época difícil e maçante, e se eu estiver fora há um a menos para alimentar, aquecer e com quem se preocupar.

Quero experiências novas e tenho certeza de que as terei se partir. Então, enviei minha inscrição e estou matando o tempo escrevendo contos para deixar tudo em ordem quando eu for embora, além de remendar minhas roupas antigas – pois enfermeiras não precisam de coisas bonitas, graças aos céus!

Dezembro. – No dia 11 recebi uma mensagem da senhorita H. M. Stevenson dizendo-me que começasse em Georgetown no dia seguinte, para preencher uma vaga no Union Hotel Hospital. A senhora Ropes, de Boston, era a enfermeira-chefe, e a senhorita Kendall, de Plymouth, era enfermeira de lá e, embora fosse um lugar difícil, estavam precisando de ajuda. Eu estava pronta e, quando minha comandante disse "Marche!", eu o fiz. Fiz minhas malas e me apresentei em B. na mesma noite.

Todos nos mantivemos corajosos até o momento final; então, sucumbimos. Percebi que minha vida estava em minhas próprias mãos e que talvez nunca mais os visse novamente. Perguntei: "Devo ficar, mãe?", abraçando-a com força. "Não, vá! E que o Senhor esteja com você!", respondeu ela, espartana; e até eu dobrar a esquina ela sorriu bravamente e acenou com seu lenço molhado na soleira da porta. Será que um dia voltarei a ver esse velho rosto querido?

Assim, parti no crepúsculo de dezembro, com May e Julian Hawthorne como escolta e a sensação de ser o filho da casa indo para a guerra.

Sexta-feira, dia 12 – Foi um dia memorável. Fiquei correndo por toda a cidade de Boston para obter meu passe e outras coisas, pedindo encomendas, obturando um dente e comprando um manto – minha única aquisição. A. C. me deu algumas roupas velhas; os queridos Sewalls, dinheiro para mim e para os meninos, muito amor e ajuda. E, às dezessete horas, dizendo adeus a um grupo de pessoas que choravam na estação, dei início à minha longa jornada, cheia de esperança e tristeza, coragem e planos.

Uma viagem particularmente interessante para um novo mundo em que eu veria e ouviria coisas emocionantes, novas aventuras e uma conscientização cada vez maior da tarefa grandiosa que eu assumira.

Rezava enquanto corria pela terra coberta de barracas brancas, repleta de patriotismo e já vermelha de sangue.

Época solene, mas estou contente por viver nela, e tenho certeza de que me fará bem, independentemente de eu sair viva ou morta.

Tudo correu bem, e certa noite cheguei muito cansada a Georgetown. Fui recebida com gentileza, dormi em minha cama estreita com duas outras colegas de quarto e no dia seguinte dei início à minha nova vida vendo um pobre homem morrer ao amanhecer, e ficando o dia todo entre um menino com pneumonia e um homem que foi baleado no pulmão. Dia estranho, mas fiz meu melhor; e, quando coloquei o pequeno xale preto de mamãe ao redor do menino que se sentava ofegante para respirar, ele sorriu e disse: "A senhora parece uma mãe". A sensação era de que eu estava me saindo bem. O homem se limitava a ficar deitado e observar com seus grandes olhos escuros, e isso me deixou muito nervosa. Mas todos se comportaram bem; e fiquei sentada olhando para os vinte rostos corajosos enquanto eles olhavam de volta para mim – a única coisa nova que os divertia – na esperança de parecer "uma mãe" para eles; com efeito, meus 30 anos faziam com que me sentisse velha, e o sofrimento ao meu redor me levou a querer consolar todos.

Janeiro de 1863. Union Hotel Hospital, Georgetown, D.C. – Nunca comecei o ano em um lugar mais estranho do que este: oitocentos quilômetros de casa, sozinha, entre desconhecidos, fazendo tarefas dolorosas ao longo do dia e levando uma vida de alerta constante neste enorme edifício, cercada de trezentos ou quatrocentos homens em todos os estágios de sofrimento, doença e morte. Apesar de muitas vezes com saudades de casa, deprimida e esgotada, eu gosto disso e realmente sinto prazer em consolar, animar e cuidar dessas pobres almas que parecem me amar, sentir minha compaixão ainda que não expressa e reconhecer minha genuína boa vontade, a despeito da ignorância, do constrangimento e da timidez que não consigo deixar de demonstrar em uma situação tão nova e desafiadora. Os homens são cordiais, respeitosos e afetuosos, com poucas exceções; muitos deles são realmente adoráveis e másculos. John Sulie, um ferreiro da Virgínia, é o príncipe dos pacientes; e, embora ele seja o que chamamos de homem comum em termos de educação e condição, para mim é tudo o que eu poderia esperar ou pedir do primeiro cavalheiro na terra. Por trás de sua linguagem simples e maneiras rudes, a impressão é de que vejo um caráter nobre, um coração tão acolhedor e terno quanto o de uma mulher, uma natureza tão vigorosa e autêntica quanto a de qualquer criança. Ele está na casa dos trinta, eu acho, é alto e belo, foi mortalmente ferido e está morrendo majestosamente, sem reprovação, descontentamento ou remorso. A senhora Ropes e eu o adoramos e não nos conformamos de perder tão cedo um homem como esse; com efeito, embora ele possa nunca se destacar perante o mundo, sua influência e exemplo não podem ser em vão, pois a bondade genuína nunca é desperdiçada.

Segunda-feira, dia 4. – Registrarei os acontecimentos de uma jornada como amostra dos dias que passo:

Levanto-me às seis, visto-me à meia-luz, corro pela minha ala e abro as janelas, embora os homens resmunguem e tremam; mas o ar é ruim o bastante para produzir uma pestilência e, já que não temos notícias de nossos apelos constantes por uma ventilação melhor, devo fazer o que posso.

Acendo o fogo, coloco os cobertores, faço piadas, elogios e dou ordens; mas continuo abrindo janelas e portas como se a vida dependesse disso. A minha depende, e sem dúvida muitas outras, porque nunca vi um antro de doenças mais perfeito que essa casa – fria, úmida, suja, repleta de cheiros ruins dos ferimentos, da cozinha, dos banheiros e currais. Nenhum chefe competente, homem ou mulher, para pôr ordem nas coisas, e uma mistura de enfermeiras ruins, boas e indiferentes, cirurgiões e assistentes, para complicar ainda mais o caos.

Após essa marcha indesejável por minha ala sufocante, tomo o café da manhã com o apetite que eu tiver; encontro o inevitável bife frito, manteiga com sal, pão com casca e café aguado; ouço o papo furado de oito mulheres e uns doze homens – elas, tolas, burras e com uma ideia fixa; eles, absortos pelo café da manhã e por si mesmos de um jeito tão ridículo quanto irritante, pois todos os pratos são pedidos *cheios* e voltam *vazios;* a conversa é totalmente sobre eles mesmos, e cada um profere sua opinião com um ar de importância que muitas vezes me faz engasgar ou engolir minha comida a uma velocidade humilhante, para que uma gargalhada não entregue a essas peças raras que tem uma "criança entre eles tomando notas"[47].

Até meio-dia caminhei a passos largos, distribuindo comida, cortando alimentos para "meninos" indefesos, lavando rostos, ensinando minhas assistentes sobre quais camas fazer e quais pisos varrer, vestindo os feridos, aceitando as ordens do doutor F. P. (a todo momento desejando com meus botões que ele fosse mais gentil com meus meninos crescidos), tirando o pó das mesas, costurando bandagens, mantendo minha bandeja organizada, correndo para cima e para baixo atrás de travesseiros, lençóis, esponjas, livros e orientações, até ficar com cara de alguém que daria o próprio reino por quinze minutos de descanso. À meia-noite o sino grande toca e depois vem o jantar para os rapazes, que estão sempre prontos para ele e nunca totalmente satisfeitos. Sopa, carne, batatas e pão são o cardápio. Charley Thayer, o assistente, sobe e desce pela sala servindo as porções, guardando um pouco para si, mas sempre pensando nos companheiros, e paciente como uma mulher diante do desamparo deles. Quando o jantar termina, alguns dormem, muitos leem e outros querem que eu escreva cartas. Isso eu gosto de fazer, pois eles colocam coisas tão bizarras nelas e expressam as próprias ideias de um jeito tão cômico que rio muito por dentro, apesar de por fora parecer o mais séria possível. Poucos homens compõem bem os parágrafos e escrevem cartas excelentes. A de John foi a melhor de todas as que escrevi. Responder a cartas de amigos após alguém ter morrido é o trabalho mais triste e mais árduo que uma enfermeira deve fazer.

---

[47] No original *"a child's among them taking notes"*, trecho de um poema do escocês Robert Burns (1759-1796), também conhecido como o Bardo de Ayrshire. Seus poemas foram os primeiros em língua escocesa a ser publicados. (N.T.)

O jantar das cinco horas faz todo mundo correr – ao menos os que conseguem; e, quando a agitação passa, todos se acomodam para as diversões noturnas, que consistem de jornais, mexericos, o último turno do médico e, conforme necessário, os últimos remédios da madrugada. Às nove o sino toca, o gás é reduzido, e as enfermeiras do dia vão para a cama. As enfermeiras da noite começam a trabalhar, e o sono e a morte têm a casa só para si.

Meu trabalho mudou para vigilância noturna, ou metade da noite e metade do dia – das 12 às 24. Gostei, já que tenho tempo para uma corrida matinal, que é do que preciso para continuar bem; o ar, a comida e a água ruins, o trabalho e a vigilância estão começando a pesar. Subo e desço as ruas em todas as direções, às vezes até Heights, depois até meio caminho de Washington e de novo para a colina, acima da qual trens compridos com vagões do Exército estão constantemente desaparecendo, e ambulâncias, aparecendo. É assim que a luta acontece, e desejo acompanhá-la.

Mandaram que eu ficasse em meu quarto, sob ameaça de pneumonia. Dor aguda nas laterais, tosse, febre e tontura. Perspectiva agradável para uma alma solitária a oitocentos quilômetros de casa! Sentei-me e costurei as roupas dos rapazes, escrevi cartas, dormi e li; tentei conversar e continuar animada, mas, decididamente, falhei, já que os dias se passam e não me sinto melhor. Tenho sonhos horríveis e acordo cansada, penso em casa e me pergunto se morrerei aqui, já que a senhora R., a enfermeira-chefe, provavelmente vai. Sinto-me infeliz demais para me importar com o que será de mim. O doutor S. aparece duas vezes por dia para sentir minha pulsação, me dar remédios e perguntar se estou tuberculosa ou alguma outra coisa animadora. O doutor O. examina meus pulmões e parece sério. O doutor J. frequenta o lugar dia e noite com madeira, uma colônia, livros e caldos, como homenzinho maternal que é. As enfermeiras estão agitadas e ansiosas, a chefe, morrendo, e tudo está muito sombrio. Eles querem que eu vá para casa, mas *não vou* ainda.

Dia 16 de janeiro. – Fiquei surpresa ao ver papai entrar no quarto naquela manhã, pois recebera uma mensagem por telégrafo da senhora R. sem minha licença. Fiquei muito nervosa no início, embora feliz por vê-lo, porque sabia que deveria partir. A senhora D., a senhorita Dix e a linda senhorita W. vieram me levar para os Willards, a fim de que cuidassem de mim. Não fui, preferindo ficar quieta, já que estava muito doente naquela época.

No dia 21, de uma hora para outra, decidi ir para casa, já que me sentia muito estranha e com receio de piorar. A senhora R. morreu, e isso fez com que os médicos temessem por mim, pois meu problema era o mesmo – pneumonia tifoide. Papai, a senhorita K. e Lizzie T. foram comigo. A senhorita Dix trouxe uma cesta cheia de garrafas de vinho, chá, remédios e colônia, além de um pequeno cobertor e um travesseiro, um leque e um testamento. Ela é uma velha alma gentil, mas muito esquisita e arbitrária.

Lamentei muito minha partida, e "meus rapazes" pareciam ter pena de mim. Um grupo bem grande veio me ver, mas eu estava doente demais para ter uma vaga ideia do que estava acontecendo.

Tive um trajeto estranho e agitado, de um dia e uma noite – metade dormindo, metade divagando, consciente apenas de que estava indo para casa e, quando cheguei a Boston, de ser tirada do veículo, com pessoas me olhando como se eu fosse uma atração. Ouso dizer que estava totalmente despenteada, louca e fraca. Estava doente demais para ir a Concord naquela noite, embora tivéssemos tentado fazer isso. Fiquei na casa do senhor Sewall; tive uma espécie de crise, avisaram o doutor H. e passei muito mal.

Na manhã seguinte me senti melhor, e às quatro fui para casa. Só me lembro de ver a expressão de choque de May na estação, a perplexidade de mamãe em casa e de ir para a cama acreditanto piamente que a moradia não tinha telhado e que ninguém queria me ver.

Como nunca me esquecerei dos delírios estranhos que me assombraram, vou me divertir ao me lembrar de alguns deles.

O mais vívido e persistente foi a convicção de que eu me casara com um espanhol corpulento e bonito, com uma roupa de veludo preto, mãos muito macias e uma voz que repetia: "Fique deitada, minha querida!". Essa era a mamãe, como suspeito; porém, ao consolo que com frequência eu encontrava em sua presença misturava-se um medo terrível da esposa espanhola que sempre vinha atrás de mim, aparecendo de dentro dos armários, nas janelas ou me fazendo ameaças horríveis a madrugada toda. Fiz um apelo ao Papa, levantando-me de fato e fazendo uma súplica comovente em algo parecido com latim, conforme me contaram. Certa vez fui para o céu e o achei um local crepuscular, com pessoas se arremessando pelo ar de um jeito bizarro – todas muito ocupadas, sombrias e convencionais. A senhorita Dix, W. H. Channing e outras pessoas estavam lá; mas eu achei o lugar escuro e "devagar", e desejei não ter ido.

Uma multidão em Baltimore arrombando a porta para me pegar, ser enforcada por uma bruxa, queimada, apedrejada e maltratada de outras formas eram alguns dos meus delírios. Outro era cair na tentação de me juntar ao doutor W. e duas das enfermeiras para adorar o Diabo. Outro, ainda, cuidar de milhões de homens ricos que nunca morriam nem melhoravam.

Fevereiro. – Recuperei a razão após três meses delirando, e me contaram que eu havia contraído uma febre tifoide muito ruim, que quase morrera e ainda estava muito doente. Tudo isso parecia muito curioso, pois não me lembrava de nada. Vi um rosto estranho, magro e de olhos arregalados quando me olhei no espelho; não me reconhecia de jeito nenhum e, quando tentei andar, descobri que não conseguia e chorei porque minhas pernas não se moveriam.

Por nunca ter ficado doente antes, foi tudo muito novo e interessante quando me aquietei o bastante para entender as coisas. Noites tão, tão longas; dias tão fracos e indolentes; cochilando, sem nenhuma preocupação; ávida por comer e sem boca para fazê-lo – já que a minha estava bem dolorida e cheia de todo tipo de sensação esquisita, tudo não passou de uma enfermidade. Os velhos delírios ainda se insinuavam, tão reais que acreditava neles, e iludi mamãe e May com as histórias mais absurdas, contadas com tanta seriedade que pensaram que eram verdadeiras.

O doutor B. vinha todos os dias, e era muito gentil. Papai e mamãe ficavam comigo noite e dia, e May declamava "Birks of Aberfeldie"[48] ou

---

[48] Poema de Robert Burns. (N.T.).

lia para mim, para espantar as horas cansativas. Pessoas enviavam cartas, dinheiro, perguntas gentis e guloseimas para a velha "Nuss". Eu tentava costurar, ler e escrever, e descobri que teria de começar tudo de novo. Recebi dez dólares por meus serviços em Washington. Cortaram todo o meu cabelo, que tinha um metro e meio de comprimento, e fiquei de gorro como uma avó. Eu me senti mal em perder meu único atrativo. Não tem importância, poderia ter sido meu cérebro, e é melhor ficar com uma peruca fora da cabeça do que sem juízo dentro dela.

Março. – Comecei a me movimentar um pouco, ficando sentada quase o dia inteiro, comendo com mais frequência e retomando meus velhos hábitos. Meu primeiro trabalho foi característico: limpei meus sacos de retalhos e tirei o pó dos livros, sentindo tanto cansaço como se tivesse limpado a casa toda. Certa noite fiquei sentada até as nove e não almocei às quinze horas – dois fatos que encontrei cuidadosamente registrados em meu diário de bolso com minha própria letra tremida.

Papai tinha duas aulas de conversação: uma na casa do senhor Quincy, muito seleta e elegante; outra em um salão não tão bom. Ele estava cansado de cuidar de mim, pobre velho cavalheiro; e tifo não era algo de entusiasmar.

Li muito, fraca demais para fazer mais coisas. Lixos sem fim, com uma ou outra coisa boa como lastro. *Titan* foi aquele de que mais gostei, embora meu fraco raciocínio ficasse cansado em ler muita coisa de uma vez. Recuperada, escrevi alguns versos de *Thoreau's Flute,* que compus certa noite em que vigiei o pequeno Shaw no hospital.

No dia 28 papai veio de Boston para casa, trazendo a notícia de que Nan teve um lindo menino. Todos gritamos quando ele entrou de repente, coberto de neve e radiante; então mamãe começou a chorar, May a rir, e eu, como B. Trotwood, disse: "Viram? Sabia que não seria menina!".

Ficamos todos muito felizes por tudo ter acabado de forma segura e pela inclusão de um alegre rapazinho na família de mulheres.

Mamãe foi direto para Boston para ter certeza de que "mãe e filho estavam bem", e comecei a limpar a casa – bom trabalho para uma inválida e uma válvula de escape para uma tia feliz.

Primeiro Aniversário no Alcott e Pratt Branch, 1863.

VÉSPERA DE SEGUNDA-FEIRA.

CARÍSSIMA MÃEZINHA – *Permita-me perguntar quem foi uma verdadeira profetisa, e também: "Onde está minha sobrinha, a Louisa Caroline?".*

Não importa, vou perdoá-la e dar vários "vivas" a meu sobrinho. Oba! Oba! Oba!

Gostaria que tivesse visto o espetáculo de sábado à noite. Estávamos todos concentrados em um romance, sem esperar que papai voltasse para casa por causa da tempestade de neve, quando a porta se abriu de repente e ele entrou, molhado e branco, agitando a bolsa e gritando: "Boas notícias! Boas notícias! Anna teve um lindo menino!".

Abrimos a boca ao mesmo tempo e gritamos por cerca de dois minutos. Então mamãe começou a chorar, eu comecei a rir, e May, a fazer perguntas, enquanto papai nos dava um largo sorriso – corado, molhado e radiante, o retrato de um velho avô orgulhoso. Que noite divertida tivemos! Mamãe continuava a sucumbir ao choro, e toda hora tirava o lenço do rosto dizendo, com ar solene: "Preciso sair imediatamente e ver esse bebê!". Papai contou a todas as pessoas que conhecia, do senhor Emerson ao cocheiro, e ficava andando pela casa em estado de graça, dizendo "Anna tem um menino! Sim, sim, um menino!".

May e eu ficamos, ao mesmo tempo, matutando um nome, e decidimos por "Amos Minot Bridge Bronson May Sewall Alcott Pratt", para que todas as famílias fossem representadas.

Estava tão ansiosa por mais notícias que fui à cidade hoje de manhã e encontrei a mensagem de John.

O vovô e a vovó Pratt vieram saber das ótimas notícias; mas só pudemos lhes informar de um fato extraordinário: o de que Pratt Junior consentira em chegar. Agora conte-nos o peso, tamanho, cor, etc., do bebê.

Sei que vou cair para trás e adorar quando vir o pequenino; ainda assim, minha alma fica dividida quando penso em L. C., na almofada de alfinetes e em todos os planos que eu tinha feito para "minha sobrinha".

Agora fique contente e seja uma mamãe feliz. É claro que John não acha o próprio filho a coisa mais linda do século dezenove.

Bendito seja esse bebê!

Sua admiradora, sempre,
Lu.

Abril. – Fiz umas caminhadas e passeios agradáveis e senti como se tivesse renascido, já que tudo parecia tão belo e novo. Tomara que sim, e que a experiência em Washington possa me fazer bem por muito tempo. Chegar bem perto da morte nos ensina a valorizar a vida, e este inverno será sempre memorável para mim.

Costurei camisetinhas e gorros para meu abençoado sobrinho, que cresceu rápido em tamanho e retidão.

Sanborn me pediu para fazer o que Conway sugeriu antes de partir para a Europa, a saber, organizar minhas cartas em formato para impressão e publicá-las no *Commonwealth*. Eles a acharam sagazes e patéticas. Eu não, mas queria dinheiro; portanto, fiz mais três esboços no hospital. Para meu total espanto, foram um sucesso, e as pessoas compraram os jornais mais rápido do que a capacidade de reposição. A segunda carta, "A Night", foi muito apreciada, e fiquei contente; com efeito, meu lindo "John Sulie" era o herói, e o elogio era para ele. Quiseram mais, e acrescentei um posfácio em forma de carta como encerramento, como acreditei na época.

Recebi cem dólares de F. L. por um conto que foi premiado no último mês de janeiro; paguei dívidas e fiquei contente por meu inverno ter dado frutos visíveis. Enviei outro conto a L. Fui a Boston e vi "nosso bebê"; achei-o feio, mas promissor. Comprei um conjunto de móveis para meu quarto – um sonho sobre o qual falávamos há muito tempo.

Maio. – Passei as duas primeiras semanas colocando a casa em ordem. May pintou e pôs papel de parede nas saletas. Comprei um novo carpete e um tapete além do papel e arrumei as coisas até ficar exausta. Mamãe estava fora com Nan, então varremos tudo e ela voltou para uma casa limpa e renovada.

Nan e o Infante Real chegaram, tão radiantes quanto uma dúzia de botões e tão bons quanto um anjo marrom sem cabelo. Fui a Readville e vi o 54.º Regimento dos Negros, e também no dia seguinte na cidade enquanto partiam para o Sul. Gostei muito, e das reuniões antiescravagistas também.

Coloquei uma pena nova em meu chapéu, pois a senhora Hawthorne mostrou a Fields o *Thoreau's Flute* e ele quis o poema no *Atlantic*. É claro que eu não neguei. Ele foi impresso, copiado, elogiado e glorificado, e também *pago;* e, mercenária que sou, gostei dos dez dólares quase tanto quanto da honra de ser uma "nova estrela" e "uma celebridade literária".

Junho. – Recomecei a escrever *Moods,* sentindo-me animada pelo louvor agraciado sobre *Hospital Sketches*, em que repararam, sobre os quais comentaram e perguntaram, para minha total surpresa e deleite. Recebi uma linda carta de Henry James e uma de Wasson, e um pedido de permissão de Redpath para imprimir os esboços em formato de livro.

Os Irmãos Roberts também perguntaram, mas preferi Redpath, e disse que sim; então ele começou a trabalhar com todo o afinco.

Fui ao Class Day[49] pela primeira vez; tive um dia agradável vendo lugares novos e velhos amigos.

G. H. veio à casa de H. Não gostei tanto dela quanto da senhorita H.; muito afiada e cheia de si; insistiu em falar sobre religião com Emerson, que se esquivou do assunto com tanta suavidade e firmeza ao mesmo tempo que a enérgica dama, no fim, teve que desistir.

[1877 – Louisa, você não é visionária! Nem sonhava que esses mesmos irmãos Roberts a ajudariam a fazer fortuna alguns anos depois. Os *Sketches* nunca renderam muito dinheiro, mas me revelaram "meu estilo" e, pegando a dica, fui até onde a glória me aguardava – L. M. A.]

---

[49] Nos Estados Unidos, dia de comemorações antes de uma formatura. (N.T.)

Julho. – Sanborn pediu mais contribuições, e dei a ele algumas das minhas Mountain Letters modificadas. Elas não eram boas e, embora fizessem o jornal ser vendido, eu tinha uma vergonha profunda delas e parei no meio, decidida a nunca mais tentar ser engraçada, e sim turbulenta e nada mais. Fiquei contente com a lição e espero que me faça bem.

Recebi cartas simpáticas do sargento Bain – um de meus rapazes que não se esqueceu de mim, embora distante e seguro em casa, em Michigan. Isso me deixou muito satisfeita e trouxe novamente à tona os dias no hospital. Ele era um rapazinho alegre e corajoso, e eu gostava muito dele. Seu braço direito foi amputado após Fredericksburg[50], e ele aceitou isso com muita alegria, tentando imediatamente treinar sua mão esquerda para trabalhar por ambas, e nunca se queixou da perda. "Bebê B."

Agosto. – Redpath deu continuidade à publicação dos *Sketches* com muita energia, enviando cartas, provas e notícias todos os dias e fazendo todo tipo de ofertas, sugestões e profecias no que dizia respeito ao sucesso do livro e de sua autora.

Escrevi uma história, *"My Contraband"*, e enviei-a para Fields, que a aceitou e pagou cinquenta dólares por ela, aprovando-a com gosto e também aos "Esboços". L. enviou quarenta dólares por uma história e pediu outra.

O major M. me convidou para ir a Gloucester[51]; recusei, no entanto, por estar ocupada demais e ser muito envergonhada para me exibir, ainda que de forma bem discreta. Cartas do doutor Hyde, Wilkie (em casa, ferido por Wagner), Charles Sumner, do senhor Hale e outras pessoas – todas sobre os pequenos *Sketches*, que continuam me trazendo amigos, embora eu não me acostume nem um pouco com isso e ache que tudo não passa de um erro.

No dia 25, minha primeira glória-da-manhã floresceu em meu quarto – um azul promissor –, e à noite chegou meu livro com sua nova roupagem. Eu adicionara vários capítulos a ele, e ele se tornou um romance

---

[50] A Batalha de Fredericksburg foi travada na Virgínia entre os dias 11 e 15 de dezembro de 1862, entre o Exército confederado da Virgínia do Norte (sob o comando do general Robert Edward Lee) e o Exército da União do Potomac (comandado pelo general Ambrose Everett Burnside). (N.T.)

[51] Cidade do sudoeste da Inglaterra. (N.T.)

bem organizado. Edição de mil cópias, e eu tinha direito a cinco centavos por cada uma.

Setembro. – Redpath está ansioso por outra obra. Enviei-lhe um volume de histórias e parte de um livro para analisar. Ele gosta de ambos, mas decidi esperar um pouco, já que não estou satisfeita com as histórias, e o romance precisa de tempo. Os *Sketches* estão vendendo bem, e uma nova edição está sendo solicitada.

Nossa querida avó morreu na casa de tia Betsey aos 89 anos – uma boa mulher, muito amada pelos filhos. Enviei dinheiro para ajudar com o funeral, já que a tia B. é pobre, e isso foi tudo o que pude fazer pela doce velhinha.

Nan e Freddy nos visitaram, e decidimos que ele era o bebê mais fantástico de todos. Que menino cordial, feliz e engraçado! Só consegui brincar com ele e adorá-lo durante toda a sua estada, e sentir saudade quando partiu. Nan e John são muito afeiçoados por "nosso filho", e têm razão em ser. Vovó e vovô o acham perfeito, e mesmo a artística tia May admite que ele é "uma coisa linda".

"My Contraband; or, The Brothers", minha história, foi publicada no *Atlantic*, e as pessoas gostaram. Recebi quarenta dólares de Redpath por *Esboços* – primeira edição; ele quis que eu fosse editora de um jornal; fiquei com medo de tentar e deixei para lá.

O coitado do velho *Moods* saiu para mais retoques.

Outubro. – Pensei muito sobre ir dar aulas em Port Royal para escravos fugidos. Fields quis as cartas que eu deveria escrever e perguntou se eu tinha algum livro. Papai falou de *Moods* e quis vê-lo. Então, comecei a trabalhar e o finalizei, pensando que o mundo deve estar chegando ao fim e todos os meus sonhos sendo realizados da maneira mais maravilhosa. Se alguma vez existiu uma jovem espantada, essa sou eu; com efeito, as coisas têm fluído tão bem ultimamente que não sei quem sou. Um ano atrás eu não tinha editor algum e ficava mendigando com meu material; hoje, *três* me pediram coisas, vários jornais estão prontos para imprimir minhas contribuições, e F. B. S. afirma que "qualquer editor deste lado de Baltimore ficaria contente em receber um livro". Foi uma guinada repentina para uma escritorazinha humilde e simples, a quem haviam dito para "continuar a lecionar" e que nunca tivera um amigo no ramo da literatura para dar uma mão! Quinze anos de luta árdua podem dar algum fruto, afinal; e ainda posso "pagar todas as dívidas, consertar a casa, enviar May à Itália e dar conforto aos velhos", conforme disse há muito tempo, ainda que sem esperanças.

May começou a ter aulas de desenho anatômico com Rimmer. Fiquei muito contente por conseguir pagar suas despesas totais e lhe dar roupas decentes. Vinte dólares a mais de Redpath na conta.

Dezembro. – Rendimentos em 1863: trezentos e oitenta dólares.

O principal acontecimento deste mês atipicamente tranquilo foi a Sanitary Fair[52] em Boston e nossa participação nela. A pedido de G. G. B., dramatizei seis cenas de Dickens e fui à cidade no dia 14 para a encenação. As coisas não iam bem, por causa da ausência de um bom diretor e mais tempo. Não ficamos nem um pouco satisfeitos com nossa noite, em razão do fracasso de várias cenas que precisavam de atores. As pessoas pareciam gostar do que viam ali e, após uma semana exaustiva, voltei para casa novamente, muito feliz. Nossos seis espetáculos renderam dois mil e quinhentos dólares para a Feira.

Reescrevi os contos de fadas, um dos quais foi publicado; mas, devido aos atrasos, era tarde para as férias e, na pressa, ele ficou com um acabamento ruim; portanto, o pobre *Rose Family* se deu mal.

Recebi uma carta de um editor de uma revista nova intitulada *Civil Service Magazine* com o pedido de um conto longo. Não tinha tempo para escrever, mas o farei aos poucos, se sair coisa boa.

Na cidade, recebi dez dólares de F. B. S. e vinte de Redpath, com os quais comprei chapéu, botas, luvas, fitas e outras coisinhas para May, além de dinheiro para suas passagens de ida e volta para Rimmer.

Janeiro de 1864. – O dia de Ano Novo foi bem tranquilo. Nan e Freddy estavam aqui e, à noite, fomos dançar em um salão. Foi um momento

---

[52] Eventos beneficentes de luxo e bem frequentados, com a finalidade de levantar fundos para a Comissão Sanitária dos Estados Unidos. (N.T.)

feliz, pois toda a cidade estava lá, já que o evento era em prol da Soldiers' Aid Society[53] e todo mundo queria ajudar. Nan e eu ficamos sentadas na galeria e observamos os jovens dançando nos últimos momentos do ano velho, com a entrada do novo ano assim que o relógio bateu meia-noite.

Ao analisar minhas contas, descobri que desde janeiro ganhara *seiscentos dólares* apenas com minha *escrita* e que gastei menos de cem comigo mesma, e saber disso me deixa contente. May ficou com setenta dólares para si e com o restante pagou dívidas ou comprou coisas necessárias para a família.

Recebi dezoito dólares do *Commonwealth* por *A Hospital Christmas*. Escrevi um conto de fadas, "Fairy Pinafores". "Picket Duty" e outros contos foram publicados – o primeiro da série de livros de Redpath para os "Camp Fires". Richardson enviou novamente um pedido de uma história longa para a *Civil Service Magazine*. Tentei uma sobre guerras, mas não consegui desenvolvê-la.

Fevereiro – Nan ficou bem doente de novo. Mamãe passou a maior parte do mês com ela; então, tive que cuidar da casa e deixar a escrita de lado – talvez tenha sido bom, já que minha cabeça está cansada e a "musa inspiradora" não desça com tanta prontidão como costumava fazer. Preciso esperar e encher minha caixa de ideias antes de começar de novo. Nada como o trabalho para fazer a fantasia começar.

Redpath veio voando no dia 4 para pegar *Moods*, prometendo seu lançamento para maio. Cheia de receio, dei-o a ele, que foi embora satisfeito. No dia seguinte, recebi um telegrama para comparecer imediatamente e ver as cópias impressas. Fui, e me disseram que a história estava longa demais para um só volume e que um romance de dois volumes era um mau começo. Se eu cortaria o livro pela metade? Não, não cortaria, pois já reduzira tudo o que ele comportaria. Então, peguei minha *opus* e a enviei novamente para casa, prometendo tentar terminar meu livro mais curto em um mês.

---

[53] Durante a guerra civil americana, essa organização particular fornecia, aos soldados do Norte, os equipamentos de que necessitavam para dar continuidade à batalha. (N.T.)

Um mês maçante e pesado, trabalhando na cozinha, costurando, limpando a casa e tentando gostar dos meus deveres.

A senhora S. gosta muito de May; envia-lhe flores, oferece-se para pagar aulas na nova Escola de Arte e arranja tudo para ela com muito prazer. Ela é uma garota de sorte e sempre encontra alguém para ajudá-la quando quer ser ajudada. Gostaria de poder fazer o mesmo, mas suponho que, como nunca o faço, é melhor trabalhar, esperar e realizar tudo por minha conta.

O senhor Storrs, D. D.[54], escreveu um esboço para seu pequeno artigo, "The Drum Beat", para imprimir durante a Sanitary Fair de Brooklyn. Carta muito cordial e simpática, a que respondi com um pequeno esboço chamado "A Hospital Lamp". Ele me enviou outra carta amigável e todos os jornais diários conforme eram publicados. Homem muito gentil esse doutor Storrs.

Os *Hospital Sketches* foram totalmente beneficiados por sua ampla e rápida popularidade, e talvez pela primeira vez a senhorita Alcott teve certeza de sua vocação e soube que ela, enfim, traria o sucesso que lhe possibilitaria cumprir seus planos para a família. E, não obstante, a batalha não terminara. Ela ganhou fama, foi recebida na sociedade com enorme consideração e foi elogiada muito mais do que se importava. Mas ainda continuou a escrever histórias para os diversos jornais a preços muito baixos. Algumas eram recusadas pelos editores, conforme ela acreditava, por causa dos sentimentos antiescravagistas expressos nelas. Suas histórias "de sangue e tempestade" continuaram sendo pedidas, e ela as escreveu rapidamente e ficou contente pelo dinheiro que traziam. Mas ela ainda não encontrara seu caminho verdadeiro, e às vezes sofria de depressão aguda; com efeito, o caminho parecia longo e sombrio, e ela não enxergava o fim. Ela pelejou com *Moods* em mais de um sentido, pois esse livro infeliz ainda estava passando de editor para editor, que a elogiavam muito, mas não lhe davam satisfação.

---

[54] Abreviação, em inglês, de Doctor of Divinity (*Doctor Divinitatis*, em latim), ou seja, "Doutor em Divindade". (N.T.)

Diário

Mês agitado à vista. Aniversário de Freddy no dia 28, 1 ano de idade. Havia uma dúzia de pequenos presentes dispostos em fila quando ele desceu para tomar o café da manhã, e ele pareceu como que dominado por suas riquezas. Ao lhe solicitarem que pegasse aquele de que mais gostou, ele escolheu o retrato do pequeno Samuel que papai lhe deu, e o bom velhinho ficou muito satisfeito.

Pediram-me um poema para o grande álbum da Feira de Saint Louis, e enviei "Thoreau's Flute", por ser o meu melhor. Também recebi uma carta dos diretores de Filadélfia pedindo contribuições para o jornal que seria impresso na Feira.

Não escrevi nada neste mês.

Abril. – A pedido de papai, enviei *Moods* para T. e recebi uma mensagem muito simpática dele, dizendo que eles estavam com tantos livros à mão que não podiam fazer nada a respeito no momento. Então, coloquei-o de volta na estante e comecei meu novo trabalho. Não se desespere, *Moods*, tentaremos de novo aos poucos!

[Ai de mim! Realmente tentamos de novo – L. M. A.]

Escrevi a primeira parte de uma história para o professor C. chamada "Love and Loyalty" – plana, patriota e sob medida. Escrevi um novo conto de fadas, "Nelly's Hospital".

Maio. – Recebi uma carta da senhora Gildersleeve pedindo minha fotografia e uma minibiografia para um livro chamado *Heroic Women* que ela estava organizando. Recusei, com respeito. Também recebi uma carta e uma nota elogiosa do "Ruth Hall", e uma da crítica do *Chicago* com um longo trecho de *Rose Family*. Meu conto "Enigmas" saiu, e foi muito apreciado por quem gosta de ler bobagens. Com meus cinquenta dólares na mão, eu me conformei.

Junho. – Fui à cidade com papai no dia 3 para um Festival da Fraternidade a que fomos convidados. Eu me diverti muito e fiquei maravilhada por descobrir que meu "humilde" eu havia se transformado em celebridade, que estava entre pessoas importantes, que era observada, aguardada, elogiada e feita para uma recepção de gala, quer desejasse isso ou não; com efeito, o senhor S. continuava trazendo pessoas para me apresentar até eu ficar cansada de apertos de mão e de ouvir as palavras *Hospital Sketches* usadas em todos os tons de interesse, admiração e respeito. O senhor Wasson, Whipple, Alger, Clarke, Calthrop e Chadwick vieram falar comigo, e muitas outras pessoas cujos nomes me fogem agora. Foi uma surpresa muito agradável e uma experiência nova. Gostei, mas acredito que uma dose pequena é tão boa quanto; pois, após ficar em um canto me matando de trabalhar *à la* Cinderela, sobe à cabeça ser tirada de lá e passar a ser tratada como princesa da noite para o dia.

Agosto. – Fui a Gloucester por duas semanas com May para ficar na casa de M. Encontrei uma família de seis lindas filhas, uma mãe agradável e um pai que era o retrato de um dos irmãos Cheeryble. Passei momentos agradáveis andando de barco, passeando, fazendo charadas, piqueniques e dançando. Em uma noite amena de luar, um de nossos grupos acampou em Norman's Woe e passou momentos incríveis, deitado nas pedras, cantando, conversando, dormindo e se divertindo. Eu me diverti e tomava café toda hora. A lua surgiu e desapareceu lindamente, e o nascer do sol foi uma imagem da qual jamais me esquecerei.

Escrevi outro conto de fadas, "Jamie's Wonder Book", e enviei o *Christmas Stories* para W. & W., com ilustrações adoráveis da senhorita Greene. Eles gostaram muito do livro e disseram que consultariam sobre a publicação, embora estivessem com muito trabalho.

Setembro. – A senhora D. veio me visitar e, encontrando meu velho livro de histórias, gostou dele e insistiu em levar *Moods* para casa e lê-lo. Como ela tivera experiência com editores, era uma boa mulher de negócios e excelente crítica, deixei-a levar a obra, na esperança de que conseguisse dar ao pobre e velho livro o impulso pelo qual ele estava esperando por todos estes anos. Ela o levou, leu e o admirou com muito entusiasmo, dizendo que "nenhum autor americano se mostrara tão promissor; que o projeto era admirável, a execução, desigual, mas muitas vezes sublime; que eu tinha muito o que fazer pela frente e que meu livro precisava ser lançado".

A senhora D. o enviou para L., que o adorou e me pediu para encurtá-lo se eu conseguisse, de outra forma seria grande demais para vender bem. Fiquei muito decepcionada, disse que nunca tocaria nele de novo e o atirei no pequeno armário com teias de aranha ao qual tantas vezes voltou após viagens infrutíferas.

No fim, nas horas agitadas de uma noite insone, a senhorita Alcott pensou em uma forma de reduzir a extensão questionável do livro e passou quinze dias reformulando-o – já que pensou em várias melhorias –, embora depois tenha voltado à versão original por ser indiscutivelmente a melhor. O livro foi lançado, e ela teve o prazer de dar a primeira cópia como presente à sua mãe por seu sexagésimo quarto aniversário. Ela tinha vários projetos em mente, entre os quais um romance tendo como dois personagens Jean Paul Richter e Goethe. Desnecessário dizer que a obra nunca foi concluída. A senhorita Alcott era dotada de enorme poder de observação e uma sensibilidade aguçada para personagens que tinham a ver com sua própria vida, mas não possuía a imaginação criativa que poderia dar vida aos mecanismos mais sutis de pensamentos e sentimentos de personalidades estranhas à sua própria experiência. Ela não poderia ter retratado homens como esses; mas quem poderia?

Diário.

Outubro. – Escrevi vários capítulos de *Work* e estava me saindo bem quando, acordada de madrugada, veio à mente um jeito de encurtar e organizar *Moods*. Todo o planejamento se apresentou com tranquilidade diante de mim, e naquela noite não dormi mais, mas trabalhei nele com tanto afinco a ponto de fazer parecer que mente e corpo não tinham relação alguma entre si. Acordei cedo e comecei a escrevê-lo de novo. Tudo estava se encaixando com firmeza, e durante quinze dias mal comi, dormi ou me mexi, mas escrevi e escrevi como uma máquina de pensar a todo vapor. Quando tudo estava reescrito sem cópia, achei-o bem melhor, embora tivesse excluído dez capítulos e sacrificado muitas das minhas coisas favoritas; mas, decidida a torná-lo simples, marcante e curto, deixei tudo de lado e esperei que o livro ficasse melhor assim.

[Não ficou. 1867.]

Enviei-o a L.; uma semana depois, enquanto pregava o carpete da sala – cheia de pó, triste e cansada –, chegou uma carta de L. elogiando a história com mais entusiasmo do que nunca, agradecendo-me pelas melhorias e propondo lançar o livro imediatamente. É claro que ficamos todos em êxtase e terminei meu trabalho "duas vezes mais rápido", apesar do cansaço, da dor de dente ou da melancolia.

No dia seguinte, fui a Boston e vi L. Um ativo homem de negócios com expressão séria e que disse coisas muito elogiosas sobre *Hospital Sketches* e sua autora. Ficou combinado de lançar o livro imediatamente, e a senhora D. se ofereceu para ler a prova comigo.

Fiquei contente por ver o velho objeto na ativa de novo, mas quase não acreditava que ele sairia após tanta demora e decepções.

Costurei para Nan e Mary, ouvi Anna Dickinson e gostei. Li *Emily Chester*[55] e achei a história artificial e, no entanto, meio parecido com *Moods* em uma ou outra coisa, o que me fez lamentar por meu livro ser lançado agora.

No aniversário de 64 anos de mamãe, dei a ela o *Moods* com esta dedicatória: "Para mamãe, minha primeira patrocinadora, crítica mais gentil e leitora mais querida, com gratidão e carinho autografo meu primeiro romance".

Recebi uma carta de T. pedindo que eu escrevesse para a nova revista *Our Young Folks* e informando que "An Hour" estava nas mãos dos editores.

Novembro. – As provas começaram a chegar, e os capítulos impressos pareciam pequenos, estúpidos e não mais pertencentes a mim. Tive

---

[55] Romance anonimamente publicado em 1864 durante a Guerra Civil, hoje atribuído à escritora Anne Moncure Crane. (N.T.)

muito medo de ter-me arriscado demais e de ter que lamentar por isso. Mas Emerson disse que "o que é verdadeiro para seu coração é verdadeiro para os outros". Portanto, escrevi com base em minha própria consciência e observação e espero que sirva para alguém ou, pelo menos, não cause nenhum mal.

Enviei "An Hour" ao *Commonwealth*, e ele foi considerado *excelente*. Também escrevi uma história de Natal, "Mrs. Todger's Teapot". T. pediu para ver os outros contos de fadas, desenhos e poemas e gostou demais de "Nelly's Hospital".

No meu trigésimo segundo aniversário, ganhei de Nan o *Richter's Life* e gostei tanto que planejei uma história de dois homens como o Jean Paul e Goethe, só que mais como pessoas comuns. Não sei o que sairá disso, mas, se *Moods* se sair bem, o que vem depois é *Success*.

Costurei para a empresa de tintas de Wheeler e lhes enviei sacolas, toalhas, livros e colchas. O senhor W. me enviou algumas relíquias de Point Look Out e uma carta simpática.

Dezembro. – Rendimentos de 1864: quatrocentos e setenta e seis dólares.

Na véspera de Natal recebi dez cópias de *Moods* e um bilhete gentil de L. O livro foi lançado às pressas, mas, de forma geral, me agradou, e, como o interior foi considerado bom, eu me esqueci do exterior. Durante uma semana, aonde quer que fosse eu via, ouvia e falava sobre *Moods*; encontrava pessoas rindo ou chorando por causa dele, e sempre me diziam como ele estava fazendo sucesso, como era apreciado e que coisa elegante eu havia feito. Eu estava contente, mas não orgulhosa, acredito, porque a impressão era a de que *Moods* sempre crescera apesar de mim, e que eu tinha pouco a fazer a respeito, exceto transformar em palavras os pensamentos que não me deixariam descansar até eu crescer. Não sei por quê.

No sábado, a primeira edição havia se esgotado, e a segunda já estava pronta. Vários livreiros pediram mais uma centena, já que a primeira tinha saído rápido e amigos não conseguiram um exemplar, mas tiveram que esperar até que mais estivessem prontos.

Passei duas semanas na cidade na casa de Mary, fazendo compras, ajudando Nan e encenando peças. Ouvi Emerson uma vez. Dei a C. "Mrs. Todger's Teapot", que foi bastante apreciado. Enviei a L. o resto da história e recebi cinquenta dólares. S. pagou trinta e cinco dólares por *An Hour*. R. prometeu cem por *Love and Loyalty*, portanto fecho meu ano com um romance bem lançado e cerca de trezentos dólares para pagar contas e deixar minha família feliz e confortável até a primavera. Graças a Deus pelo sucesso do ano passado, a promessa do novo!

No início, a venda de *Moods* foi bem rápida, pois *Hospital Sketches* suscitara um interesse pela autora, e um providencial reconhecimento veio a ela de várias fontes. Louisa recebeu uma quantia generosa por direitos autorais, e "o ano fechou com o suficiente para deixá-la livre de contas e dar conforto à família". Ela termina o diário do ano de maneira triunfal.

A maior parte do ano seguinte foi passada em Boston. A senhorita Alcott foi apresentada à sociedade e gostou da atenção gentil de homens e mulheres competentes. Ela continuou a escrever histórias por dinheiro, mas agora recebia cinquenta, setenta e cinco ou cem dólares por elas. Participou várias vezes de espetáculos teatrais para instituições de caridade. Ela sempre brilhava e se saía bem, e apreciava-os com um quê de entusiasmo inicial.

Sua longa história de *Success*, ou *Work*, nome que mais tarde ela deu à obra, ainda estava em sua mente, mas ela não a terminou nessa época.

Diário

Janeiro de 1865. – O mês começou com algumas peças na prefeitura para levantar fundos para o Liceu. Fizemos um ótimo trabalho, e algumas cenas de Dickens foram excelentes. Papai fez muitas leituras e sermões, solicitado como um ministro regular e pago como um. Ele gostou muito e disse coisas boas sobre a nova religião que devemos ter e teremos. May recebeu encomendas do Canadá e da Inglaterra de seus lindos trabalhos com nanquim e se saiu bem nessa linha.

Notícias de *Moods* vinham de todas as direções e, embora as pessoas não compreendessem minhas ideias por causa da redução drástica feita no livro, as novidades foram favoráveis em sua maioria e me aduларam o suficiente. Recebi cartas da senhora Parker, Chadwick, Sanborn, E. B. Greene, o artista, T. W. Higginson e outras pessoas. Todas simpáticas e elogiosas.

Vi mais notícias sobre *Moods* e recebi mais cartas, várias de desconhecidos e algumas muito engraçadas. Aparentemente, as pessoas acharam o livro bem escrito, muito promissor, inteligente e interessante; porém, alguns temem que seja imoral porque fala livremente sobre casamento.

Escrevi um pouquinho o pobre e velho *Work*, mas, cansada de romances, logo o larguei e voltei para os contos tolos, já que eles rendem mais e não posso me dar ao luxo de morrer de fome quando histórias sensacionalistas são escritas na metade do tempo e mantêm o conforto da família.

Ganhei setenta e cinco dólares neste mês.

Fui a Boston e ouvi a leitura de papai diante da Fraternidade. Lá, conheci o senhor Henry James, e ele me pediu para ir jantar, e a senhora James também me convidou. Compareci e fui tratada como a Rainha de Sabá. Henry Jr. escreveu uma nota muito agradável sobre *Moods* para o *North American*. Por eu ser uma escritora jovem, ele me deu conselhos, como se tivesse 80 anos e eu fosse uma menina. Meu cabelo cacheado me faz parecer jovem, mas tenho 31 anos.

Atuei em algumas peças públicas para o Hospital Feminino de N. E. e me diverti.

L. me chamou para ser colaboradora regular de seu novo jornal, e concordei se ele pagasse com antecedência; ele disse que sim e encomendou dois contos de uma vez, por cinquenta dólares cada, mais longos sempre que eu conseguisse e qualquer outra coisa que eu quisesse enviar. Portanto, essa é outra fonte de renda, e o cérebro de Alcott parece requisitado, então canto "Aleluia" e encho meu tinteiro.

Abril. – *Richmond* na segunda edição. Viva! Fui a Boston e aproveitei a imensa alegria. Vi Booth novamente em *Hamlet* e o achei melhor do que nunca. Fiz um passeio agradável e conversei com Phillips.

No dia 15, em meio à alegria, chegou a triste notícia do assassinato do presidente[56], e a cidade ficou de luto. Fico contente por ter presenciado uma reviravolta tão estranha e repentina nos sentimentos da nação. Vi a procissão solene e, embora houvesse poucos negros, um estava andando de braços dados com um cavalheiro branco, e fiquei exultante.

Nan foi trabalhar como governanta em uma casa agradável em Jamaica Plain, e fui ajudá-la a se mudar. Era lindo ver como Freddy gostava de liberdade após ficar confinado por todo o inverno, e a maneira como todas as manhãs, fizesse chuva ou sol, ele olhava para fora e dizia, com um sorriso de plena satisfação, "Oh, lindo dia!" – pois todos os dias *eram* lindos para ele, almazinha querida!

Recebi uma ótima carta de Conway e uma nota no *Reader*, um jornal inglês. Ele aconselhou enviar cópias para vários dos melhores jornais de Londres. Ingleses não entendem de "literatura transcendental", que é como chamam *Moods*. Meu próximo livro não terá *ideias*, apenas fatos, e as pessoas serão o mais comuns possível; assim, os críticos dirão que está tudo certo. A impressão é que tenho brincado com ferramentas de última linha sem as conhecer. As relações entre Warwick, Moor e Sylvia são consideradas impossíveis; no entanto existe um caso do tipo, e a mulher chegou e me perguntou como eu sabia dele. Eu *não* sabia nem adivinhei, mas talvez o tenha sentido, sem nenhuma orientação, e inconscientemente coloquei o assunto no livro, pois na época eu alterara o final. O objetivo era mostrar uma vida afetada por *estados de espírito*, não uma discussão sobre casamento, tema sobre o qual eu pouco sabia, exceto a observação de que raros eram felizes.

Junho. – Muita escrita, cuidados com a casa e costura. Companhias frequentes e desconhecidos começando a chegar, pedindo para ver a autora, que não gosta disso e acha irritante.

---

[56] Trata-se de Abraham Lincoln (1809-1865), assassinado no dia 15 de abril pelo ator John Wilkes Booth durante a apresentação de uma peça no Teatro Ford. Inconformado com a derrota na guerra civil, Booth fazia parte de uma conspiração que tinha em mira outros alvos. Fugiu por doze dias, até ser encontrado na Virgínia e, pouco tempo depois, morto. (N.T.)

Admirem os livros, mas por favor deixem a autora em paz, querido público!

No dia 24 nasceu o segundo filho de Anna, às três e meia da madrugada – aniversário de Lizzie. Um rapazinho bonito e corpulento, que teve um nascimento tranquilo e parecia achar que tudo estava bem no mundo. Em princípio Freddy não foi compreensivo e disse à sua mãe que "o nenê" tirara seu lugar. Mas logo passou a amar a "cantoria afinada" e ficaria olhando para ele com uma cara séria, até que alguma ideia engraçada desse abertura a palavras ou cócegas ainda mais divertidas.

Nan estava muito feliz com seus dois meninos, e John também, embora ambos tivessem desejado uma filha.

Julho. – Na casa de Nan, a senhora B. me perguntou se eu iria para o exterior com sua irmã. Disse "sim", mas, como não falava nem francês nem alemão, ela não acreditou que eu conseguiria. Lamentei; mas, acostumada com decepções, fui trabalhar para Nan, esperei minha hora chegar e ela veio logo.

Para Anna.

[Data incerta]

MINHA GAROTA – Esta carta deverá ser frívola e elegante, porque você sempre quer saber sobre nossas roupas e temos trabalhado nelas ultimamente. O chapéu de May é uma atração para deuses e homens. Preto e branco por dentro, com um grande penacho se mexendo na parte da frente e indo de encontro a uma cópia vermelha que emerge do interior, onde um arco-íris vermelho passeia pela testa e uma onda de rendas brancas vai saindo de cada lado. Minha expectativa é saber que você e John tenham caído horrorizados no chão ao segurá-lo.

Meu chapéu quase me custou a vida; com efeito, pensando que algum anjo poderia possibilitar que eu fosse às montanhas, senti vontade de um chapéu bem acabado, após usar um antigo que despencou em trapos da minha testa. A senhora P. prometeu um pouco de seda cinza, e acreditei; mas, quando fui buscá-lo, descobri um chapéu cor de areia; com efeito, ela me decepcionou com um tecido grosso, dizendo que queria a seda para si e me oferecendo gentilmente uma anágua de flanela no lugar. Por um momento fiquei triste, com um único dólar e endividada até por um adereço mundano, um "chapéu". Então, saí da apatia, voei até Dodge, perguntei pelo chapéu mais barato que ela tivesse, encontrei um por um dólar, peguei-o e fui para casa me perguntando se o céu se abriria e me jogaria algum enfeite. Meus gostos são simples, mas um chapéu de palha sem nada é recatado demais até para mim. O céu não abriu; então recorri ao "frasco de óleo da viúva Cruise" – minha caixa de fitas –, que, aliás, é a oitava maravilha do mundo, pois nunca coloco nada dentro e ainda assim encontro algum farrapo antigo quando todas as outras esperanças falham. Dessa caixa salvadora tirei os restos de uma fita antiga branca (usada, como pensei, dois anos atrás) e pedaços do laço preto que adornou uma longa série de chapéus antigos. Fiz uma espécie de prato com o laço, em que servi uma "refeição" frugal de arcos de fitas, como carne tostada. Na parte de dentro coloquei o arco de fitas, que me enfeita sempre que necessário. Uma flor branca que A. H. me deu ficou na borda, desenvolta – terrivelmente indecorosa, mas bonita por si só e nos conformes. Ainda haverá fitas surgindo desse caos. Sinto que elas esperam por mim em um futuro distante. Algumas verdes, pro tempore[57]. *Seguro esta preciosidade de época em minha fronte talentosa e examino meu chapéu com admiração respeitosa. Acredito que você também o fará e verá nele outro exemplo significativo do poder da mente sobre a matéria, e a conveniência de um cérebro colossal na luta primordial contra os átomos sem lei que têm atormentado a alma feminina desde que Eva pegou uma simples folha de figueira e a colocou nos cabelos, usando como grampo um espinho.*

---

[57] Expressão latina que significa *temporariamente, por enquanto*. (N.T.)

Hoje estou me sentindo muito virtuosa, já que lavei muitas coisas sozinha, fiz assados, varri a casa, colhi os lúpulos, fiz o jantar e escrevi um capítulo de Moods. May fica exausta se trabalha, embora caminhe dez quilômetros sem dar um pio.

Tudo é horrivelmente maçante, e trabalho para não ter que ficar "cismando". Nada se mexe além do vento; nada para ver além de pó; ninguém vem, a não ser insetos; então, fico cavando a terra e xingando "A." porque ele fica com os contos de uma pobre colega durante anos sem pagar por eles. Se penso em minhas angústias, caio em uma espiral de dívidas, panelas e desânimo horríveis de se ver. Então, digo "todo caminho tem suas poças" e tento brincar com alegria com os girinos na minha poça, enquanto espero que o Senhor me dê carona ou algum Raleigh galante me estenda seu manto de veludo e traga sapatos secos.

L. W. aumenta minha aflição ao escrever sobre as maravilhas de Gorham, e diz: "Quando estiver cansada, dê uma corrida até aqui para descansar entre estas colinas perenes". Tudo isso irrita uma jovem com um dólar, meio vestido e uma mente infeliz. Ainda bem que as montanhas são perenes, pois levará um século até eu visitá-las. Ah, meu Deus, assim é a vida!

Agora que parei de me lamentar, vou tocar minha harpa no "salgueiro".

Você me pergunta o que estou escrevendo. Bem, dois livros pela metade, nove histórias em banho-maria e pilhas de contos de fadas mofando nas estantes. Não consigo fazer muita coisa, já que estou sem tempo de entrar em uma espiral realmente boa. Isso não me deixa trabalhar, mamãe se preocupa ao me ver pálida, sem comer nada e trabalhando de madrugada. Esses baldes de água fria me impedem de queimar as pestanas como eu gostaria e desisto de fazer qualquer outra coisa, a menos que a sorte mude para sua

Lu.

Europa e Mulherzinhas

MULHERZINHAS

Quatro arcazinhas enfileiradas
Escuras de pó e que o tempo comeu
Todas, de há muito, feitas e modeladas
Por crianças agora no apogeu
Quatro chavezinhas lado a lado penduradas
Com fitas corajosas e alegres, desbotadas
Ali atadas, para orgulho da criançada,
Há muito tempo, em um dia de chuvarada
Quatro nomezinhos, um em cada tampa
Esculpidos por mãos de petiz
E embaixo deles se estampa
Uma história da banda feliz
Que outrora aqui tocou, tendo às vezes parado
Para ouvir o doce refrão

EDNAH DOW CHENEY

Que ia e vinha do telhado
Com a chuva torrencial de verão
Quatro arcazinhas enfileiradas
Escuras de pó e que o tempo comeu
Quatro mulheres, pela felicidade e angústia ensinadas
A amar e trabalhar em seu apogeu
Quatro irmãs por uma hora separadas
Nenhuma se perdeu, só uma primeiro partiu
Forjadas pelo poder imortal do amor
Mais próximo e querido do mundo
Oh, quando nossos segredos guardados
Revelarem-se às vistas do Senhor
Que sejam ricos em momentos dourados
Em feitos que se mostram mais justos sob o fulgor
Feitos cuja brava música por muito tempo tocará
Como uma tensão para o espírito despertar,
Almas que alegremente se elevarão e cantarão
Sob o extenso brilho do sol, após a chuva parar.

Os anos subsequentes à guerra e a experiência da senhorita Alcott como enfermeira foram tristes e angustiantes por muitos motivos. Louisa sentiu profundamente a perda de uma irmã para a morte e a separação de outra pelo casamento. O sucesso de *Hospital Sketches* e algumas outras histórias publicadas por volta da mesma época lhe deram confiança em suas capacidades e esperanças de um futuro bem-sucedido. Porém, durante quase cinco anos ela não realizou nada que conseguisse aceitação equivalente. A recepção do romance *Moods*, no qual ela achou que expressara o melhor de sua vida, não a animou; e ela ficara totalmente insatisfeita com as histórias sensacionalistas, que compunham sua principal fonte de renda. Sua saúde foi seriamente prejudicada pela febre de que padeceu no hospital, e ela não tinha mais energia física para sustentar a atividade cerebral incessante.

Com essas dificuldades, naturalmente ela queria que as circunstâncias mudassem; o antigo desejo de viajar à Europa – que sentira com força na juventude e, como todos os norte-americanos cultos, aumentava conforme o tempo passava – tornou-se o principal. Ela estava ávida por novos cenários e pessoas variadas, e com frequência demonstrava que queria morar vários anos na Europa.

A situação da família ainda não justificava que Louisa, segundo ela mesma pensava, pegasse o próprio dinheiro para gastar com a viagem. Mas em 1865 ofereceram-lhe uma oportunidade de ir à Europa como acompanhante de uma dama inválida. Por causa da experiência como enfermeira – para a qual tinha um talento natural –, ela e seus amigos acreditaram que o cargo lhe serviria, e eles informaram que ela havia aceitado a oferta.

Embora devotamente gentil, altruísta e generosa, Louisa não tinha o temperamento adequado às necessidades de uma inválida irritável. Ela era impetuosa e impaciente e já tinha uma vida interna enérgica demais e com anseios muito sinceros para ficar restringindo humores e ações nos limites estreitos de um serviço como acompanhante. Ela achava cansativo e desagradável até o que reconhecia como serviço justo, e às vezes se irritava seriamente com exigências aparentemente desnecessárias de seu tempo, força e paciência. Revendo essa experiência em anos posteriores, ela reconheceu esses fatos e escreveu, em 1885:

"Agora, porque eu mesma sou uma inválida irritável, compreendo o que parecia capricho, egoísmo e loucura nos outros".

Louisa finalmente decidiu deixar seus colegas e ir sozinha a Paris e à Inglaterra, onde encontraria muitos amigos de seu pai e os seus próprios. Em Vevay, conheceu um jovem polonês, que ela achou muito interessante e que serviu de inspiração para a encantadora Laurie em *Mulherzinhas*. Ele a encontrou novamente em Paris e foi um dos grandes motivos que tornaram a estada dela prazerosa. Posteriormente ele veio aos Estados Unidos e a visitou, mas finalmente voltou para seu próprio país.

O diário mostra um relato suficiente de sua vida durante essa trajetória. Não tenho cartas escritas nessa época, já que ela quis que todas as correspondências familiares fossem destruídas. Suas poucas semanas em Londres passaram muito rápido. Leituras amplas da história da Inglaterra e de ficções contemporâneas, sobretudo as obras de Dickens e Thackeray, encheram Londres de associações interessantes, e ela fez ótimo proveito de suas caminhadas pela antiga cidade e também das pessoas interessantes, que a receberam com muita gentileza.

Para Louisa conseguir essas poucas semanas de tranquilidade e diversão geral, sua mãe fora obrigada a pedir coisas emprestadas para sustentar a família; Louisa estava muito ansiosa para liquidar essa dívida, como todas as outras. Ela era muito firme em questões relacionadas a dinheiro.

Para ela, o dinheiro não era um fim, mas um meio principalmente necessário. Ela pagou cada dívida que o pai contraíra, embora na época isso fosse contra a lei. Uma pergunta que não quer calar é se chegou a vender seus belos cabelos, conforme aparece em *Mulherzinhas*. A ação nunca chegou às vias de fato, mas ela e suas irmãs sempre tinham esse trunfo como possível recurso em caso de necessidade; certa vez Louisa afirmou no diário: "Pagarei minhas dívidas, mesmo que tenha de vender o cabelo". E chegou a perguntar a um barbeiro sobre quanto valeriam seus cabelos.

Diário.

1865. – O senhor W., ouvindo dizer que eu era uma espécie de enfermeira e queria viajar, propôs que eu acompanhasse sua filha inválida. Concordei, embora tivesse minhas desconfianças. Mas todo mundo repetia "Vá", então, após uma semana preocupada, parti de fato. No dia 19 entramos a bordo do "China". Não conseguia dar conta de que meu sonho tão acalentado estava se tornando realidade, e o temor de que talvez não visse os queridos rostos lá de casa quando voltasse apertava meu coração, enquanto navegávamos pelo porto e Boston desaparecia.

Não estava muito doente, mas senti desconfortos durante todo o trajeto e descobri no Salão das Damas meu único refúgio até que estivéssemos quase chegando; gostava dos intervalos de silêncio e das várias belas vistas do mar em seus diversos humores, nasceres e pores do sol, neblinas, *icebergs*, tempestades e calmarias de verão. Não havia muitas pessoas simpáticas a bordo; portanto, li, fiz anotações e *desfrutei* dos dias longos o melhor que consegui.

Passamos nove dias muito tranquilos e rápidos, e no dia 29, sábado, aportamos em Mersey ao amanhecer e fomos a Liverpool às nove. Fiquei contente demais em colocar os pés em terra firme e pensei que jamais iria para o mar novamente; descansei e dei uma olhada aqui e ali.

Agosto. – Partimos para Londres e passamos quatro dias maçantes e úmidos lá. Eu me divertia como de costume, mantendo uma boa aparência e anotando em meu diário de bolso ou em cartas tudo o que via. Fui a parques, a Westminster Abbey e a algumas das ruas famosas. Parecia que eu estava dentro de um romance ao percorrer lugares sobre os quais tanto lera; não vi ninguém conhecido, e achei o clima inglês detestável.

Fui a Dover no dia 5 através de lindos campos verdes; lá, peguei o navio a vapor para Ostende, mas senti enjoos durante todo o trajeto e não vi nada além de uma planície; passei dois dias em um hotel estranho próximo ao calçadão elegante, cenário muito estrangeiro e radiante. Fui a Bruxelas no dia 7. Gostei muito de lá, pois a antiga cidade pitoresca era cheia de coisas interessantes.

A antiga praça que abriga as estátuas de Egmont e Hornes[58] era um encanto, pois as antigas casas holandesas ainda estavam de pé e tudo era tão novo e estranho que quis ficar um mês lá.

Fui a Colônia no dia 9, e os campos pelos quais passamos eram como os de um grande livro ilustrado. A cidade era muito quente, suja e cheirava mal. Vimos a catedral, compramos água-de-colônia e partimos muito contentes após três dias.

No dia 12 teve início uma agradável viagem pelo Reno. Foi lindo demais para descrever, então não tentarei; mas me senti mais viva e melhor nesse dia memorável. Chegamos a Coblenz ao pôr do sol, e fiquei metade da madrugada acordada desfrutando da vista esplêndida da fortaleza do outro lado da cidade, o rio à luz do luar e sua ponte das barcas e a travessia de soldados à meia-noite.

---

[58] Antigos condes da cidade de Bruxelas. As estátuas foram feitas pelo escultor Charles-Auguste Fraikin em 1864. (N.T.)

Um segundo dia, ainda mais encantador, levou-nos pelos trechos famosos do Reno e encheu minha cabeça de imagens que vão perdurar por toda a minha vida.

Antes de chegarmos a Bieberich, paramos em uma estranha cidadezinha holandesa, e em um horário estranho; com efeito, ninguém falava inglês, e nós, apenas um francês ruim. Passamos a noite lá e no dia seguinte chegamos a Schwalbach após muitos desafios e atribulações.

O local é um vale estreito situado entre colinas altas, e a cidade é dividida em duas partes: a mais baixa, na cidade original, com tavernas estranhas, igrejas e ruas estreitas; a mais alta, perto das nascentes, é cheia de hotéis elegantes, campos de lazer e casas de banho.

Ficamos hospedadas com Madame Genth, esposa do Forestmeister (mestre das florestas) – dois quartos –, e começamos a trazer a água sob os cuidados do doutor Genth.

Andamos e conversamos um pouco, tomamos banho e cavalgamos um pouco, ficamos muito preocupadas e nos viramos em francês, sem nenhum domínio e pouco êxito.

Setembro. – Ainda em Schwalbach, A. está fazendo o que pode para se sair bem e pedindo minha ajuda. Dias principalmente monótonos – banhos, caminhadas e trivialidades.

Chegou uma carta de casa no dia 20. Todos bem e felizes, graças a Deus. Fiquei muito emocionada e satisfeita ao ver como eles sentiam minha falta, pensavam em mim e me queriam de volta. Todas as pequenas coisas que sempre fiz por eles agora eram lembradas com ternura e gratidão; minha ausência parece ter deixado um vazio tão grande que comecei a perceber quanto me acham importante, apesar de todas as minhas falhas. As cartas me deixavam muito feliz, e tudo tinha um imenso brilho. A. ficou mais forte, e quando G. veio no dia 28 conseguiu dar início no dia seguinte à viagem para Vevay, onde pretendemos passar algumas semanas antes de ir a Nice.

Primeiro fomos a Wiesbaden, um lugar agradável e alegre, cheio de gente. Vi pessoas no salão de jogos, campos e passeios bonitos, e depois fomos a Frankfurt. Vi e aproveitei bastante coisa. Há estátuas de Goethe,

Schiller, Fausto, Gutenberg e Schaeffer nas praças. A casa de Goethe é uma construção alta e simples, com cada andar se projetando sobre o mais baixo e um telhado holandês; um bloco de mármore sobre a porta de entrada recordando a data de nascimento dele. Dei uma olhada e quis entrar, já que estava vazia, mas não havia tempo. Alguns americanos diziam: "Quem é esse tal de Goethe?".

Frankfurt é uma adorável cidade à beira-rio, e fico contente por ter estado lá.

Outubro. – Rumo a Heidelberg, lugar antigo e encantador cercado de montanhas. Fomos ao castelo e passamos bons momentos perambulando pelas ruínas, observando a vista do amplo terraço, admirando as pitorescas imagens de pedra de cavaleiros, santos, monstros e anjos, e visitando o grande tonel na adega iluminada por tochas.

A lua surgiu enquanto estávamos lá e completou a magia da cena.

Voltar para casa foi como observar um livro ilustrado, pois a rua era estreita, a carruagem, alta, e ficávamos olhando para as janelas, vendo cenas bonitas. Aqui, homens bebendo cerveja em um cômodo com aparência holandesa; ali, criancinhas indo para a cama; um casal de namorados com um vaso de flores entre eles; uma mulher contemplando o fogo, como uma bruxa; e, em outro cômodo, alguém jazia cercado de velas.

De H. fomos a Baden-Baden, um lugar muito elegante. O velho *château* era um encanto, e passamos uma manhã subindo e descendo escadas visitando-o. Perto de Freiburg, a catedral me encantou profundamente, cheia de antigas imagens esculpidas e desenhos grotescos; o mercado com fontes, estátuas, água correndo ao lado das ruas e costumes esquisitos.

Basle foi a próxima, e uma festa do Corpo de Bombeiros deixou a cidade muito alegre. O hotel ficava sobre o rio, e o luar conferiu um cenário veneziano ao iluminar a ponte, coberta de barcos semelhantes a gôndolas e música vindo de ambas as margens. Caminho enquanto A. descansa e aproveito vistas de minha janela enquanto ela dorme, já que não posso deixá-la de madrugada.

A caminho de Berna tive o primeiro vislumbre dos Alpes no dia 8 de outubro, aniversário de mamãe. Seu formato era alto, branco, semelhante a espectros, elevando-se sobre as colinas verdes e vales que ficavam entre eles. Nuvens os cobriam pela metade, e o sol reluzia na neve permanente que havia nos cumes. Eles se tornavam contornos afiados e estranhos contra o céu quando a noite caía, e de manhã, do terraço, eu tinha uma bela vista do Jungfrau, do Blümlis, do Wetterhorn e Mönch[59].

B. era uma cidade antiga e esquisita, mas vi pouca coisa exceto ursos e lojas. Não deu tempo.

Freiburgn n.º 2 foi o lugar mais romântico que já conheci. A cidadezinha foi construída sobre uma ampla fenda ou vale entre duas colinas íngremes; assim, há pontes suspensas penduradas de um cume a outro sobre um rio sinuoso e as ruas da cidade. Há torres de observação em todas as partes das colinas, e elas conferem um ar muito romântico ao local. O hotel flutua sobre o vale, e de nossos quartos há saída para uma varanda que dá para uma plataforma imensa e pavimentada com uma fonte no meio, um aviário e flores por todos os lados. A vista do vale era encantadora – as pontes aéreas, penhascos verdes ou rochosos, praças agitadas abaixo, vacas e cabras se alimentando nas colinas, as torres, a antiga igreja e um adorável céu azul acima. Quis desenhá-lo.

Em Lausanne, paramos no Hotel Gibbon e vimos o jardim onde o grande historiador[60] escreveu sua história. A vista do lago era linda, com montanhas rochosas do outro lado, cidadezinhas no sopé, vinícolas pelas encostas e barcos bonitos no lago, cuja água era do mais incrível azul.

Finalmente fomos a Vevay – uma hora agradável a bordo rumo a um lugar muito agradável. Ficamos em quartos na Pensão Victoria.

A proprietária era uma inglesa que se casara com um mensageiro francês. Pessoas muito gentis: quartos confortáveis, refeições boas e ambiente agradável. Nossos companheiros de pensão variavam periodicamente – um médico inglês e a esposa, acompanhados por uma senhora elegante que se parecia com Maria Antonieta; duas escocesas chamadas Glennie, muito simpáticas e educadas, que me contaram sobre o avô Beattie e

---

[59] Nomes de quatro cumes dos Alpes. (N.T.)
[60] Trata-se do historiador inglês Edward Gibbon (1737-1794), autor de *A história do declínio e queda do Império Romano*. (N.T.)

Walter Scott, a quem conheciam; um coronel e sua família, rebeldes e muito cruéis e rudes conosco. Passei maus bocados com eles.

Não aproveitei a vida nem a sociedade após as primeiras novidades acabarem, pois sentia falta de minha liberdade e também muito cansaço por causa das preocupações diárias que estava enfrentando.

Novembro. – (Laurie) Fiz algumas aulas de francês com *mademoiselle* Germain e aprendi um pouco, mas achei muito mais difícil do que pensava e muitas vezes desanimava por ser tão estúpida. A. se saiu bem melhor, e chegaram algumas pessoas novas. O médico e seu grupo foram embora, e no lugar dele entrou uma família russa, uma irlandesa e sua filha e um jovem polonês de quem ficamos amigas. Ladislas Wisinewski (Laurie) era muito alegre e simpático e, por estar doente e ser muito jovem, nós o mimamos. Ele tocava muito bem e estava muito ansioso para aprender inglês, portanto nós o ensinamos, e ele nos ensinou francês.

No meu aniversário, A. me deu um quadro bonito de Chillon[61]. Ladislas me prometeu as notas do hino nacional polonês e tocou para mim as árias mais doces após me desejar "tudo de bom e toda a felicidade do mundo, e um bom lugar no Céu como recompensa". O dia estava tranquilo e ventava bem, muito parecido comigo em suas variações irregulares de sol e sombra. Geralmente fico triste no meu aniversário, mas não desta vez; embora não tenha acontecido nada muito agradável, eu estava feliz e esperançosa e aproveitando tudo com um prazer incomum. Eu me sentia velha com 33 anos, mas tinha muita coisa para me manter jovem, e espero não envelhecer em espírito conforme o tempo passa. Pensei muito em meu querido pai em seu sexagésimo sexto aniversário e senti falta da pequena comemoração que sempre acontece nessas ocasiões. Espero voltar sã e salva para casa antes do próximo novembro.

Dezembro. – Laurie é muito interessante e bondoso. Passeios e conversas agradáveis com ele no jardim do *château* e em torno de Vevay. Adorável passeio de barco no lago e muita diversão dando aulas de inglês

---

[61] Localizado em Veytaux, o Castelo de Chillon é um dos castelos suíços mais conhecidos no mundo todo e um dos monumentos mais visitados no país. (N.T.)

e tendo aulas de francês. Todos muito gentis, casa bastante familiar. Muita indecisão sobre ir a Nice, por causa da cólera. Finalmente decidimos ir, e comecei a me aprontar às seis horas para encontrar G. em Genebra. L. foi conosco a Lausanne, beijou nossas mãos e partiu, voltando inconsolável para V. Momentos tristes para todos, mas viajamos a Nice e tentamos esquecer os problemas. Uma terra comum e desinteressante, até nos aproximarmos do mar.

Nice é muito encantadora, o clima é bom, e o mar, lindo. Ficávamos em nossos próprios quartos e não víamos ninguém além do médico e do cônsul e de alguns visitantes americanos. Passeio agradável todos os dias em Promenade – um extenso paredão curvo ao longo da baía, com hotéis e pensões de um lado e uma calçada florida do outro. Carruagens e pessoas vistosas sempre à vista; lojas cheias de coisas boas e curiosas; castelos pitorescos, torres e muralhas em uma colina; um farol em cada ponto da baía em formato de lua; frotas de barcos nas águas; jardins, oliveiras e laranjeiras, cactos esquisitos e palmeiras em toda parte; monges, padres, soldados, pedestres, etc.

Natal maçante dentro de casa, mas um dia lindo lá fora. Janelas abertas, rosas desabrochando, clima ameno e cidade alegre. Com amigos, saúde e um pouco de dinheiro, pode-se ficar muito contente neste eterno verão.

Janeiro de 1866. – Em Nice. Choveu o dia todo de Ano-Novo e o passei costurando, escrevendo e lendo um jornal americano que chegou de manhã, meu único presente. Esperava cartas, mas não recebi nenhuma, e fiquei muito decepcionada. A. ficou doente, então tive que receber visitas ao estilo americano. O senhor Perkins, Cooper e o cônsul entraram em contato. No jantar, bebemos à saúde de todos em casa e não nos esquecemos de Laddie (Laurie).

De modo geral, um período calmo e maçante, às vezes dirigindo, caminhando pouco e escrevendo cartas. De vez em quando passeava sozinha entre as vinícolas e oliveiras, ou na estranha cidade antiga. Logo me cansei da elegância da Promenade, pois todo mundo estava se exibindo. Às vezes, antes ou depois da hora elegante, eu andava por lá e apreciava o mar e o céu.

Deram um baile em nossa pensão, e comparecemos. Um grupo estranho de pessoas – russos, espanhóis, franceses, ingleses, americanos, italianos, judeus e ilhéus de Sandwich. Eles dançavam loucamente, usavam roupas vistosas, e a impressão era de que a "Babel de línguas" estava de volta. Alguns americanos simpáticos nos convidaram [para dançar], mas estávamos muito solitárias e pouco à vontade.

Decidi alugar um apartamento rua Geoffredo, n.º 10, pagando seiscentos francos por seis semanas, seis cômodos, espaçosos e bonitos. O doutor P. nos arranjou uma boa empregada, e no dia 17 fomos para nosso novo bairro. Madame Rolande foi governanta dos filhos de Victoria durante seis anos e era uma pessoa muito engraçada.

Durante algumas noites não consegui dormir nada e me senti muito mal, pois não estava gostando da minha vida, e o clima era agitado demais.

Fevereiro. – Fizemos uma ótima arrumação na casa, pois Julie se revelou um achado e ficamos muito à vontade. Fizemos muitos passeios adoráveis e vimos um pouco de Nice e suas belezas. Fomos a Cimies, um antigo monastério franciscano próximo às ruínas de um anfiteatro romano. O convento fica em um local onde existia um templo de Diana, e é cercado de azinheiras. Um monge de capuz, manto marrom, sandálias e cinto de corda fez as honras da igreja, escura e cheia de imagens feias. Santo André com seu *château* e grutas, Villa Franca em uma baía pequena e adorável, o bosque de Var onde cresciam margaridas, Valrosa, uma casa de campo com um jardim de rosas e o Porto eram todos interessantes. Castle Hill também, com vista panorâmica para a cidadezinha.

Decidi ir para casa em maio, embora A. deseje que eu fique. Estou cansada disso e, como ela não vai viajar, meu tempo é valioso demais para ser desperdiçado.

Chegou o Carnaval. Divertido, mas não foi uma atração tão boa quanto eu esperava. Também fui ao teatro para ver "Lady Tartuffe". Eu me diverti, mesmo não tendo entendido muito. A atuação foi tão natural e boa que captei a trama, e pelo pouco que Hosmer contou compreendi o que estava acontecendo.

Escrevi um pouco sobre três histórias que ficariam vindo à minha mente e me preocupando até que eu lhes desse um "escape".

Recebi cartas de casa. Todos bem e ocupados, e me aguardando na primavera.

Março. – Um mês tedioso, que poderia ter sido o contrário se eu estivesse livre para aproveitá-lo do meu jeito. Li em francês, fui a meus lugares favoritos e escrevi cartas quando tive tempo.

Fui várias vezes a Valrosa, uma casa de campo adorável coberta de rosas. Consegui uma cadeira de rodas e um homem para empurrá-la; depois, com livros, um almoço e algum esforço, estimulei A. a ir para o meio do mato e passamos momentos agradáveis.

Abril. – Fomos à catedral para ver as comemorações de Páscoa. Boa música, cantaram o *Glória,* um monge franciscano pregou, o bispo abençoou todo mundo e tratou a todos com muito amor. Uma cena esplêndida.

Vi Ristori[62] duas vezes, uma em *Medeia* e outra em *Elizabeth*. Nunca vi uma atuação como essa, espetacular especialmente em Queen Bess, conforme ela se transforma de mulher jovem, violenta e vaidosa em velha impertinente, morrendo com a coroa na cabeça, vazia, ambiciosa e contrita.

Maio. – No primeiro dia do mês deixei A. e Nice e parti sozinha para Paris, sentindo-me feliz como um pássaro livre.

Uma viagem agradável, com Laddie esperando por mim em Paris para me acompanhar até meu quarto na pensão de Madame Dyne. Duas semanas muito encantadoras; passei os dias vendo atrações com meu Laddie, as noites lendo, escrevendo, vendo "meu menino" tocar, ou descansando. Vi tudo o que queria ver de um jeito muito agradável, e no dia 17, com relutância, voltei para Londres.

Passei duas semanas em um adorável lugar antigo no Parque Wimbledon com os Conways, indo com eles até a cidade para ver os leões, o Royal Exhibition, o Hampton Court, os museus Kensington e British, o Crystal Palace e muitos outros lugares interessantes. Mas, para mim, nenhum era mais encantador que a velha casa de fazenda com teto de palha, pastagens com flores amarelas, cotovias surgindo de manhã, rouxinóis

---

[62] Adelaide Ristori (1822-1906), famosa atriz italiana, também conhecida como Marquise. (N.T.)

voando à noite, espinheiros por todos os lados e o Parque Richmond cheio de cervos por perto. E o celeiro de Robin Hood.

Junho. – Passei os primeiros dez dias do mês em Aubrey House com os Peter Taylors. Uma linda casa inglesa com pessoas gentis, puras e simpáticas. Vi muita gente interessante – a senhorita Cobbe, Jean Ingelow, o doutor Garrett, Madame Bodichon, Matilde Blinde, Mill, Bright, Gladstone, Hughes e outras na House of Commons, aonde o senhor T. me levou.

Fui a alguns jantares, teatros, ouvir a leitura de Dickens, um concerto, *conversazione* e recepções, conhecer a sociedade inglesa (ao menos uma parte dela), e gostei do que vi.

No dia 11 hospedei-me com a senhora Travers no Westbourne Grove Terrace. Um quartinho agradável, vida simples e, para a convivência, a senhora T. e a filha, duas irmãs de Dublin e dez homens jovens – advogados, funcionários, ministros e estudantes. Um guinéu[63] por semana.

Muito livre e contente, perambulando por Londres o dia todo, jantando tarde e descansando, conversando, ouvindo música ou me divertindo à noite.

Vi a Torre Windsor, parques, jardins e todos os tipos de lugares favoritos de homens e mulheres famosos – a casa de Milton, a de Johnson em Bolt Court, Lamb, Sairy Gamp, Saracen's Head, a Charter House onde Thackeray morou quando jovem, o Furnival's Inn, em que Dickens escreveu [As Aventuras de] Pickwick, Bacon's Walk e várias atrações memoráveis. Gostei mais da catedral St. Paul que de Notre-Dame.

Julho. – Ficarei na senhora Travers até o dia 7. Encontrei-me com Routledge para falar de *Moods*. Ele o aceitou, disse que gostaria de outro livro e foi muito simpático. Disse adeus e, às seis horas do dia 7, parti para Liverpool com o senhor W., que cuidou da minha bagagem e foi embora.

Cheguei em segurança ao *Africa*.

Uma viagem de catorze dias tempestuosos, maçantes, longos e muito enjoo, mas, enfim, às onze da noite, navegamos pelo porto sob o luar e eu vi o querido John esperando por mim no cais.

---

[63] Antiga unidade monetária. (N.T.)

Dormi a bordo, e no dia seguinte cheguei a casa ao meio-dia para encontrar papai na estação, Nan e os filhos no portão, May correndo loucamente pelo gramado e mamãe chorando à porta. Joguei-me em seus braços e, finalmente, estava em casa.

Dias felizes, conversando e nos curtindo. Muitas pessoas vieram me ver, e todos disseram que eu melhorara muito; fiquei contente, pois para isso sempre houve, há e haverá possibilidade.

Achei mamãe envelhecida, doente e cansada; papai estava mais calmo do que nunca; Nan, fraca, mas abençoada com dois filhos; May cheia de planos, como de costume; Freddy, muito robusto e adorável; e meu Jack, o rapazinho mais querido, bonito e alegre, que beijava e amava todo mundo.

Agosto. – Logo comecei a trabalhar em algumas histórias, pois, conforme eu esperava, as coisas se atrasaram enquanto a provedora esteve fora. Descobri que tinha muito a fazer, já que encomendas de E., L., do *Independent*, da *U. S. C. S. Magazine* e várias outras ofertas esperavam por mim.

Escrevi dois contos longos para L. e recebi duzentos dólares por eles. Um para E., pelo qual ele pagou setenta e cinco, e também um pouco de poesia por cinco. Ele queria uma história longa em vinte e quatro capítulos, e eu a escrevi em quinze dias – cento e oitenta e cinco páginas –, além de trabalhar, costurar, bancar a enfermeira e fazer companhia.

Enviei a S. E. S. os primeiros cem dólares de minha conta; poderia ter mandado trezentos, mas eu precisava deles; então desisti, contrariada, e preciso trabalhar para ter o restante. Mamãe pegou dinheiro emprestado para que eu pudesse ficar mais tempo e ir à Inglaterra, já que eu havia, nas palavras dela, perdido muito tempo condenada a "um trabalho árduo e confinamento solitário por nove meses".

Setembro. – Mamãe doente, minha caneta trabalhou pouco. Arrumei uma ajudante e me dediquei à mamãe, escrevendo depois que ela se deitava. Dessa forma, terminei um conto longo. Mas E. não ficaria com ele, dizendo que estava longo e sensacionalista demais!

Novembro. – Mamãe melhorando aos poucos. Uma mulher sensitiva do Oeste a "esfregou" e lhe fez muitas coisas boas. Ela deixou o quarto e se parecia mais consigo mesma. Nunca esperei ver a mãe forte e impetuosa de antigamente, mas graças a Deus ela ainda está aqui, mesmo pálida e fraca, quieta e triste; seus belos cabelos se foram, e o rosto está enrugado, as costas curvadas e todos os outros sinais da idade. A vida foi difícil demais para ela, sempre tão corajosa e feliz por se dedicar aos outros. Agora precisamos viver por ela.

Quando a senhorita Alcott voltou da Europa em 1866, ela se dedicou com mais afinco do que nunca ao cuidado pessoal com a mãe e à escrita de histórias para sustentar a família.

Ela aceitou escrever um conto de cinquenta dólares uma vez por mês; e além disso, escreveu muitas histórias curtas para outros editores. O fato de seu pai voltar do Oeste com duzentos dólares ganhos durante uma viagem para lá deixou-a um pouco aliviada, e ela se animou ao ouvir dizer que *Moods* estava vendendo bem na Europa. Mas ela não estava bem, sentindo-se ansiosa e preocupada com muitas coisas. O diário que escreveu nestes meses é muito escasso, e janeiro de 1867 abre com a afirmação de que estava "doente devido ao excesso de trabalho árduo". No entanto, o relato sobre as histórias fornecidas aos editores continua até agosto, quando ela foi a Clark's Island para algumas semanas de lazer. Ali Louisa recuperou o ânimo e passou, conforme afirma, "uma quinzena desvairada" que deve ter feito com que recuperasse bem as forças. Ela diz: "Recomecei a trabalhar após minhas longas férias, pois as contas se acumulam e me preocupam. Tenho mais medo de dívidas que de qualquer outra coisa".

Há no diário esta leve observação da primeira etapa de uma das conquistas mais importantes de sua vida, sobre a qual falarei com mais detalhes de agora em diante.

Diário

Setembro de 1867. – Niles, parceiro de Roberts, pediu-me que escrevesse um livro para meninas. Eu disse que tentaria.

F. me pediu para ser editora do Merry's Museum. Eu disse que tentaria. Comecei ao mesmo tempo nos dois empregos, mas não gostei de nenhum.

O Radical Club se encontrou no Sargent's. Bons momentos. Bartol inspirado; Emerson como chefe; Alcott de pé; damas obstinadas com força total; chás estéticos para refrescar.

Outubro. – Concordei com F. em ser editora por quinhentos dólares por ano. Ler manuscritos, escrever uma história por mês e um editorial. Fortalecida por esse compromisso fui a Boston, aluguei um quarto – n.º 6 da Praça Hayward –, mobiliei-o e comecei a arrumação por conta própria. Não consegui ficar bem em C., então preciso tentar em Boston e não trabalhar tão arduamente.

No dia 28 fui a B. com Fred e meus móveis, com a sensação de estar indo acampar em um novo país; minha esperança era de que este se revelasse uma terra hospitaleira e salubre.

Este acontecimento aparece em "The Old-fashioned Girl", em que a garota do interior vai para a cidade em uma carroça de fazendeiro, com uma torta de abóbora nas mãos que lhe foi dada por uma amiga no momento da partida. Sua irmã May tinha aulas de desenho no quarto todos os dias, o que dava a Louisa o prazer de uma companhia.

A senhorita Alcott era uma admiradora fervorosa de Dickens e assumiu vivamente o humor de seus personagens familiares. Ela encenou "Mrs. Jarley displaying her waxwork" nove vezes durante o inverno, sempre bem-sucedida em conferir vida e diversidade à representação. Ela era constantemente chamada para atuar em eventos de caridade. Gostava da diversão e, já que não podia fazer doações em dinheiro, poder ajudar de alguma forma satisfazia seu caráter generoso.

Ela escreveu um artigo para o senhor B., chamado "Happy Women", em que gratifica o amor pela vida de solteira descrevendo as encantadoras "solteironas" que conhecia. Seus esboços são extraídos da vida real, sem grandes exageros. A Médica, a Artista, a Filantropa, a Atriz, a Advogada são facilmente identificáveis. Elas eram uma "falange gloriosa de solteironas", nome dado por Theodore Parker às mulheres solteiras de sua Sociedade, que tanto o ajudaram em seu trabalho.

À sua mãe

JANEIRO DE 1868.

As coisas parecem promissoras para o Ano Novo. F. deu vinte dólares pelos contos pequenos, e escrevi dois por mês; G., vinte e cinco para "Bells; L., cem pelas duas histórias "Proverb". L. aceita tudo que vou enviar; e F. parece satisfeito.

Portanto, meu plano dará certo e devo fazer meus mil dólares neste ano, apesar da doença e das preocupações. Louve o Senhor e continue ocupada, digo eu.

Até que estou bem, e por estar ocupada não tenho tempo de ficar doente. Todos são muito espertos para mim; e muitas vezes, enquanto ando por aí independente e com muito mais trabalho do que consigo fazer e meia dúzia de editores pedindo contos, penso nos velhos tempos em que eu ia humildemente de porta em porta vender minhas primeiras historietas precárias e de me sentir tão rica com dez dólares.

É claro que Minerva Moody está progredindo, apesar das várias quedas, e, quando se tornar uma velha senhora esgotada de 70 anos ou mais, talvez ela pare de trabalhar e veja sua família bem de vida. Provavelmente seja um pouco tarde para aproveitar muita coisa; porém, acho que dormirei meu último e longo sono com mais contentamento, a despeito do cansaço mortal, do que se tivesse cruzado os braços e sido sustentada em elegante ociosidade, ou ido para o inferno do desespero porque as coisas caminhavam com tanta lentidão.

Guardem todo o dinheiro que envio; paguem todas as contas; comprem mimos e aproveitem. Sejamos felizes enquanto pudermos, e descansemos um pouco nos dias chuvosos.

Com essa joia de Aristóteles, ilustre senhora, eu, sua zelosa e afetuosa filha, despeço-me.

L. M. ALCOTT.

Lembranças a Platão. Ele não quer meias novas? Suas roupas estão novas em folha?

Embora, como afirmei, se observe pouca influência europeia direta na literatura da senhorita Alcott por suas viagens pela Europa, essa primeira visita teve um efeito marcante em sua vida e obra. Sua situação não era favorável para renovar as energias de que tanto precisava; não obstante, ela fez ótimo proveito da mudança total de ares, do horizonte mais amplo de que participou, da farta apreciação dos lugares e da variedade de amigos que conheceu. Provavelmente ela passou a observar o próprio trabalho com um novo olhar, já que se descreve observando-o com a visão do professor Bhaer e viu todos os defeitos das histórias instigantes que vinha lançando em sequência, sem um propósito firme ou preocupação com excelência artística. Ela também teve a chance de ver a distância sua própria infância e lar; e, ao refletir sobre os acontecimentos desses anos, eles se reuniram em linhas mais harmoniosas, e ela viu quanto eles continham de vida real, de poesia verdadeira e humor, bem como de significado moral. Portanto, a antiga ideia da "Família Patética" tomou nova forma em sua mente.

Em julho de 1863, a empresa de Roberts Brothers, impressionada com a realidade vívida e a originalidade da obra, pediu a ela que publicasse em formato de livro os "Esboços de Hospital", que então saíam no jornal *Commonwealth*. Na época, como afirma no diário, ela preferiu ceder ao senhor Redpath os direitos de publicação. Mais tarde, em setembro de 1867, a Roberts Brothers pediu-lhe que escrevesse um livro para meninas, e em maio de 1868 repetiram o pedido por intermédio de seu pai, que lhes trouxera uma coleção de histórias curtas para publicação.

A imaginação da senhorita Alcott sempre esteve voltada para retratar a vida de rapazes, não de moças; mas felizmente ela aceitou a sugestão do editor e disse, como o coronel Miller, "Tentarei, senhor". A antiga ideia da "Família Patética" voltou à mente, e ela se pôs a descrever os primeiros anos de vida em sua casa. O livro foi finalizado em julho, intitulado *Mulherzinhas*, e enviado aos editores, que prontamente o aceitaram, fazendo à senhorita Alcott uma oferta direta pelos direitos autorais, mas ao mesmo tempo aconselhando-a a não se separar deles. A obra foi publicada em outubro, e o resultado é bastante conhecido. Ela estava bem pouco consciente do mérito raro do livro, achando, conforme afirma, os primeiros capítulos maçantes, e, portanto, ficou bem surpresa com o sucesso. "O livro é melhor do que eu esperava", diz ela, acrescentando: "A maior parte dele é vida real e, se tiver êxito, será por esse motivo".

Mas esse não é todo o segredo de seu sucesso. Por meio de muitas provações e fracassos, Louisa aprendera sua arte literária. Por sua experiência com melodrama, ela provou o vazio da escrita sensacionalista e soube como apresentar o simples e verdadeiro – aparentemente não artístico, mas contendo de fato a mais bela arte do discernimento e da ênfase. Toda a sua prática e experiência anteriores foram necessárias para prepará-la para produzir sua obra-prima; com efeito, apesar de todo o bom trabalho que ela fez posteriormente, esta continua sendo sua obra-prima, pela qual será lembrada e adorada. Vinte e um anos já se passaram e outra geração surgiu desde a publicação do livro, e sua venda ainda é estável; e as mães que o leram na infância renovam a alegria ao ver o rosto de suas garotinhas se iluminar com um sorriso pelas cenas teatrais no celeiro ou ficar cheios de lágrimas com a morte da irmã amada. Um dos grandes encantos do livro é o retrato fiel da vida na Nova Inglaterra. Mas ele não é meramente local, e sim um toque profundo no coração universal.

A empolgação das crianças era imensa: afirmavam que a autora pertencia a elas e sentiam que ela estava interpretando suas próprias vidas e pensamentos. A segunda série foi antecipada com a ansiedade de notícias da guerra e da bolsa de valores. Mas, ao contrário da própria senhorita Alcott, as crianças demonstraram um interesse particular pela história de amor e, quando o pobre Laurie foi tão veementemente recusado por Jo, "elas choraram alto e recusaram consolo", e em alguns casos ficaram de fato doentes de tristeza e emoção.

A senhorita Alcott agora tinha editores garantidos em quem depositava total confiança, e que daquele momento em diante a libertaram da preocupação relacionada a assuntos de negócios, tratando de forma direta e justa com ela e consultando seus interesses e os próprios. Isso é revelado com riqueza de detalhes por seus diários e cartas particulares.

O sucesso de *Mulherzinhas* foi tão certeiro que a senhorita Alcott começou a preparar imediatamente a segunda parte, avidamente solicitada pelas mulherzinhas no mundo lá fora, que desejavam que todas as moças se casassem e, por sua vez, incomodando a autora por quererem as coisas do jeito delas. Ela terminou de escrever a sequência, que foi um trabalho rápido, em 1.º de janeiro de 1869.

O sucesso de *Mulherzinhas* não se limitou a seu país. O livro foi traduzido para o francês, o alemão e o holandês e se tornou bem conhecido na Inglaterra e no continente. Na Holanda, as primeiras séries foram publicadas sob o título "Debaixo das Asas da Mãe", e a segunda, "Com as Próprias Asas"; esses dois livros, juntamente com *Work,* consagraram sua fama entre as crianças, que ainda leem suas histórias com prazer renovado.

Não é necessário analisar ou criticar essa produção feliz. Ela é uma transcrição real da vida, mas idealizada pela ternura do sentimento verdadeiro. Ensina as lições da conduta diária e inculca as virtudes mais simples da verdade, do esforço diligente e da afeição amorosa. Há humor de sobra, mas não caricato, e um sentimento terno e profundo sem sentimentalismos.

A própria senhorita Alcott não quis que sua porta-voz, Jo, se casasse; mas a exigência do editor e do público foi tão veemente que ela criou o professor alemão, de quem não existia nenhum protótipo. Embora alguns de seus leitores jovens românticos não tenham ficado satisfeitos com a preferência de Jo por ele, e não pelo encantador Laurie, sem dúvida ele é um homem verdadeiro e acolhedor, que provavelmente teria conquistado seu afeto por suas características morais e intelectuais marcantes. O fato de ele ter-se tornado um personagem muito vívido para a autora fica evidente por seu ressurgimento em *Os meninos de Jo,* no qual exerce a mesma influência intensa e alegre na escola e em casa que ela descobriu nele durante a própria infância. O estilo do livro é profundamente simples e coloquial; as meninas falam e agem como meninas, e não como mulherzinhas afetadas. A influência do livro foi ampla e profunda e ajudou uma geração inteira de meninas a ter um senso mais aprofundado de amor familiar e das bênçãos a serem obtidas ao se levar uma vida de esforço diligente, sacrifício mútuo e objetivos elevados.

Muito interesse se demonstrou a respeito das pessoas que inspiraram os personagens em *Mulherzinhas*. Esta é a declaração da própria autora:

> *Fatos verdadeiros nas histórias, apesar de frequentemente modificados em termos de época e lugar:*
>
> Mulherzinhas – *As primeiras brincadeiras e experiências; a morte de Beth; as experiências literárias de Jo e artísticas de Amy; o lar feliz de Meg; John Brooke e sua morte; o personagem de Demi. O senhor March não foi à guerra, mas Jo, sim. Sobre a senhora Marché, tudo verdade, embora não seja bom o suficiente. Laurie não é um rapaz americano, embora todo moço que já conheci reivindique o personagem. Ele era polonês, que conheci no exterior em 1865. O senhor Lawrence é meu avô, o coronel Joseph May. Tia March não é ninguém.*

Diário.

Janeiro de 1868. Gamp's Garret, Hayward Place, Boston – O ano começa bem e animado para todos nós. Papai e mamãe à vontade em casa; Anna e família estabelecidos em Chelsea; May ocupada com suas cinco ou seis aulas de desenho e com a possibilidade de ganhar cento e cinquenta dólares por trimestre; ela também está bem e de bom humor.

Estou em meu quartinho, vivendo dias atribulados e felizes porque tenho silêncio, liberdade, trabalho suficiente e vigor para fazê-lo. F. me paga quinhentos dólares por ano por meus créditos e algum trabalho editorial no Merry's Museum; o The Youth's Companion paga vinte dólares por dois contos curtos todo mês; L., cinquenta e cem por tudo o que lhe enviarei; outros aceitam tudo o que tenho. Meu caminho parece desimpedido para o ano, se eu conseguir ficar bem. Quero realizar meu sonho de sustentar a família e ser totalmente independente. Espero em Deus!

Escrevi vinte e cinco histórias no ano passado, além do livro de contos de fadas que contém doze. Ganhei mil dólares, paguei minhas contas, enviei um pouco de dinheiro para casa, paguei dívidas e ajudei May.

Por muitos anos não tivemos muito conforto: May e eu ganhando dinheiro, Annie contando com seu bondoso John, e os velhos em uma casa confortável nossa.

Após a experiência difícil do último inverno, não conseguimos ser gratos demais.

Hoje floresceu meu primeiro jacinto, branco e lindo – um bom presságio, talvez uma bandeira de trégua dos inimigos com que temos lutado todos esses anos.

Talvez consigamos vencer, afinal, e subjugar a pobreza, a negligência, a dor e as dívidas, e marchar com bandeiras rumo ao novo mundo no novo ano.

Quinta-feira, dia 2. – Dia estranho. Levantei cedo, comi meu pão com leite e maçãs assadas. Alimentei meus pombos. Fiz um chapéu para May e cortei uma peça de flanela para Mamãe, que sente frio nas encostas de neve em Concord. Fiz meu editorial à tarde e consertei meus vestidos para as peças. L. enviou cinquenta dólares pelos contos, e F., quarenta. A. e os meninos vieram.

Fui a Dorchester à noite e atuei como a senhora Pontifex em "Naval Engagements", em uma boa casa [de teatro]. Um momento feliz, ganhei flores e tudo o mais. Passei metade da madrugada conversando com H. A. sobre a pressa dos jovens de hoje em dia, e dei à garota muitos conselhos de irmã mais velha, já que ninguém parece perceber quanto ela precisa ser ajudada período de sua jovem vida.

Sonhei que era dançarina de ópera e acordei saltitando.

Quinta-feira, dia 9. – Escrevi o dia todo. Fiz dois contos curtos para F. À noite fui com A. M. ouvir a leitura de Fanny Kemble do *Mercador de Veneza*. Ela em si já era uma equipe inteira de teatro. Parecia mais jovem e mais bonita do que nunca, e feliz, já que agora está com as filhas. Depois fomos cear na casa da senhora Parkman, e vimos a leoa se alimentar.

Era um experimento observar seu rosto, tão cheio de expressões variadas – sempre forte, sempre doce, depois orgulhoso e feroz como se fosse farejar qualquer pessoa que passasse por ela. Como eu era uma delas, mantive distância e apreciei a criatura de longe, perguntando-me como uma mulher baixa, corpulenta e corada *conseguia* parecer uma rainha usando veludo roxo e laços de ponta.

Esgueirei-me para trás de uma porta, mas o doutor Holmes me achou e perguntou, afável: "Quantas crianças como você estão aqui?". Enquanto eu olhava para o topo de sua ilustre cabeça, a pergunta foi engraçada. Mas respondi ao homenzinho com profundo respeito: "Quatro, senhor". Aparentemente ele captou meu pensamento malicioso e perguntou, piscando os olhos, olhando para cima como se eu fosse uma torre: "E todas altas como você?". Há, há!

Dia 18. – Atuei de novo em D. e passei momentos felizes. Cheguei cedo em casa e, tirando as penas elegantes, comecei a trabalhar em minhas histórias. Parece que F. está esperando que eu escreva a revista inteira, e com isso eu não contava.

Fui à casa de Nan à tarde, para cuidar dela enquanto papai e Freddie iam a C. Homenzinho querido, tão feliz e importante com sua sacola, seis centavos e um bolo para uma pausa durante o longo trajeto de uma hora.

Pensamos em Johnny como se ele fosse um tipo de chama que caiu do céu para nos aquecer e confortar com seu rostinho iluminado e modos adoráveis. Ela é uma mulher feliz! Eu vendo *meus* filhos; e, embora eles me alimentem, não me amam como os dela.

O Tranquilinho brincou sozinho o dia todo e, de pijama, fez um desenho bonito sentado no colo de "mamá", falando com ela através da corneta acústica. Ela nunca ouviu sua vozinha doce de outra forma. Pobre Nan!

Quarta-feira, dia 22. – Fui ao Clube com papai. Um bom artigo sobre "Historical View of Jesus" [Uma visão histórica de Jesus]. O discurso de papai foi ótimo. Divirto-me ao ver pessoas ouvindo e aplaudindo *agora* o que foi vaiado vinte anos atrás.

A conferência durou até as duas horas; depois, os filósofos famintos se lembraram de que tinham corpos e saíram correndo, ainda conversando.

[É difícil se alimentar – L. M. A.]

Caiu neve no meu chapéu, então fiz outro durante a tarde e, à noite, fui ao Festival Antiescravagista. Todos os velhos rostos e muitos novos. Contente por ter vivido na época desse movimento importante e ter conhecido tão bem seus heróis. Guerras combinam comigo, já que sou uma *May* aguerrida.

Dia 24. – Meu segundo jacinto azul-claro floresceu como uma tímida esperança e considerei isso um bom presságio, já que *estou* tocando em frente e tenho mais trabalho do que consigo fazer, pelo qual implorava no passado. Gostei da primavera em miniatura que minha florzinha me deu, e Buzzy, minha mosca de estimação, mudou-se do jardim suspenso no pote de hera para a doce mansão.

Atuei em Cambridge como Lucretia Buzzard e a senhora Jarley.

Dia 31. – Último dia do mês, mas não estou satisfeita com meu trabalho de quatro semanas. Atuar por caridade atrapalha meu trabalho. A troca é boa para mim e por isso a faço, e também porque não tenho dinheiro para doar.

Quatro contos este mês. Recebi setenta dólares; enviei trinta para casa. Sem dívidas.

1.º de fevereiro. – Organizei *Hospital Sketches and War Stories* para um livro. Se excluir todas as referências bíblicas e aliviar todas as alusões aos rebeldes, o livro pode ser "quase perfeito", disseram. Qualquer coisa para atender aos clientes.

Sexta-feira, dia 14. – Meu terceiro jacinto floresceu esta manhã, em um cor-de-rosa adorável. Então deixei as coisas organizadas e tive um dia agitado correndo atrás de "caloteiros". Depois, escrevi meus contos. Fiz algumas camisetas para meus meninos e saí para comprar uma torta de abóbora para minha ceia solitária. Nevava e fazia muito frio. Ninguém pagou, e queria enviar um pouco de dinheiro para casa. Senti-me brava e cansada enquanto retornava ao anoitecer. Minha torta deu uma cambalhota, um menino riu e eu também, e me senti melhor. À minha porta, encontrei um cavalheiro que perguntou se a senhorita A. morava aqui. Acompanhei-o ao subir as escadas em caracol e o achei um belo de um espertalhão, pois ele me estendeu uma carta da qual caiu uma nota de cem dólares. Com essa isca, o senhor B. me tentou a escrever uma coluna do *Advice to Young Women*, como a senhora Shaw e outras estavam fazendo. Se ele tivesse me pedido uma oração em grego, eu teria dito "sim". Depois, passei um recibo e o agente, muito elegante, se curvou, afastando-se e deixando minha "humilde" residência perfumada e minha alma em paz.

Aproveitando com moderação o momento de entusiasmo, planejei meu artigo enquanto comia minha torta desmanchada, e então comecei a escrevê-lo com a nota de cem à minha frente. Era sobre mulheres solteiras. "Happy Women" era o título, e coloquei na lista todas as solteironas ocupadas, ativas e independentes que conheço, pois a liberdade é um marido melhor que o amor para muitas de nós. Este foi um episodiozinho agradável em meus ensaios como autora, portanto eu o registro.

Assim, o jacinto rosa foi um verdadeiro profeta, e fui para a cama como uma milionária feliz, sonhando com anáguas de flanela para minha abençoada mãe, papel para meu pai, um vestido novo para May e trenós para meus meninos.

Segunda-feira, dia 17. – Papai cheio de planos para seu livro. Fui com ele ao clube.

P. leu um artigo, e o rabino Nathan fez um discurso. Uma mistura curiosa de tolos e filósofos. O clube deveria continuar mais seleto e não ser administrado por uma única pessoa.

Terça-feira, dia 25. – Mensagem de Lady Amberly, enquanto eu costurava meu vestido de nove centavos. Ela queria vir me ver e lhe disse que poderia, que eu lhe mostraria como eu vivia em minha água-furtada – tecendo teias como uma aranha. Encontrei-a no clube e gostei dela, tão simples e natural.

À noite atuei na Feira da Igreja do senhor Clarke. Fiz a senhora Jarley três vezes. Muito rouca por causa de um resfriado, mas mantive a promessa.

"Proverb Stories" sugeridas e "Kitty's Class-Day" escrita.

Sexta-feira, dia 28. – Fiz as malas para ir para casa, já que precisam de mim lá, e interpretei Jarley pela terceira noite. Interpretei esse papel nove vezes nesta semana, e minha voz foi embora.

Lamento deixar meu quarto silencioso, pois gostei muito de estar aqui.

Escrevi oito contos longos, dez curtos, li trechos de manuscritos e fiz trabalho editorial. Interpretei papéis para eventos beneficentes doze vezes.

Nada mal para dois meses de trabalho. Posso imaginar uma vida mais simples, mas com amor, saúde e trabalho consigo ser feliz, já que essas três coisas ajudam as pessoas a fazer, ser e enfrentar tudo.

Março, abril e maio. – Tive o prazer de comprar muitos mimos para Mamãe e em deixar os lobos da preocupação e da dívida longe dela. Ela fica descansando em sua sala ensolarada, e para mim isso é melhor do que qualquer fama.

Maio de 1868. – Papai falou com o senhor Niles sobre um livro de contos de fadas. O senhor N. quer uma "história de meninas", e dou início a *Mulherzinhas*. Mamãe, Anna e May aprovam meu plano. Então começo a labutar, embora não goste desse tipo de coisa. Jamais gostei de meninas nem conheci muitas, com exceção de minhas irmãs; mas nossas peças e experiências estranhas podem se revelar interessantes, embora eu tenha minhas dúvidas.

[Boa piada – L. M. A.]

Junho. – Enviei doze capítulos de *Mulherzinhas* ao senhor N. Ele os achou *monótonos;* eu também. Mas trabalhei e pretendo testar a experiência, já que livros dinâmicos e simples são muito necessários para meninas, e talvez eu possa suprir a demanda.

Escrevi dois contos para Ford e um para F. L., que está pedindo mais, mas precisa esperar.

15 de julho. – Terminei *Mulherzinhas* e o enviei – 402 páginas. May está fazendo alguns desenhos para ele. Espero que dê certo, pois provavelmente não ganharei nada por *Morning Glories*.

Muito cansada, com muitas dores de cabeça pelo excesso de trabalho e o coração apertado por causa de Mamãe, que está ficando fraca.

[Trabalho demais para uma só jovem. Não me admira que ela tenha sucumbido. 1876 – L. M. A.]

Agosto. – Roberts Bros. fez uma oferta pela história, mas ao mesmo tempo me aconselhou a deter os direitos autorais; então, farei isso.

[Editor honesto e autora feliz, pois os direitos autorais renderam uma fortuna a ela e o "livro maçante" foi o primeiro ovo de ouro do patinho feio. 1885. – L. M. A.]

26 de agosto. – Chegou uma prova do livro inteiro. É melhor do que eu esperava. Nem um pouco sensacionalista, mas simples e verdadeiro, pois realmente vivemos a maioria das situações; e, se ele tiver êxito, esse será o motivo. O senhor N. gosta mais dele agora, e disse que algumas meninas que leram os manuscritos afirmam que ele é "esplêndido!". Já que elas acham, e por serem as melhores críticas, devo ficar satisfeita.

Setembro. – O livro de papai [*Tablets*] foi publicado. Muito simples por fora, sábio e belo por dentro. Espero que lhe renda elogios e dinheiro, pois ele esperou muito.

Nenhuma menina, mamãe fraca, May ocupada com alunos, Nan com os filhos e muito trabalho a fazer. Não gostamos de ficar com a cozinha, e nossos gostos e talentos residem em outras direções; portanto, é difícil manter os vários Pégasos seguindo o plano de forma consistente.

8 de outubro. – Aniversário de mamãe, 68 anos. Após o café da manhã ela encontrou seus presentes em uma mesa no escritório. Papai a acompanhou até a cadeira grande vermelha, os meninos saltitando antes de tocar as cornetas, e as "meninas" marchando atrás, contentes por verem a velha mamãe melhor e conseguindo aproveitar nossa festinha. Os meninos orgulhosamente lhe estenderam seus pacotes, e ela riu e chorou com nossos presentes e versos.

Acho que o declínio dela já começou; e cada ano aumentarão as mudanças já em curso, conforme o tempo transforma a enérgica e entusiasmada dona de casa em uma velha afável e fraca, para ser ternamente cuidada e ajudada na hora de descer a colina que subia com tanta coragem e vários pesos.

26 de outubro. – Vim a Boston e aluguei um quarto silencioso na rua Brookline. Ouvi Emerson à noite. Enviei um relatório a A. P. para o *Standard,* conforme solicitado.

Anna está bem instalada em sua nova casa, e mamãe está com ela. Ajudei a colocar os carpetes e organizar as coisas.

Dia 30. – Vi o senhor N. da Roberts Brothers, e ele me deu boas notícias sobre o livro. Chegou um pedido de Londres para uma edição. A primeira já foi e estão solicitando outras. A expectativa é vender três ou quatro mil antes do Ano-Novo.

O senhor N. quer um segundo volume para a primavera. Chegam notícias e cartas agradáveis, e há muito interesse em minhas mulherzinhas, que aparentemente encontram amigos por serem semelhantes à vida real, conforme eu esperava.

1.º de novembro. – Comecei a segunda parte de *Mulherzinhas.* Consigo fazer um capítulo por dia, e em um mês pretendo terminar. Um pouco de sucesso é tão inspirador que agora acho meus "Marches" pessoas decentes e elegantes e, como posso lançá-los no futuro, consigo dar mais asas à imaginação. Meninas me escrevem perguntando com quem as mulherzinhas se casam, como se fosse esse o único objetivo da vida de uma mulher. Eu *não* casarei Jo com Laurie para agradar a ninguém.

Segunda-feira, dia 16. – Fui ao clube para uma troca, já que tenho escrito como uma máquina a vapor desde o dia 1.º Weiss leu um ótimo artigo sobre "Woman Suffrage". Boa conversa posterior. Almocei com Kate Field, Celia Thaxter e o senhor Linton. Clube das Mulheres à noite.

Dia 17. – Terminei o décimo terceiro capítulo. Estou tão cheia de trabalho que não consigo parar para comer ou dormir, ou para nada além de uma corrida diária.

Dia 29. – Meu aniversário; 36 anos. Passei-o sozinha, escrevendo muito. Nenhum presente além do *Tablets* de papai.

Parece que, ao contrário de muitas pessoas, nunca ganho muitos presentes, embora dê vários. Talvez seja melhor assim, e quando o presente vem ele se torna muito precioso.

Dezembro. – Vim fechar a casa, já que papai vai para o Oeste, e mamãe, para a casa de Anna. Tempo frio, difícil, sujo; mas fiquei tão contente por estar fora de C. que trabalhei feito um camelo e girei a chave em Apple Slump com alegria.

May e eu fomos ao novo Hotel Bellevue, na rua Beacon. Ao contrário de mim, ela não gosta de cantos silenciosos, então alugamos um quarto na cobertura e tivemos momentos esquisitos subindo e descendo no elevador, comendo em um café de mármore e dormindo em um sofá-cama para passarmos por requintadas. Não combinou comigo de forma alguma. Um vendaval forte quase arrancou o teto. Canos de vapor explodiram, e estávamos com fome. Estava muito cansada por causa do verão difícil, sem descanso para o cérebro ganha-pão.

Janeiro de 1869. – Saí de nosso quarto elegante em Bellevue e fui para a rua Chauncey. Enviei a Roberts a sequência de *Mulherzinhas* no dia de Ano-Novo. Espero que dê tão certo quanto o primeiro, que está vendendo bem e recebendo boas críticas. F. e F. querem que eu continue trabalhando para eles, o que farei se conseguir; mas as dores de cabeça, a tosse e o cansaço me impedem de trabalhar catorze horas por dia como no passado.

Em março fomos para casa, já que mamãe estava inquieta na casa de Nan e papai queria sua biblioteca. Frio e maçante; não consegui escrever; então, tomei conta de mamãe e tentei descansar.

Paguei todas as dívidas, graças a Deus! – cada centavo que o dinheiro pode pagar –, e agora sinto que posso morrer em paz. Meu sonho está começando a se realizar; e, se minha cabeça aguentar, farei tudo o que um dia esperei fazer.

Abril. – Estou muito mal. Sinto-me bem esgotada. Não me importo muito comigo, pois o descanso é divino mesmo com dor; mas minha família parece ficar tão em pânico e desamparada quando sofro um colapso que tento manter as coisas em ordem. Dois contos curtos para L., cinquenta dólares; dois para Ford, vinte; e fiz meu trabalho editorial, embora tenham ficado dois meses sem pagar. Roberts quer um livro novo, mas receio entrar em uma espiral sob pena de adoecer.

Aos editores

BOSTON, 28 DE DEZEMBRO DE 1869.
Muito obrigada pelo cheque que tornou meu Natal excepcionalmente feliz.

Após labutar durante tantos anos para subir na vida – caminho sempre difícil para mulheres escritoras –, é especialmente gratificante descobrir que a estada finalmente está ficando mais fácil, com pequenas surpresas agradáveis surgindo em ambos os lados, e os trechos áridos se tornando mais leves por causa da cortesia e gentileza dos que se revelaram amigos e também editores.

Com os melhores votos para o próximo ano,

Cordialmente,
L. M. ALCOTT.

AGOSTO DE 1871.
CARO SENHOR NILES – *Muito obrigada pela dinheirama e pela mensagem gentil que a acompanha. Favor entregar o dinheiro ao S. E. S., que ele o colocará em algum lugar para mim...*

É muita gentileza sua encontrar um minuto de seu dia atribulado para tratar desse assunto...

Não estou certa, mas tentarei o doutor B. se meu atual e nono médico não conseguir curar minha dor nos ossos. Não tenho a mínima fé em nenhum deles; mas meus amigos não me deixarão tranquila até os ossos deixarem de incomodar, então devo continuar tentando.

Sua amiga profundamente agradecida,

L. M. A.

[*Escrito em 1871, logo após a publicação de* Rapazinhos.]

DIA 5 DE AGOSTO.
CARO SENHOR NILES – *Obrigada pelo pacote e pelas mensagens.*

… Jorravam várias cartas de Nellie, Dollie e uma tal de Sallie pedindo fotos, autógrafos, história familiar e vários livros novos para já.

Devo dar ao doutor R. um julgamento justo e, se ele falhar, tentarei o doutor B., apenas para arredondar o número de médicos para dez.

Happy Thoughts é muito engraçado, especialmente a viagem para Antuérpia.

Atenciosamente,

L. M. A.

Europa

A GANSA DOS OVOS DE OURO

Num aviário, há muito tempo
Em uma manhã de novembro sem graça,
Sob a asa macia de sua mãe
Nasceu uma pequena gansa

Que imediatamente espiou para fora da casca
Para o mundo além observar
Ansiando por saltar de uma vez
E na lagoa patinhar.

"Oh! Não tenha pressa", disse o pai,
Uma doce ave socrática;
Sua mãe lhe implorou que não se desgarrasse,
Com muitas palavras dramáticas.

Mas a pequena gansa era perversa
E se pôs ansiosamente a gritar:
"Tenho um lindo par de asas,
É claro que quero voar".

Em vão o grasnado dos pais,
Em vão a carranca do céu frio,
Gansos ambiciosos tentaram voar alto,
Mas sempre caíam no vazio.

O fazendeiro zombou de suas tentativas.
Os pavões gritaram "É de envergonhar!
Você é só uma gansa doméstica,
Então não finja voar".

Um grande galo, de seu poleiro,
Cantava todos os dias a céu aberto
"Fique na lama, ave tola,
Esse é seu lugar certo".

Disseram todos, patos e galinhas,
Fofocando ao lado do lodo:
"Nossos filhos nunca fazem essas gracinhas;
Meu caro, esse pássaro é um bobo".

As corujas saíam e voavam,
Piando acima do pessoal,
"Nenhum ovo útil jamais foi chocado
De um ninho transcendental".

Bons gansinhos brincando
E pintinhos bem orientados
Aprenderam a pensar que os voos da pobre gansa
Eram travessos, malcriados.

Ednah Dow Cheney

Eles se contentavam em nadar e coçar
E não eram nem um pouco inclinados
A qualquer caça a gansos selvagens
Em busca de algo indeterminado.

Tempos difíceis passou, como se pode adivinhar,
Aquela jovem aspirante a pássaro
Que ainda assim de cada queda levantou
Entristecida, mas não se intimidou.

Ela sabia que não era nenhum rouxinol,
E ainda assim, apesar dos acintes,
Desejava ajudar e animar o mundo
Embora fosse uma gansa cinza, simples.

Não podia cantar, não podia voar
Nem mesmo, com graça, andar
E toda a fazenda a afirmar
Que uma poça era seu lugar.

Mas algo mais forte do que ela mesma
Gritaria "Vá em frente!
Lembre-se de que, embora ave humilde,
Você de um cisne é parente".

Então, para cima e para baixo, partiu a pobre gansa
Ave ocupada, com esperança
Buscou muitos campos largos infrutíferos
E muitas águas se agitaram.

Por fim, ela chegou a um riacho
De todo o Nilo, o mais abundante
Onde pássaros canoros podiam voar alto e cantar
Entre as ilhas verdejantes.

Aqui ela construiu um ninho pequeno
Ao lado da água parada
Onde a mãe gansa teria um descanso ameno
Sem se irritar com nada.

Aqui ela parou para alisar suas penas,
Eriçadas por muitas chagas;
Quando de repente irrompeu um estouro:
"Esta gansa põe ovos de ouro".

Imediatamente toda a fazenda ficou impaciente.
Os patos começaram a grasnar.
Galinhas-d'angola, acalmando-se, chamaram, imponentes:
"É para voltar, voltar, voltar".

O grande galo teve todo o prazer
Em um corvo protetor lhe oferecer,
E, desdenhosas, cacarejaram as galinhas:
"Gostaria que meus filhos fizessem essas gracinhas".

Os pavões abriram suas caudas lustrosas
E bradaram em um tom abrandado:
"Queremos conhecê-la, talentosa
Venha se sentar no telhado".

Sábias corujas acordaram e sérias disseram
Com os peitos de orgulho inchados:
"Pássaros raros de ninhos transcendentais
Sempre foram evocados!".

Perus em busca de notícias distantes
Agora com suas pernas finas corriam, errantes
Para reproduzir boatos e verdades
Sobre a gansa dos ovos de ouro – raridades.

EDNAH DOW CHENEY

Mas o melhor são as galinhas
Ainda brincando à beira-mar,
Pintinhos macios, felpudos, e gansinhos alegres,
Piaram: "Querida gansa, ponha mais".

Mas a gansinha, que em todos esses anos se excedeu
Como qualquer formiga sempre labutou,
E, esgotada, agora respondeu,
"Meus queridinhos, a fonte esgotou.

Quando estava faminta, metade deste milho
Era de uso vital
Agora de comida estou farta
Como qualquer ganso de Estrasburgo banal".

Então, para escapar de tantos amigos
Sem rudes conflitos travar
Ela correu para a lagoa do Atlântico
E patinhou para a vida salvar.

Logo acima, entre os grandes Alpes antigos,
Ela encontrou dois itens abençoados,
A saúde que quase havia perdido,
E descanso para os membros cansados.

Mas ainda pelas profundezas salgadas
Expressas nas palavras de maior candura,
Vieram orações por cartas, contos ou versos
De aves da literatura.

E então a ave recuperada
Com profundos agradecimentos
Pegou uma pena de sua asa e escreveu
Este poema que muito ouro lhe rendeu.

Bex, Suíça, agosto de 1870.

O ano de 1869 foi menos frutífero em termos de trabalho do que o anterior. A senhorita Alcott passou o inverno em Boston e o verão em Concord. Ela estava doente e muito cansada e sentia pouca vontade para fazer esforços mentais. *Hospital Sketches*, publicados pela primeira vez por Redpath, agora estavam sendo republicados pela Roberts Brothers, com o acréscimo de seis "Camp and Fireside Stories" [Histórias de Acampamento e Fogueira] mais curtas. O interesse do público pela autora e pela obra não diminuíra; com efeito, duas mil cópias do livro em novo formato foram vendidas na primeira semana. Por estar exausta, ela considera a fama mais um fardo que um prazer e afirma no diário:

As pessoas começam a chegar e ficam olhando para os Alcotts. Repórteres assombram o lugar procurando pela autora, que foge para a floresta *à la* Hawthorne e lá nem sequer chegará a ser um leãozinho.

Renovo minha alma com Goethe, sempre marcante, bom e vívido. Dei à S. E. S. duzentos dólares para investir. Que riqueza ter um pouco de coisas desnecessárias!

A senhorita Alcott teve momentos de lazer agradáveis viajando durante o verão.

Julho. – Passei o mês no Canadá com meus primos, os Frothinghams, em sua casa na Rivière du Loup – pequeno povoado de Saint Lawrence, cheio de gente esquisita. Passeei, li e caminhei com os pequeninos. Período agradável, tranquilo.

Agosto. – Um mês com May em Mount Desert. Época feliz, um pouco de descanso e prazer antes de as velhas dores e preocupações recomeçarem.

Fiz mil dólares para a S. E. S. investir. Agora tenho mil e duzentos para emergências, e nenhuma dívida. Com essa reflexão, posso suportar com alegria a nevralgia.

No outono, a família toda foi a Boston; o pai e a mãe ficaram com a senhora Pratt, enquanto Louisa e a irmã May, "as trabalhadoras", ocuparam quartos na rua Pinckney. Por não estar bem o bastante para fazer muitos trabalhos novos, Louisa começou a usar suas histórias antigas e descobriu que as mulherzinhas "ajudaram suas irmãs rejeitadas a ocupar bons lugares onde antes pediam esmolas". Em janeiro de 1870, ela perdeu a voz e tentou um "tratamento heroico" com um médico renomado. Ela se recuperou o suficiente para escrever um pouco, e em fevereiro escreveu a conclusão para *The Old-fashioned Girl*, publicado em março. Ela diz:

"Escrevi-o com a mão esquerda em uma tipoia, um pé para cima, a cabeça doendo e nenhuma voz. No entanto, como o livro é engraçado, as pessoas perguntarão: 'Você não gostou de escrevê-lo?'. Frequentemente penso no pobre Tom Hood enquanto faço os rascunhos, em vez de ficar deitada gemendo. Sem dúvida ganho a vida com o suor de minha testa".

O livro não revela essa condição, pois nada poderia ser mais revigorante, animado e saudável que a heroína Polly, cujas aventuras (muitas delas) são extraídas da experiência da própria autora. Ela sai dos arredores habituais para a vida elegante da cidade, mas trai sua própria falta de simpatia por isso. O livro sempre foi muito popular.

Em 1870, o sucesso de *Hospital Sketches* e os contínuos depósitos por *Mulherzinhas* deixaram a autora em uma posição financeira que lhe possibilitou ir para o exterior em busca do descanso e do lazer dos quais desesperadamente necessitava. A irmã mais nova foi convidada pela amiga A. B. para ir também, sob a condição de que Louisa as acompanhasse. Essa viagem foi muito livre e independente. Ela fez um relato – um tanto fantasiado, sem dúvida, mas muito fiel aos fatos em geral – em *Shawl Straps*, embora o leitor dificilmente pudesse supor que a velha descrita no livro ainda não tinha chegado aos 40 anos. A pedido da senhora Stowe, esses esboços foram organizados para o "Christian Union" após o retorno da autora e publicados em um livro compondo um único volume de *Aunt Jo's Scrap-Bag*, em 1872.

Felizmente temos muitas das cartas originais de Louisa preservadas nas cópias de seu pai, que escaparam da destruição das correspondências.

Com alguns excertos dos diários, elas proporcionam um relato suficiente dessa viagem. Em vários aspectos, o contraste com a primeira visita à Europa é mais agradável. Agora ela havia se tornado financeiramente independente por esforço próprio, e tem uma reputação popular que lhe confere recepção e reconhecimento aonde quer que vá. Mas ela pagara um preço alto por esses ganhos. Sua saúde estava extremamente abalada. A longa dedicação à escrita, às vezes durante catorze horas por dia – a tensão da agitação que a impedia de comer e dormir –, além da tristeza e da ansiedade, afetou seus nervos e resistência, e muitas vezes ela não conseguiu desfrutar dos prazeres que se abriam para si. Não obstante, seu diário e cartas contêm a mesma sagacidade e bom humor de sempre, e ela registrou um acervo de memórias agradáveis que duraram por toda a sua vida. Leitores de *Shawl Straps* reconhecerão os originais destes esboços inteligentes nas séries de cartas enviadas de Dinan[64].

Segunda Viagem à Europa

Abril... No primeiro dia do mês (dia apropriado para *minha* empreitada, pensei), May e eu fomos a N. Y. encontrar A. B., acompanhadas por John. Todos muito gentis. Trinta presentes, um baile de despedida com nossos colegas de casa e um bolo imenso. Meia dúzia de pessoas leais na estação para nos verem partir. Mas me lembro apenas de papai e mamãe, já que eles foram embora no dia anterior, deixando as duas filhas ambiciosas bater as asas, talvez para sempre.

Mamãe se mantinha firme, acenando com a cabeça e sorrindo; mas, quando dobrou a esquina, vi-a levar o lenço branco em direção aos olhos, após acenar para nós com alegria. May e eu sucumbimos, e dissemos "Não iremos"; mas partimos no dia seguinte, como aves jovens, e deixamos o ninho vazio por um ano.

No dia 2 naveguei para Brest sob um vendaval no navio a vapor francês *Lafayette*. Nossas aventuras são narradas em *Shawl Straps*.

---

[64] Comuna francesa na região administrativa da Bretanha. (N.T.)

O. F. G. foi publicado em março e vendeu bem. O garoto do trem em direção a N. Y. o colocou em meu colo; e, quando disse que não me importava com isso, ele exclamou, surpreso: "É um livro e tanto, dona! Vende muito, melhor ter um".

John lhe disse que eu o tinha escrito; e a risada, o olhar arregalado e o espantado "Não!" do menino foram muito divertidos. No navio havia menininhas com ele, que vieram a uma festa para me ver, com muito enjoo e deitada no beliche, exausta como uma múmia.

Passei algumas semanas encantadoras na Bretanha.

Junho e julho. – *O. F. G.* foi publicado em Londres pela Sampson Low & Co. Saímos de Dinan no dia 15 e fizemos uma linda viagem pela França até Vevay e Bex.

Conversas sobre a guerra entre a França e a Prússia.

Muita agitação em Vevay. Refugiados de Lyons chegando. Isabella e Don Carlos estavam lá, com acompanhantes estranhos.

Setembro. – No dia 3 chegaram notícias da deposição do imperador[65]. Muita lamentação entre os franceses aqui. Tudo certo em casa. Os livros se saindo bem, nada de dívidas.

Decidimos passar o inverno em Roma, já que May suspira pelo paraíso dos artistas e a guerra não nos atrapalhará – espero.

NAVIO LAFAYETTE, 9 DE ABRIL DE 1870.

CARÍSSIMA MAMÃE – Amanhã chegaremos ao fim de nossa longa viagem [Brest, França], graças a Deus. Em geral ela foi boa, e me dei bem como esperava. Mas é exaustivo ficar sem fazer nada dia após dia; de fato, minha cabeça não me deixará ler. May tem se saído bem e sido muito boa e gentil comigo, e acho que ela dá vida às refeições à mesa. Nunca subo para comer, pois Marie cuida muito bem de mim; fico deitada comendo todo tipo de gororoba esquisita e recebo visitas breves em meu gabinete. Aparentemente as pessoas pensam

---

[65] Trata-se do sobrinho e herdeiro de Napoleão Bonaparte, Napoleão III, que reinou de 1852 a 1870, sendo então deposto pela Assembleia Nacional e, consequentemente, preso e exilado. Faleceu em 1873. (N.T.)

que somos "especialistas" e querem nos conhecer; mas, por elas não serem interessantes, ficamos no nosso canto, e isso surte um bom efeito. Quase cinco mil quilômetros de distância não parece possível em tão pouco tempo. Como vocês estão se dando – mamãe, papai, os rapazes, minha menina e o velho e bom John? Ele foi tão bom e gentil o tempo todo que não tive nenhuma preocupação, apenas tirei uma coisa ou outra e o deixei fazer todo o trabalho. Bendito seja!

Mandarei uma carta bem longa assim que chegarmos e tivermos algo para contar. Enviamos esta para acalmá-la. Aqui as cartas não são pré-pagas, então paguei as minhas com meu dinheiro. Não se esqueça de avisar ao chefe dos correios em Boston sobre minhas correspondências.

Que Deus os abençoe,

De sua
Lu.

Morlaix, 14 de abril de 1870.

Caríssima mamãe – Tendo obtido "aprumo" por um dia e uma noite em terra firme, começo a lhe escrever imediatamente, pois pretendo ter uma carta à mão o tempo todo e enviá-la assim que ela estiver concluída. Nossa travessia durou doze dias, por causa de um parafuso duplo que estavam testando e que nos atrasou, embora seja mais seguro que um só. O clima estava frio e chuvoso, e o mar, agitado, então só subi uma ou duas vezes, mantendo-me aquecida em meu compartimento na maior parte do tempo. Depois dos dois primeiros dias, não me senti doente, com exceção da dor de cabeça de sempre. Dormi, comi, refleti e contei as horas. May bisbilhotou mais por aí, e todos gostaram dela.

Chegamos a Brest por volta do meio-dia na quarta-feira. A. e eu passamos nossas bagagens pela alfândega e, após algumas discussões com os homens, subimos a bordo rumo a Morlaix, um lugar curioso que vale a pena visitar. O dia estava lindo, quente como nosso junho, e fizemos uma viagem fascinante de três horas por um campo já verdejante e florido. Chegamos bem ao hotel e, após um jantar ótimo, tomei banho e fui para a cama. Como o quarto de May ficava um pouco longe do meu, ela veio dormir comigo na minha caminha e caímos no sono.

Hoje está bonito, quente, e estou em frente a uma janela aberta olhando para a praça, aproveitando as vistas e sons excêntricos; com efeito, o ar ressoa com o ruído de sapatos de madeira nas pedras.

No mercado há mulheres vendendo tudo quanto é tipo de coisa estranha, entre as quais lesmas; as pessoas as compram em canecos, as escolhem com um alfinete como se fossem nozes e parecem saboreá-las com gosto e prazer. Saímos de manhã após o café e demos um passeio pela antiga cidade original. May estava no paraíso, e a toda hora ficava extasiada com os frontões, as cegonhas nas torres, as fontes, pessoas e igrejas. Agora ela está desenhando a torre de Saint Melanie, com uma multidão de garotinhos ao seu redor aproveitando para olhar e criticar o trabalho. Isso não parece novidade para mim, mas estou gostando e me sinto bem. Devemos estudar francês todos os dias quando nos organizarmos, e farei remendos, etc., para A., que fala em nome de nós duas e cuida de nossos negócios. Até agora estamos nos dando bem.

Amanhã iremos a Lamballe, onde tomaremos a diligência até Dinan, vinte e dois quilômetros mais distante, e ficaremos lá por algumas semanas. Gostaria que os meninos pudessem ver as crianças engraçadas usando sapatinhos de madeira parecidos com barcos, as meninas com bonés azuis de tecido, aventais e xales, como as mulheres, e os garotos com chapéus engraçados e jaquetas de pele de cordeiro. Agora preciso ir atrás de May, que não sabe uma palavra de francês e entra em pânico se alguém falar com ela. Os mendigos a deixam aflita, e ela quer lhes dar dinheiro em todas as ocasiões. À tarde vamos dar um passeio de veículo para ver tudo o que há por aí, já que nem A. nem eu gostamos muito de andar; vez ou outra, demoramos. Gostaria de poder lhe enviar este dia ameno.

Dinan, domingo, 17 de abril de 1870.

Aqui estamos nós, instalados em nosso primeiro ponto de parada organizado – um mar de rosas, como você perceberá quando eu lhe disser como ele é doce e agradável. Saímos de Morlaix na sexta-feira às oito horas e ficamos tão maravilhadas com a fatura reduzida que nos apresentaram que não conseguimos elogiar a cidade o bastante. Você pode avaliar como as coisas são baratas quando digo que minha parte das despesas de Brest até aqui, incluindo dois dias de hotel, carruagem, ônibus e diligência, tarifas e tudo o mais, foi de oito dólares. O dia estava divino, e fizemos uma bela viagem curta para Lamballe, onde a diversão começou; pois, em vez de uma diligência grande, encontramos apenas uma geringonça caindo aos pedaços como um cargueiro maluco, com um suporte de madeira e uma porta de entrada esquisita para o condutor.

Nossas quatro bagagens foram empilhadas na traseira e amarradas com cordas velhas; nossas malas, guardadas em uma caixa de madeira na parte de cima; e nós, no lado de dentro com um francês gordo. O cocheiro corcunda fez "eia!" para incitar os cavalos, e partimos com estrépito em um ritmo insano, com toda a certeza de que algo aconteceria, pois a coisa velha saltava e balançava de um jeito horroroso, as bagagens corriam o risco de cair e, para nosso desespero, logo descobrimos que o francês grandalhão estava bêbado. Ele tagarelou com A. como apenas uma pessoa embriagada faria, citou poemas; disse que era o melhor amigo de Victor Hugo[66] e filho da natureza; que as mulheres inglesas eram todas divinas, mas frias demais – pois, ao apertar a mão de A., ela lhe disse que isso não era permitido na Inglaterra, e ele ficou cheio de remorso; curvou-se, suspirou, revirou os olhos e disse a ela que bebia muita cerveja porque ela subia à cabeça e lhe dava "ideias comerciais".

---

[66] Victor Hugo (1802-1885), romancista, autor, poeta, dramaturgo e ensaísta francês, ativista pelos direitos humanos de grande atuação em seu país. Entre suas obras mais famosas destacam-se *O corcunda de Notre-Dame* e *Os miseráveis*. (N.T.)

Nunca vi nada tão absurdo quanto isso, e depois que nos acostumamos rimos até não poder mais da palhaçada. Você devia ter visto nossa cara e nossa carruagem, rasgando a estrada em um ritmo vertiginoso, sendo arremessadas, rangendo e chacoalhando, o cocheiro divertido incitando os cavalos, com as caudas presas em coques, peitorais azuis e fileiras de sinos, o bêbado alternando entre tagarela, animado e enfraquecido, enquanto A. se esquivava dele com enorme habilidade. Fiquei sentada, uma mistura de dignidade e frieza inglesas, sofrendo alternadamente entre ansiedade e diversão, e May, que amarrara a cabeça a uma trouxa, parecia uma imagem de madeira.

Foi demais; e, quando entrou primeiro uma camponesa com sapatos de madeira e chapéu esvoaçante, depois um padre de nariz vermelho fumando um cachimbo comprido, o espetáculo ficou magnífico. Foi desse jeito que chegamos a Dinan, paramos na entrada e fomos jogadas com malas e bagagens na praça. Ao descobrir que o empregado da Madame Coste não estava nos esperando, contratamos um homem para trazer nossas coisas. Para nosso enorme espanto, chegou uma mulher mais velha, que estava encerando as rodas de uma diligência e, apanhando nossas bagagens volumosas, entrelaçou-as em duas carroças largas e, subindo em uma, trotou rua abaixo em um bom ritmo, seguida pelo homem com a outra. Essa foi a cereja do bolo, e ficamos rindo atrás deles ao passar pelo grande portão em arco até a cidadezinha mais pitoresca, bonita e romântica que já vi. Ruas estreitas com frontões pendentes, telhados bagunçados, janelas e alpendres, vigas esculpidas e todo tipo de suntuosidade. A velha forte ultrapassou o homem, e por fim nos deixou perto de outra entrada antiga em uma casa encantadora de frente para o sul, com vista panorâmica para um lindo vale verdejante, repleto de jardins, com ameixeiras e pessegueiros em flor, moinhos e um castelo em ruínas que, ao vê-lo, saltamos.

Madame Coste nos recebeu extasiada, pois A. trouxe uma carta da senhora L., que se hospedou aqui e trouxe alegria ao coração da velha. Tivemos muita sorte porque, por ser início de temporada, ela estava com três quartos sobrando, e os ocupamos de uma só vez – um salão com paredes e armários de carvalho, móveis de damasco azulado, uma lareira, janelas engraçadas e mobiliário pitoresco. Um quartinho no lado de fora para A. e, na parte de cima, um maior para May e eu, com duas camas cobertas de chita verde, um armário grande com entalhes, etc. e, o melhor de tudo, uma janela ensolarada que dava para o vale. Pelos quartos e pelas refeições pagamos, cada uma, um dólar por dia, e acho barato. Só aproveitar a diversão e o clima valeria a pena, pois parecia junho e ficamos sentadas sem fazer nada, com as janelas abertas, campos floridos, pássaros cantando e todas as coisas típicas da primavera.

Nós nos instalamos imediatamente e nos vestimos para jantar às dezoito horas. Depois fomos apresentadas a nossos companheiros de pensão – Madame Forney, uma viúva corpulenta, seu filho Gaston, um francês de 23 anos, e a filha, de 20 anos, que está prestes a se casar aqui no dia 3 de maio. Após uma série de reverências e salamaleques, tivemos um jantar divertido à base de peixe, já que era Sexta-feira Santa. Quando descobriram que não falávamos francês, ficaram "desolados" e imploraram que aprendêssemos de uma vez por todas, o que prometemos solenemente fazer. Gaston "sabia inglês", então May imediatamente começou a ensinar-lhe e, uma vez quebrado o gelo, ficamos ao mesmo tempo alegres e simpáticos. Conseguia entendê-los bem, mas não sei falar, e A. disse a eles que eu estava proibida de falar muito por causa da minha garganta. Isso me dará a chance de um começo justo. May persiste na gramática e, com isso e o elegante Gaston, logo ela começará a "parlez-vous[67]".

Depois do jantar, fomos levados ao salão principal, onde havia uma lareira, tochas e um piano. Todos se sentaram em uma roda

---

[67] Em francês, "você fala", usado no início de perguntas: *Parlez-vous français* (você fala francês?), *parlez-vous anglais* (você fala inglês?), etc. (N.T.)

e tagarelaram, exceto as Alcotts, que ficaram olhando e rindo. Mademoiselle Forney tocou e, então, May os comoveu cantando alguns *Chants Amériques,* que acharam muito animados e divertidos. Eles dedicavam toda a sua atenção e afeto a Madame Coste – uma senhora alta com bigodes, que continuava abraçada a A. e sorrindo para nós, muito contente por sermos amigos da *chère* Madame, que disse que L. A., que eu era uma autora consagrada, e May, uma ótima artista, e sorriram para nós mais do que nunca. Cansadas, fomos dormir cedo, depois de ficar um bom tempo em nosso salão comendo chocolate e fazendo planos.

Dinan, 20 de abril de 1870.
... A. e eu fomos às compras. A. comprou um passarinho para dar vida a nosso salão, um tipo de pardal cinza com penacho ruivo e canto animado. Nós lhe demos o nome de Bernard du Guesclin (o herói da cidade), e o chamamos de Bernie. Comprei algumas luvas bonitas por três francos (sessenta centavos) e um guarda-sol branco para May (quarenta centavos). Ela precisa de um quando desenha, e sempre há uma multidão de crianças ao redor dela observando e admirando; ela dá a uma delas um centavo para segurar o guarda-sol e se sai bem.

À tarde A. e eu fomos a uma feira no pequeno povoado de Lahou, no vale onde fica a ruína do castelo. Foi uma visão muito pitoresca, pois as mulheres de capa branca sentadas ao longo da colina verdejante se pareciam com flores, e as blusas azuis dos homens e os chapéus de abas largas contribuíram para esse efeito. A ruazinha estava cheia de barracas, onde se vendiam nozes, bolos estranhos, linguiças quentes, panquecas, brinquedos, etc. Por um centavo, comprei um bolo engraçado, do tamanho exato de uma assadeira funda, e um canivete.

Também saboreamos nozes, sentadas à sombra em nossos tamboretes, comendo-as audaciosamente no mercado público, enquanto aproveitávamos o ambiente agitado. Franceses e ingleses passavam em grupos engraçados, e sentávamos calmamente a observá-los. May vai desenhar o castelo, então não vou desperdiçar papel descrevendo o lugar bonito com a igreja em ruínas cheia de torres, o velho moinho com a roda-d'água entre vinhas ou o rio sinuoso, e prados repletos de jacintos azuis e margaridas rosadas.

Ontem A. e eu tivemos que retribuir a visita de Mademoiselle M., e, como ela fala inglês, me saí muito bem. A escada para o apartamento dela era tão íngreme que nos seguramos em uma corda de veludo conforme subíamos. À tarde nos divertimos, pois tomamos duas carruagens com burros e fomos até a nascente mineral. Gaston estava doente e não pôde ir como havíamos planejado, portanto May foi sozinha em uma, e A. e eu, na outra. Gostaria que os meninos tivessem nos visto, foi divertido demais. As carruagens eram cadeiras com rodas e um burrinho atrelado a cada uma, tão pequenos, tão bem cuidados e com um aspecto tão venerável, com orelhas longas e finas e patas curtinhas, que tive a impressão de estar levando minha avó. May era uma presença muito imponente, sozinha na cadeira sob o novo guarda-sol em trajes cor de cinza, com luvas reluzentes e um grande chicote, conduzindo um rato acinzentado que não trotaria a não ser que o golpeassem, surrassem ou gritassem com ele do jeito mais louco possível. Nosso puro-sangue era maior, mas o patife mais teimoso que já se viu, pois foram necessárias duas mulheres grandalhonas para fazê-lo se mexer. Eu conduzi, e A. o açoitou com toda a força – nossos esforços conjuntos não resultaram em nada além de trotes curtos que nos deixaram com uma raiva terrível.

Rimos até não poder mais, tamanho o absurdo; May, por sua vez, movia-se serenamente, aproveitando as vistas bonitas sem dar bola para seu rato, que caminhava em um ritmo tranquilo, balançando as orelhas e meditando.

Fizemos uma boa viagem, mas não bebemos a água, já que ferro não nos cai bem. Chegando a casa, passamos pelo local onde ficavam os burros, que imediatamente se viraram e com muita dificuldade foram convencidos a continuar andando por duas meninas baixinhas usando barretes e vestidos curtos, que corriam e gritavam "Eh! Eh! Va oui!"[68], além de surrar suas pobres traseiras com gravetos, o que nos fazia sacudir sobre as pedras até nossos olhos dançarem dentro da cabeça. Achamos esse trabalho bem árduo, e A. tem intenção de comprar um cavalo e uma carruagem, para podermos cavalgar em paz para onde quisermos...

A. está negociando um cavalo que um inglês deseja vender por cinquenta dólares, incluindo arreios e carroça. Não é possível alugar cavalos por menos de dois dólares por corrida, e burros são nojentos, então é mais barato comprar e vender quando formos embora, e andar quanto quisermos. A. entende dessas coisas e assume toda a responsabilidade. Amanhã faremos um passeio de barco a vapor no rio e voltaremos de burro com as senhoras inglesas, que retribuíram nossa visita e são muito simpáticas.

Favor enviar este pequeno bilhete dentro de um envelope para o endereço que está nele. A criança me escreveu uma carta bonita, que N. enviou, e o pai dela disse que eu não responderia. A criança disse: "Sei que ela responderá, ela é tão legal". Então, aí está. Muito amor a todos. Não vá para casa tão cedo. Da próxima vez, escreverei para Fred e Jack. Adeus.

Lu.

A M. S.

... Eles se chamam por apelidos carinhosos que nos dão gastura – "meu gatinho", "minha fofurinha", "meu queridinho" e "meu gatão". Uma senhora francesa se hospedou aqui com o filho e a filha, e seus modos nos divertem imensamente. A garota vai se casar na próxima semana com um homem a quem viu duas vezes e com quem nunca conversou por mais de uma hora na vida. Ela escreve a ele o que sua mãe lhe dita, e diz que deveria ter vergonha

---

[68] "Eia, eia, vamos!", em tradução livre. (N.T.)

de fazer amor antes de se casar. As roupas do casamento tomam conta de sua cabeça, e seu Jules terá uma linda boneca quando aceitar Mademoiselle A. F. como esposa. Gaston, o filho, tem um ar *blasé*, embora tenha só 22 anos, e sofre por May por não poderem conversar, já que nem ele fala inglês nem ela fala francês.

27 DE ABRIL.

Deixei de lado a carta para ir a um *château* em ruínas, que percorremos por toda parte, já que um trecho é habitado por um fazendeiro que guarda os porcos no salão principal de banquetes, os grãos na capela e galinhas nos aposentos de uma senhora. O lugar era muito pitoresco; os quartos eram antigos, com hera entrando pelas janelas, entupindo o poço e subindo pelas torres quebradas. A senhora do *château* foi deixada para morrer de fome por seus irmãos cruéis e enterrada no fosso, onde seus ossos foram encontrados muito tempo depois, e dizem que seu fantasma ainda assombra o local. Aqui tomamos cidra, conte ao papai.

Ao voltar para casa vimos um dólmen[69], um dos vestígios druídicos. Ele ficava em um bosque de pinheiros antigos – um grande poste de pedras cinza, com quase oito metros de altura e bem arredondado. Ele era inclinado como se estivesse caindo e tinha uns buracos estranhos. A Bretanha está cheia dessas relíquias que ninguém consegue explicar, e fiquei contente por ver essas coisas misteriosas.

Ontem fizemos uma viagem curta pelo rio em um minúsculo barco a vapor, passando por uma eclusa e desviando por entre as margens verdejantes do rio estreito até a casa de campo da senhorita M., onde tomamos leite fresco e deitamos na grama durante uma

---

[69] Monumento tumular coletivo caracterizado por conter uma câmara usada como espaço sepulcral. Nos dolmens, muitas vezes os mortos eram sepultados com seus pertences – armas, joias, vasos, etc. (N.T.)

hora ou mais. Então May e a senhorita M. foram andando para casa, e A. e eu voltamos em uma carroça puxada por burros.

Hoje as meninas foram com Gaston para La Garaye, montadas em burros. O clima tem estado frio há um ou dois dias, com ventos do leste. Sinto-os imediatamente e me mantenho aquecida. São muito incomuns nesta época, mas chegam, creio eu, porque viajei centenas de quilômetros para me livrar deles. Não durarão muito, e depois estaremos novamente aquecidos.

A vida está tão tranquila e preguiçosa que não tenho muito o que contar de fato.

Ah, sim, o *fiancé* de Mademoiselle chegou e é muito divertido conosco. É um homem baixinho de uniforme, com uma face corada, um bigode grande e olhos azuis. Ele pensa que fala inglês e comete erros muito engraçados. Ele nos perguntou se havíamos ido "andar a macaco", querendo dizer "a cavalo", e chamou o cassino de "estabelecimento da dança". Ele volta toda a sua atenção à mãe e apenas se curva à futura esposa, que fica admirando seus diamantes e está contente. Partiremos no dia do casamento, que é particular.

As meninas acabaram de voltar muito bem-humoradas, pois o burro de A. não se levantava e foram necessárias todas as três para levantá-lo de novo. Eles se sentaram em uma espécie de cadeira e pareciam muito engraçados com as quatro perninhas debaixo de si e as longas orelhas abanando. Devo ir a Garaye em algum dia bom, e lhe contarei a respeito.

Adieu, amor a todos. Cordialmente,
Lu.

Dinan, 6 de maio de 1870.

Queridos – Acabei de receber uma carta enorme de N., cheia de novidades – todas boas, e notícias amenas no geral.

O grande evento da temporada chegou ao fim, e a senhorita F. agora é a senhora C. Foi uma cena engraçada, pois eles haviam tomado o café da manhã no dia anterior e na terça-feira foi o casamento. Não fomos, pois a igreja parece uma tumba; mas vimos a noiva de vestido de cetim branco, pérolas, flores cor de laranja e renda, muito bonita, como outras noivas. Sua mãe, de *moiré* roxo e renda preta, estava bonita de se ver; e o noivinho, todo paramentado, com um sabre tão grande quanto ele, estava engraçado. Muitas pessoas chegaram de carruagem para escoltá-los até a igreja; e nossa pequena praça ficou cheia de gente esquisita, pessoas bem vestidas e muito movimento. Houve alguma confusão com a carruagem da noiva, e o veículo não chegou a tempo, então ela ficou nas escadas até ele se aproximar o máximo possível e, então, foi até lá de braços dados com Gaston, enquanto sua criada segurava a cauda de cetim. O tio, a noiva, a mãe e o irmão partiram, mas a carruagem do noivo se atrasou porque uma peça do arreio quebrou e ele ficou lá sentado, com seu pai e mãe gorduchos depois que todo mundo tinha ido embora, furioso e cutucando seu chapeuzinho pela janela, enquanto o homem consertava os arreios e todos ficavam olhando com interesse e falta de ar.

À tarde fomos com Coste para D. e vimos uma paisagem linda do mar e San Malo. Não gostamos de D. – e não iremos para lá. Quando chegamos a casa por volta das oito da noite, o jantar de casamento estava no auge, e vi um casal feliz na ponta da mesa, cercado por várias mulheres paramentadas e um homem elegante, tagarelando sem parar como só o povo francês sabe. O casal ainda está aqui, descansando e se conhecendo antes de partir para Lamballe para uma semana de comemorações. Casamento na igreja é uma coisa engraçada, e gostaria que você tivesse visto.

A estação da seca continua, e as pessoas vão a procissões e missas pedindo por chuva. Tivemos apenas uma pequena rajada de granizo, e o vento frio ainda sopra. Quando nosso mês acabar, iremos a algum local próximo ao mar se fizer calor. Não existe nada mais gentil que a velha e boa Coste, e eu não poderia ter escolhido um melhor lugar para ficar doente do que este; ela me mima como uma mãe e fica muito triste por eu não melhorar.

Mande para mamãe um pouco da flor de tojo que agora amarelece os prados.

Cordialmente,
Lu.

Dinan, 13 de maio de 1870.

Caríssimos – Ontem fomos a Guildo para ver se vamos querer ficar lá em julho. É uma cidadezinha esquisita à beira-mar, com ruínas ao redor, casas iluminadas e muitos barcos. Os quartos custam um franco por dia, e a comida é muito barata. O dono da casa – um marinheiro Peggotty[70], moreno e grandalhão, tem uma chalupa e prometeu às meninas que elas podiam velejar quanto quisessem. Podemos ir, mas nossos planos estão muito vagos; dizemos que um dia vamos a certo lugar e, no dia seguinte, a outro, e provavelmente acabaremos ficando por aqui mesmo.

Cordialmente,
Lu.

Dinan, 17 de maio de 1870.

Caríssimos – Corremos no frio e fazemos compras na rua antes do café da manhã às dez, depois escrevemos, costuramos e lemos, e ficamos dando voltas por aí até as quatro, quando andamos a cavalo. May e eu bebendo licor de cereja, e o senhor Harmon conduzindo, e A. montada no cavalo; com efeito, após uma confusão sem fim, finalmente ela conseguiu um cavalo e vem galopando feliz atrás de nós enquanto passeamos pelas lindas ruas com o galante hoteleiro

---

[70] Referência a um personagem de Charles Dickens, o marinheiro senhor Peggotty, que representa a virtude de pessoas simples. (N.T.)

Adolph Harmon. Já estamos ficando saturadas de ruínas e *châteaux*, e planejamos uma viagem por água para Nantes; o procedimento aqui é alugar um barco grande e ser puxado por um cavalo da forma mais luxuosa possível.

Para Anna.

Dinan, 25 de maio de 1870.

Querida Betsey[71] – Está tudo bem. Também nos divertimos com as comidas estranhas, já que não gostamos de cérebro, fígado, etc. A. gosta; e, quando comemos alguma gororoba sem saber o que é, e depois descobrimos que é rabo de ovelha ou enguias, ela fica alegre e escreve poemas.

Tenho altos devaneios, mas as garotas fazem barulho, o pássaro canta feito um louco e há nove cavalos relinchando uns para os outros aqui, então minhas ideias não fluem com tanta clareza como deveriam. Além disso, fico na expectativa de Gaston aparecer aqui a cada minuto para nos mostrar seu equipamento, pois ele vai a um piquenique usando trajes bretões – um evento bem francês, pois o grupo deve caminhar de dois em dois, com violinistas na frente e burros atrás carregando o banquete. Essas brincadeiras!

Ontem nos divertimos muito. Andamos em um coxim de vime, muito elegante, com um assento atrás e um arreio bem-acabado; mas quase todos os cavalos daqui são garanhões e se comportam conforme o momento. O nosso se saiu muito bem no começo, mas na cidade começou a cortar caminho e, de repente, saltou sobre um monte de arbustos e enfiou a cabeça dentro de uma padaria. Tentamos tirá-lo, mas ele se limitava a dançar e relinchar, e todos os cavalos da cidade pareciam imitá-lo. Um homem veio e o conduziu por um tempo, mas não pretendia ir embora e passou para o outro

---

[71] Betsey Prig era apelido de sua irmã, e o da autora era Sairey Gamp. (N.A.)

lado, onde enrolou a si mesmo e a nós em uma longa fila de cavalos. Fugi, e May veio logo em seguida. A. estava conduzindo e ficou lá enquanto o homem levava a "criatura" de volta ao estábulo. Desisti do passeio com a fera insana, então o deixamos e voltamos para casa da forma mais infame. Os animais daqui são muito estranhos e, ao contrário dos nossos, excessivamente grandes.

Um dia fomos a uma ruína e estávamos prestes a explorar o castelo quando uma porca, com sua família de doze, avançou pelo portão em nossa direção com tanta violência que fugimos, desanimados; de fato, porcos não são simpáticos quando atacam, já que não sabemos onde pegá-los, e certo dia vi uma mulher cujo nariz fora mordido por um porco nervoso. Saltei sobre um arbusto; May tentou acompanhar. Puxei-a pela cabeça primeiro, e caímos na torre como uma tropa derrotada. A ruína não era bonita, mas éramos obrigadas a vê-la depois de tanto sofrimento. E de fato a vimos, apesar dos porcos que nos acossaram em todos os cantos e grunhiram de triunfo quando fomos embora – sujas, esfarrapadas e cansadas. Os feiosos caminham a seu bel-prazer e são uns desgraçados de altos, curvados e magros, que correm feito cavalos de corrida e não respeitam pessoas.

Domingo foi um ótimo dia, pois as crianças foram crismadas. Foi bonito ver a longa procissão de garotinhas, de vestidos e véus brancos, serpenteando pelo jardim florido e a praça antiga até a velha igreja, com suas mães felizes atrás, e os meninos em trajes de igreja cantando enquanto elas entravam. O padre velho estava doente demais para realizar o serviço, mas o jovem que o fez anunciou posteriormente que, se as crianças passassem pela casa, o velho as abençoaria deitado na cama. Então todos caminharam rua abaixo, com crucifixos e velas, e foi muito emocionante ver o velho frágil estender as mãos sobre elas conforme as jovenzinhas passavam com as cabeças inclinadas, enquanto as vozes puras dos meninos cantavam as respostas. O velho padre é um homem bem interessante, pois é um beato comum, que ajuda todos, mantém a casa como abrigo para pobres e padres idosos, resolve disputas entre a população e toma conta dos jovens como se fossem dele. Devo colocá-lo em uma história.

Voilà! Gaston acaba de entrar, paramentado com uma jaqueta branca bordada e o brasão Dinan trabalhado em seda vermelha e amarela na frente e atrás; um chapéu engraçado com fitas e um cinto com uma faca, chifre, etc. Ele é belo e gosta de coisas elegantes igual a uma menina. Da próxima vez enviarei o retrato dele e um de Dinan.

Você verá que mamãe tem tudo de que precisa, além de uma criada, e o tanto de dinheiro que quiser para ter aconchego e conforto. A S. E. S. lhe permitirá ter tudo o que quer e fará com que aceite. Lamento que o oratório de cem dólares não tenha chegado, pois ela gosta da sensação de ter algumas coisas só para si.

Escrevi a Conway e à senhora Taylor para que, se decidirmos dar uma volta pela Inglaterra antes de irmos à Itália, o caminho estará aberto...

Mas Dinan é tão salubre e acolhedora que vamos nos demorar até que o calor nos faça sentir saudades do mar. Rosas, cerejas, morangos e os primeiros vegetais já chegaram, e estamos no campo. A velha e boa Coste cuida de nós como uma galinha mãe, e neste exato momento deseja enviar seus cumprimentos afetuosos e respeitosos à minha *bonne mère*.

Agora estou exausta; portanto, *adieu*, minha querida Nan. Escreva com frequência e continuarei enviando coisas – confiando em que você as receberá a tempo.

Beijos a todos.

Cordialmente,
Lu.

Dinan, 30 de maio de 1870.

Queridos – May escreveu uma carta tão grande que vou apenas acrescentar umas linhas para dar a vocês as últimas notícias da saúde de Sua Alteza, a Princesa Louisa. Ela é uma pessoa tão pública atualmente que sequer seus ossos são dela mesma, e suas dores de tristeza não podem ser mantidas longe das orelhas compridas do mundo – como burro velho que é!

O doutor Kane, que foi cirurgião do Exército na Índia e médico na Inglaterra por quarenta anos, diz que o problema nas minhas pernas e muitas das minhas dores vêm do calomelano[72] que me deram em Washington. Ele passou pela mesma coisa com uma malária na Índia e nunca conseguiu tirar o calomelano do corpo. Eu não sabia nada a respeito, só que minhas pernas são a maldição de minha vida. Mas acho que o iodo de potássio do doutor K. enfim vai me curar, assim como curou seus braços, após tomá-lo por três meses. É simples, gostoso e parece causar algum alívio nos ossos; então, vou tomar um gole e fazer um bom teste.

Agora estamos saboreando morangos grandes, ervilhas verdes, as primeiras batatas e outras coisas boas, e daqui a pouco ficaremos gordas como porcos.

Estamos começando a pensar em uma viagem para a Normandia, onde os Hs. estão. Amor a todos. De sua amada

Lu.

Nenhuma notícia exceto por N., que ontem me enviou uma carta bonita com a conta de seis dólares e vinte centavos – quantiazinha interessante para "os Alcotts, que não sabem ganhar dinheiro!". Com dez mil dólares bem investidos e mais entrando o tempo todo, acredito que poderemos aproveitar a vida depois das dificuldades que todos tivemos.

A cereja do bolo é que ganhamos nosso dinheiro sozinhos, e ninguém nos deu nem um bendito centavo. Isso acalma tanto minha alma arrasada que nem vale a pena pensar na glória.

---

[72] Cloreto mercuroso, geralmente usado como purgante. (N.T.)

Para Anna.

Dinan, 4 de junho de 1870.

A empolgação atual é a madeira que Coste está instalando. Continuam chegando carregamentos em carroças esquisitas e pesadas, cada uma puxada por quatro cavalos, e dois homens para operar a máquina. Dois homens cortam os tocos grandes de carvalho, e uma mulher os coloca por braçadas no porão. Os homens recebem dois francos por dia – quarenta centavos! (Nossos operários que ganham três dólares por dia berrariam com essa renda escassa!) Quando várias carroças chegam de uma vez, o lugar vira um cenário agitado. Agora há pouco havia três carroças e doze cavalos, e oito estavam de pé como que grunhindo, enquanto meia dúzia de senhoras ficava na porta dando orientações. Uma segurava um bebê seminu; outra, uma alface que estava lavando; outra, sua roca; e a quarta, sua pequena tigela de sopa, que tomava na calçada durante os intervalos, gesticulando tão freneticamente que seus tamancos se agitavam sobre as pedras. Os cavalos brigaram, e o homem parecia não conseguir lidar com um grandalhão, que corria como um elefante selvagem, até que a mulher com o bebê de repente colocou o anjinho seminu nos degraus, investiu contra as feras violentas e, com um tipo de silvo mágico ou um puxão, domou o cavalo bravio; depois, voltou-se calmamente ao bebê, que estava sentado quietinho comendo terra e, com um tranquilo *Voilà, messieurs,* colocou uma camiseta no pequeno Jean, e os homens se sentaram para fumar.

Agora estamos entusiasmadas com Gaston, que de uns dias para cá ficou tão afável que não o reconhecemos. Começamos deixando a criança mimada extremamente sozinha. O tratamento deu certo, e agora ele nos oferece coisas à mesa, cumprimenta-nos quando entramos e hoje nos presenteou com tulipas verdes, violetas ornamentais e medalhas esquisitas. Deixamos escapar uma ou outra informação sobre nós, e eles pensam que somos duques e duquesas na *Amérique* e nos consideram *très spirituelles; très charmantes; très seductives femmes*[73]. Rimos escondidas, e nos acostumamos a ver o grupo inteiro se levantar quando entramos, além de nos abraçarem com fervor e ouvirem com as mãos erguidas e gritos de *mon Dieu! grand ciel!*, etc. a todas as observações, e em público eles nos apontam como *les dames Américaines*. Assim é a fama!

Hoje chegou uma inglesa – uma certa senhorita B. – vestida, ao gosto dos ingleses, com uma saiazinha verde, cinta de chita rosa, um pregueado largo e amarrotado, os cabelos presos em coque, um dente da frente à mostra e um melro dourado dentro de uma gaiola grande. Ela tem cerca de 40 anos, é muito amável e franzina, e há um monte de velhas que estão sentadas desde o café da manhã, conversando feito loucas.

May está obcecada por "bolsa" neste instante, e A., por "meia-calça"; e neste momento elas estão tagarelando loucamente, uma dizendo "Vou enfeitá-la de azul e pintá-la de rosa!", e a outra berrando "Minha meia-calça deve ser vermelha, com dragõezinhos pretos em toda parte, como catapora!"; a ave voa para o poleiro de cima, consternada com o tumulto, enquanto eu fico sentada rindo, bancando a tia velha: "Jovens, menos barulho, por favor!".

Choveu ontem à noite, e estamos esperando ficar seco antes de sair de burro para comprar um pão quente e alguns morangos para o almoço, para comermos enquanto passeamos pela cidade e bebemos cerveja nos intervalos.

Diga-me como estão minhas fotos. Vejo que contém divulgação e, se elas venderem, quero minha parte nos lucros. Envie-me uma dessas que estão no mercado, depois de tirar a cartolina grossa.

Amor a todos, e muita sorte.

Sempre sua,
Lu.

---

[73] Em francês, "mulheres muito espirituosas, muito encantadoras, muito sedutoras". (N.T.)

Hotel d'Universe, Tours, 17 de junho de 1870.

Caríssimos – Recomeçamos nossas andanças e aqui estamos, nesta elegante cidade antiga em um hotel aconchegante, tão independentes e felizes como três velhas meninas podem ser. Saímos de Dinan na quarta-feira às sete da manhã. Gaston se levantou para nos ver partir – uma honra sobretudo incomum e inesperada; a senhora B. e todas as velhas também, que deixamos desabando em lágrimas.

Fizemos uma viagem adorável por rio até Saint Malo, onde tomamos café da manhã no Hotel Franklin, uma velha casa pitoresca em uma esquina florida. Ao meio-dia fomos de trem ao Le Mans – viagem longa – e chegamos às dezoito horas tão cansadas que fomos para a cama sob o luar, enquanto uma banda tocava na praça em frente ao hotel e as calçadas diante da cafeteria estavam cheias de pessoas tomando sorvete e café em volta das mesinhas.

Na manhã seguinte, fomos ver a famosa catedral e ficamos extasiadas, porque ela é como um sonho feito de pedra. Puro estilo gótico do século XII, com o túmulo de Berengária[74], esposa de Cœur de Leon[75], vitrais dos mais suntuosos, capelas antigas e sombrias com lamparinas acesas, um altar-mor impressionante em carmesim, dourado e carmim, e vários órgãos. Nunca vi algo mais lindo e divino, pois os arcos, tão leves e graciosos, pareciam se elevar uns sobre os outros como as curvas naturais das árvores ou o esguicho de uma fonte grande. Passamos muito tempo aqui, e me sentei na antiga capela pitoresca com os olhos e o coração plenos, rezando um pouco para minha família. Velhos e velhas ajoelhavam-se pelos cantos desfiando os rosários, e o padre rezava baixo no altar. Na parte externa havia uma pilha de pedras cinza, com torres e pináculos elevados, cheios de santos esculpidos e corvos agitados. Acho que não veremos nada mais belo em nenhum outro lugar. Fazia muito calor porque não chovia havia quatro meses, então queríamos ir à cidade às cinco da tarde e chegar às oito, já que ainda está claro.

---

[74] Berengária de Navarra (1165-1230), rainha consorte de Ricardo I da Inglaterra. (N.T.)
[75] Ricardo I (1157-1199), também conhecido como Ricardo Coração de Leão, foi o rei da Inglaterra de 1189 até 1199. (N.T.)

Fizemos uma boa viagem com o dia fresco e achamos Tours uma ótima cidade, como Paris em tamanho menor. Nosso hotel fica na avenida, e as árvores, fontes e carruagens elegantes nos incitam a ficar olhando pela janela. Pulamos cedo na cama, e meus ossos melhoraram tanto que dormi sem ópio nem nada – um feito que não realizava há algum tempo.

De manhã tomamos café com pãezinhos na cama; depois, como o dia estava fresco, colocamos uma roupa limpa e bonita e saímos para um passeio. No correio encontramos suas cartas do dia 31 de maio, uma de Nan e mamãe e uma de L. Pulamos de alegria e, extasiadas, fomos lê-las no jardim, com a catedral grandiosa bem à nossa frente.

A catedral é a de Saint Martin, do século XII, com o túmulo dos filhos de Carlos XIII, a armadura de Saint Louis, belos retratos de Saint Martin, seu manto, etc. May lhes contará sobre ela e acrescentarei uma fotografia se conseguir encontrar uma. Agora, meio-dia, estamos em nosso quarto agradável em volta da mesa, escrevendo cartas e descansando para outra viagem por aí.

A *Fête Dieu*[76] é na segunda-feira – muito esplêndida –, e veremos a catedral em toda a sua glória. Hoje umas cem crianças estavam fazendo primeira comunhão lá, meninas de branco e meninos de vermelho, cruzes, velas, música, padres, etc. Pego um Murray[77], e no mapa da França seguimos para Genebra via Saint Malo, Le Mans, Tours, Amboise e Blois, Orleans, Nevers, Autun. Talvez iremos a Vosges em vez de Juras se a senhora H. puder ir, já que A. quer revê-la. Mas iremos para os Alpes de algum modo e informaremos o andamento conforme formos avançando.

Meu dinheiro está rendendo bem, já que vamos de segunda classe.

---

[76] Festa de *Corpus Christi*. (N.T.)
[77] James Murray (1837-1915), filólogo e lexicógrafo escocês que formulou o *Oxford English Dictionnary*. (N.T.)

A seu pai

Tours, 20 de junho de 1870.

Querido papai – Antes de irmos aos "*châteaux* e igrejas novas", preciso lhe contar sobre as atrações desta velha cidade agradável, limpa e charmosa. May desenhou a igreja para você, e estou enviando uma fotografia para dar uma ideia. O interior é muito bonito; e vamos ao pôr do sol para ver a luz vermelha embelezar as paredes cinza do lado de fora e as sombras saltar de uma capela para outra na parte de dentro, enchendo a grande igreja com a verdadeira "melancolia religiosa obscura". Certa noite andamos por aqui até a lua surgir, e foi muito interessante ver as pessoas espalhadas fazendo suas orações, algumas ajoelhadas diante do templo de Saint Martin, outras em um recanto dedicado ao menino Jesus, e uma viúva enlutada, chorando e rezando em um canto escuro com uma única vela iluminando um retrato bonito da Mater Dolorosa. Em outro canto havia um homem doente, enquanto sua velha esposa rezava ao seu lado com todas as forças para Saint Gratien (santo padroeiro da igreja) por seu velho inválido. Freiras e padres andavam de um lado para outro, e tudo era poético e bonito até que deparei com um padre imponente em uma capela de primeira linha que estava usando rapé com a boca aberta, em vez de rezar com fervor.

A *Fête Dieu* foi ontem, e saí para ver a procissão. As ruas estavam cobertas de tapeçaria antiga, e mantos cobertos de flores. Cruzes, coroas e buquês foram suspensos de casa em casa e, conforme a procissão se aproximava, mulheres corriam e espalhavam galhos verdes e folhas de rosas em frente ao séquito. Uma banda bonita e um grupo de soldados vermelhos vieram na frente, seguidos por meninas carregando estandartes de santos diferentes e filas extensas de meninas portando emblemas distintos. Santa Inês e seu cordeiro eram seguidos por um grupo de lindas crianças, todas de branco, carregando lírios que enchiam o ar com sua fragrância.

"Maria, nossa Mãe" era seguida por órfãos com fitas pretas atravessando o peito. Saint Martin conduziu os meninos da instituição de caridade em ternos cinza, entre outros. A hóstia sob um dossel dourado foi carregada por padres em um aparador incrível, e todos se ajoelhavam quando ela passava com os oficiais girando, as velas queimando, meninos cantando e flores caindo da janela. Uma jovem bonita correu e colocou seu bebê em uma pilha de folhas verdes no meio da rua diante da hóstia, que passou por cima da criaturinha que contemplava calmamente o espetáculo e admirava seus sapatos azuis. Suponho que de agora em diante o bebê tenha encontrado a salvação e seja sagrado.

Foi um desfile bonito e, de certa forma, comovente; mas, como de costume, vi uma coisa engraçada para estragar a solenidade. Um padre muito gordo e elegante, que caminhava olhando para o livro e cantava como uma abelha devota, de uma hora para outra destruiu o efeito batendo na cabeça de um menino com seu livro de orações dourado, já que a ovelha negra se desgarrara um pouco do rebanho. Acredito que o velho beato também praguejou.

A procissão partiu da catedral até a Torre de Carlos Magno, uma relíquia muito, muito antiga, tudo o que restou da famosa igreja que outrora cobriu uma praça imensa. Fomos vê-la, e as pedras pareciam ter a capacidade de contar as histórias maravilhosas sobre as cenas que testemunharam durante todas essas centenas de anos. Acredito que "Reminiscências de uma Torre" seria uma boa história, já que essas torres antigas estão cheias delas e são aves de vida longa.

Amboise, O Leão de Ouro,
Terça-feira, 21 de junho de 1870.

Lá vamos nós de novo, agora em um cenário totalmente diferente de Tours. Saímos às cinco horas, e meia hora depois estávamos às margens do Loire em uma pequena hospedaria esquisita onde fomos consideradas, no mínimo, duquesas, por causa das bagagens grandes e do bom francês de A. Sou a Madame, May, a Mam'selle, e A., a acompanhante.

Como a noite passada estava linda, depois do jantar fomos ao castelo onde Carlos VIII[78] nasceu em 1470. O comandante árabe Abd-el-Kader e sua família foram mantidos prisioneiros aqui, e no antigo jardim há um túmulo com uma lua crescente onde alguns deles foram enterrados. May ficou sabendo do terraço onde os Huguenotes[79] eram enforcados e a corte apreciava a vista até que o Loire, lotado de cadáveres, forçou-os a sair. Vimos a portinhola baixa onde o primeiro marido de Ana da Bretanha, Carlos VIII, "bateu a cabeça" e se matou enquanto corria jogando boliche com a esposa.

O castelo foi modernizado e hoje está sendo restaurado como nos tempos antigos, então o interior estava uma bagunça. Mas descemos o caminho sinuoso dentro da torre, por onde cavaleiros e damas costumavam cavalgar. Papai teria gostado dos caminhos *entrançados*, pois eles são cortados de modo que, ao olhar para baixo, se tem a impressão de um piso verde e, ao olhar para cima, ele é como uma parede verde espessa. Lá, também Margarida de Anjou e seu filho se reconciliaram com Warwick. Leia Murray, insisto, e veja tudo a respeito. Sentamos no terraço ao crepúsculo e vimos algo de que Fred teria gostado: um garotinho fazendo entrar no rio um cavalo após o outro e mergulhando-os no fundo da água até que todos estivessem limpos e refrescados.

Hoje, às sete horas da manhã, fomos a Chenonceaux, o castelo concedido por Henrique II[80] a Diana de Poitiers[81]. Foi um dia lindo, e continuamos circulando pelas terras mais fecundas que já conheci. Acres e acres de grãos amarelos, quilômetros de vinícolas, jardins

---

[78] Também conhecido como Carlos, o Afável, Carlos VIII (1470-1498) foi o rei da França de 1483 até sua morte. (N.T.)
[79] Protestantes franceses durante as guerras religiosas na França, ocorridas durante a segunda metade do século XVI. (N.T.)
[80] Henrique II (1519-1559), rei da França de 1547 até sua morte. (N.T.)
[81] Diana de Poitiers (1500-1566), nobre francesa que viveu nas cortes dos reis Henrique II e Francisco I. (N.T.)

e pomares cheios de rosas e cerejas. O Cher é um rio bonito que serpenteia pelos prados, onde fabricantes de feno iam trabalhar e alimentar o gado de engorda. Foi um momento muito feliz, e a melhor coisa que vi foi o rosto extasiado de May do outro lado, sentada em silêncio aproveitando tudo, contente demais para conversar.

O *château* construído sobre a água é bem interessante; Catarina de Médici[82] o tomou de Diana quando o rei morreu, e seu quarto ainda está como ela o deixou; também há um retrato de Diana, uma mulher alta de sorriso afetado vestida de túnica, com cães de caça, cervos, cupidos e outras baboseiras ao redor. A galeria de retratos era bonita; com efeito, havia retratos muito, muito antigos e baixo--relevos, Agnès Sorel[83], Montaigne[84], Rabelais[85], muitos reis e rainhas e, entre eles, Lafayette[86] e o velho e querido Ben Franklin[87].

Há um pequeno teatro onde as peças de Rousseau[88] eram representadas. Na época da Revolução, o lugar era da avó de George Sand[89], e ela era tão respeitada que nenhum dano foi causado a ele. Portanto, três vivas para Madame Dupin! Entre os retratos, havia o de Ninon D'Enclos e o de Madame Sevigné segurando uma imagem de sua filha amada. Não me importo tanto com os Guidos, etc., já que todos eram sujos e convulsivos, e prefiro imagens de pessoas que realmente viveram a essas Vênus impossíveis e santos repulsivos – mau gosto, mas não consigo evitar. As paredes eram decoradas de

---

[82] Catarina de Médici (1519-1589), nobre italiana que se tornou rainha consorte da França como esposa de Henrique II. (N.T.)

[83] Considerada uma mulher intrigante e hábil, Agnès Sorel (1422-1450) foi amante do rei da França Carlos VII. (N.T.)

[84] Michel de Montaigne (1533-1592), filósofo, jurista, político e humanista francês. (N.T.)

[85] François Rabelais (1494-1553), escritor, médico e padre francês da época da Renascença. (N.T.)

[86] Gilbert du Moitier, marquês de La Fayette, ou simplesmente Lafayette (1757-1834), foi um personagem importante na Revolução Francesa e lutou do lado revolucionário na Guerra da Independência dos Estados Unidos. (N.T.)

[87] Um dos líderes da Revolução Americana, Benjamin Franklin (1706-1790) foi uma figura representativa do Iluminismo, além de ser conhecido por suas experiências com eletricidade. (N.T.)

[88] Considerado um dos principais filósofos do Iluminismo, o suíço Jean-Jacques Rousseau (1712-1778) também foi escritor, compositor e teórico político. (N.T.)

[89] Pseudônimo de Amandine Dupin (1804-1876), considerada a maior escritora francesa e também romancista e memorialista. (N.T.)

couro estampado e tapeçarias, cadeiras esculpidas em que rainhas se sentaram, mesas em que reis comeram, livros que leram e espelhos que refletiram seus rostos por todos os lados, e eu simplesmente me deleitei. A antiga cozinha tinha uma lareira excêntrica o suficiente para combinar com papai, com espetos imensos, sifões, trempes, etc. Apreciamos a capela, a varanda, a avenida, a ponte levadiça e todos os outros pontos agradáveis, e roubei um ramo de jasmim do terraço que prensarei para mamãe. Rogo que tome cuidado extra com as fotografias porque, se perdidas, não podemos substituí-las, e quero montar um álbum bonito de imagens de flores e descrições depois que eu chegar a casa. Mas está tudo bem e aproveitamos muito cada dia. Com amor a todos,

Lu.

Para sua mãe

Blois, 24 de junho de 1870.

Querida mamãe – Neste aniversário de Lizzie e Johnny, começarei uma carta para você. Encontramos na posta-restante[90] daqui dois *Moods* e um artigo para mim, um livro de L. e um de N. Acho as fotos horrendas, e joguei-as para flutuarem no Loire o mais rápido possível, além de colocar um livro no fundo da minha bagagem e esconder o outro em um lugar onde ninguém o encontrará. Não consegui ler a história, e tento esquecer que um dia a escrevi.

Blois é uma cidade barulhenta, empoeirada e militar, sem nada para admirar além do rio, agora quase árida com essa seca de quatro meses, e o antigo castelo onde Francisco I, Luís XII, Catarina de Médici e outras pessoas ilustres viveram. Ele foi restaurado de maneira esplêndida pelo governo, e os tetos são feitos de vigas adornadas com brasões, as paredes cobertas de camafeus, pintadas

---

[90] Do francês *poste restante*, é a correspondência enviada a uma agência de correio e que fica lá até ser reclamada pelo destinatário, que deve pagar uma taxa para retirá-la. (N.T.)

com o mesmo desenho do couro estampado em épocas antigas, e os pisos são incrustados de azulejos coloridos. Motivos em marrom e dourado, azul e prata, dragões e flores excêntricos, porcos-espinhos e salamandras, coroas e letras cintilavam por toda parte. Vimos o salão da guarda e a própria chaminé em que o duque de Guise[91] se apoiou quando o rei Henrique III[92] mandou chamá-lo; a portinhola contra a qual os cavaleiros do rei arremeteram e o atingiram com quarenta punhaladas; o gabinete onde o rei e sua mãe tramaram o ato; a capela onde os monges rezaram pelo êxito; e o grande salão onde o corpo jazia coberto por uma capa até o rei chegar, olhar e chutar seu inimigo morto, dizendo: "Não pensei que ele fosse tão alto". Também vimos a cela onde o irmão do duque foi assassinado no dia seguinte, e o sótão inteiro no qual os corpos foram queimados, cujas cinzas posteriormente foram jogadas no Loire por ordem do rei; a janela em que Maria de Médici[93] se abaixou quando seu filho Luís XIII[94] a aprisionou; o recanto em que Catarina de Médici morreu, e muitos outros lugares interessantes. Que bando de canalhas foram esses reis e rainhas!

A *Salle des États* era maravilhosa, e nela, dentro de uma ou duas semanas, serão julgados os homens que atiraram recentemente no imperador. Será uma visão e tanto quando o grande salão em arco estiver cheio. Consegui uma foto do castelo e uma da lareira para papai. É uma miscelânea de ouro e cores, com o porco-espinho de Luís XIII e o arminho de Ana da Bretanha, formando com os braços um medalhão ao redor dele.

Às cinco da tarde seguiremos para Orleans para ficar lá por um dia, onde buscarei algumas relíquias de Joana d'Arc para Nan. Passaremos o domingo em Bourges, onde fica a igreja principal,

---

[91] Francisco II de Lorena, ou duque de Guise (1519-1563), político e soldado francês. (N.T.)
[92] Quarto filho do rei Henrique II e da rainha Catarina de Médici, Henrique III (1551-1589) foi rei da França de 1574 até seu assassinato. (N.T.)
[93] Maria de Médici (1575-1642) foi rainha consorte da França de 1600 até 1610. (N.T.)
[94] Também chamado de Luís, o Justo, Luís XIII (1601-1643) foi rei da França e Navarra de 1610 até sua morte. (N.T.)

e então iremos a Genebra ou a Jura para algumas semanas de descanso.

GENEBRA, 29 DE JUNHO DE 1870.

Estar em um lugar ao qual nunca pensei em retornar quando fui embora cinco anos atrás é quase como voltar para casa novamente. Estamos no Hotel Métropole, bem em frente ao lago, com uma vista do Mont Blanc de nossas janelas. É particularmente bom depois das hospedarias sujas e pequenas da Bretanha, e aproveitamos um pouco de luxo e colocamos nossos melhores vestidos com satisfação feminina depois de passar quinze dias usando roupas de viagem.

Comecei minha carta em Blois, onde passamos um ou dois dias. Em Orleans passamos apenas uma noite, mas tivemos tempo para ver a famosa estátua da Donzela, erigida em agradecimento pelo povo da cidade que ela salvou. É uma bela estátua de Joana em sua armadura montada em um cavalo, com a espada desembainhada. Em volta da base da estátua há baixos-relevos em bronze de sua vida, da menina com sua ovelha à mártir na fogueira. Eles eram bem bonitos, mas não aparecem muito na foto que comprei para Nan, lembrando a época em que ela traduziu a peça de Schiller[95] para mim.

Em Bourges vimos a grande catedral, mas não gostamos tanto dela como da de Tours. Passamos somente uma noite lá, e A. comprou um anel antigo da época de Francisco I – uma esmeralda cravejada de diamantes. Custa nove dólares, e é muito excêntrico e belo.

Chegamos a Moulins domingo ao meio-dia, e às três da tarde fomos às Vésperas[96] na antiga igreja, onde vimos uma grande quantidade de rituais confusos feitos por padres de vermelho, roxo e amarelo, e ouvimos um menino de voz linda cantar no coral

---

[95] Friedrich Schiller (1759-1805), poeta, dramaturgo, filósofo e médico alemão. (N.T.)
[96] As Vésperas são parte do Ofício Divino celebradas entre as quinze e as dezoito horas na liturgia católica. (N.T.)

invisível como um anjinho entre as nuvens. A. estava com vontade de ficar uma semana, se conseguíssemos encontrar quartos fora da cidade em alguma casa de campo; com efeito, o belo rebanho branco a encantou, e estávamos bem cansadas. Assim, a velha senhora no hotel disse que tinha uma pequena casa de campo no interior e que devíamos ir com ela em um coxim de vime para vê-la. Após o jantar, nos apertamos e seguimos por uma estrada de terra até uma casinha suja com jardim, dois quartos e alguns pés de repolho e roseiras ao redor. Ela disse que podíamos dormir e comer no hotel e vir passar o dia aqui. A oferta não nos serviu de forma alguma, então declinamos; na segunda-feira, partimos para Lyon. Foi uma viagem muito interessante acima, abaixo e pelas montanhas, com duas locomotivas, muitos túneis, subidas e descidas. May ficou extremamente entusiasmada com as coisas estranhas que fizemos, e nunca soube que veículos podiam fazer curvas acentuadas. Nós nos viramos para poder ver a locomotiva sumir de vista em um canto enquanto virávamos em outro, e o trem comprido parecia uma cobra serpenteando pelas colinas. Os túneis eram tão longos que lamparinas ficavam acesas, e tão frios que vestíamos os casacos enquanto passávamos pela escuridão. A paisagem era bem bonita; e, após deixarmos Lyon, onde apenas dormimos, os Alpes começaram a aparecer, e May e eu o contemplamos em silêncio extasiante, pois havia dois velhos altos à nossa frente e um padrezinho, tão jovem que o chamamos de menino Reverendo. Ele dormia e rezava na maior parte do tempo, lançando olhares furtivos para o cabelo de May, as mãos bonitas de A. e meus sapatos de fivela, semelhantes aos dele e que pareciam lhe conferir certa liberdade da minha parte. Os mais velhos eram muito alegres, sobretudo o de queixo triplo, que sorria paternalmente para nós e tentava conversar. Mas éramos muito inglesas e caladas, e ele pensou que não entendíamos francês, confidenciando a seu amigo que ele não compreendia "como os ingleses podiam viajar sem saber a língua francesa". Eles cantavam, tagarelavam, dormiam e davam tapinhas um no outro nos intervalos, e eram muito divertidos até saírem e outro padre muito bonito, parecido com um dos Booths[97], tomar o lugar deles.

A seu pai

BEX, 14 DE JULHO DE 1870.

QUERIDO PAI – Como ainda não lhe escrevi, enviarei uma carta com fotos e contarei sobre o velho conde Sz, que é muito interessante e está aqui. Hoje de manhã ele nos chamou para ir às colinas e ver algumas árvores curiosas que, afirma ele, foram plantadas com bolotas e nozes trazidas do México por Atala. Descobrimos alguns carvalhos e castanheiras muito antigos, e o velho entusiasmado nos contou a história sobre os druidas que no passado tinham uma igreja, um anfiteatro e um altar de sacrifícios bem aqui. Ninguém sabe muito a respeito, e ele tem uma imaginação e tanto para convir à própria teoria. Você iria gostar de ouvi-lo falar sobre as raças e Zoroastro[98], Platão, etc. Ele é de uma família húngara muito antiga, descendente de Semíramis[99] e Zenóbia[100]. Ele acredita que o corpo pode ser curado frequentemente influenciando a alma, e que médicos deveriam ser padres, e padres, médicos, já que ambos afetam o corpo e a alma, os quais dependem um do outro. Sz está fazendo um ótimo trabalho para a senhorita W., que já tentou muitos médicos e não obteve ajuda nenhuma. Nunca vi uma velha alma tão gentil, simples e entusiasmada; de fato, aos 67 anos ele é tão cheio de esperança, fé e boa vontade como um jovem. Eu lhe disse que meu pai gostaria de ver um livrinho que ele escreveu, e ele vai me dar um.

---

[97] Família de atores, incluindo Junius Brutus (1796-1852), ator shakespeariano que nasceu na Inglaterra e imigrou para os Estados Unidos. Seu filho Edwin Thomas (1833-1893) ficou famoso por sua interpretação de *Hamlet*, enquanto o outro filho, John Wilkes (1838-1865), por ter assassinado o presidente Abraham Lincoln (N.T.)

[98] Também conhecido como Zaratustra, Zoroastro foi um profeta nascido na Pérsia no século VII a. C., fundador da religião monoteísta chamada Zoroastrismo. (N.T.)

[99] Rainha mitológica que reinou por mais de 40 anos sobre vários países, inclusive a Pérsia, a Armênia, a Arábia e o Egito. (N.T.)

[100] Nascida no século III, Zenóbia foi rainha da Síria e colocou em xeque, durante um longo período, a soberania de Roma. (N.T.)

Gostamos deste lugarzinho tranquilo entre as montanhas, e passamos dias de preguiça, pois aqui é muito acolhedor e nos sentamos em nossas varandas aproveitando o ar suave, o luar e a aparência mutável das colinas.

May teve uma bela aventura em direção a Saint Bernard[101], e agora está pronta para outra...

A condessa polonesa e sua filha têm lido meus livros e estão encantadas por eles. Madame diz que ela não é obrigada a virar nenhuma página para que as meninas não leiam, como faz com muitos livros: "Tudo é tão verdadeiro, tão doce, tão puro, que elas podem ler qualquer palavra".

Envio nesta correspondência o pequeno panfleto do conde. Não sei se ele vale muito, mas achei que você gostaria de vê-lo.

Amor a todos, e escreva mais vezes para sua

Afetuosa filha
L. M. A.

Bex, 18 de julho de 1870.

Queridos – O estouro desta guerrazinha tola entre a França e a Prússia[102] será um inferno para nossa correspondência. Não recebo nenhuma de vocês há um bom tempo; e Alexandre, o garçom inglês daqui, diz que as correspondências virão ao deus-dará, já que as ferrovias estão todas voltadas para transportar as tropas para a zona de combate. Os franceses já atravessaram o Reno, e rumores de uma batalha surgiram na noite passada; mas os jornais não chegaram e não há cartas para ninguém, portanto todos estão fervilhando por notícias, públicas e privadas, e estou implorando por minha carta para casa, que é mais importante que todos os jornais do continente...

---

[101] Comunidade na região dos Alpes. (N.T.)
[102] A Guerra Franco-Prussiana (1870-1871) foi um conflito entre o império francês e o reino prussiano. A França foi derrotada e o império caiu, e os franceses tiveram que pagar uma indenização à Prússia e ceder parte de seu território. (N.T.)

Não se preocupem se não tiverem notícias com regularidade, nem pensem que estamos em perigo. A Suíça está fora da confusão e, se ela entrar, poderemos saltar para a Itália e ficar o mais seguras possível. Talvez faça alguma diferença em dinheiro, já que Munroe é nosso banqueiro em Paris e ficaremos atormentados por causa das cartas; do contrário, a guerra não nos afetará nem um pouco; ouso dizer que você sabe tanto sobre isso quanto nós, e mamãe está prevendo "uma guerra civil" no mundo todo. Ouvimos relatos do calor insuportável que está passando. Não derreta antes de chegarmos...

Lady Amberley[103] é um trunfo, e estou contente por ela dizer uma palavra ou outra em nome de seu sexo frágil, embora ela *seja* uma aristocrata...

Gostaria de ter falado sobre mim o que Hedge diz a respeito de Dickens; e, quando eu morrer, creio que preferirei uma homenagem em vez de um túmulo na Abadia de Westminster.

Espero que em breve eu receba uma carta boa de Nan. May descreve as coisas tão bem que sequer tento, fico com preguiça.

Lu.

Para Anna.

Domingo, 24 de julho de 1870.

... A guerra ao longo do Reno está enviando tropas de viajantes à Suíça em busca de asilo, e todas as cidades grandes estão repletas de pessoas voando da Alemanha. Isso não vai nos atrapalhar, pois já passamos pela França e não pretendemos ir à Alemanha. Então, quando agosto acabar, seguiremos para a Itália e encontraremos um lugar quente para nosso período de inverno. A qualquer momento

---

[103] Sufragista britânica (1844-1874), uma das primeiras mulheres a defender o controle de natalidade na Europa. Foi mãe do filósofo Bertrand Russell. (N.T.)

em menos de vinte e quatro horas podemos chegar a Simplon[104], então estamos tranquilas e não nos importamos nem um pouco com a velha França e a Prússia. Há um relato de que a Rússia se juntou à luta, mas a Itália e a Inglaterra não se intrometerão, portanto podemos fugir para ambas "em caso de incêndio"[105].

Bex, 27 de julho de 1870.

Ouvimos falar sobre a morte de Dickens algumas semanas atrás e temos lido notícias, etc., em todos os jornais desde então. Uma de G. Greenwood no *Tribune* foi muito boa. Sentirei falta de meu velho Charlie, mas ele não é o ídolo antigo que foi no passado...

Sabia que Higginson e uma namoradinha escreveram a Operatic Tragedy sobre *Mulherzinhas* e enviaram as canções para um musical, e todas elas entrarão em *Our Young Folks*[106]? Que tipo de velhos estamos nos tornando? Também espero ver os próximos desenhos de N. para *Mulherzinhas*. Não sei nada sobre eles.

Para sua mãe.

Três da tarde, Bex, 31 de julho de 1870.

Os jornais foram suspensos pelo governo, então não sabemos nada sobre a guerra, exceto os rumores que pairam por aí. Mas aparentemente as pessoas pensam que a Europa está em uma luta generalizada, e não se imagina quando isso acabará.

O problema para entrar na Itália é que sempre irrompe por lá uma guerra civil, e as coisas ficam tão confusas que estrangeiros começam a brigar no meio de desordeiros diferentes. Quando os prussianos estavam fora durante a última confusão italiana, eles

---

[104] Comunidade na Suíça. (N.T.)

[105] Piada familiar, já que a senhora Alcott sempre terminava suas instruções para as filhas com "em caso de incêndio". (N.A.)

[106] Antiga revista ilustrada norte-americana para meninos e meninas. (N.T.)

foram isolados em uma cidadezinha, e teriam sido mortos pelos austríacos bêbados e descontrolados que estavam causando tumulto no local se uma mulher não os tivesse escondido dentro de um armário por um dia e uma noite e, no fim, os feito sair, quando correram para salvar as próprias vidas. Não pretendo me meter em nenhuma confusão, e podemos passar o inverno entre a Suíça e a Inglaterra. Londres é tão perto de casa e tão familiar que poderemos apelar para a solução mais fácil e correr para Boston a qualquer momento. Talvez papai dê uma passada para nos ver.

Poderemos bater o martelo amanhã em relação a todos esses planos, e minha próxima carta pode ser datada do melhor salão do papa ou do Castelo de Windsor; mas gosto de ficar contando sobre nossos altos e baixos, a fim de que você tenha algo para falar em Apple Slump. A incerteza dá alívio às coisas, por isso ficamos buscando planos e temos uma dúzia por dia. É uma fraqueza dos Alcotts, sabem...

Amor e bênçãos a todos,

Sinceramente,
Lu.

Bex, 7 de agosto de 1870.

Caro senhor Niles – Continuo recebendo pedidos de editores para escrever para seus jornais e revistas. Agradeço de verdade, mas, por ter vindo descansar no exterior, não me sinto inclinada a experimentar essa rotina até que minhas férias deste ano acabem. Então, para tranquilizar esses valorosos cavalheiros e desculpar minha aparente ociosidade, envio algumas palavras rimadas[107], que você pode (se achar que a confusão vale a pena) definir como resposta geral para todos; com efeito, não posso pagar postagens com respostas separadas para cada um – "são muito caras". O senhor F. disse que

---

[107] Este é o poema prefixado ao capítulo. (N.A.)

me pagaria dez, quinze, vinte dólares por quaisquer coisas que eu lhe enviasse; então, talvez você o deixe lê-las primeiro.

A guerra faz os banqueiros cobrar o dobro sobre nosso dinheiro, então nos sentimos muito pobres e como se devêssemos estar ganhando, não gastando; apenas estamos *tão* preguiçosos que não conseguimos pensar nisso com seriedade...

Provavelmente iremos a Londres no próximo mês se a guerra tornar inviável o inverno na Itália; e, se não conseguirmos um dólar sem pagar cinco por isso, voltaremos para casa indignadas.

Talvez se não puder fazer mais nada neste ano eu consiga um livro de contos, velhos e novos, para o Natal. F. e F. têm alguns bons, e tenho direito de usá-los. Poderíamos chamá-los de "Jo March's Necessity Stories". Daria certo com mais alguns novos e boas ilustrações?

Estou ressurgindo de minhas cinzas ao melhor estilo fênix.

L. M. A.

Para sua mãe

Vevay, Pension Paradis, 11 de agosto de 1870.

Querida Mamãe – ... Esta casa é muito confortável, e a comida é excelente. Achei que seria quando ouvi os cavalheiros dizer que gostam dela – eles sempre querem uma boa alimentação. Agora só restam três, um velho espanhol e seu filho e um francês jovem. Nós os vemos durante as refeições, e as meninas jogam críquete com eles...

Esta é a temporada alegre aqui e, apesar da guerra, Vevay está cheia. A ex-rainha da Espanha e sua família estão no Grand Hotel; Don Carlos também, herdeiro legítimo do trono espanhol. Nossa proprietária diz que sua casa costumava ficar cheia de espanhóis, que todos os dias iam em multidões visitar os dois reis, Alphonso e Carlos. Vemos homens e mulheres morenos de olhos escuros andar por aí em carruagens elegantes, com servos usando uniformes, que suponho ser o pessoal da corte.

Os jornais estão dizendo que os franceses perderam duas batalhas importantes; os prussianos estão em Estrasburgo, e Paris está em estado de sítio. Os jornais também estão cheios de mensagens dramáticas dos franceses ao povo, pedindo-lhes que venham e sejam massacrados pela *patrie*, e relatos moderados e calmos dos prussianos. Estou do lado deles, pois foram solidários conosco em nossa guerra. Viva a velha Prússia!...

A França está passando por maus bocados. Dia desses, a princesa Clotilde passou por Genebra com um monte de bagagens, fugindo para a Itália; e na última semana um veículo fechado com os armamentos imperiais passou por aqui de madrugada – creio que eram Matilde e outras pessoas da realeza fugindo de Paris. O príncipe imperial foi enviado da zona de combate para casa; e a pobre Eugénie está fazendo o melhor que pode para manter a tranquilidade em Paris. Aqui os franceses estão comentando que já se cogita uma república; e o imperador já está esgotado em todos os sentidos. Ele está doente, seu médico não o deixará cavalgar, e está tão nervoso que não consegue comandar o Exército como queria. Pobre velho! É impossível não sentir compaixão por ele, com todos os planos fracassados.

Nós ainda andamos por aí, estamos saudáveis e engordando. A comida é excelente. Um café da manhã e ótimo pão, manteiga fresca, com ovos ou batatas fritas, às oito horas; um almoço francês de verdade à uma e meia da tarde, composto de sopa, peixe, carne, carne de caça, salada, caldos doces e frutas com vinho; e às sete da noite, embutidos, salada, molho, chá e pão com manteiga. Agora é época de uvas, e é possível comprar quilos por alguns centavos, com que nos banqueteamos o dia todo nos intervalos. Caminhamos e nos divertimos como qualquer outra pessoa, e me sinto tão bem que devo fazer alguma coisa...

Fred e Jack iriam gostar de olhar pela minha janela agora e ver garotinhos brincando no lago. Eles ficam lá o dia todo como leitõezinhos e se deitam nas pedras quentes para se secar, jogando água uns nos outros para se exercitarem. Um deles, que já se lavou, agora está lavando suas roupas e estendendo-as para secarem juntas...

Cordialmente,
Lu.

Para Anna.

Vevay, 21 de agosto de 1870.

Tive um sonho tão bizarro ontem à noite que preciso lhe contar. Sonhei que estava voltando para Concord após minha viagem, e estava sozinha. Conforme saía da estação, senti falta da casa do senhor Moore e, ao virar a esquina, encontrei a paisagem tão modificada que não sabia onde estava. Nossa casa não estava lá, e em seu lugar havia um enorme castelo de pedras cinza, com torres e arcos, gramados e pontes, muito elegante e antigo. De alguma forma entrei e não encontrei nenhum de vocês, e andei por ele tentando achar minha família. No fim deparei-me com o senhor Moore colocando papel de parede em um quarto, e lhe perguntei onde estava sua casa. Ele não me reconheceu e disse:

"Oh! Eu a vendi ao senhor Alcott para ele fazer uma escola, e agora moramos em Acton". "Onde o senhor Alcott conseguiu dinheiro para construir este negócio imenso?", perguntei.

"Bem, ele *deu* as próprias terras e usou o terreno grande que sua filha lhe deixou – aquela que morreu alguns anos atrás."

"Então estou morta, é isso?", disse a mim mesma, com uma sensação muito estranha.

"O governo ajudou a construir este lugar, e o senhor A. tem uma bela faculdade aqui", disse o senhor Moore, voltando a colocar o papel de parede.

Saí, refletindo sobre as novidades, e olhei em um espelho para ver como era minha aparência de morta. Descobri-me uma velha gorda, com cabelos grisalhos e óculos – muito semelhante a E. P.

P. Dei risada e, aproximando-me de uma janela gótica, olhei para fora e vi centenas de homens jovens e meninos usando estranhos vestidos esvoaçantes, vagando pelos parques e prados; papai estava entre eles, com uma aparência de trinta anos atrás, cabelo castanho e um lenço branco no pescoço, como nos velhos tempos. Ele estava tão rechonchudo e tranquilo, jovem e feliz que fiquei encantada em vê-lo, e acenei; mas ele não me reconheceu, e fiquei tão triste e perturbada por ser uma Rip Van Winkle[108] que chorei, dizendo que era melhor eu ir embora e não incomodar ninguém – e, em meio à minha aflição, acordei. Foi tudo tão nítido e divertido que não consigo evitar pensar que pode ser um presságio de algo real. Eu costumava sonhar que era famosa, e isso parcialmente se realizou; então, por que a faculdade de papai não dá frutos e ele não fica jovem e feliz com os alunos? Só espero que ele não se esqueça de mim quando eu voltar, gorda, grisalha e velha. Talvez seu sonho seja ir a outro mundo, onde tudo é novo e calmo, e o motivo pelo qual ele não me reconheceu foi porque eu ainda estava neste mundo cotidiano e, portanto, senti-me velha e estranha neste adorável castelo no ar. Bem, ele é bem-vindo a meu destino; mas a filha que de fato morreu dez anos atrás muito provavelmente foi a que o ajudou a construir sua Escola de Concord.

Posso ver como o sonho surgiu; com efeito, andei olhando os meninos de Silling em seu belo jardim, desejando entrar e conhecer os diletos garotinhos que andam por lá durante as manhãs. Eu tinha feito um coque no barbeiro, falei sobre meus cabelos grisalhos e, ao olhar no espelho, pensei em como estava ficando gorda e velha, e também mostrei o retrato de papai em B., que eles acharam

---

[108] Personagem de um conto homônimo de Washington Irving, escrito em 1819. Na história, o fazendeiro Rip não gostava de trabalhar e vivia indo a tavernas. Certo dia, após brigar com a esposa, ele foge para as montanhas e lá encontra outros homens jogando. Um deles faz Rip adormecer, e ele acorda apenas depois de vinte anos. De volta à cidade, o personagem revê sua casa destruída e descobre que muita gente morreu em uma guerra. O termo "Rip Van Winkle" acabou servindo para designar uma pessoa que dormiu, estagnou e viveu em períodos distintos da vida, mas por dentro permanece a mesma. (N.T.)

sagrada, etc. Acredito em sonhos, embora me sinta à vontade para confessar que os "pepinos" do chá podem ter sido a base para essa "visão alegórica"...

Como conhecemos o cônsul em Spezzia – ou melhor, enviamos cartas a ele, bem como a várias pessoas em Roma, etc. –, acho que devemos partir, pois o risco de a Europa entrar na guerra acabou e podemos sair de navio da Itália para a Inglaterra ou para casa a qualquer momento.

Amor a todos.

Dê um beijo no meu *primo* por mim.

Cordialmente,
Lu.

Ao senhor Niles.

23 DE AGOSTO DE 1870.

Sua mensagem do dia 2 de agosto acabou de chegar, com um belo orçamento para revistas e jornais, pelo qual agradeço muito.

Não dê meu endereço a ninguém. Não quero mensagens de moças. Elas podem enviá-las para Concord, e devo recebê-las no próximo ano.

Os meninos da escola de Silling são minha fonte inesgotável de encanto; fico de pé ao portão, como Peri[109], com vontade de entrar e brincar com eles. As jovens que desejam encontrar Lauries de carne e osso podem ser disponibilizadas aqui, pois Silling tem um grande suprimento sempre à mão.

Minha B. diz que está sempre me estimulando a fazer esforços literários, mas estou esperando. Então, faço – mas só se eu puder dar um disparo de cada vez, *à La mitrailleuse*[110].

L. M. A.

---

[109] Um dos personagens de Louisa Alcott, assim como Laurie.
[110] Como uma metralhadora, em francês.

Para sua Família

Vevay, 29 de agosto de 1870.

Queridos – ... M. Nicaud, o dono desta casa – um velho divertido com uma cara tão semelhante à de um papagaio que o chamamos de M. Perrot[111] –, pediu que fôssemos visitá-lo em seu *châlet* entre as colinas. Ele está construindo um celeiro e fica lá para ver se está tudo correndo bem; portanto, nós o vemos apenas aos domingos, quando nos mata de rir com seus modos engraçados. Na semana passada, sete de nós subimos em um landau[112] grande, e o velho amável nos entreteve como um príncipe. Saímos da carruagem ao pé de um pequeno caminho íngreme e subimos até o antigo *châlet* mais adorável que já vimos. O senhor Nicaud nos encontrou ali, acompanhou-nos pelos degraus externos até sua saleta estranha e nos alegrou com seu vinho de sessenta anos e bolinhos gostosos. Partimos em seguida, apesar das nuvens e do vento, para ver a fazenda e a floresta. Caía uma chuva intermitente, mas ninguém parecia se importar; então corremos sob guarda-chuvas pegando cogumelos, flores e friagem, avistando a rocha Tarpeia[113] e sentando em bancos rústicos para apreciar a *belle vue*, que consistia de neblina. Foi uma brincadeira tão cômica que ríamos e corríamos, e gostamos muito do piquenique molhado. Depois, tivemos um jantar suíço de primeira linha, seguido por café, três tipos de vinho e charutos. Todo mundo fumou e, como chovia a cântaros, o velho Perrot fez uma grande fogueira ao redor da qual sentamos, conversando em várias línguas, cantando e nos deleitando. Mal tínhamos acabado de jantar e visto mais neblina quando o chá foi anunciado, e novamente enchemos o estômago com jarros de creme, frutas e um prato esquisito, mas muito bonito, de fatias de pão leve mergulhadas em ovos e fritos, comidos com açúcar. A criada suíça gorducha passava e sorria,

---

[111] Em inglês, *parrot*, daí o trocadilho feito pela autora com o nome do velho. (N.T.)
[112] Tipo de carruagem de dois bancos, situados um na frente do outro. (N.T.)
[113] Na Roma Antiga, local onde eram feitas execuções, quando vítimas eram lançadas da rocha para morrer. (N.T.)

e continuava servindo alguma coisa nova de sua minúscula cozinha escura. O tempo clareou e voltamos para casa, apesar de nossos enormes feitos na fila da comida. O velho Perrot nos acompanhou até parte da descida, e lhe demos três vivas ao partirmos.

Depois, mostramos à Madame, à governanta francesa e ao Don Juan (o espanhol) algumas passagens incríveis, embora as estradas estivessem muito íngremes, acidentadas e lamacentas. Percorremos uns oito quilômetros, e nosso grupo (May, A., a governanta e eu) chegou em casa muito antes de Madame e Don Juan, que tomaram um atalho curto e não acreditaram que nós não pegamos nenhum tipo de carona. Senti certo orgulho de minhas pernas, pois elas não estavam cansadas e não pioraram com a longa caminhada. Acho que elas estão realmente recuperadas, pois o tempo frio tardio não as incomodou, afinal; e durmo – ah, meu Deus, como durmo! – dez ou doze horas, e acordo tão inebriada de tontura que é lindo de se ver. Se sou grata? Oh, sim! Oh, sim!

May e eu começamos hoje a fazer aulas de francês com a governanta francesa – uma jovem adulta gentil que cobra apenas dois francos por aula. Nós *precisamos* falar esse idioma, pois é horrível ser ignorante; então, precisamos pôr mãos à obra e conseguir um *parlez-vous* ou morrer.

A guerra ainda incomoda e talvez fiquemos aqui algum tempo, e realmente precisamos de um trabalho; com efeito, estamos tão preguiçosas que poderemos ficar mal-acostumadas, se é que já não ficamos...

Entreguei ao conde C. a mensagem de papai, e ele gostou. Ele não lê nada em inglês e em breve irá à Hungria; então, papai fez bem em não enviar o livro...

Lu.

Vevay, 10 de setembro de 1870.

Queridos – Como toda a Europa parece estar à beira da destruição, apresso-me a escrever algumas linhas antes que o golpe violento chegue. Pretendemos passar pelos Alpes na próxima semana, se o clima e a guerra permitirem, pois somos obrigadas a ver Milão e os lagos mesmo que tenhamos de dar as costas e voltar sem sequer um vislumbre de Roma. O papa está começando a se recuperar; a Itália, a Inglaterra e a Rússia aparentemente estão prontas para entrar na guerra, agora que a França caiu. Pense em Paris sendo bombardeada e massacrada como Estrasburgo. Nunca veremos a grande e antiga catedral em Estrasburgo agora, está arruinada demais.

Vevay está lotada de refugiados de Paris e Estrasburgo. Dez famílias chegaram aqui ontem...

Nossa casa está lotada, e temos momentos engraçados. A russa doente e sua velha mãe fazem escândalo se entra uma rajada de ar durante as refeições, e espera que vinte pessoas fiquem quietas em um cômodo minúsculo por uma hora em um dia quente. Nós reclamamos, e Madame as colocou na saleta, de onde elas nos fuzilam com os olhos quando passamos e trancam a porta quando podem. O professor alemão está aprendendo inglês e é um homem silencioso e agradável. O general polonês, meio doido, é muito engraçado e surge de repente no meio de uma conversa genérica com histórias sobre maças transparentes e cavalos dourados. Benda, o *expert* em livros e quadros, perguntou a May se ela era a senhorita Alcott que escreveu os livros populares, pois ele tinha muitas encomendas e queria saber onde eles poderiam ser encontrados. Dissemos "em Londres", e nos sentimos envaidecidas...

May e eu nos aprofundamos no francês, mas isso faz minha cabeça doer e não aprendo o bastante para compensar o incômodo. Você sabe, eu nunca poderia *estudar* e sofrer tal agonia quando fico tentando, o que é lamentável de se ver. Os poucos miolos que me restam quero guardar para trabalhos futuros, e não os esgotar com gramática – vil invenção do Diabo! May progride devagar, e não tem crises depois; portanto, é melhor ela continuar (as aulas custam apenas dois francos)...

L. M. A.

Para sua mãe.

Lago di Como, 8 de outubro de 1870.

Caríssima Mamãe – Feliz aniversário, que haja muitos! Na verdade, estamos na tão sonhada Itália, e acho-a tão linda quanto esperava. Nossa viagem foi um sucesso total – luz do sol, luar, paisagem magnífica, companhia agradável, nenhum contratempo e uma longa série de imagens bonitas por todo o caminho.

Atravessar o Simplon é uma experiência que vale a pena, pois, sem nenhum perigo de fato, cansaço ou provação, é possível ver umas das partes mais belas e mais terríveis dos incríveis Alpes.

A estrada, em si, é um milagre! Com efeito, toda a natureza parece protestar contra ela, e os elementos nunca se cansam de tentar destruí-la. Apenas um Napoleão poderia ter sonhado em abrir caminho por esse lugar; e ele só se importou com isso como um meio de levar seus homens e canhões para dentro do país inimigo através desta verdadeira estrada real.

May lhe contou sobre nossa viagem; então, vou apenas acrescentar um ou outro detalhe que ela esqueceu.

Nossa partida de Brieg ao amanhecer, com duas diligências, uma carruagem e uma carroça, foi algo entre um funeral e uma caravana: primeiro, uma diligência enorme com sete cavalos, depois uma menor com quatro, e então nossa *calèche*[114] com dois e, finalmente, a carroça do cocheiro com um. Foi muito empolgante – o clássico grupo de viajantes sonolentos na praça, o andar dos cavalos, o acondicionamento das bagagens, a grande ansiedade para descer; depois, a lenta subida vale acima em direção ao sol, que nascia devagar acima das colinas elevadas, surgindo como nunca antes o vimos surgir. As florestas de pinheiros imóveis e úmidas nos mantiveram à sombra por um bom tempo depois que os cumes brancos das montanhas começaram a brilhar. Pouco a pouco serpenteamos por um grande desfiladeiro, e então o sol surgiu esplêndido entre essas colinas grandiosas, mostrando-nos um novo mundo. Um pico

---

[114] Carroça, charrete, em francês. (N.T.)

atrás do outro do Bernese Oberland[115] se elevava atrás de nós, e havia grandes geleiras brancas à nossa frente; a estrada, por sua vez, arrastava-se como uma linha estreita, entrando e saindo de abismos que nos deixavam com tontura só de olhar, por baixo de túneis e por galerias de pedras com janelas sobre as quais cachoeiras se desfaziam das geleiras acima. Por todos os lugares havia refúgios, um hospício e alguns *châlets*, onde pastores levam vidas selvagens e solitárias. À tarde descemos rapidamente em direção à Itália através do grande Vale de Gondo – uma fenda na rocha com milhares de metros de profundidade, e larga apenas o suficiente para a estrada e um córrego selvagem que foi nosso guia; um lugar inesquecível e um portal adequado para a Itália, que logo sorria sob nós. A mudança é muito desafiadora e, quando chegamos ao Lago Maggiore sob o luar, só conseguimos suspirar de felicidade, sentir amor, olhar e olhar. Após uma boa noite de descanso em Stresa, fomos em um barco charmoso semelhante a uma gôndola ver a Isola Bella – a ilha que você vê na cromolitografia sobre a lareira, em casa –, uma linda ilha com um famoso castelo, jardim e uma cidadezinha. O dia estava ameno como o verão e nos sentíamos como borboletas depois de uma geada, pairando por aí e aproveitando o sol o dia todo.

Um barco a vela a vapor nos trouxe a Luino, onde fomos de diligência até Lugano. Luz do luar por todo o caminho e um cocheiro alegre, que buzinava conforme entrávamos em mercados e passávamos sobre pontes, no estilo mais galante possível. As meninas estavam na parte de cima, e em estado de êxtase o tempo todo. Após um jantar em um salão abobadado e com afrescos, pisos de mármore, pilares e galerias, fomos a um cômodo com paredes verdes, carpete vermelho, paredes azuis e colchas amarelas – tudo tão colorido! Foi como dormir em um arco-íris.

Como se não bastasse um lago paradisíaco sob nossas janelas, com a luz do luar *ad libitum*[116], havia música ao lado; e, ao nos

---

[115] Região da Suíça, a mais elevada do cantão da cidade de Berna. (N.T.)
[116] Em latim, *sem restrições, sem limites, à vontade.* (N.T.)

debruçarmos sobre uma pequena janela na parte de trás, fizemos uma descoberta maravilhosa de que podíamos observar o palco da casa de óperas em uma pequena viela. Minha Nan pode imaginar o êxtase com que eu contemplava as cenas acontecendo debaixo do meu nariz, e como eu sentia a falta dela enquanto estava enrolada em minha colcha amarela, vendo cavaleiros galantes em armaduras cantarolar com doçura para senhoras gorduchas mascaradas, ou lindos camponeses precipitando-se descontrolados sobre amantes ardentes em meias vermelhas; e também uma donzela desgrenhada que arrancava os cabelos em uma floresta, enquanto um homem no alto fazia trovejar e relampejar – e *eu o vi fazer isso!*

Foi o ápice de um dia maravilhoso, pois poucos viajantes podem ir à ópera com suas luxuosas roupas de dormir e tirar uma soneca entre os atos como eu tirei.

Na manhã seguinte, um agradável passeio pelo lago; depois, uma carruagem até Menaggio e então um barco esquisito, como uma carroça grande coberta, com uma mesa e assentos com forro vermelho, levou-nos com nossas bagagens até Cadenabbia, pois há apenas um caminho para a cidadezinha, que tem de ser atravessado em lombo de burros. No hotel à beira do lago encontramos Nelly L., uma doce menina tão adorável quanto Minnie, muito contente por nos ver; de fato, desde que sua mãe morreu em Veneza, no ano passado, ela passou a morar sozinha com a criada. Ela estava nos esperando e no dia seguinte foi a Milão, onde nos encontramos na segunda-feira. Ela pinta; May e ela imediatamente fizeram planos de estudar juntas e de frequentar algumas das escolas de arte gratuitas em Milão e Nápoles ou em Florença, se conseguirmos ficar todas juntas. É uma ótima oportunidade para May, no sentido de que ela vai se divertir e não ficar esperando por ferramentas e professores; com efeito, tudo está encaminhando em sua profissão e sendo útil a ela.

Cadenabbia fica a apenas dois hotéis e algumas casas de campo em frente a Bellagio, uma cidadezinha elegante. Fomos levadas de barco a remo por nosso barqueiro, que passa o tempo nas escadas de pedra em frente ao hotel e, sempre que saímos, ele nos diz: "O lago está calmo; está chegando a hora de dar um passeio nas águas", tão convincente como só um italiano consegue ser. Na maior parte do tempo ele está amavelmente embriagado.

Hoje está chovendo, então não podemos sair; descanso e escrevo à minha mãe em um cômodo engraçado, com piso de pedra incrustado até ficar semelhante a um sabão de Castela, um teto com cupidos gordos e fadas tocando trombeta, uma janela que dá para o lago, com varanda e tudo o mais. Realejos com garotos alegres cantando tilintam o dia todo, e dois ursos grandes são conduzidos por um homem com um tambor. Os meninos dariam risada ao vê-los dançar sobre as patas traseiras e com bastões nos ombros como soldados.

... Está tudo bem, e se o inverno passar tão rápido e agradável como o verão logo estaremos pensando em ir para casa, a não ser que uma de nós decida ficar. Amanhã devo postar esta carta em Milão, e espero encontrar cartas suas. Até mais, então.

Diário.

Outubro de 1870. – Um mês memorável. Partimos para a Itália no dia 2. Uma viagem esplêndida pelos Alpes e pelo Maggiore à luz do luar.

Dias paradisíacos nos lagos, e de lá até Milão, Parma, Pisa, Bolonha e Florença. Decepção em certos aspectos, mas descobrimos uma paisagem natural sempre agradável e maravilhosa; portanto, não me importei com fotos desbotadas, quartos úmidos e ventos frios da "Itália ensolarada". Comprei casacos de pele em Florença e cheguei a Roma em uma noite chuvosa.

10 de novembro. – Em Roma, com a impressão de já ter estado aqui antes e de saber tudo sobre ela. Sempre oprimida com uma sensação de pecado, indecência e decadência geral de tudo. Não estou bem; portanto, vi as coisas de uma forma distorcida. May extasiada com as aulas, os desenhos e seus sonhos. A. tinha contatos sociais, sua casa e velhos amigos. Os artistas eram a melhor companhia; condes e príncipes muito maçantes, pelo menos o que pudemos perceber. May e eu partimos para Campagna, criticando o mundo todo como duas ianques audaciosas.

Nosso apartamento na Piazza Barbarini era aconchegante e confortável; agradeci aos céus por isso, pois choveu durante dois meses, e na maioria das vezes minha primeira vista era o pobre Tritão[117] com uma massa de gelo no nariz.

Pagamos sessenta dólares por mês por seis quartos bons e seis por uma ajudante, que cozinha e cuida de nós.

Dia 29. – Meu aniversário de 38 anos. May me deu um desenho bonito, e A., um belo buquê de flores.

Em Roma, a senhorita Alcott viveu o choque e o luto pela notícia da morte de seu querido cunhado, o senhor Pratt. Ela concebeu uma imagem tão bonita dele em *Mulherzinhas* e *Rapazinhos* que é completamente desnecessário discorrer sobre seu caráter ou a tristeza que sua morte causou à autora. Com a preocupação habitual dispensada aos outros, seus pensamentos imediatamente se voltaram para apoiar a família remanescente, e ela encontrou consolo ao escrever *Rapazinhos,* sempre tendo em mente e no coração a dileta irmã e os sobrinhos.

Apesar da grande tristeza e da angústia pelos entes queridos em casa, o ano da viagem foi muito revigorante para ela. Suas companheiras eram agradáveis, ela sentia um enorme prazer com o trabalho da irmã e tinha planos independentes, podendo ir aonde e quando desejasse.

A viagem de volta para casa foi difícil; houve um surto de varíola a bordo, mas felizmente a senhorita Alcott escapou da contaminação. *Rapazinhos* foi publicado no dia em que ela chegou, conforme anunciado por um cartaz vermelho na carruagem, e, além de todas as amorosas boas-vindas da família e amigos, ela recebeu a agradável notícia de que cinquenta mil livros já haviam sido vendidos.

---

[117] Trata-se da Fonte do Tritão, localizada na *piazza* mencionada pela autora. (N.T.)

Mas as antigas dores e o cansaço também voltaram para casa com ela. Não podendo ficar em Concord, foi novamente para Boston, na esperança de descansar e trabalhar. Sua irmã mais nova veio para casa a fim de animar a família com seu espírito esperançoso e prestativo.

Aos 40 anos, Louisa cumprira a meta a que se propusera na juventude. Por meio de um labor incessante, ela tornara a si e à família independentes; todas as dívidas foram pagas, e o suficiente foi investido para poupá-los da escassez. E, no entanto, os desejos pareciam aumentar com seus agrados, e ela se sentiu impelida a trabalhar o bastante para lhes dar todos os prazeres e luxos com que ficaram acostumados depois que lhe eram providenciadas as coisas necessárias. Talvez seu próprio estado de exaustão a tenha impedido de descansar, e as demandas que ela acreditava virem de fora fossem projeções de seu próprio pensamento.

Diário

Roma, 1871. – Grande inundação. Ruas cheias, igrejas com mais de um metro de água dentro e momentos estranhos para quem estava nos bairros inundados. Refeições içadas pelas janelas; pessoas carregadas pelas ruas semelhantes a rios para fazer visitas, e todas as formas de afazeres curiosos. Estávamos no alto e secas na praça Barbarini, aproveitando a agitação.

Vamos com frequência ao Capitólio[118], passar a manhã com imperadores romanos e outros homens grandiosos.

M. Aurélio[119] era bonito quando garoto; Cícero[120] se parece muito com W. Phillips; Agripina[121], sentada em sua cadeira, era charmosa; mas as outras mulheres, com os cabelos *à la sponge*, eram feias; Nero[122] e comparsas, um grupo de homens brutos e maus. Mas, para mim, uma visão melhor

---

[118] Uma das sete colinas sobre as quais foi fundada a cidade de Roma. (N.T.)
[119] Conhecido como o "imperador-filósofo", Marco Aurélio (121-180 d.C.) governou Roma de 161 d.C. até sua morte. (N.T.)
[120] Marco Túlio Cícero (106 a.C.- 43 a.C.), famoso orador, escritor e político romano. (N.T.)
[121] Agripina, a Velha, filha do primeiro imperador romano (Augusto) e mãe de Calígula. (N.T.)
[122] Considerado uma das figuras mais controversas da história, Nero (37 d.C. - 68 d.C.) foi imperador romano de 54 d.C. até sua morte. (N.T.)

foi a multidão de pobres indo pegar pão e dinheiro enviados pelo rei; e as fantásticas colinas cobertas de neve eram mais lindas que a beleza de mármore em seu interior. A arte cansa; a natureza nunca.

O professor Pierce e seu grupo acabaram de chegar da Sicília, aonde foram para ver o eclipse – todos radiantes de felicidade, e bem recompensados pela longa viagem por uma olhadinha de soslaio de *dois minutos* para o sol totalmente escuro.

Comecei a escrever um novo livro, *Rapazinhos,* para que a morte de John não deixe A. e seus filhinhos queridos passar necessidade. John cuidou para que eles tivessem o suficiente quando os meninos eram pequenos, e trabalhou com muito afinco para conseguir deixar uma pequena soma, sem dívidas em lugar nenhum.

Ao escrever e pensar nos meninos, de quem agora devo ser pai, encontro consolo para minha tristeza. May continuou suas aulas, "aprendendo", como disse sabiamente, quão pouco ela sabia e como continuar.

Fevereiro. – Mês alegre em Roma, com o carnaval, o baile dos artistas, muitas festas e muitos convites.

Decidi deixar May mais um ano, já que L. enviou setecentos dólares por *Moods*, e o livro novo proporcionará outros mil para a querida menina; portanto, ela pode se sentir feliz e livre em dar continuidade a seu talento.

Março. – Passei o mês em Albano. Um lugar adorável. Caminhei, escrevi e descansei. Uma tropa de oficiais bonitos de Turim, passando ruidosamente por aqui, lança olhares discretos a minhas duas *signorinas* loiras, que gostam muito disso[123]. O barão e a baronesa Rothschild estiveram aqui, e também os W. da Filadélfia, o doutor O. W. e a esposa, e S. B. A senhora W. e A. B. conversam *o dia inteiro,* May desenha, eu escrevo, e assim segue a vida. Fomos ver quartos nos Bonapartes.

Abril. – Veneza. Duas semanas andando de barco e observando as vistas. Cidade linda demais para uma visita curta. Não acontecem coisas suficientes para agradar os americanos afoitos. May pintou, A. saiu à procura de antigas joias e amigos, e fiquei vagando atrás delas.

---

[123] Ver texto no original *Shawl Straps*. (N.A.)

Uma viagem muito interessante a Londres – pelo Brenner Pass[124] até Munique, Colônia e Antuérpia, e de barco até Londres.

Maio. – Mês agitado. Fiquei em alojamentos, na Brompton Road, e fui ver algumas atrações. A senhora P. Taylor, Conway e outros são muito gentis. Gostei de mostrar a May meus lugares e pessoas favoritos.

A. B. foi para casa no dia 11, após um ano agradável conosco. Fico feliz em conhecê-la, pois ela é autêntica e muito interessante. May teve aulas sobre Rowbotham[125] e ficou muito feliz.

Rapazinhos foi publicado em Londres.

Decidi ir para casa no dia 25, já que precisam de mim. Um ano muito agradável, apesar das dores constantes, da morte de John e algumas angústias. Muito feliz por ter vindo, para o bem de May. Foi um ano muito proveitoso para ela.

Junho. – Após um percurso ansioso de doze dias, cheguei a casa sã e salva. Varíola a bordo e minha colega de quarto, a senhorita D., muito doente. Escapei, mas passei um sério período deitada ao lado dela, esperando para ver se minha vez estava para chegar. Ela foi deixada na ilha, e eu subi o porto com o juiz Russell, que levou alguns de nós em seu reboque.

Papai e T. N. vieram me encontrar com um grande cartaz vermelho de *Rapazinhos* afixado à carruagem. Após as devidas precauções, corremos para casa e encontramos tudo em ordem. Meu quarto estava com mobília nova e bem enfeitado com os rendimentos de papai.

Nan estava bem e calma, mas por baixo de sua doce serenidade há uma alma muito triste, e ela lamenta pelo companheiro como uma terna pomba.

Os meninos estavam altos e inteligentes, dedicados à mamãe, e eram a vida da casa.

Mamãe estava frágil e muito envelhecida por este ano problemático. Nunca mais irei para longe dela. Muita companhia e pilhas de cartas, todas cheias de bons desejos e acolhidas.

---

[124] Passagem montanhosa pelos Alpes que faz uma fronteira entre a Áustria e a Itália. (N.T.)
[125] Provável referência a Samuel Rowbotham (1816-1884), inventor e escritor inglês. (N.T.)

Rapazinhos foi publicado no dia em que cheguei. Cinquenta mil vendidos antes de ser lançado.

Um mês feliz, pois me senti bem pela primeira vez em dois anos. Eu sabia que não ia durar, mas aproveitei demais enquanto durou e agradeci pela trégua da dor e um toque do antigo ânimo. Isso era muito necessário em casa.

Julho, agosto, setembro. – Doente. Logo as férias acabam. O excesso de companhia, preocupações e a mudança de clima incomodam de novo meus pobres nervos. O querido tio S. J. May morreu, nosso melhor amigo durante anos. Que sua alma encontre a paz. Ele deixa para trás uma memória mais terna que qualquer homem que conheço. A pobre mamãe agora é a última da família.

Outubro. – Decidi ir a B.; Concord é muito difícil para mim, com sua umidade e preocupações. Contratei duas ajudantes para fazer o trabalho, deixei muito dinheiro e fui à rua Beacon descansar e tentar ficar bem para conseguir trabalhar. Uma vida de preguiça, mas parecia apropriada; e qualquer coisa é melhor que a invalidez, que odeio mais do que a morte.

Os ossos doíam menos, e abandonei a morfina, já que a luz do sol, o ar e o silêncio me possibilitaram dormir sem ela. Vi pessoas, fotos, peças e li tudo o que pude, mas não aproveitei tanto, pois o terrível esgotamento nervoso torna difícil até mesmo sentir prazer.

Novembro. – May enviou cartas bonitas e alguns exemplares elegantes de Turner. Ela decidiu vir para casa, pois sente que é necessária quando eu entrego os pontos. Mamãe está fraca, Nan tem seus filhos e o luto, e uma cabeça e uma mão fortes são necessárias em casa. Um ano e meio de férias é uma quantidade boa, e o dever sempre vem em primeiro lugar. Lamento chamá-la de volta, mas ela está com problemas de vista e o trabalho doméstico irá descansá-los e entusiasmá-la. Depois, ela pode partir de novo quando eu melhorar, pois não quero que ela se prejudique no trabalho mais que o suficiente para fazê-la desejá-lo muito.

Ela chegou no dia 19. Bem, feliz e cheia de planos razoáveis. Um período animado aproveitando um ar de alegria que ela sempre traz para casa. Pilhas de fotos, aventuras felizes e histórias interessantes dos amantes de Londres.

Comemorei meus 39 anos e os 72 de papai à moda antiga. Jantar de Ação de Graças na Fazenda Pratt. Tudo bem e todos juntos. Muito por que agradecer.

Dezembro. – Gostei muito do meu quarto silencioso e ensolarado; e esta vida de preguiça parece ser apropriada para mim, pois estou melhor de corpo e mente. Tudo vai bem em casa, com May assumindo o comando em seu estilo animado e enérgico, além de divertir mamãe e Nan com histórias alegres. Instalaram um aquecedor, e todos gostaram do novo clima. Chega de febres reumáticas e resfriados com lareiras bizarras. Mamãe terá conforto se o dinheiro puder proporcionar isso. Agora ela parece ter, e meu tão acalentado sonho se tornou realidade; de fato, ela tem um quarto agradável, sem trabalho, sem solicitudes, sem pobreza com que se preocupar, mas paz e conforto ao redor, e filhas felizes e capazes de se colocar entre os problemas e ela. Graças a Deus! Gosto de parar e "lembrar minhas graças". Trabalhar e esperar por elas as torna muito bem-vindas.

Fui ao baile do grão-duque Alexis. Uma bela atração, e o melhor de tudo foi o garoto loiro grandalhão. Dançaria com as meninas bonitas e abandonaria à própria sorte as viúvas de Boston e seus diamantes.

Ao Radical Club, onde os filósofos organizam seus passatempos e ficam se pavoneando no tempo e no espaço, enquanto os contemplamos e tentamos parecer sábios.

Natal feliz em casa. Árvore para os meninos, jantar em família e brincadeiras à noite.

Um ano variado, mas bom, apesar da dor. No último Natal, estávamos em Roma, de luto por John. O que o próximo Natal trará? Não tenho nenhuma ambição no momento, a não ser manter o bem-estar de minha família e não sentir mais dores. Se nada mais, elas me ensinaram a ter paciência – espero.

Janeiro de 1872. – A Roberts Brothers pagou a fatura de quatro mil e quatrocentos dólares de seis meses pelos livros. Belo presente de Ano-Novo. A S. E. S. investiu três mil, e o restante coloquei no banco para necessidades familiares. Paguei o aquecimento e todas as contas. Que bênção é poder fazer isso sem pedir nenhuma ajuda!

Chegaram buquês misteriosos de algum admirador secreto ou amigo. Gostei demais deles, e sentia-me bem grata e romântica conforme dia após dia os grandes e adoráveis ramalhetes eram entregues pelo empregado do desconhecido.

Fevereiro e março. – A pedido da senhora Stowe, escrevi para o "Christian Union" um relato sobre nossa viagem pela França e o chamei de "Shawl Straps"... Muitos contatos, cartas e convites, mas continuei reclusa, já que a saúde é preciosa demais para pôr em risco e ainda é difícil fazer pegar no sono um cérebro que prefere trabalhar a descansar.

Ouvi palestras – Higginson, Bartol, Frothingham e o rabino Lilienthal. Muitas conversas sobre religião. Gostaria de ver um pouco mais de *vida real.*

Abril e maio – Escrevi outro esboço para o *Independent,* "A French Wedding"; e os acontecimentos de minhas viagens pagaram as despesas de inverno. Caiu na rede literária, é peixe! Goethe faz poemas com as próprias alegrias e tristezas; eu transformo minhas aventuras em pão com manteiga.

Junho de 1872. – Em casa, e dei início a uma nova meta. Vinte anos atrás resolvi dar independência à minha família, se eu pudesse. Aos 40, consegui. Dívidas todas pagas, inclusive as ilegais, e temos o bastante para ficar confortáveis. Talvez tenha me custado a saúde; porém, já que ainda estou viva, suponho que ainda tenho o que fazer por aqui.

Mudanças familiares

TRANSFIGURAÇÃO[126]

In Memoriam
Versos compostos por Louisa M. Alcott sobre a morte de sua mãe.

Misteriosa morte! que em uma hora só
O ouro da vida pode tornar pó
E por tua arte divinal
Transformar a fraqueza mortal em poder imortal!

Curvando-se sob o peso dos oitenta anos
Passados com luta honrosa
De uma vida vitoriosa
Nós a vimos desaparecer no céu, por meio de nossos prantos.

---

[126] Este poema foi publicado anonimamente pela primeira vez em "The Masque of Poets", em 1878. (N.A.)

Ednah Dow Cheney

Mas antes da sensação de perda, nosso coração se contorceu
Um milagre foi forjado;
E, rápido como um pensamento animado,
Brava, bela e jovem – ela novamente viveu.

Idade, dor e tristeza derrubaram os véus que usou
E mostraram os olhos brandos
De disfarçados anjos
Cuja disciplina tão pacientemente ela suportou.

Os últimos anos colheita rica e justa trouxeram
Enquanto a lembrança e o carinho,
Juntos, carinhosamente teceram
Uma guirlanda de ouro para os cabelos branquinhos.

Como poderíamos lamentar como alguém desolado
Quando cada pontada de tormento
Para seu alívio encontrou alento
Ao contar os tesouros que ela havia deixado?

Fé que resistiu aos choques do tempo e da labuta
Esperança que desafiou a aflição
Paciência que venceu a preocupação
E lealdade, cuja coragem era absoluta;

O grande e profundo coração, que era para todos um lar
Eloquente, forte e honesto
Contra o mal em protesto;
Grande generosidade, que não soube nem pecar nem falhar;

O espírito espartano que tornou a vida tão grandiosa
Unindo necessidades diárias indigentes
A feitos elevados, imponentes
Essa felicidade arrancou da mão do destino, rigorosa

Pensamos em chorar, mas cantamos de alegria
Cheios de grata tranquilidade
Que segue sua liberdade;
Pois nada além da poeira cansada jaz sem vida.

Oh, nobre mulher! Nunca mais uma imperial
Na determinação
De cetro e coroação
Ganhará um reino maior, ainda que imaterial;

Ensinando-nos a buscar a maior glória,
A conquistar a verdadeira vitória –
A viver, amar, abençoar
E deixar a morte orgulhosa de uma alma real tomar.

A história dos seis anos seguintes oferece poucos incidentes variados sobre a vida agitada da senhorita Alcott. Ela não conseguia trabalhar em casa em Concord nem em alguma hospedaria silenciosa em Boston, onde estava mais a salvo de interrupções de visitantes; porém passou os verões com a mãe, frequentemente assumindo os serviços de casa. Em 1872 ela escreveu *Work*, um de seus livros de maior sucesso. Ela o começara algum tempo antes, chamando-o originalmente de *Success*. Mais do que qualquer outro livro, este representa sua própria experiência pessoal. Ela afirma a um amigo: "Muitas das aventuras de Christie são na verdade minhas; há o senhor Power e o senhor Parker; a senhora Wilkins é uma invenção, assim como tudo o mais. Começou quando eu tinha 18 anos, e nunca o terminei até H. W. Beecher me escrever pedindo uma sequência para o *Christian Union* em 1872, e pagar três mil dólares por ela".

Em 1873 a senhorita Alcott enviou May novamente à Europa para que ela terminasse seus estudos, e continuou a escrever histórias para pagar as despesas da família. A doença grave da mãe acertou em cheio o coração de Louisa, e durante o verão de 1873 ela se dedicou à inválida, alegrando-se com sua recuperação parcial, embora sentindo, com tristeza, que ela nunca mais voltaria a ser a pessoa enérgica que tinha sido. No entanto, a senhora Alcott conseguiu passar seu aniversário (8 de outubro) de uma forma agradável, e dessa experiência surgiu a história "A Happy Birthday". Este pequeno conto pagou corridas de carruagem para a enferma. Ele faz parte do "Aunt Jo's Scrap-Bag".

Louisa e a mãe decidiram passar o inverno em Boston, enquanto o senhor Alcott estava no Oeste. A autora pensa demais sobre a vida do pai e não se contenta com o fato de ele não ter todo o reconhecimento e alegria que ela teria lhe dado de bom grado. Ela ajuda a mãe a cumprir o dever sagrado de colocar uma lápide no túmulo do coronel May, e a dileta senhora reconhece que sua vida ficou no passado, dizendo: "Esta não é minha Boston, e não a quero ver nunca mais".

Na época, Louisa estava envolvida com trabalhos para o *Saint Nicholas* e o *The Independent*. A volta da jovem artista, feliz com seu sucesso, traz brilho ao ambiente doméstico. No inverno de 1875, a senhorita Alcott assume sua antiga função no Bellevue, onde May pode ter aulas de desenho. Ela mesma estava doente, e as palavras "Não consigo dormir sem morfina!" contam a história de nervos em frangalhos.

Diário.

Julho de 1872. – May é uma anfitriã adorável, e eu saio correndo escondida ou pulo pela janela dos fundos quando me mandam fazê-lo por causa da vigilância do público curioso. É um trabalho árduo manter as coisas funcionando bem, pois essas excursões do diabo são um novo tormento para nós.

Agosto. – May vai a Clark's Island descansar, já que ficou no hotel por tempo suficiente. Digo "não" e fecho a porta. As pessoas *precisam* entender que autores têm alguns direitos; não posso entreter dúzias de gente por dia e também escrever os contos que elas pedem. Não sou nada além de uma minhoca humana, e se pisada devo agir em autodefesa.

Os repórteres se sentam nos muros e fazem anotações; artistas me desenham enquanto colho peras no jardim; e mulheres esquisitas fazem perguntas a Johnny enquanto ele brinca no pomar.

Isso me parece uma curiosidade impertinente, mas o nome é "fama", e ela é considerada uma bênção por que devemos agradecer, creio eu. Eles que tentem.

Setembro. – Fui a Wolcott com papai e Fred. Um velho lugar pitoresco e adorável é esta casinha em Spindle Hill, onde o garoto Amos[127] teve os sonhos que no fim se tornaram realidade.

Tive ideias para meu romance *The Cost of an Idea,* se um dia eu tiver tempo para escrevê-lo.

Não me admira que o garoto tenha desejado subir as colinas e ver o que havia além.

Outubro. – Aluguei um quarto na rua Allston Street, em uma casa antiga e silenciosa. Não consigo trabalhar em casa e preciso ficar sozinha para tecer, como uma aranha.

Descansei, caminhei, fui ao teatro de vez em quando. Em casa uma vez por semana, com livros, etc., para mamãe e Nan. Preparei "Shawl Straps" para a Roberts.

Novembro. – 40 anos dia 29. Levei papai para o Oeste, todo limpo e à vontade. Aproveitei cada centavo gasto e me diverti muito enchendo sua mala nova com roupas de flanela quentes, camisas limpas, luvas, etc., e vendo nosso amado partir usando um terno novo, sobretudo, chapéu e tudo o mais, como um cavalheiro. Ambos rimos à lembrança dos velhos tempos patéticos com lágrimas nos olhos, e eu lembrei a ele do ditado "mais pobre que a pobreza, mas sereno como o céu".

Apareceu algo para fazer justamente quando eu estava procurando, pois o trabalho é minha salvação. H. W. Beecher enviou um dos editores do *Christian Union* para pedir uma sequência de histórias. Eles já haviam pedido, e ofereceram dois mil dólares, que recusei; agora ofereceram três mil, e aceitei.

Peguei o antigo manuscrito de *Success* e o intitulei *Work.* Liguei o motor e mergulhei em uma espiral, com muitas dúvidas sobre como sair. Não consigo trabalhar devagar; a coisa me possui, e preciso obedecê-la

---

[127] Amos Alcott, membro da família Alcott, nascido em Spindle Hill em 1799. (N.T.)

até o fim. Foram enviados mil dólares como adiantamento do acordo, então eu estava de mãos atadas, e sentei-me ao remo como um escravo de galés.

F. queria oito contos curtos e ofereceu trinta e cinco dólares por cada um; ele costumava pagar dez. Isso é a fama! Em alguns minutos escrevia os curtos, e assim pagava minhas próprias despesas. "Shawl Straps," parte do Scrap-Bag n.º 2, foi publicado, e tudo deu certo.

Grande incêndio em Boston; acordada a madrugada toda. Uma visão esplêndida e terrível.

Dezembro – Ocupada com *Work*. Escrevi três páginas de uma vez no papel de impressão, pois Beecher, Roberts e Low, de Londres, querem uma cópia imediatamente.

[Essa foi a causa de meu dedão paralisado, o que me deixou deficiente pelo resto da vida. – L. M. A.]

Nan e os garotos vieram me visitar, e o inverno se dissipou. Descansei um pouco e brinquei com eles.

Papai está muito ocupado e feliz. Ele ganhou de aniversário uma bengala com castão de ouro. As pessoas gostam dele lá fora.

Durante essas viagens para o Oeste, o senhor Alcott descobriu que a fama da filha contribuíra muito para a recepção calorosa que ele teve. Ao retornar, ele adorava dizer que foi recebido como o "avô de *Mulherzinhas*". Quando visitava escolas, deleitava o público jovem satisfazendo a curiosidade deles sobre a autora de seu livro favorito, e também com a veracidade dos personagens e circunstâncias descritas nele.

Boston, 1872.
Querida Mamãe – Tive um dia muito transcendental ontem, e de madrugada minha cabeça estava "sensivelmente inchada" de ideias.

No clube havia uma mistura engraçada de rabinos e velhas magras, a "superalma" e ostras. Papai e B. sumiram de vista como dois balões platônicos, e tentamos acompanhá-los, porém sem sucesso.

À tarde fomos à palestra de R. W. E. Todos os pavões da literatura estavam lá, com a cauda aberta. Esta '"humilde" minhoca foi tratada com notável condescendência. O doutor B. estendeu-me um aperto de sua nobre mão e murmurou elogios com ares de um bispo dando bênção. O querido B. sorriu das profundezas de sua pequena jaqueta e disse: "Estamos nos dando bem, não estamos?". W. meneou sua cabeça judia e me fitou, revirando os olhos. Várias mulheres horríveis cochicharam a meu respeito, então fugi.

M. disse aquilo de que eu gostava – que enviara meus trabalhos à sua mãe, e a boa senhora disse a ele que me dissesse que não conseguia trabalhar muito, mas que ficava sentada lendo direto e reto; ela gostaria de ser jovem para ter uma vida longa e continuar aproveitando esses livros. A pavoa aqui gostou disso.

Paguei todas as minhas despesas com o dinheiro que ganhei com meus contos curtos; portanto, não toquei na renda familiar.

Eu não queria escrever; mas esse inverno foi caro, e meus quinhentos dólares me deixaram bem. Os quinhentos que emprestei a K. fazem diferença na renda; mas não podia recusá-los a ela, tão gentil nos velhos tempos árduos.

Durante a leitura, um homem à minha frente ficou sentado ouvindo e franzindo as sobrancelhas por um tempo, mas teve que desistir e caiu no sono. Depois que acabou, alguém lhe perguntou: "Bem, o que você acha?". A resposta: "Sem dúvida, muito interessante; mas me considero abençoado se conseguir entender uma única palavra".

Os crédulos ficam radiantes quando o oráculo trava, sussurram e sorriem quando é audível, e acenam e riem como se entendessem perfeitamente quando ele murmura sob a mesa! Somos um grupo de estranhos!

Diário

Janeiro de 1873. – Saindo-me bem com *Work*; tenho que ir devagar agora, por temer um colapso. Tudo certo em casa.

Uma semana em Newport com a senhorita Jane Stewart. Jantares, bailes, visitas, etc. Vi Higginson e "H. H". Cansei-me logo das ostentações e fiquei contente em voltar para casa, para meu escritório silencioso e minha caneta.

A Roberts Brothers me pagou dois mil e vinte e dois dólares pelos livros. A S. E. S. investiu a maior parte, com os mil que F. enviou. Dei cem a C. M., em agradecimento por meu sucesso. Gosto de ajudar a classe dos "pobres silenciosos" à qual pertencemos durante tantos anos – necessitados, mas respeitáveis, e esquecidos por serem muito orgulhosos para mendigar. Para essas pessoas é difícil encontrar trabalho, e a vida se torna muito difícil por faltar um pouco de dinheiro para aplacar as necessidades imprescindíveis.

Fevereiro e março. – Anna muito doente com pneumonia; estou em casa para cuidar dela. Papai enviou um telégrafo dizendo que voltaria para casa, já que pensamos que ela estava morrendo. Ela me confiou seus meninos; mas a beata querida melhorou, e ficou com os garotos. Graças a Deus!

De volta ao trabalho, com a sagacidade que a enfermagem me deixou.

Fiquei com Johnny por uma semana, para que a casa ficasse em silêncio. Gostei demais dessa almazinha querida, e o enviei de volta ainda melhor.

Terminei *Work* – vinte capítulos. Não ficou como deveria – interrupções além da conta. Gostaria de fazer um livro em paz para ver se ficaria bom.

Abril. – Terminado o trabalho, fui para casa assumir o lugar de May. Dei a ela mil dólares e a enviei a Londres por um ano, para estudar. Ela embarcou no dia 26, corajosa, feliz e esperançosa. Senti que ela precisava disso, e fiquei contente por conseguir ajudá-la.

Passei sete meses em Boston; escrevi um livro e dez contos; ganhei três mil duzentos e cinquenta dólares com minha caneta, e estou satisfeita com meu trabalho de inverno.

Maio. – D. F. quis doze contos curtos e concordou em pagar cinquenta por cada um se eu abrisse mão de outras coisas. Disse que abriria, já que consigo fazer dois por dia e cuidar da casa nos intervalos. Limpei e esfreguei, e não me importei com a mudança. Deixei a cabeça descansar, enquanto calcanhares e pés trabalhavam.

Frio e maçante; mas pensar em May livre e feliz me deixou aliviada enquanto eu passava o tempo sem fazer nada.

Junho e julho. – Resolvi o problema da ajudante conseguindo uma americana asseada para cozinhar e me ajudar com o serviço de casa.

A paz recaiu sobre nossas almas perturbadas, e tudo correu bem. Boas refeições, casa organizada, serviço animado e, à tarde, uma jovem inteligente para ler e costurar conosco.

Foi curiosa a maneira como ela chegou até nós. Ela lecionava e costurava, mas estava cansada e queria outra coisa; decidiu tentar uma vaga de criada, mas por acaso leu *Work* e pensou em fazer o que Christie fez – aceitar qualquer coisa que aparecesse.

Fui a primeira a responder ao seu anúncio e, quando ela descobriu que eu escrevi o livro, disse: "Verei se a senhorita A. pratica aquilo que apregoa".

Ela descobriu que pratico, e tivemos bons momentos juntas. Minha nova ajudante trabalhava tão bem que levei o pálido Johnny à praia por uma semana; mas me chamaram às pressas, já que a pobre mamãe ficou muito doente. A confusão mental surgiu depois de um de seus problemas cardíacos (o edema afetou o cérebro), e por três semanas passamos por momentos tristes. Papai e eu cuidamos dela, e minha boa A. S. cuidava da casa para mim com bondade e lealdade.

Mamãe voltou a si devagar, mas infelizmente fraca – nunca mais seria nossa líder corajosa e enérgica. Ela percebeu, e foi difícil convencê-la de que não precisava fazer nada além de descansar.

Agosto, setembro, outubro. – Mamãe melhorou progressivamente. Papai foi ao festival Alcott em Walcott. A. e os meninos foram para Conway durante um mês; isso fez muito bem a eles.

Passei dias tranquilos com mamãe; passeei com ela, e tive o grande prazer de lhe suprir todas as necessidades e caprichos.

May ocupada e feliz em Londres. Momentos alegres no aniversário de mamãe, dia 8 de outubro. Todos contentes em ainda tê-la aqui; de fato, parecia que íamos perdê-la.

Escrevi para F. uma pequena história sobre isso – "A Happy Birthday" – e gastei os cinquenta dólares em passeios de carruagem para ela.

Novembro e dezembro. – Decidi que era melhor não tentar um inverno frio e solitário em C., mas fui a B. com mamãe, Nan e os meninos, e deixei papai livre para ir ao Oeste.

Aluguei quartos ensolarados em South End perto do parque, para que os garotos pudessem brincar na área externa, e mamãe, caminhar. Ela gostou da mudança e ficou à janela observando pessoas, charretes e pardais com grande interesse. Velhos amigos vieram vê-la, e ela ficou feliz. Encontrei uma escola boa para os meninos, e Nan aproveitou os dias de silêncio.

Janeiro de 1874. – Mamãe bem doente neste mês. O doutor Wesselhoeft faz o melhor que pode pelo pobre velho corpo, agora um fardo pesado para ela. Começou o lento declínio, e ela sabe disso, pois cuidou da própria mãe, que teve o mesmo fim.

Papai está decepcionado e bem triste por ser deixado de fora de tantas coisas de que gostaria, e deveria ser convidado para ajudar e decorar. Um pouco mais de dinheiro, uma casa agradável e tempo para cuidar dela, e traria as melhores pessoas para vê-lo e entretê-lo. Quando vejo tanta besteira acontecendo, fico pensando em quem não consegue fazer algo melhor e tem coisas realmente boas.

Quando eu era jovem, não tinha dinheiro; agora, tenho dinheiro e não tenho tempo; e, quando eu tiver tempo, se é que terei, não terei saúde para aproveitar a vida. Suponho que preciso de disciplina; mas é bem difícil amar as coisas que faço e vê-las passar porque o dever me acorrenta às galés. Se no fim eu chegar ao porto com todas as velas içadas, talvez haja uma recompensa.

A vida sempre foi um enigma para mim e fica mais misteriosa à medida que sigo em frente. Devo descobri-la pouco a pouco e verificar se está tudo bem, se pelo menos consigo me manter corajosa e paciente até o fim.

May ainda está em Londres pintando Turners e fazendo painéis bonitos como "ganha-pão". Eles vendem bem, e ela é uma menina econômica. Boa sorte à nossa garota de verão.

Fevereiro. – Papai faz várias palestras nos clubes, sociedades e na escola de Teologia. Ninguém paga nada, mas parecem contentes em ouvi-lo. Precisa haver um lugar para ele.

Nan está ocupada com os meninos, que estão indo bem na escola – bons, alegres e inteligentes; uma mãe feliz e filhinhos amorosos.

Escrevi dois contos e recebi duzentos dólares. Conheci Charles Kingsley – um homem agradável. Sua esposa tem relações com os Alcotts e gosta dos meus livros. Convidou-nos a ir à Inglaterra para vê-lo; trará as filhas a Concord de vez em quando.

Março. – May voltou para casa com um portfólio repleto de bons trabalhos. Deve ter trabalhado como um camelo para ter feito tanta coisa.

Muito feliz com seu sucesso; de fato, ela provou seu talento, tendo feito cópias tão perfeitas de Turner que Ruskin (que a conheceu na National Gallery a trabalho) lhe disse que ela "captara maravilhosamente o espírito de Turner". Ela começou a fazer cópias de paisagens naturais e se saiu bem. Lindos desenhos das clausuras da Abadia de Westminster e outras coisas encantadoras.

Escrevo uma história para todos os meus homens e faço os mil dólares que planejei obter como "ganha-pão" antes de voltar para C.

Uma lápide para o vovô May é colocada na Stone Chapel, e certa manhã de domingo levamos mamãe para vê-la. Ver papai caminhar pelo largo corredor de braços dados com a velha esposa frágil como fizeram quando se casaram há quase cinquenta anos é uma visão patética. Mamãe se sentou sozinha no velho banco por um instante e cantou suavemente os antigos hinos, pois era cedo e apenas o sacristão estava lá. Ele perguntou quem era ela e disse que seu pai era sacristão na época de vovô.

Várias senhoras chegaram e reconheceram mamãe. Ela sucumbiu pensando na época em que ela, a mãe, as irmãs, o pai e os irmãos iam todos juntos à igreja, e a levamos para casa enquanto dizia: "Esta não é minha Boston; todos os meus amigos se foram; nunca mais quero vê-la".

[Ela nunca viu. – L. M. A.]

Abril e maio. – De volta a Concord, depois que May e eu colocamos tudo em ordem e deixamos a velha casa linda com as fotos que ela tirou.

Quando tudo foi organizado e May assumiu as tarefas da casa, fui a B. descansar e aluguei um quarto na rua Joy.

A Elgin Watch Company me ofereceu um relógio de ouro ou cem dólares por um conto. Escolhi o dinheiro e escrevi a história "My Rococo Watch[128]" para eles.

Outubro. – Aluguei dois quartos bonitos no Hotel Bellevue para o inverno; May vai usar um para as aulas. Tentei trabalhar em meu livro, mas estava com tanta dor que não consegui fazer muita coisa. Não consegui dormir nada sem a morfina. Tentei o velho doutor Hewett, que tinha certeza de que poderia curar o tormento...

Novembro. – Diverti-me com os editores sobre o conto, pois todos eles o queriam ao mesmo tempo, e cada um tentava oferecer mais que o outro por uma história ainda não escrita. Até que gostei disso, e me senti importante com Roberts, Low e Scribner reivindicando meus "humildes" trabalhos. Nada de vender reles manuscritozinhos agora e me sentir rica com dez dólares. A gansa de ouro pode vender seus ovos por um preço bom, se não for morta por excesso de motivação.

Dezembro. – Melhor e mais ocupada que no mês passado.

Tudo certo em casa, e papai feliz entre o pessoal gentil do Oeste. Terminei *Eight Cousins* e estou me preparando para fazer o conto sobre o comedimento, já que F. ofereceu setecentos dólares por seis capítulos – "Silver Pitchers".

Janeiro de 1875. – ... Papai prosperando nas cidades do Oeste, "andando na carruagem de Louisa e adorado como o avô de *Mulherzinhas*", diz ele.

Fevereiro. – Terminei meu conto e fui ao Vassar College para uma visita. Vi M. M., conversei com quatrocentas meninas, autografei pilhas de álbuns e anuários escolares e dei um beijo em cada uma que me pediu. Fui a Nova Iorque; fui tratada como celebridade e fugi; mas até que foi divertido, e talvez eu tente passar um inverno aqui em algum momento, já que preciso de mudança e de novas ideias.

Março. – De volta a casa, preparando-me para a confusão centenária.

---

[128] Em *Spinning Wheel Stories*. (N.A.)

Abril. – Grande comemoração no dia 19. *Colapso* generalizado, devido a um desejo insensato de superar todas as outras cidades; gente demais…

A senhorita Alcott tinha extremo interesse na questão do voto feminino e se empenhou em organizar uma reunião em Concord. O tema era muito impopular na época, e houve iniciativas mal-educadas para arruinar a reunião com barulho e tumulto. Embora não gostasse de falar em público, ela sempre esteve bravamente ao lado de causas impopulares, e emprestou a ela todos os argumentos de sua vida de heroísmo. Quando a senhora Livermore deu uma palestra em Concord, a senhorita Alcott passou a noite toda conversando com ela sobre esse assunto importante. E teve a chance de testar o que havia de mais exaustivo, abuso ou admiração quando foi a uma reunião do Congresso das Mulheres em Siracusa, em outubro. Ela foi apresentada ao público pela senhora Livermore, e os jovens se amontoaram ao redor dela como abelhas em torno de um favo de mel. As pessoas a paravam nas ruas, pediam autógrafos, meninas pediam beijos, e a senhorita Alcott se tornou empaticamente a "bola da vez". Era tudo tão genial e espontâneo que ela passou a gostar da diversão. Nenhuma quantidade de adulação afetou a simplicidade natural de seu jeito de ser. Ela nem desprezou nem superestimou a fama; mas ficou contente com isso como prova de sucesso naquilo que sempre objetivou fazer. Passou algumas semanas em Nova Iorque aproveitando a sociedade alegre e literata que se abriu espontaneamente a ela; mas encontrou maior satisfação ao visitar Tombs[129], Newsboys' Home[130] e Randall's Island[131], pois gostava mais destas coisas do que de festas e jantares.

Diário.

Junho, julho, agosto de 1875. – Cuidei dos serviços de casa, com duas irlandesas incapazes de trotar depois do trabalho e noventa e dois convidados em um mês para entreter. A fama é um luxo caro. Posso viver sem

---

[129] Nome coloquial do Manhattan Detention Complex, prisão municipal em Nova Iorque. (N.T.)
[130] Instituição fundada durante a Guerra Civil Americana, destinada majoritariamente para crianças órfãs. (N.T.)
[131] Ilha situada no rio East, em Nova Iorque. (N.T.)

isso. Essa é minha maior dificuldade, creio eu. Pedi pão e ganhei uma pedra – em forma de pedestal.

Setembro e outubro de 1875. – Fui ao Congresso de Mulheres em Siracusa e vi Niágara[132]. Momentos divertidos com as meninas.

Dou muitos autógrafos, esquivo-me no teatro e sou beijada por montes de meninas até dizer chega. Uma senhora enérgica agarrou minha mão no meio da multidão, exclamando: "Se um dia você vier a Oshkosh[133], seus pés não poderão tocar o solo: você será carregada nos braços das pessoas! Você vem?". "Nunca", respondeu a senhorita A., tentando parecer afável e morrendo de rir enquanto a boa alma mexia no meu braço como uma alavanca e gerações de garotas ficavam olhando da galeria. "Isto aqui é a fama!"

Novembro, dezembro. – Aluguei um quarto no Hotel Bath, Nova Iorque, e olhei ao meu redor. A senhorita Sally Holly[134] está aqui, e saímos juntas. Ela me conta muito a respeito de sua vida entre os libertos, e mamãe logo estará carregada de barris de roupas, comidas, livros, etc., que a senhorita A. levará de volta consigo.

Vejo muitas pessoas, e sou vistosa demais para uma pessoa do campo. A sociedade é diferente das de Londres e de Boston.

Vou a Sorosis e às recepções da senhora Botta, O. B. Frothingham, da senhorita Booth e da senhora Croly.

Visito Tombs, Newsboys' Home e Randall's Island no dia de Natal com a senhora Gibbons. Dia memorável. Escrevo uma história sobre isso. Gosto mais dessas coisas do que de festas e jantares.

À senhora Dodge

Nova Iorque, 5 de outubro de 1875.

Cara Senhora Dodge – Até o momento, Nova Iorque parece convidativa, embora eu não tenha visto ou feito muito além de "me

---

[132] As Cataratas do Niágara, conjunto de cataratas localizadas no rio Niágara. (N.T.)
[133] Cidade do Estado de Wisconsin, nos EUA. (N.T.)
[134] Ferrenha abolicionista e membro da sociedade americana antiescravagista. (N.T.)

embasbacar", como as pessoas do campo fazem. Vi Niágara e gostei muito de minhas férias, especialmente do Congresso de Mulheres em Siracusa. Tornaram-me um membro, então é com muita honra que assino embaixo,

Sinceramente,
L. M. Alcott, M. C.

A seu pai

Nova Iorque, 26 de novembro de 1875.

Querido 76 anos – Como não tenho mais nada para lhe enviar em nosso aniversário em comum, mandarei uma carta sobre algumas das pessoas que tenho visto ultimamente, pelas quais você pode se interessar.

Na terça-feira ouvimos Gough em "Blunders", e foi muito bom – sagaz e sábio, sério e sensível. Quarta-feira à noite fui à casa do senhor Frothingham para a reunião do Fraternity Club. Pessoas agradáveis. Ellen F.; Abby Sage Richardson, mulher muito amável; o jovem Putnam e sua mulher; a senhora Stedman; Mattie G. e esposa, o doutor B., que leu uma história animada sobre a vida dos mórmons; a senhora Dodge; O. Johnson e esposa, e muitas mais cujos nomes esqueci.

Depois da história veio à tona o tema para a discussão, "Conformismo e não conformismo". O senhor B., um jovem advogado promissor, conduziu um dos grupos, a senhorita B. o outro, e o senhor F. presidiu a sessão. Foi muito animado; e, por ter sido convocada, levantei-me e, por questão de princípios, fui para o grupo do não conformismo. Recebi elogios por meus comentários, e não fui motivo de vergonha exceto por ficar muito vermelha e falar rápido.

Ellen F. foi muito gentil e perguntou bastante sobre May. Contei com orgulho as conquistas de nossa menina, e E. desejou que ela viesse a Nova Iorque. Apresentaram-me a senhora Richardson e tivemos uma conversa agradável. Ela é uma grande amiga de O. B.

F. e está dando palestras aqui sobre "Literatura". Devo ir ouvi-la, já que ela vem me ver.

O. B. F. estava tão polido, claro, frio e sagaz como de costume; cheio de graça com a "'humilde" minhoca de Concord; a senhora F. pediu-me para ir vê-los.

Ontem passeei com Sally H. no Central Park, já que o tempo estava bom e ela não se divertiu no Dia de Ação de Graças. Jantei na casa da senhora Botta, pois ela gentilmente veio me convidar. Tive ótimos momentos e senti como se estivesse em Washington; de fato, o professor Byng, ex-cônsul alemão, estava lá, cheio de fofocas do Congresso a respeito de Sumner[135] e todas as pessoas importantes que se reúnem lá. Você conhece o senhor Botta – um italiano bonito de cabelos longos, muito culto e amigável.

Lorde H., que B. achava ser "uma senhora amigável", ficou contente em dizer coisas bonitas e gostava de ser tratado como celebridade. Byng conhecia Rose e Una e perguntou sobre elas; também contou casos engraçados de Victor Emmanuel e sua corte, e aventuras alegres na Grécia, onde ele, B., foi cônsul ou algum outro cargo oficial. Foi um vislumbre de um novo tipo de mundo e, como o homem era muito talentoso, elegante e sagaz, gostei muito.

Ouvimos música mais tarde e vimos algumas fotografias bonitas. Durant conhecia a senhorita Thackeray, J. Ingelow e outros ingleses que eu também conhecia, o que foi um prato cheio para fofocar com a senhora Botta enquanto as outras pessoas conversavam em três ou quatro línguas ao mesmo tempo.

Esta casa é encantadora e virei sempre que conseguir, pois é algo de que gosto muito mais que B. H. e champanhe.

Hoje à noite vamos ouvir Bradlaugh; amanhã, uma peça nova; domingo, Frothingham e Bellows; e, segunda-feira, a senhora Richardson e Shakespeare.

---

[135] Charles Sumner, senador norte-americano e líder republicano que propôs o Projeto de Lei dos Direitos Civis em 1870. (N.T.)

Mas nem tudo é diversão, isso lhe garanto. Sou uma borboleta econômica, e escrevi três histórias. A "G." pagou pelo pequeno conto de Natal; a "I." está com "Letty's Tramp"; e meu "artigo de garota" para "Saint Nick" está quase pronto. Vários outros jornais estão aguardando contos, então tenho um lastro de trabalho para me manter, apesar das muitas diversões.

O senhor Powell veio me ver duas vezes, e na próxima semana visitaremos as instituições de caridade de Nova Iorque. Gosto de ver ambos os lados, e geralmente acho as pessoas ocupadas mais interessantes.

Até agora estou gostando muito de Nova Iorque, e me sinto tão bem que devo ficar até me cansar da cidade. As pessoas estão começando a me dizer como minha aparência está melhor do que quando cheguei, e não tenho nenhuma preocupação. Depois de uma longa lição sobre dores corporais, isso é uma bênção pela qual sou convenientemente grata.

Espero que esteja tudo bem com você e que eu receba uma carta de vez em quando. Vou guardá-las para você *amarrá-las* aos poucos em vez das minhas...

Podemos comprar uma carruagem em outra ocasião e também um celeiro, e algumas outras coisas necessárias à vida. Rosa se provou uma especulação tão boa que devemos ousar deixar May ter outra aventura quando o navio chegar. Fico contente pelo fato de a adorável "eguazinha" ser uma comodidade para a dona dela, só não a deixe quebrar os ossos do meu menino por qualquer artimanha quando ela saltitar muito.

Suponho que esteja pensando em Wilson neste momento e em sua quietude escapando para as câmaras do conselho divino aonde os bons senadores vão. Semelhante ao fim de Sumner, não? Sem esposa ou filhos, apenas homens e empregados. Wilson era uma alma tão genial e amigável que eu deveria ter imaginado que ele sentiria demais a solidão. Espero que, se ele tiver algum último desejo, seus companheiros o cumpram com lealdade...

Agora, querido Platão, que o Senhor o abençoe e o conserve sereno e feliz por muitos anos de acordo com Sua vontade, e também a mim, para que eu seja motivo de conforto e orgulho para você.

Com amor, sempre,

Sua filha de 43 anos.
Lu

Para seus sobrinhos

NOVA IORQUE, 4 DE DEZEMBRO DE 1875.

QUERIDOS FRED E DONNY – Fomos ver os novos meninos e gostaria que vocês tivessem ido conosco; foi muito interessante. Uma bela casa grande foi construída para eles, com sala de jantar e cozinha no primeiro andar, banheiros e uma sala de aula no segundo, dois grandes dormitórios, no terceiro e no quarto andar, e, no topo, uma lavanderia e um salão de esportes. Vimos todas as mesas postas para o café da manhã – um prato e uma tigela para cada um – e chaleiras grandes na cozinha, quatro vezes maiores que nossa caldeira de cobre, para chá e café, sopa e carne.

Eles comem pão com carne e tomam café preto no café da manhã, e pão com queijo e chá na ceia, e compram o próprio jantar. A escola havia acabado de terminar quando chegamos lá, e havia 180 meninos na imensa sala com carteiras no meio, e pelas paredes havia pequenos armários numerados. Cada menino que chega dá seu nome, paga seis centavos, recebe uma chave e coloca seu chapéu, livros e jaqueta (se tiver uma) na própria prateleira para passar a madrugada. Eles pagam cinco centavos pela ceia, e as aulas, banhos, etc. são gratuitos. Eram um grupo com aparência inteligente, andando por aí de camiseta e calça, pés descalços, mas os rostos eram limpos, as cabeças raspadas, e as roupas, bem decentes; não obstante, eles se sustentam, pois nenhum deles tem pai ou mãe ou outra casa além dessa. Um garotinho de apenas 6 anos corria para lá e para cá tão ocupado como uma abelha, trancando seus sapatinhos e a jaqueta esfarrapada como se fossem grandes tesouros. Perguntei sobre o pequeno Pete, e o homem nos contou que o irmão, de apenas 9 anos, o amparava e tomava conta dele integralmente; e não deixaria Pete ser enviado a nenhuma casa porque *ele* queria formar "sua família" com ele.

Reflita, Fred! Como seria ficar sozinho em uma cidade grande, sem mamãe para cuidar de você, sem duas casas de avôs para recebê-lo, sem um centavo além do que você ganhou e com Donny para cuidar? Você conseguiria? Patsey, de 9 anos, faz isso com excelência; compra as roupas de Pete, paga por sua cama e ceia e coloca centavos na poupança. Há um homenzinho corajoso para você! Quis vê-lo, mas ele é jornaleiro e vende jornais atrasados porque, apesar de ser um trabalho mais árduo, paga melhor, e o caminho é livre para quem faz isso.

A caixinha de poupança era uma mesa grande cheia de fendas, cada uma levando a um pequeno local abaixo e numerada do lado de fora, para que cada menino soubesse qual era a sua. Uma vez por mês o banco é aberto, e os rapazes tiram o que querem, ou investem em um banco maior para ter algo quando encontrarem lares no Oeste, como muitos o fazem, e derem bons fazendeiros. Um menino estava colocando alguns centavos enquanto olhávamos, e perguntei quanto ele poupara este mês. "Catorze dólares, dona", diz o rapaz de 13 anos, colocando orgulhosamente o último centavo. Oferece-se um prêmio de três dólares ao garoto que poupar mais em um mês.

As camas no andar de cima ficavam em dois cômodos imensos, maiores que o salão de nossa prefeitura – cem em um deles, e cento e oitenta no outro –, todas estreitas com uma colcha azul, um travesseiro decente e lençóis limpos. Elas são organizadas em longas fileiras, uma sobre a outra, e o menino do andar de cima precisa subir como se fosse embarcar em um navio. Gostaria de ter visto todos os cento e oitenta de uma vez em seus "beliches", e perguntei ao homem se eles não treinaram quando estavam lá dentro. "Meu Deus, dona, eles acordam às cinco, coitados, e estão tão cansados à noite que apagam imediatamente. De vez em quando algum deles arruma briga, mas temos um vigia e ele logo resolve isso."

Ele também me contou como naquele mesmo dia um jovem elegante e inteligente entrou e disse que era um de seus garotos que foram para o Oeste com um fazendeiro pouco tempo atrás; e agora ele tinha oitenta acres de terra, uma boa casa e estava se saindo bem, e viera a Nova Iorque para encontrar a irmã e levá-la para morar com ele. Não foi legal? Muitos meninos fazem isso também. Em vez de perambular pelas ruas e se envolver com travessuras, eles são ensinados a serem organizados, aplicados e honestos, e depois são enviados ao interior sadio para se sustentar.

Foi engraçado vê-los se esfregar no banheiro – pés e rostos –, pentear os cabelos e dobrar as roupas velhas nas estimadas prateleiras, o que os deixa felizes demais porque eles sentem que *possuem* alguma coisa.

O homem afirmou que todos os meninos queriam uma, mesmo que não tivessem nem sapatos nem jaqueta para colocar; mas deixariam um trapo velho de um gorro ou uma capa suja com um ar de satisfação lindo de se ver. Alguns garotos ficavam lendo, e o homem disse que adoravam isso a ponto de lerem a madrugada toda, se fosse permitido. Às nove, ele dava a ordem "Cama!" e lá se iam os meninos em bandos para dormir de camiseta e calça, já que não se forneciam roupas de dormir. O que um menino que conheço acharia disso – um menino que gosta de ter "enfeites" no pijama? É claro que não estou falando do elegante Don! Oh, não!

Depois das nove [se eles se atrasam para entrar], eles recebem uma multa de cinco centavos; após as dez, dez centavos; e, após as onze, eles não podem mais entrar. Isso os mantém seguros, longe do perigo e lhes dá tempo para estudar. Alguns vão ao teatro e dormem em qualquer lugar; alguns dormem na Casa, mas saem para um café da manhã melhor do que o que recebem lá, já que os mais elegantes gostam de guloseimas e vivem melhor à própria maneira divertida. O café com bolo do Fulton Market é a "melhor comida", e com frequência eles gastam tudo o que ganham em um dia com uma brincadeira e um jantar, e dormem em caixas ou despensas depois.

Vários gatos rondam a cozinha; chamei um pretinho de engraxate, e de jornaleiro um gatinho cinza que miava alto. Isso fez alguns garotinhos rir, e eles acenaram para mim quando fui embora. Meninos legais! Mas conheço outros mais legais. Escrevam e contem-me algo sobre meu pobre Squabby.

Até mais,

Sua
WEEDY.

Para sua família

SÁBADO À NOITE, 25 DE DEZEMBRO DE 1875.

QUERIDA FAMÍLIA – ... Só tive tempo para uma palavrinha esta manhã, já que a quarta carta era da senhora P. dizendo que eles não poderiam ir; então, saí às dez em meio à neblina até o barco, e lá encontrei o senhor e a senhora G. e pilhas de guloseimas para as crianças pobres. Ela é uma velhinha querida que usa um gorro quacre justo e roupa simples, mas bem desperta e cheia de energia. Foi magnífico vê-la enfrentar o prefeito importante e o comissário ainda mais importante e lhes dizer o que *deve* ser feito pelos pobres na ilha, já que eles estão prestes a ser derrotados; de fato, a cidade quer o terreno de algum modo ou de outro. Os dois homens logo fugiram, pois a corajosa mulherzinha acabou com eles de um jeito que teria feito mamãe gritar "bis!" e bater palmas até rasgar as luvas.

Quando as figuras patéticas se retiraram, ela abordou um padre acanhado e leu um sermão para ele; depois, ganhou o coração de um repórter jovem de tal forma que ele grudou em nós o dia todo e nos ajudou a distribuir bonecas e doces como um marido e um irmão. Vida longa a ele!

O senhor G. e eu discutimos pobreza e crimes como dois especialistas; e foi lindo ouvir o casal de cabelos grisalhos dizer "ti" e "tu", "Abby" e "James" um ao outro, ele acompanhando com os pacotes aonde quer que o pequeno gorro indicasse o caminho. Já tive vários tipos de Natais em meus dias, mas nunca um como este. Primeiro, fomos em um velho pangaré até a capela, para onde um menino correra na nossa frente gritando com alegria a todos os que encontrava: "Ela veio! Senhorita G., ela veio!". E todos os rostos se iluminaram como o esperado, já que há trinta anos ela transforma pequenas tristezas em alegrias neste dia.

A capela estava cheia. De um lado, à frente, meninas de vestidos azuis e aventais brancos; do outro, garotinhos também de avental; atrás deles, garotos maiores de ternos cinza e cabelos cortados, e meninas maiores com fitas no cabelo e vestidos de chita rosa. Eles se alternavam ao cantar; as meninas interpretaram muito bem "Juanita", os garotinhos, uma canção bonita sobre crianças pobres pedindo que um "anjinho branco" deixasse as portas do céu entreabertas para que eles pudessem espiar, ou mais. Bem patético, vindo de pobres coitados que não tinham lar algum além deste.

Os garotos crescidos recitaram trechos, e achei graça quando um rapaz animado de cinza, com uma faixa vermelha no braço, recitou os versos que dei a G. – "Feliz Natal". Ninguém me conhecia, então guardei a piada para mim mesma; depois, descobri que fui confundida com a prefeita, que era esperada. Depois fomos ao hospital, e lá começou a dor no coração (ao menos para mim), pois era triste demais ver esses pobres bebês, nascidos da necessidade e do pecado, sofrendo por todo tipo de deformidade, doença e dor. Deficientes meio cegos, com cicatrizes de escrófula[136], queimaduras e abuso – em suma, foi horrível e indescritível!

Quando entramos, eu com uma caixa grande de bonecos e o jovem repórter com uma caixa maior de doces, fomos saudados

---

[136] Inchaço dos gânglios linfáticos, principalmente no pescoço, decorrente da tuberculose. (N.T.)

por um grito generalizado de alegria. Algumas crianças tentaram correr, as meio cegas estenderam as mãos, tateando, as menores engatinhavam e as maiores sorriam, enquanto vários bebês pobres permaneciam na cama, acenando-nos para "irmos rápido".

Um pequenino, coitado, tão corroído por feridas que seu rosto inteiro estava coberto por um tipo de unguento branco – a cabeça coberta por um chapéu de oleado[137]; sem um dos olhos, e o outro coberto pela metade, além de orelhas sangrando –, só conseguia gemer e mexer os pés até eu colocar um boneco vermelho sorridente em uma de suas mãos e um doce rosa na outra; então o olho turvo se iluminou e ele disse fracamente, com a voz rouca: "Brigado, moça!", e o deixei sugar o doce com alegria, enquanto *tentava enxergar* seu querido brinquedo novo. Ele não verá outro Natal, e gosto de pensar que ajudei a tornar este feliz, ainda que por um minuto.

Foi um prazer ver o jovem repórter correr com a caixa de doces e vir até mim todo interessado, dizendo: "Dona, uma menina ficou sem boneca, e parece *muito* decepcionada".

Após o hospital fomos à instituição para excepcionais; e lá tive a chance de ver rostos e imagens que me assombrarão durante um bom tempo. Uma centena ou mais de meninos e meninas pré-adolescentes percorria um extenso corredor, com uma mesa de brinquedos no meio e uma vazia para os presentes da senhora G. Um grito irrompeu quando a senhorinha entrou correndo, acenando com o lenço e um punhado de colares de contas coloridas, e vários "Oh! Ohs!" se seguiram quando a velhinha das bonecas e o homem dos doces apareceram.

Uma ideia nova foi uma pilha de fotos alegres, e a senhora G. me pediu para segurar algumas bem animadas e ver se os pobres inocentes conseguiriam entender e apreciar. Peguei uma com dois gatinhos lambendo leite derramado, e as meninas começaram a miar e dizer: "Gato! Ah, bonito". Depois, a de um cavalo elegante,

---
[137] Tecido de algodão fino, recoberto por uma leve camada envernizada. (N.T.)

e os meninos saltaram nos bancos com prazer; um navio com várias velas, por sua vez, fez com que todos gritassem de êxtase.

Algumas foram dadas aos mais sãos, e o resto foi pregado pela sala; portanto, as fotos foram um enorme sucesso. Todos queriam bonecos, até os meninos de 19 anos; na verdade, todos tinham mentalidade de criança. Mas as meninas também, e mulheres jovens de 18 anos afagavam seus bebês e ficavam felizes. Os meninos escolheram alguma coisa da mesa com brinquedos, e foi patético ver sujeitos crescidos pegar um cachorro que fazia barulho sem sequer atinar em apertá-lo quando estava com eles. Um anão de 35 anos escolheu uma pequena arca de Noé e refletiu sobre ela extasiado em silêncio.

Alguns homens barbados sugavam o próprio doce, olhando fixamente para uma vaca de brinquedo ou caixa de blocos como se suas xícaras estivessem cheias. Uma francesa cantou a Marseillaise[138] com voz fraca, e ficou tão emocionada com a boneca nova que teve um ataque epilético no local, o que fez com que duas outras garotas também tivessem; uma pequena pausa ocorreu quando elas foram gentilmente retiradas para ir dormir.

Uma criancinha de 4 anos, que não tinha condições de colocar bala na boca, gostava tanto de música que, quando as garotas cantaram, o pobre rosto vazio despertou, e um lindo par de doces olhos castanhos parou de ficar encarando tolamente o "nada", virando para lá e para cá com um brilho, como que tentando descobrir o único som que pode alcançar sua pobre mente.

Acho que doei duzentas bonecas, e uma caixa de sabonetes com bonecas estava vazia quando fomos embora. Mas uma fila de rostos melados sorria para nós, e uma gama de brinquedos coloridos acenava freneticamente como se fôssemos anjos vertendo guloseimas nessas pobres almas.

Mulheres pobres são enfermeiras, e a senhora G. diz que os bebês morrem como ovelhas, muitos abandonados tão jovens que nada se

---

[138] Hino nacional da França. (N.T.)

pode esperar ou fazer por eles. Uma das professoras na instituição para excepcionais foi uma certa senhorita C., que se lembrava de Nan na casa do doutor Wilbur. Bem feminina, e muito dedicada a mim. Mas que vida! Oh, meu Deus! Quem *consegue* assumir isso sem enlouquecer?

Às quatro, fomos embora e voltamos para casa, e a senhora G. entrou no barco para dar uma caixa de brinquedos e doces aos filhos dos homens que o administram. Então, deixando uma corrente de bênçãos e agrados para trás, a preciosa senhora foi embora, dizendo simplesmente: "Pronto, vou me sentir melhor no próximo ano!". Que ela consiga; abençoada seja!

Ela fez um discurso para as crianças da capela após o comissário prosseguir como de costume, dizendo-lhes que *viria* quantas vezes pudesse, e quando ela fosse embora as crianças ainda se lembrariam dela; assim, por mais trinta anos ela esperava que esse feriado, o único que tinha, fosse feliz para elas. Eu a teria abraçado a querida velhinha maternal, na hora!

Na próxima quarta-feira, iremos a Tombs, e um dia visitarei o hospital com ela, já que gosto mais disso do que de festas, etc.

Cheguei a casa às cinco horas, e aí me lembrei de que não almoçara nada; então comi uma maçã até as seis horas, quando descobri que todos haviam jantado à uma para que os ajudantes pudessem sair mais cedo nesta noite. Logo, pela primeira vez desde que consigo me lembrar, passei meu Natal sem jantar ou presentes. Ainda assim foi um dia bastante memorável, e a sensação foi de ter tido um banquete incrível ao ver as pobres crianças se lambuzando na sopa de peru, e que cada presente que coloquei em suas mãos voltou para mim em forma do tolo prazer de seus rostos não infantis tentando sorrir.

Depois da agradável visita em Nova Iorque, a senhorita Alcott voltou para Boston, onde frequentou a sociedade mais que o habitual, comparecendo frequentemente a clubes, teatros e recepções. Mais do que nunca ela era considerada uma celebridade, e sentia um prazer espontâneo com a atenção que recebia.

Ela passou o verão de 1876 em Concord cuidando da mãe, que estava muito doente. Ali ela escreveu *Rose in Bloom*, sequência de *Eight Cousins*, em três semanas. Foi publicada em novembro.

Louisa estava ansiosa para que sua irmã tivesse uma casa para a jovem família. A senhora Pratt investiu o que conseguiu do dinheiro do marido na compra, e Louisa contribuiu com o restante. Esta foi a chamada Casa Thoreau, na rua principal de Concord, que se tornou o lar da senhora Pratt e, por fim, de seu pai.

Ela passou o verão de 1877, em Concord. A doença de sua mãe piorou, e ela mesma esteve muito doente em agosto. Não obstante, escreveu neste verão uma de suas histórias mais brilhantes e doces, *Under the Lilacs*. Seu amor pelos animais fica patente especialmente neste livro, e ela se lembra de ir ao circo para estudar as apresentações do cachorro Sanch.

Durante o verão de 1877, a senhorita Alcott foi passar algumas semanas em Bellevue e, tendo garantido o silêncio necessário, dedicou-se a escrever um romance para a famosa *No Name Series*, publicada pela Roberts Brothers. Ela andava pensando neste livro havia algum tempo, como se percebe no diário. Como era para ser anônimo e não se destinava a crianças, ela conseguiu fugir das velhas maneiras e se entregar aos devaneios estranhos e lúgubres que tomaram posse dela em seus dias dramáticos e quando escrevia histórias sensacionalistas. Ela estava muito interessada e deve ter escrito com muita rapidez, já que a obra foi publicada em abril. Ela gostava da empolgação de seu *incognito* e se divertia muito com os palpites dos críticos e dos amigos, que atribuíam o livro a outras pessoas e tinham certeza de que Louisa Alcott não o escrevera porque o estilo não era próprio dela.

Sem dúvida ele era diferente dos livros que a senhorita Alcott escrevera recentemente. Não tem nada da simplicidade caseira e do encanto de *Mulherzinhas*, *Old-Fashioned Girl* e outras histórias com que deleitava crianças – e, com *Moods*, deve ser sempre considerada excepcional ao se falar de suas obras. Não obstante, um estudo mais detalhado de sua vida e personalidade revelará no livro muitos de seus gostos e hábitos de pensamento próprios; e é evidente que ela escreveu *con amore*, além de ser fascinada pelos conhecidos que evoca, ainda que sobre outras pessoas eles pareçam exercer pouco encanto. Ela gostava dos livros de Hawthorne. A influência de seus romances sutis e bizarros é indubitavelmente perceptível no livro, e não é de se estranhar que a obra tenha sido atribuída ao filho do autor. Ela diz que isso estava fervilhando em sua cabeça desde que lera *Fausto* no ano anterior, e ficou claro que ela quis trabalhar conforme o pensamento de Goethe – o de que o Príncipe das Trevas era um cavalheiro e deve ser representado como pertencente à melhor das sociedades.

O enredo é marcante e original. Um jovem poeta, com mais ambição do que genialidade ou autoconhecimento, encontra-se aos 19 anos sem amigos, dinheiro ou esperança, e está a ponto de cometer suicídio. Ele é salvo por Helwyze, um homem de meia-idade, que ficou gravemente aleijado por uma queda terrível e de coração partido pela fuga da mulher a quem amava. Homem de intelecto, poder, imaginação e riqueza, mas incapaz de sentimentos conscientes ou de amor verdadeiro, ele é um salvador perigoso para o impulsivo poeta; mas ele o leva para casa, aquece-o, alimenta-o e lhe dá abrigo, prometendo lançar seu livro. A mulher brilhante e passional que desistiu do amante quando sua saúde e beleza se foram volta para ele depois que fica velha, dedicando-se de bom grado a atenuar sua dor e enriquecer sua vida. Os sentimentos dela são retratados com delicadeza e ternura.

Mas o coração de Helwyze nada sabia sobre a qualidade divina do perdão; não havia como ressuscitar seu amor, e ele apenas valorizava o poder que podia exercer sobre uma mulher brilhante e o entretenimento intelectual que ela lhe proporcionava. Uma doce garota, protegida de Olivia, completa as bem limitadas *dramatis personæ*.

O jovem poeta, Felix Canaris, assessorado pelo novo amigo, ganha fama, sucesso e o coração da garota; a sua fantasia rebelde se volta à esplendorosa Olivia. O diabólico Helwyze trabalha em cima desse sentimento e exige de Olivia sua bela jovem amiga Gladys como esposa para Felix, que é forçado a aceitá-la pelas mãos de seu mestre. Ela corresponde integralmente ao amor que imagina ter conquistado e é grata por sua sorte, além de se dedicar ao conforto e à felicidade do pobre inválido que se deleita com sua beleza e graça. Durante um tempo Felix desfruta de sucesso na sociedade, para o qual sua bela esposa e também seu livro contribuem. Mas, no fim, essa empolgação diminui. Ele escreve outro livro, que ameaça queimar por não estar satisfeito com ele. Gladys suplica a ele que o poupe, e Helwyze se oferece para lê-lo a ela. A garota se derrete toda de emoção pela paixão e pelo sofrimento da história; e, quando Helwyze pergunta "Devo queimá-lo?", Felix responde: "Não!". Novamente o livro traz sucesso e admiração, mas a terna esposa percebe que isso não garante felicidade, e que o marido está mergulhado na excitação do jogo.

O diabólico Helwyze tem sobre o poeta controle total, que exerce com tirania tão sutil que o jovem chega até a pensar em assassinato para fugir dele; porém, ele é impedido de cometer o feito por meio da influência gentil da esposa, que, no fim, ganha seu coração, sem saber que ele nem sempre foi dela.

Helwyze vai de encontro ao próprio castigo. Uma única pessoa resiste a seu poder – Gladys respira ilesa seu ar envenenado. Ele convoca Olivia como aliada para separar a esposa do amor do marido. Um ímpeto de curiosidade toma conta dele, que lê o que se passa no coração da garota; e, por fim, recorre a uma forma estranha de atingir seu objetivo. Sem que ela saiba, ele lhe dá uma droga estimulante e, sob influência disso, ela fala e age com rara genialidade que atrai a admiração de todo o grupo. Sozinho com ela, Helwyze lança mão de seu poder magnético para revelar os segredos de seu coração; porém, o que lê aí é apenas um amor puro e verdadeiro pelo marido, bem como o medo da paixão ilegítima que ele nutre. O segredo de sua influência sobre o marido é finalmente revelado. Canaris publicou a obra de Helwyze como sendo sua, e toda a fama e glória que recebeu foram uma comédia, uma miserável zombaria.

O resultado trágico é inevitável. Gladys morre sob a pressão de um fardo pesado demais para ela – saber que ele, a quem amou e em quem confiou, a enganou; o ferido Helwyze, por sua vez, fica paralisado, e experimenta daí em diante uma morte em vida.

Mesmo com todos os elementos marcantes e belos, este livro singular não consegue cativar e conquistar o coração do leitor. As circunstâncias se passam em um cenário romântico, mas ainda assim são prosaicas; e a tragédia é tolerável apenas quando levada ao nível do ideal, onde o pensamento universalista ronda todos os aspectos do indivíduo. No *Fausto* de Goethe, Margaret é a mais doce e simples das donzelas; mas nela reside a vida de todas as mulheres injustiçadas e sofredoras.

O realismo prazeroso em imagens de mulherzinhas e meninos alegres é doloroso quando se conecta a paixões tão mórbidas e vidas que nada têm de felicidade e sanidade. Assim como em seus primeiros dramas e histórias sensacionalistas, não encontramos neste livro a própria vida ampla, generosa e saudável de Louisa Alcott, nem o que havia ao redor dela, e sim as reminiscências de suas leituras, que ela lutou para tornar próprias por meio de imaginação e devaneios.

Esta nota se refere ao *Mefistófeles Moderno*:

[1877]

Caro Senhor Niles – Tive que ficar com a prova por mais tempo do que planejava porque houve um funeral no meio do caminho.

O livro enviado por último é muito agradável, e bem maior do que eu esperava.

A pobre mamãe, doente na cama, abraçou-o e disse: "É perfeito! Só queria que seu nome estivesse nele". Ela tem muito orgulho dele; e a terna Anna chora e rumina a respeito, afirmando que Gladys é a melhor e mais doce personagem que já criei. Essa é a opinião do pessoal de casa; agora veremos o que o público dirá.

May implora por ele; mas não quero enviá-lo até que ela tenha um ou dois dos outros. Você lhe mandou o "Is That All?". Se não, favor enviar; assim, não parecerá suspeito mandar apenas o "M. M.".

Estou contente demais porque o trabalho está concluído, e espero que ele não desonre a série. Não há outro que virá antes dela? Espero que sim, pois muitas pessoas suspeitam o que está acontecendo, e eu poderia contar melhor lorotas sobre o n.º 6 se não fosse meu.

Obrigada por se empenhar em guardar segredo. Agora a diversão vai começar.

Sinceramente,

L. M. A.

P. S.: O entregador de Bean sorri quando pega o pacote diário. Ele é um homem de Concord.

Com ajuda de Louisa, a irmã mais nova foi novamente para o exterior em 1876, e suas cartas alegres e amorosas animaram o pequeno núcleo familiar, muito entristecido com a doença da mãe.

Diário.

Janeiro de 1876. – Ajudei a senhora Croly a receber duzentos cavalheiros.

Uma carta do barão de Tauchnitz pedindo permissão para colocar meu livro em sua biblioteca no exterior, e enviando seiscentos marcos para pagar por ele. Eu disse: "Sim, obrigada, barão".

Fui à Filadélfia ver o primo J. May instalado na tribuna do doutor Furness. Lugar maçante, a Filadélfia. Ouvi o sermão de Beecher, não gostei dele...

Fui para casa no dia 21, ao descobrir que não consigo trabalhar aqui. Logo me canso de ser uma dama elegante.

Fevereiro e março. – Aluguei um quarto em B. e comecei a trabalhar em contos curtos porque F. T. N. queria uma história centenária; mas minha vida fútil em Nova Iorque não me deixou ideias. Fui ao Centennial Ball no Music Hall, e tive uma ideia.

Escrevi um conto de "'76", que com outros daria um livro barato. Mamãe está mal, então fui para casa cuidar dela.

Abril, maio e junho. – Mamãe melhorou. Nan e os meninos vão para a fazenda de P. May e eu limpamos a velha casa. Parece que uma poeira de dois séculos assombrou a antiga mansão, e que vieram fantasmas da primavera e do outono para limparmos.

Grandes inundações e confusão.

Exposição em Filadélfia; não quero ir. Os Estados Unidos precisam pagar suas dívidas antes de dar festas. *Silver Pitchers*, etc., são publicados e têm boa aceitação. Coisa pobre, mas o moinho deve continuar moendo até a palha.

Junho. – Mês adorável! Fiquei no hotel e esperei por mamãe.

Tentei arranjar ânimo para uma nova série, já que a senhora Dodge quer uma e Scribner está oferecendo três mil dólares por ela. A Roberts Brothers quer um romance, e os vários jornais e revistas suplicam por contos. Meu cérebro está ressequido e só consigo esperar por ajuda.

Julho, agosto. – Tive uma ideia e comecei *Rose in Bloom*, embora odeie sequências.

Setembro. – No dia 9 minha querida menina embarca no *China* para um ano em Londres ou Paris. Que Deus a acompanhe! Ela cumpriu fielmente seu desagradável dever e merecia uma recompensa. Aqui ela não consegue encontrar a ajuda de que precisa, e está feliz e ocupada em seu próprio mundo lá fora.

[Ela nunca voltou para casa. – L. M. A.]

Terminei *Rose*.

Novembro. – Publicação de *Rose*; está vendendo bem.

... 44 anos. Minha nova tarefa segue lentamente; mas continuo, e posso ser um suporte na casa, se não um anjo, como Nan é.

Dezembro. – A senhorita P. nos envia uma bela pintura a óleo de May – tal e qual a querida alma em sua jaqueta violeta, com cachos loiros à mostra e a longa mão em ação. Mamãe adorou.

Ela (M.) está se saindo muito bem, e afirma: "Estou pegando o jeito, e sinto como se nem tudo saísse errado; de fato, tenho algum talento e o provarei". Modéstia é sinal de genialidade, e penso que nossa menina tem ambos. O dinheiro que invisto nela paga o tipo de juros de que gosto. Tenho orgulho do que ela mostra que sabe fazer, e que ela não dependa de ninguém além de mim. Sucesso ao pequeno Rafael[139]! Meu inverno maçante fica animado demais com sua felicidade e êxito.

Janeiro e fevereiro de 1877. – O ano começou bem. Nan cuida de casa; os meninos estão bonitos e altos, bondosos e alegres; papai, ocupado com o novo livro; mamãe, à vontade com suas costuras, cartas, Johnson e o sucesso de suas "meninas".

Fui passar algumas semanas em Bellevue e escrevi "Mefistófeles Moderno" para a *No Name Series*. Estava fervilhando dentro de mim desde que li *Fausto* no ano passado. Gostei de fazê-lo, já que estou cansada de bancar o pai moralista com os jovens. Quero escrever um romance, mas não consigo ter tempo suficiente.

As cartas de May são nosso alento. Ela é tão séria que não faz pausas para lazer, descanso ou frequentar a sociedade, mas fica trabalhando como uma troiana. Seu trabalho é admirado por professores e colegas, por seu vigor e personalidade.

Março. – Comecei a pensar em comprar a casa de Thoreau para Nan. Os quatro mil dólares recebidos de Vt. e da Eastern R. Rs. precisam ser investidos, e ela quer uma casa para si agora que os meninos estão crescendo.

Mamãe pode ficar com ela no inverno para a mudança e me deixar livre para escrever em B. Concord não me inspira de forma alguma.

Abril. – May, a pedido do professor, o senhor Muller, enviou um estudo de natureza-morta ao Salão. O quadrinho é aceito, bem emoldurado e elogiado pelos juízes. Nenhum amigo no júri, e o modesto trabalho resistiu por mérito próprio. Ela está muito orgulhosa em ver seu árduo trabalho de seis meses render frutos. A menina está contente, e todos dizem que ela merece as honrarias.

"M. M." é publicado e suscita muitos palpites. Há elogios e críticas, e gosto da diversão, sobretudo quando os amigos dizem: "Sei que *você* não o escreveu, já que não consegue esconder seu estilo particular".

---

[139] Provável menção a Rafael Sanzio (1483-1520), famoso pintor e arquiteto renascentista. (N.T.)

Ajudei a comprar a casa para Nan – quatro mil e quinhentos dólares. Então, esse era o desejo *dela,* que está feliz. Quando terei a minha? Devo ficar contente em saber que ajudo ambas as irmãs usando o cérebro. Mas sou egoísta, quero ir embora e descansar na Europa. Nunca deverei.

Maio, junho. – Dias tranquilos cuidando da casa e de mamãe, que está cada vez mais fraca. Ajudei Nan a se preparar para o novo lar.

Senti-me muito bem e comecei a ter esperanças de haver superado as preocupações nevrálgicas e os problemas nos nervos provenientes da febre do hospital e dos árduos anos seguintes.

May morando sozinha em Paris enquanto seus colegas vão passear – uma vida solitária; mas ela anda tão ocupada que está feliz e segura. Um bom anjo olha por ela. Faço passeios agradáveis de manhã com mamãe. Ela se acomoda em uma carroça de vime e vamos até a floresta, colhendo flores e parando onde queremos. Isso a mantém renovada e descansa seus nervos esgotados.

Julho. – Fiquei cansada demais e passei algumas semanas parada. Época curiosa, deitada feliz descansando e me perguntando o que viria a seguir.

Agosto. – Assim que pude, comecei *Under the Lilacs,* mas não consegui fazer muito.

A piora da senhora Alcott foi rápida, e a dedicada filha reconheceu que sua partida final estava próxima. Enquanto Louisa cuidava dela ao lado da cama, escreveu *My Girls* e terminou *Under the Lilacs.*

O diário relata os últimos dias de cuidado e do fim tranquilo da vida abnegada de sua mãe, ainda que abençoada. Louisa era muito corajosa na presença da morte. Ela não tinha pensamentos sombrios relacionados a isso; e, no caso da mãe, após sua vida longa e dura, reconheceu como "ao envelhecer, passou a desejar seu sono tranquilo".

O laço entre mãe e filha era excepcionalmente forte e terno. A mãe viu todos os próprios potenciais reproduzidos e desenvolvidos na filha; e, se também reconheceu a energia passional que fora a força e a maldição da própria vida, isso lhe conferiu uma vigilância mais constante para poupar sua menina das lutas e arrependimentos de que ela mesma padecera.

Diário

Setembro de 1877. – No dia 7 mamãe teve uma recaída, e o médico me disse que era o começo do fim. [Água na região do tórax.] Ela estava tão doente que mandamos chamar papai de Walcott; e me esqueci de mim mesma ao tomar conta da pobre mamãe, que sofria muito e queria ir embora.

Enquanto cuidava dela escrevi *My Girls,* para juntá-lo a outros contos em um novo "Scrap Bag", e finalizei *Under the Lilacs*. Previ um inverno ocupado ou doente e quis terminar enquanto conseguia, mantendo assim minha promessa e ganhando meus três mil dólares.

Cérebro muito ativo e caneta fluindo. Sempre é necessária uma urgência para me estimular e me arrancar um livro. Nunca tive tempo de ir devagar e dar o melhor de mim.

Outubro. – Temendo desistir, contratei uma enfermeira e descansei um pouco para que, quando os últimos dias difíceis chegassem, eu não decepcionasse mamãe, que diz: "Fique por perto, Louy, e me ajude se eu sofrer demais". Prometi, e observei a vida se esvaindo nela dia após dia. Pensamos que ela não sobreviveria ao septuagésimo sétimo aniversário, mas, graças ao doutor W. e à homeopatia, ela encontrou alívio, e tivemos uma comemoração pequena e triste, sabendo bem que seria a última. A tia B. e L. W. vieram, e com frutas, flores, um sorriso no rosto e corações plenos, sentamo-nos ao redor da alma corajosa que encarava a morte com tremenda calma e estava pronta para partir.

Fiz coisas demais e fiquei muito doente – correndo risco de vida por uma semana –, e temi partir antes de mamãe. Mas superei, e levantei-me devagar para ajudá-la a morrer. Um mês estranho.

Novembro. – Ainda fraca, e mamãe decaindo rápido. No dia 14 ambas nos mudamos para a casa de Anna, um pedido sério de mamãe.

Uma semana na casa nova e, então, ela deixou de se importar com tudo. Ficou três dias na cama, deitando-se após semanas em uma cadeira, e no dia 25, ao entardecer daquele domingo chuvoso, caiu no sono em meus braços.

Ela esteve feliz o dia todo, pensando em si mesma como uma menina de novo, com pai, mãe e irmãs à sua volta. Cantou seu hino dominical para mim, a quem chamava de "mãe", e sorriu para nós, dizendo: "Um sorriso é tão bom quanto uma oração". Olhava com frequência para o pequeno retrato de May, acenando para ele: "Adeus, pequena May, adeus!".

Suas últimas palavras para papai foram: "Você está colocando um travesseiro muito macio para eu dormir".

Temíamos que ela sofresse muito, mas foi poupada disso e partiu em paz. Fiquei muito contente quando ela deu o último suspiro cansado e o silêncio chegou, com seu descanso e tranquilidade.

No dia 27, tivemos que enterrá-la, e a levamos silenciosamente ao Sleepy Hollow. Dia difícil, mas a última tarefa que devíamos a ela; lá, nós a deixamos ao pôr do sol ao lado das cinzas da querida Lizzie – sozinha por tanto tempo.

Cerimônia fúnebre no dia 28, e todos os amigos na casa de Anna – o doutor Bartol e o senhor Foote, da Stone Chapel. Um serviço simples e animado, como ela teria gostado.

Posteriormente, dias tranquilos de descanso.

Dever cumprido, e agora ficarei feliz em segui-la.

Dezembro. – Muitas cartas gentis de todos os que mais conheciam e amavam a nobre mulher.

Nunca quero que ela volte, mas a maior sensação de calor humano parece ter desaparecido, e agora não há nenhum motivo para continuar.

Meu único consolo é que *consegui* dar conforto aos últimos dias dela e aliviar o fardo que tão corajosamente carregou durante todos estes anos. Ela era tão leal, terna e verdadeira; a vida foi tão difícil para ela, e ninguém além de nós, seus filhos, soube o que ela teve de suportar. Acredito que logo irei atrás dela, e até que estou preparada para ir agora que ela não precisa mais de mim.

Janeiro de 1878. – Mês ocioso na casa de Nan, pois só consigo sofrer.

Papai está tentando lidar com o fato, inquieto por perder seu norte. A querida Nan é a mãe da casa agora – tão paciente, atenciosa e terna; não preciso de nada além desse carinho que só as mães podem dar.

May está ocupada em Londres. Muito triste em relação à mamãe; mas foi melhor não mandar chamá-la, e mamãe proibiu, além de ela ter alguns amigos *muito ternos* por perto.

Fevereiro. – Escrevi alguns versos sobre mamãe.

À senhora Dodge

Concord, 3 de junho [1877].

Cara Senhora Dodge – *O conto[140] caminha devagar por causa de interrupções, pois o verão é uma época atribulada e tenho poucos dias de silêncio. Doze capítulos estão prontos, mas são curtos, portanto darão para seis ou sete números da* Saint Nicholas.

Vou deixá-los divididos assim para que você possa lançar quantos quiser a cada mês; na verdade, tentar se adequar à revista prejudica a história em formato de livro, embora dessa forma não prejudique as partes mensais, creio eu.

Durante a semana enviarei os primeiros capítulos para a senhora Foote e, com eles, a tabela que você sugeriu, para que não desenhem bigodes nas minhas crianças nem aventais nos meninos e meninas maiores, como em Eight Cousins.

Espero que o novo bebê não seja deixado de lado cedo demais pelas minhas ilustrações; mas sinto, de fato, um desejo natural de ter uma história lindamente adornada por boas imagens, já que até agora os artistas me deixaram muito aflita.

Espero diariamente, com ansiedade, por algum tipo de iluminação, pois até agora meu enredo está vago; e, embora eu não aprove as "sensações" dos livros infantis, é preciso ter um certo fio para atar os pequenos eventos que compõem o verdadeiro estilo de vida infantil.

Pretendo ir uma tarde queimar os miolos na grande apresentação de Van Amburg, a fim de obter dicas para deixar Ben e seu cão ainda

---

[140] *Under the Lilacs.* (N.A.)

mais bonitos. Também coloquei um poema do filhinho de F. B. S.[141]*, e esse sucesso dará à senhora Foote um bom cenário com o poeta de 6 anos recitando seus versos sob os lilases.*

Minha expectativa é que as crianças pequenas sejam excepcionalmente boas, já que o artista tem um modelo vivo para usar como estudo. Por favor, dê meus parabens à mamãe feliz e ao senhor Foote, Jr.

Cordialmente,

L. M. A.

21 DE AGOSTO DE 1879.

CARA SENHORA DODGE – *Não consegui fazer nada na série. Porém, depois de uma semana na praia, a fim de me preparar para o trabalho, tenho intenção de começar. O conto "Revolucionário" parece não tomar posse de mim. A propósito, perguntei a muitos de meus jovens fãs de qual história eles gostariam quando esperam por uma: do estilo desta ou do de* Eight Cousins, *e todos responderam que preferem a última. Seria muito mais fácil de fazer, já que tenho um início e um plano prontos – um vilarejo e assuntos relacionados a uma festa infantil. Há muitos namoricos entre meninos e meninas em Concord e toda sorte de coisas estranhas, que funcionarão muito bem em* Jack and Jill. *A senhora Croly anda ansiosa por uma história e estou tentando fazer uma curta, já que contei a ela que a senhora recusou minha próxima série. Espero que não fique muito decepcionada com o conto de tempos antigos. Seria necessário estudar para fazê-lo bem, e ócio é tudo o que não tenho e, receio, nunca terei, quando preciso escrever algo. Se quiser, enviarei alguns capítulos de* Jack and Jill *quando estiverem organizados, e a senhora pode decidir se eles servirão. Se possível, tentarei deixá-los diferentes dos outros, mas os queridinhos* vão *se apegar ao estilo de* Mulherzinhas.

---

[141] *Under the Lilacs.* (N.A.)

Tive um verão muito ocupado, mas estou me saindo bem e sou capaz de fazer minha parte em entreter os quatrocentos filósofos.
Sinceramente,

L. M. A.

17 de Setembro [1879].
Cara Senhora Dodge – Não me deixe escrever de forma prosaica. Se parecer que estou decaindo e com tendência para isso, repreenda-me e tentarei me empertigar como nos velhos tempos. Os anos domaram o espírito e os devaneios, embora só aprofundem o amor pelas pessoas jovens e fortaleçam o desejo de lhes servir com sabedoria e alegria. Pais e mães me contam que usam meus livros para ajudar a si mesmos; portanto, às vezes gosto de acrescentar uma página para eles, recém-extraída da experiência de outro pai ou mãe, já que a educação me parece ser o problema de nossa época.

Jack e Jill fazem parte de nosso círculo direto, e meninos e meninas estão empolgados para saber o que está acontecendo nele; então, será uma "história verdadeira" de forma geral.

Uma observação tão longa para uma mulher tão ocupada ler! Mas suas palavras de incentivo foram minha melhor "iniciação" e, mais do que nunca, despeço-me
Cordialmente,

L. M. A.

MAY ALCOTT NIERIKER.

Nasceu em Concord, em julho de 1840. Morreu em Paris, em dezembro de 1879.

Esta irmã mais nova tornou-se muito querida para Louisa e, por ter-lhe deixado uma criança pequena, exerceu tamanha influência sobre ela ao longo de seus últimos dez anos que não poderíamos deixar de traçar o curso de sua vida e o desenvolvimento de sua personalidade. May nasceu antes das experiências em Fruitlands, e sua infância se passou no período em que os rendimentos da família estavam na pior situação possível; mas ela era jovem demais para sentir por completo as preocupações que pesavam sobre as irmãs mais velhas. A irmã mais velha de todas – a afetuosa e prática Anna – quase adotou May como sua própria filha, dispensando-lhe toda a atenção e cuidados que a mãe não tinha tempo de dar, em meio a suas inúmeras atribulações. A criança se apegou a Anna com confiança e afeição; porém, com imaginação rápida e espírito ágil, ela admirava as qualidades brilhantes de Louisa. De temperamento ligeiro e atitudes céleres e impulsivas, brigava com Louisa e ao mesmo tempo a adorava, ficando impaciente com as repreensões da irmã, que, não obstante, exerciam grande influência sobre si. Ela tinha um caráter mais dócil que as outras irmãs, além de uma tendência natural e feminina por atenção, e uma inclinação romântica por beleza pessoal e estilo de vida. Graciosa de corpo e maneiras, com uma compleição fina, olhos azuis e uma profusão de cachos loiros, ela tinha uma aparência atraente; e uma franqueza infantil, além da aceitação da empatia ou críticas, desarmava aqueles que estavam dispostos a encontrar algum defeito nela.

May é descrita com muita autenticidade em *Mulherzinhas*, e sua personalidade é retratada com um toque perspicaz, mas amoroso: "Uma donzela branca comum, de olhos azuis e cabelos loiros formando cachos sobre os ombros, pálida e delgada, e sempre se portando como uma jovem dama atenta aos próprios modos". Muitos pequenos toques de descrição revelam a consciência da aparência e o amor pela admiração que ela inocentemente traiu, e ilustram a relação entre as irmãs: "'Não pare de dobrar o dedo mínimo e brincar com a comida, Amy', gritou Jo". Em seu diário, a mãe afirma a respeito dessa filha: "Ela se sai bem em tudo; suas habilidades residem sobretudo nos olhos e dedos. Quando ela era criança, eu observava com que facilidade e graça ela fazia coisas minuciosas".

De acordo com Louisa, "se alguém tivesse perguntado a Amy qual era o maior desafio de sua vida, ela teria respondido imediatamente: 'Meu nariz'. Ninguém se importava com isso além dela mesma, e ele estava fazendo o melhor que podia para crescer; mas Amy desejava muito um nariz grego e desenhava em folhas inteiras alguns bonitos para se consolar". O "Pequeno Rafael," como as irmãs a chamavam, desenvolveu logo cedo um amor e talento pelos desenhos, que se tornaram o prazer de sua vida.

Ela cobriu seus livros com esboços, mas conseguiu escapar de repreensões sendo um exemplo de conduta. Sempre tendo em mente um ideal de vida elegante, os inúmeros pequenos desafios da época em que era pobre foram sem dúvida humilhações graves para ela; e a necessidade de usar vestidos doados por outras pessoas, e que eram feios em si mesmos ou não harmonizavam com sua aparência, causava-lhe muita aflição. Ela sempre foi generosa e se reconciliava com facilidade após uma briga, além de ser a favorita de seus companheiros e a heroína de pequenos episódios de amor inocentes, que, como afirma Tennyson,

"São pequenas missões de amor
Para mexer com os sentimentos, antes que ele
encontre o Império para toda a vida"[142].

Ainda que May fosse jovem demais para participar do sustento da família, que recaía sobre Anna e Louisa, ela era uma bênção e um alívio por causa de seu caráter gentil e vivo. Após a morte de Elizabeth, em 1858, sua mãe relata sobre "voltar-se para a pequena May como consolo", e as cartas de seu pai revelam como ela era querida por ele, embora nunca tenha feito parte de sua vida intelectual.

May compartilhou a bênção do primeiro sucesso de Louisa, pois foi à School of Design, em 1859, para ter aulas sobre sua arte, que tanto desejava. Em 1860, um velho amigo lhe enviou trinta dólares para aulas de desenho, e ela teve a melhor formação que conseguiu receber em Boston na época.

Em 1863, Louisa obteve para ela o grande diferencial de estudar com o doutor Rimmer, que estava então dando cursos preciosos de arte

---

[142] *The Gardener's Daughter.* (N.A.)

anatômica em Boston. Sob sua instrução, May deu um pouco de atenção à modelagem e finalizou um busto perfeito. Embora ela não almejasse esse ramo da arte, sem dúvida ele o ajudou muito ao lhe dar mais conhecimento sobre a cabeça, além de um estilo mais ousado e firme de desenhar que ela não teria adquirido de outra maneira.

Como se verá no diário de Louisa, May era sua companhia frequente em Boston, envolvida com estudos ou ensino. Por gentileza de uma amiga, ela foi à Europa em 1870, quando Louisa a acompanhou. Louisa a enviou ao continente para um ano de estudos em 1873, e novamente em 1877. Em Londres e Paris, ela teve boas chances de estudar e se aprimorou rapidamente em sua arte. May fez algumas cópias admiráveis de Turner que chamaram a atenção de Ruskin; um retrato de natureza-morta foi aceito no Salão de Paris, acontecimento que trouxe enorme alegria ao círculo familiar e a seus amigos de casa.

Era muito generosa para ajudar outras pessoas na arte que amava. Em casa, nos intervalos de seus estudos na Europa, ela tentou montar um centro de artes em Concord e disponibilizou gratuitamente seu tempo, conhecimento e o uso de seu estúdio a jovens artistas. Ela escreveu um livreto para ajudá-los a estudar no exterior, chamado "Studying Art Abroad, and How to do it Cheaply" [Como Estudar Arte no Exterior de um Jeito Barato].

Como o restante da família, May escrevia com grande facilidade, e às vezes compunha histórias curtas. Suas cartas são muito alegres e agradáveis.

Quando morou em Londres, ela acabou conhecendo um jovem cavalheiro suíço, cujos gostos refinados e artísticos eram muito semelhantes aos dela. Durante os dias tristes de luto causados pela morte da mãe, ele bancou o amigo empático, usando música para aliviar sua dor e animar sua solidão. Assim, juntos com frequência, a amizade deles se transformou em amor, e eles ficaram noivos. O rumo desse amor verdadeiro, que por um tempo transcorreu com rapidez e suavidade, é mais primorosamente retratado nas cartas de May à família. A visão encantadora de si mesma e de seu jovem amante é tão parecida com a de Amy e Laurie em seu melhor clima que a sensação que temos é de que a senhorita Alcott foi profética no tratamento desses personagens em *Mulherzinhas*.

Gostaria de dar o relato franco dela própria sobre esse acontecimento. May detinha o segredo da juventude eterna, ao menos em espírito; e, ao ler suas cartas, não é possível ter noção de que mais de trinta anos se passaram por ela, pois eles não tiraram nenhuma gota de frescor de seu coração.

A união desse casal feliz não surpreendeu os amigos de casa, que leram o coração de May, revelado em suas cartas sinceras e inocentes com mais clareza do que ela supunha. Quando os ossos do ofício convocaram o senhor Nieriker de Londres, os corações do jovem casal tremeram diante da ideia da separação, e eles decidiram se casar de uma vez e ir embora juntos. A cerimônia simples aconteceu em Londres, no dia 22 de março de 1878, e May deu início à sua jornada não mais solitária, mas com um ser amado ao lado.

As cartas de May estão cheias da alegria mais inocente de sua vida nova. Os velhos dias de luta e penúria haviam ficado para trás; nada mais de coração solitário; o mundo é belo, e todos são adoráveis e gentis. A vida na modesta casa francesa é um sonho idílico, e ela escreve às irmãs cada detalhe de seu lar. O retorno do marido ao pôr do sol é uma festa, e a noite é um prazer feito de poesia e música. Seu vestido azul e seus móveis carmesim satisfazem seu senso artístico. Ela não negligencia sua arte, mas pinta com inspiração renovada e aguarda críticas e elogios. Ela afirma: "Ele é muito ambicioso por meu sucesso artístico, e meu crítico mais severo". De manhã, encontra o cavalete armado para ela, uma lareira queimando para seu conforto, e o marido na poltrona grande esperando para ler para ela, ou pegando o violino para posar para um retrato, de paletó de veludo cinza e chinelos vermelhos[143].

Por ora o amor conjugal é suficiente, e May se surpreende que a felicidade do momento pode, dessa forma, afogar toda a lembrança de tristeza. Não obstante, às vezes se ouve uma nota de sofrimento, já que ela chora

---

[143] Este retrato interessante está com sua irmã. (N.A.)

pela mãe que se foi, ou tem saudades da irmã que lhe deu força durante sua vida inteira. O toque pitoresco e a facilidade da vida na França fazem a América parecer estúpida e desolada, e ela não tem a menor vontade de ir para casa, apenas de compartilhar sua felicidade com seus entes queridos. Seu trabalho artístico fez sucesso, e o dinheiro que recebia por ele era razoável, embora a renda do marido fosse suficiente para seus desejos modestos. Ela tinha razão em seu sentimento de gratidão por ser singularmente abençoada.

A família do marido, germano-suíça, possuía alta posição, dotes artísticos e sentimentos intensos. A mãe e a irmã vieram visitá-los e, com amor cordial, receberam May em seus corações.

Entre os quadros pintados por May nessa época, o mais notável é o retrato de uma menina negra, um estudo muito fiel da vida real, que mostra sem exageros as cores e traços característicos de uma negra bonita. A expressão dos olhos é terna e sofrida, apropriada ao destino de uma escrava. Esse estudo sério teria gerado frutos mais ricos se ela tivesse tido uma vida mais longa.

O próprio caráter de May parece ter florescido mais no clima ensolarado. Em casa, quando jovem, ela era impulsiva, afetuosa e generosa, mas de temperamento afiado e, às vezes, exigente; mas a impressão geral que ela causou no marido e na família dele foi a de uma pessoa graciosa e doce, e ela mesma declara que as irmãs de casa não a reconheceriam, já que ela "se tornara tão doce nesta atmosfera de felicidade".

Teríamos prazer em nos demorar nesses registros de um lar paradisíaco onde Adão e Eva renovavam seus amores inocentes e trabalhos felizes. Ao refletir sobre as tristezas humanas, é um sopro de ar saber que uma alegria como essa é possível, e que precisa apenas de amor e corações simples para torná-la realidade.

O registro de May sobre a felicidade ecoou de maneira tocante no coração do pai enlutado, que recorda os próprios dias de namoro. Ele apreciou cada palavra de ternura dela; e as palavras respeitosas e amáveis do novo filho, a quem reage com afeição, foram como um bálsamo para seu coração ferido.

A felicidade de May cresceu com a expectativa da maternidade. Sua saúde estava ótima, e ela recebia cuidados da nova mãe e da irmã. A ansiosa família de casa recebeu com enorme prazer a notícia do nascimento de uma filha. Foi uma grande decepção para Louisa o fato de ela não conseguir estar com a irmã nessa época; mas sua saúde não estava boa para viajar, e ela sentia que May recebia cuidados e amor suficientes.

Uma amiga americana em Paris fez a gentileza de descrever a Louisa todos os detalhes sobre a pequena sobrinha e a condição de saúde da mãe. "É difícil", diz ela, "afirmar quem dessa família feliz está mais orgulhoso desse pedacinho de gente que esperneia".

Durante cerca de duas semanas, tudo parecia bem; mas sintomas alarmantes começaram a aparecer, e as forças da mãe decaíram rapidamente. O cerne da doença estava no cérebro, e geralmente ela ficava inconsciente, embora tivesse intervalos de aparente melhora, quando reconhecia os amigos. Ela faleceu tranquilamente no dia 29 de dezembro de 1879.

Um clérigo americano em Paris se encarregou do funeral, que, conforme desejo expresso de May, foi bem simples, e ela foi enterrada no cemitério silencioso de Montrouge, do lado de fora das fortificações.

Prevendo a possibilidade de um término fatal para sua doença, May preparara tudo para o evento e fez sua cunhada prometer que levaria o bebê a Louisa para receber os cuidados dedicados que ela sabia que teria. A criança tornou-se fonte de grande consolo para a senhorita Alcott, conforme será visto em seus diários. Após sua morte, o senhor Nieriker visitou sua filhinha nos Estados Unidos, e em junho de 1889 sua tia paterna a levou para a casa da família em Zurique, na Suíça.

Antes que as cartas tristes descrevendo a doença de May chegassem aos Estados Unidos, veio a mensagem por telégrafo de sua morte. Ela foi enviada ao senhor Emerson, amigo incondicional da família, que a levou até Louisa, já que o pai estava temporariamente ausente. Sua sutileza amenizou o golpe até onde a ternura humana conseguiu, mas ainda assim caiu como um peso avassalador sobre todos eles.

O pai e a irmã não conseguiam dormir, e durante as vigílias noturnas ele escreveu uma ode tocante, o grito do amor e luto paterno intitulado "Love's Morrow".

Para a senhora Bond

CONCORD, 1.º DE JANEIRO DE 1880.

CARA TITIA – É difícil acrescentar mais uma tristeza ao seu coração já carregado, sobretudo uma deste tipo, mas não queria que você soubesse por mais ninguém além de nós. A querida May está morta. Foi passar o Ano Novo com mamãe, em um mundo onde espero que não haja nenhum tipo de sofrimento como este. Partiu justo quando parecia mais segura e feliz, após quase dois anos de satisfação e amor tão doces que chegou a nos escrever: "Se eu morrer quando o bebê vier, lembrem-se de que fui tão indescritivelmente feliz por um ano que devo ficar contente".

E agora tudo acabou. A boa mãe e a irmã fizeram tudo com a maior dedicação possível. Nunca conseguiremos retribuir. Minha May me deu minha pequena Lulu, e na primavera espero receber meu doce legado. Enquanto isso, sua querida avó a leva para uma casa cheia de amigos amorosos, e ela está em segurança. Escreverei mais quando soubermos, mas o mar cruel nos divide e temos de esperar.

Deus a abençoe, querida titia, por todo o seu amor por May; ela nunca se esqueceu disso, nem nós.

Cordialmente,

LOUISA.

4 DE JANEIRO.

CARA TITIA – Tenho poucas novidades para contar, mas me parece um consolo responder à enxurrada de cartas de ternura e simpatia que cada correspondência nos traz...

Portanto, temos de esperar para saber como, afinal, se deu o fim, onde as queridas cinzas devem ficar e quando o desolado lar será desfeito. Como gota d'água, só resta o bebê de May ser levado embora. Mas talvez fosse melhor, pois, mesmo no Paraíso com mamãe, sei que

May ansiará com muito ardor pela filha tão desejada, acolhida com tamanha ternura, adquirida por tal preço.

De todos os problemas da minha vida, nunca tive um tão difícil de suportar, pois a queda abrupta de uma felicidade tão grande para um poço tão fundo de tristeza me deixa despreparada para aceitar ou suportar como deveria.

Algum dia saberei por que as coisas são como são; até lá, preciso tentar acreditar e esperar, e ter esperanças como você tem. A tristeza tem seu lado solitário, e a empatia é tão doce que tira metade de seu amargor.

Cordialmente,

L.

Após o casamento e a morte de May, Louisa ficou em Concord por algum tempo, tentando se esquecer da tristeza ao cuidar de outras pessoas. Ela foi à cadeia de Concord e contou uma história aos detentos que tocou seus corações, permanecendo na memória de alguns deles por muito tempo.

Ela escreveu alguns contos para *Saint Nicholas*, entre eles "Jimmy's Cruise in the Pinafore", encomendado em razão da encenação da ópera popular de mesmo nome por uma trupe de jovens.

E passou algumas semanas em Willow Cottage, Magnolia, que descreveu em sua história popular em *Jack and Jill*. O cenário da história se passa majoritariamente em Concord, ou "Harmony", como ela a chamou, e apresentou muitas cenas e pessoas conhecidas no livro.

Também neste verão foi inaugurada a tão sonhada Escola de Filosofia. Sua inauguração foi um evento importante para o senhor Alcott, a realização de um sonho de muitos anos. Louisa apreciou a alegria do pai, e se esforçou para ajudá-lo a extrair total satisfação disso. Ela trouxe flores para adornar a reunião inaugural e foi simpática com os convidados. Às vezes assistia às palestras dos amigos – o doutor Bartol, a senhora Howe e outros – e não pôde deixar de apreciar o encontro com várias das pessoas inteligentes que se reuniam ali; porém não se importava com filosofia especulativa. Seu senso de humor sagaz fez com que ela percebesse todas as incongruências, coisas engraçadas ou, simplesmente, romanceadas nas atitudes dos filósofos. Ela sentia que o pai sabia demais sobre detalhes áridos, e talvez não apreciasse a alegria da constatação que isso lhe trazia. Louisa não confiava muito no sucesso prático do experimento. Em sua mente, a filosofia estava muito associada à pobreza inicial e ao sofrimento, e ela não se deixou levar por seus encantos. Ela costumava ficar à beira-mar nesses momentos, já que sofria com o calor de Concord. Em seu diário surgem alusões frequentes à escola. A história a seguir é contada por um amigo.

"Foi em Concord, no dia de Emerson. Após passar a manhã com Bartol, Alcott e a senhora Howe, almocei com os Alcotts, que estavam hospedando o venerável doutor McCosh.

"Naturalmente, a conversa versava sobre os eventos da manhã. 'Estive pensando', disse o doutor, 'enquanto observava o público, que não havia nenhum homem jovem; e que, só tendo velhos, sua escola logo morreria com eles. A propósito, senhora', continuou ele, dirigindo-se à senhorita Alcott, 'qual é sua definição de filósofo?'

"A resposta veio instantaneamente: 'Minha definição é a de um homem pendurado num balão, com a família e os amigos segurando as cordas que o prendem à terra e tentando puxá-lo para baixo'.

"Os risos que se seguiram a essa resposta foram acompanhados com gosto e prazer pelo próprio filósofo."

Diário

Março de 1878. – Um acontecimento feliz – o casamento de May com Ernest Nieriker, o "terno amigo" que a consolou pela perda de mamãe, assim como John consolou Nan pela de Beth. Ele é suíço, bonito, culto e bondoso; tem uma família excelente que mora em Baden, e E. tem um bom negócio. May tem idade suficiente para fazer as próprias escolhas, e parece tão feliz com a nova relação que não temos nada a dizer contra isso.

Eles se casaram em uma cerimônia particular no dia 22 e foram passar a lua de mel em Havre, já que E. tinha coisas a fazer na França; então, se casaram às pressas. Enviei a ela mil dólares de presente, e todos os melhores votos pela nova vida.

Abril. – Cartas felizes de May, aproveitando tudo que a vida pode oferecer. E. envia correspondências elegantes a papai, e tenho certeza de que será um filho bem-vindo. May desenha, e E.vai cuidar dos negócios durante o dia, e ambos se deleitam com música à noite, já que E. é ótimo violinista.

Como nossas vidas estão diferentes neste momento! – eu, tão solitária, triste e doente; ela, tão feliz, saudável e abençoada. Ela sempre teve a cereja do bolo, e a mereceu. Meu momento ainda está para chegar, quando eu estiver pronta para ele.

Anna limpa a velha casa, pois nunca voltaremos para lá; ela deixou de ser um "lar" quando mamãe partiu.

Fico vagando por aí, esperando para ver se devo viver ou morrer. Se viver, é por algum trabalho novo. Qual será?

Maio. – Comecei a sair um pouco, e estou aproveitando a primavera. A natureza sempre me faz bem.

May se mudou para sua casa em Meudon – um lindo apartamento, com varanda, jardim, etc. Faço planos e tenho esperanças de visitá-los, se estiver suficientemente recuperada e encontrar inspiração renovada em uma nova vida. May e E. insistem e espero poder ir, mas ainda não posso correr os riscos de uma viagem. Duvido que um dia eu arranje tempo para levar minha própria vida, ou saúde para tentar.

Junho e julho. – Melhora rápida, apesar das previsões e pressentimentos macabros. O Senhor tem mais trabalho para mim, então estou sendo poupada.

Tentei escrever uma biografia sobre mamãe, mas ainda é cedo demais e não estou bem o bastante.

May conseguiu uma nova mãe e cunhado, e os acha acima de tudo interessantes e amorosos. Eles parecem muito orgulhosos dela, e felizes com sua felicidade. Tempos iluminados para nossa caçula! Que sejam duradouros!

[Eles foram. – L. M. A.]

Preparei-me bem para visitar May em setembro, mas desisti na última hora, temendo desfazer todo o bem que este ano exaustivo fez por mim e ser um fardo para ela. Uma grande decepção, mas aprendi a esperar. Quero vê-la feliz em seu novo lar.

Nan está com a perna quebrada; então, fiz bem em ficar, já que não tem ninguém além de mim para ocupar seu lugar. Sempre há pequenas coisas a serem feitas.

Outubro, novembro. – Nan melhorou. Cavalguei, cuidei dela, da casa e tentei ficar contente, mas não fiquei. Nada de planos para mim mesma agora; faço o que posso, e deveria ficar contente por não ficar ociosa por muito tempo.

No dia 8, aniversário de mamãe, papai e eu vamos ao Sleepy Hollow com folhas e flores vermelhas para ela. Dia frio e monótono, e fico contente por não haver mais nenhum inverno para ela.

Dia 25 de novembro. – Faz um ano que nossa amada mãe morreu. Um ano cheio de acontecimentos. May se casou, vivo em vez de morrer, papai é homenageado na velhice, e Nan faz de sua casa um refúgio quando precisamos.

Dezembro. – Época agitada. Nan dá a volta por cima. Estou tão bem que fico surpresa comigo mesma, e não pergunto mais nada.

Escrevo um conto para o *Independent* e dou início a um romance de arte, com a história de amor de May como fio condutor. Fui passar algumas semanas em B. e dei umas voltas por aí para ver o que conseguia fazer...

Assim termina 1878 – um contraste enorme com dezembro passado. Na época, achei que tinha acabado com a vida; agora posso aproveitar um bocado e esperar para ver o que me pouparam fazer. Agradeço a Deus tanto pela tristeza como pela alegria.

Janeiro de 1879. – Escrevendo em meu quartinho em Bellevue. Tenho dois livros bem iniciados, mas me interromperam demais e ousei não entrar em uma espiral por temer um colapso.

Saí e vi pessoas, e tentei ficar alegre. Interpretei Jarley para uma feira, e também para o Authors' Carnival no Music Hall. Momentos esquisitos;

velha demais para essas brincadeiras. Um coração triste e um corpo exausto tornam difícil fazer teatro, acho eu.

Li *Mary Wollstonecraft*, *Dosia*, *Danieli*, *Helène*, etc. Gosto dos livros de Gréville.

Investi mil dólares nos estudos de Fred, etc. Johnny também tem seus mil guardados no banco, para a educação dele e alguma emergência.

Fevereiro. – Fui para casa em Concord, bem cansada. Descobri que uma vida bem tranquila é melhor; de fato, em B. as pessoas me cercam para fazer coisas, e eu tento, e fico tão cansada que não consigo trabalhar. O doutor C. diz que descansar é minha salvação; então eu descanso. Tenho esperanças de ir a Paris na primavera, já que May insiste que eu vá. Ela está levando o que chama de "vida ideal" – pintura, música, amor e o mundo lá fora esquecido. As pessoas ficam pensando coisas e fazem fofocas; mas M. e E. riem e são felizes. Pessoas sensatas para desfrutar esta época adorável!

Fui a um jantar na Revere House, do Papyrus Club. A senhora Burnette e a senhorita A. eram convidadas de honra. O doutor Holmes me recebeu e, para minha surpresa, encontrei-me à direita do presidente com a senhora B., Holmes, Stedman e os grandes nomes da terra. Tive momentos felizes. O doutor H. é muito galante. Mais brindes a *Mulherzinhas* do que eu gostei.

Vi a senhora B. em um almoço e a levei a Concord para almoçar, e também M. M. Dodge. Mulheres sobretudo agradáveis.

Uma visita ao H. W. Época de missões na Igreja do Advento. O padre Knox-Little pregou, acordando os pecadores. H. tinha esperanças de me converter e me levou para ver o padre K.-L., um homem muito interessante, e tivemos uma conversa agradável; mas descobri que queríamos a mesma coisa, embora a chamássemos por nomes diferentes; além disso, sua religião tinha cerimônias demais para combinar comigo. Portanto, ele me deu sua bênção e me prometeu enviar alguns livros.

[Nunca enviou. – L. M. A.]

Momentos agradáveis com minha "amiga de dias chuvosos", como eu chamo a doutora W. Ela me traz muito alívio, com seu bom senso saudável e terna paciência, além de ser hábil como uma médica e bonita como uma mulher. Eu a adoro, e ela me faz bem.

Cartas felizes de May. Suas esperanças de um filhinho ou uma filhinha no outono nos dão novos planos sobre o que conversar. *Preciso* estar bem o suficiente para ir visitá-la.

Abril. – Muito mal e brava; exausta de ser prisioneira da dor. Saudades das antigas forças, quando eu podia fazer o que queria e não sabia que tinha um corpo. Não vale a pena viver desse jeito; porém, já que sobrecarreguei a máquina maravilhosa, preciso pagar por isso e suponho que não devo resmungar, porque é justo.

Fui a B. ver a doutora S. Disse que eu estava tão boa como jamais sonhou que estivesse e que não preciso me preocupar. Então me animei e tentei ficar alegre, apesar das dores e do nervosismo. O clima quente me aliviou, e a grama verde me fez bem.

Coloquei uma cerca em torno de jardim de A. Comprei um faetonte[144], então preciso guiar, já que não posso andar muito e papai adora levar os hóspedes para passear.

Maio e junho. – Fui passar uma semana em B., mas não gostei de ver as pessoas. Fiz uns passeios e voltei para casa. Vi "Pinafore"; bonita peça.

Companhia em excesso.

E. deu uma olhada na Orchard House e gostou; provavelmente irá alugá-la. Espero que sim, já que está abandonada e vazia. Nunca passo por lá sem olhar para a janela de mamãe, onde o querido rosto costumava ficar, e para a de May, com as vinhas pitorescas ao redor. Não surge agora nenhuma Diana dos cabelos dourados e vestido azul; ela está feliz, costurando roupas de bebê em Paris. Aproveitei para preparar uma caixa com coisas delicadas para lhe enviar. Até as velhas solteironas se interessam por bebês.

Junho. – Mês fraco. Tento esquecer minhas próprias preocupações e aproveito o tempo bom, minha pequena carruagem e bons amigos. As almas são tão escravas do corpo que é difícil o lodaçal do desânimo quando os nervos tremem e a carne dói.

---

[144] Carruagem leve e descoberta, com quatro rodas. (N.T.)

No domingo fui com papai à cadeia e contei uma história aos homens. Pensei que não conseguiria encarar quatrocentos de uma vez; porém, após olhar para eles durante o sermão, senti que eu poderia ao menos *diverti-los*, e era evidente que eles precisavam de alguma coisa nova. Então contei uma história de hospital com uma pequena moral e fiquei tão interessada em olhar os rostos de alguns jovens perto de mim, que absorviam cada palavra, que me esqueci de mim mesma e falei "como uma mãe". Um baixou a cabeça e outro chorou muito, então percebi que os havia cativado; com efeito, mesmo uma única lágrima naquele lugar árido e difícil lhes faria bem. A senhorita McC. e papai disseram que me saí bem, e me senti bem orgulhosa de meu primeiro discurso. [Sequência posterior.]

Julho. – Escrevi um pequeno conto chamado "Jimmy's Cruise in the Pinafore" para o *Saint Nicholas*; cem dólares.

Dia 14. – Os filósofos começam a formar os enxames, e o zumbido começa amanhã. Ainda não se sabe quanto mel será feito, mas a colmeia está pronta, e os zangões, também.

No dia 15, a Escola de Filosofia começou os estudos na Orchard House – trinta alunos; papai, o orientador. Finalmente ele realizou seu sonho e é a glória em pessoa, com muitos debates em que mergulhar. As pessoas riem, mas vão gostar de uma novidade nesta cidadezinha monótona, e os novos ocidentais lhes mostrarão que toda a cultura do mundo não está em Concord. Ri com meus botões quando a senhora... perguntou a uma das recém-chegadas, com ar superior, se ela já havia analisado Platão. E a modesta dama de Jacksonville respondeu, piscando para mim, "Nós temos lido Platão em *grego* nos últimos seis anos". Depois dessa, a senhora... até encolheu.

[Oh, perniciosa L. M. A., que odeia um embuste e adora uma piada. – L.M.A.]

Fui a primeira mulher a registrar o nome como eleitora.
Agosto. – Para B. com uma nova "Scrap Bag". "Jimmy" para a ribalta. Escrevi um pequeno conto.

A cidade está cheia de filósofos se formando, e eles se empoleiram em nossas escadas como galinhas esperando pelo milho. Papai se deleita com isso, então mantemos o hotel funcionando e tentamos passar a impressão de que gostamos disso. Se fossem filantropos, eu teria gostado; mas especulação parece uma perda de tempo quando há muito trabalho de verdade clamando para ser feito. Por que discutir o "incognoscível" até nossos pobres serem alimentados, e os maus, salvos?

Veio um jovem poeta de Nova Iorque; rapaz simpático.

Dezesseis contatos hoje. Tentando estimular as mulheres sobre o voto; tímidas e lentas demais. Cartas felizes de May. Sophie N. está com ela agora. Tudo bem no ninho parisiense.

Passei uma semana em Magnolia com a senhora H. Fim do ano letivo este ano na escola. Aleluia!

Setembro. – De volta para casa, renovada do litoral, e vou trabalhar em uma série nova para o *Saint Nicholas – Jack and Jill*. Nenhum plano ainda além de um menino, uma menina, um trenó e um aborrecimento para começar. Ideia vaga sobre trabalhar com os jovens de Concord e suas atividades. Após dois anos de descanso, tentarei novamente; é tão fácil fazer dinheiro agora e um prazer ter algum para dar. Minha tarefa é um capítulo por dia, e nem isso se eu estiver cansada. Chega de catorze horas diárias, a pressa será lenta agora.

Andei por aí e reuni mulheres para minha reunião sobre o sufrágio. É difícil demais tirar as pessoas dos velhos hábitos. Não tenho paciência suficiente; se elas não enxergarem e puserem mãos à obra, vou deixá-las em paz e seguir meu próprio rumo.

May enviou umas cartas bonitinhas de um "Artist's Holiday", e eu as imprimi; e também um livro para artistas estrangeiros – muito útil e bem elaborado.

Oito capítulos finalizados. Companhia demais para trabalhar.

Dia 8 de outubro. – Aniversário da querida mamãe. Não dá para esquecer. Dia adorável. Levei flores para o Sleepy Hollow. Seu túmulo está verde; cipós de amora com folhas vermelhas se entrelaçam acima dele. Na parte onde ficaria a cabeça, há uma pedrinha branca com as iniciais dela, e entre a grama crescida na parte do tórax um passarinho fez um ninho; agora está vazio, mas é um símbolo bonito do refúgio que o terno seio sempre foi para todas as coisas doces e frágeis. Seus ásteres favoritos floresciam por toda parte, e os pinheiros cantavam no alto. Assim, ela e a querida Beth repousam em silêncio nos campos de Deus, e nos lembramos delas com mais ternura a cada ano que nos aproxima umas das outras e de casa.

Fui com a doutora W. ao presídio feminino em Sherburne. Passeio adorável, muito impressionante durante o dia e à noite. Li um conto para as quatrocentas mulheres e ouvi muitas histórias interessantes. Um lugar muito melhor que a prisão de Concord, com seus vigias armados e métodos de "derrubar e arrastar". Apenas mulheres aqui, e elas fazem maravilhas com paciência, amor, bom senso e a crença na salvação para todas.

Primeira prova da Scribner de *Jack and Jill*. A senhora D. gosta da história, então estou começando bem devagar. Coloquei Elly D. como um de meus meninos. Quanto mais natural, melhor o trabalho. Há jovens muito interessados na história, e todos querem "entrar". Terei um ninho de vespas sobre mim se não forem todos uns *anjos*.

Papai vai para o Oeste.

Lamento muito porque todos dizem que não devo visitar May; não é seguro; e não posso ser mais uma pessoa inválida para Mamma Nieriker cuidar, já que a viagem me incomodaria e sinto tanto enjoo no mar.

Com tristeza, desisti de ter esperança e dos planos tão desejados. May decepcionada, infelizmente. Eu sei que desejarei ter ido, é minha sina.

Novembro. – Fui passar um mês em Boston, como consolo à minha grande decepção. Aluguei meu quarto no Bellevue, e passeio um pouco. Escrevi no "J. e J". Ansiosa a respeito de May.

Dia 8. – A pequena Louisa May Nieriker chegou a Paris às nove horas da noite, após uma viagem curta. Está tudo bem. Muita alegria. Mocinha linda, e May muito feliz. Ah, se eu tivesse estado lá! É felicidade demais para mim.

Dia 25. – Dois anos desde que mamãe se foi. Como ela teria gostado da netinha e de toda a vida romântica de May! Talvez ela esteja gostando.

Passei meu aniversário em casa (47 anos). Tentei dar uma festinha para Nan e os meninos, mas na maior parte do tempo trabalhei muito.

Não estou bem o bastante para escrever demais, então entreguei o quarto. Posso ficar em casa, e é mais barato.

Dezembro. – May não está passando bem. O peso no meu coração não era coisa da minha cabeça. Ela estava feliz demais para durar, e temo que o fim esteja próximo. Espero que sejam meus nervos; mas essa sensação estranha nunca me enganou antes.

Fui convidada para um café da manhã em O. W. H. Sem vontade de ir.

Dia 8. – A pequena Lu faz um mês. Pequena, mas agitada. Oh, se eu pudesse estar lá para ver – para ajudar! Isso é um castigo para todos os meus pecados. Sinto um aperto enorme no coração pela pobre May, sozinha, tão longe. Os N. são dedicados e estão fazendo tudo o que podem; mas nenhum dos "seus" está lá.

Papai voltou para casa.

Dia 29. – May morreu às oito horas da manhã, após três semanas de febre e letargia. Feliz e sem dor na maior parte do tempo. No funeral do senhor W. do dia 30, eu *senti* a verdade antes de a notícia chegar.

Dia 31, quarta-feira. – Dia sombrio para nós. Um telegrama de Ernest para o senhor Emerson nos informa que "May está morta". Anna foi a B.; papai, ao correio, ansioso por cartas, e a última estava atrasada. Eu estava sozinha quando o senhor E. chegou. E. mandou chamá-lo, sabendo que eu estava fraca, e na esperança de que ele atenuaria o choque. Encontrei-o olhando para a foto de May, pálido e chorando, com o papel na mão. "Minha filha, gostaria de preparar você; mas, ai, ai!" Então sua voz sumiu e ele me deu o telegrama.

Não fiquei surpresa, e li as duras palavras como se já soubesse de tudo. "Eu *estou* preparada", disse-lhe, e agradeci. Ele estava muito comovido e muito sensível. Vou me lembrar com gratidão do olhar, do abraço apertado, das lágrimas que me dispensou; e estou certa de que aquele momento difícil se tornou suportável pela presença de nosso melhor e mais terno amigo. Ele foi encontrar papai, mas eles se desencontraram, e tive de contar a ele e a Anna quando chegaram. Uma tristeza extremamente amarga para todos.

O querido bebê pode consolar E., mas o que pode nos consolar? É a distância que dificulta tudo, e pensar que tamanha felicidade acabou tão cedo. May chamou esses anos de casamento de "Dois anos de felicidade perfeita" e disse: "Se eu morrer quando o bebê chegar, não fiquem tristes, pois tive tanta felicidade nesse período curto quanto em vinte anos". Ela queria que eu ficasse com o bebê e as fotos dela. Um legado muito precioso! Recompensa farta pelo pouco que pude fazer por ela. Agora entendo por que vivi – para cuidar da filha de May e não deixar Anna sozinha.

1.º de janeiro de 1880. – Triste dia de luto por May. De todos os desafios da vida, nunca senti nenhum com tanta intensidade quanto este, talvez porque minha saúde esteja tão fraca que não consigo suportá-lo bem. Parece tão difícil romper aquele pequeno lar feliz e levar May embora justo quando a vida estava mais rica e me deixar de lado, eu que cumprira minha tarefa e podia muito bem ser poupada.

Será que um dia saberei por que isso acontece?

Chegam cartas para nós contando a triste história. May estava inconsciente durante as útlimas semanas, e aparentemente não sofreu. De vez em quando falava sobre "estar preparada para Louy" e perguntava se Louy tinha vindo. Tudo o que o amor e a inteligência podiam fazer foi feito, mas em vão. E. está de coração partido, e a boa Madame N. e Sophie têm como único consolo o pobre bebê.

May teve um pressentimento e deixou tudo pronto se morresse. Alguns baús embalados para nós, alguns para as irmãs N. Seu diário escrito, tudo em ordem. Até escolheu o cemitério onde queria ficar, fora da cidade. E. obedece religiosamente aos desejos dela.

Tentei escrever "J. e J." para distrair a cabeça; mas a onda de tristeza continuava a passar sobre mim, e só conseguia chorar e esperar até a maré arrefecer novamente.

Fevereiro. – Mais cartas de E. e de Madame N. Assim como nós, eles se consolam escrevendo sobre a querida alma que partiu, agora que não há mais nada a fazer por ela. Não consigo acreditar que nossa May está morta, jazendo distante em um túmulo estranho, deixando para trás um marido e uma filha que nunca vimos. Tudo parece um lindo romance, agora que a morte selou seus dois anos felizes; e nunca saberemos o que ela, sozinha, poderia ter-nos contado.

Muitas cartas de amigos da França, Inglaterra e Estados Unidos, cheios de compaixão por nós, e amor, orgulho e gratidão por May, sempre disposta a ajudar, perdoar e amar a todos. É nosso único consolo agora.

Papai e eu não conseguimos dormir, mas ficamos compondo versos como quando mamãe morreu. Nosso luto parece fluir em palavras. Ele está escrevendo "Love's Morrow" e "Our Madonna".

Lulu foi para Baden com vovó.

Terminei "J. and J". O mundo continua, apesar de minha tristeza, e preciso fazer meu trabalho. Ambas as últimas séries foram escritas com um peso no coração – *Under the Lilacs* quando mamãe estava partindo, e *Jack and Jill* quando May estava morrendo. Espero que o luto não tenha incorporado nelas.

Ouvi a palestra de R. W. E. pela centésima vez. Mary Clemmer escreve um esboço de minha vida para um livro sobre "Mulheres Famosas". Não faço parte disso.

Li *Memoirs of Madame de Rémusat*. Não é muito interessante. Coisas belas raramente valem muito. A simples Margaret Fuller valia uma dúzia dele. *Kingsin Exile* é um livro acima de tudo interessante, um retrato muito vívido e terrível da vida parisiense e da fragilidade e da tristeza da realeza.

Organizei papéis, etc. Sinto como se alguém estivesse prestes a partir a qualquer momento...

Março. – Chegou uma caixa de May com fotos, roupas, vasos, seus enfeites, uma pequena cesta de costura e, em uma das caixas em preto e branco, seu lindo cabelo amarrado com fita azul – tudo o que nos restou de sua bela alma além do bebê, que logo virá. Só tesouros.

Dia triste, e muitas lágrimas derramadas no vestido querido, nos chinelos azuis que usou pela última vez, no trabalho que deixou de lado quando veio o chamado na noite em que Lulu nasceu. A bolsa forrada de peles se parece com um abraço de May, e a usarei com prazer. Os retratos nos mostram seu grande progresso nos últimos anos.

Fui passar alguns dias em Boston a negócios, e para tentar esquecer. Comprei presentes para o aniversário de Anna no dia 16 – 40 anos. Minha irmã mais velha agora, e a melhor que Deus fez. Consertei a casa para ela.

Lulu não virá até o outono. Grande decepção; mas é mais sensato esperar, já que o verão daqui é um começo ruim para um bebê pequeno.

Dia 29. – Reunião na cidade. Vinte mulheres lá, e votei primeiro graças a papai. Pesquisas encerradas – uma brincadeira, pensamos, conforme proposta pelo juiz Hoar; mas era sério, e *nós* elegemos um bom comitê escolar. Momento tranquilo, sem confusão.

20 de janeiro de 1880

Cara Senhora Dodge – Tenho estado tão abatida pelo luto em razão da perda de minha querida irmã justo quando nossa ansiedade acabara que não tenho pensado ou me importado com mais nada.

A história está terminada; mas os últimos capítulos não foram copiados, e pensei que era melhor deixá-los de lado até conseguir entrar de cabeça no trabalho.

Nunca consigo uma chance de compor uma história sem algum tipo de interrupção. Under the Lilacs foi finalizada ao lado da cama de minha mãe quando esteve doente, e nesta meu coração estava cheio de preocupações e esperança; depois, de luto pela pobre May.

Acredito que essa infelicidade não contaminará a história; mas receio que não esteja tão alegre quanto acho que a maior parte dela tem de estar.

Esqueci de numerar as páginas nos últimos dois capítulos, então não posso numerar estas. Geralmente mantenho o ritmo, mas desta vez enviei o pacote com pressa. Você pode me enviar o número certo para continuar o capítulo dezessete? Posso enviar mais quatro assim que eu souber.

Não acredito que irei a Nova Iorque neste inverno. May deixou sua filhinha aos meus cuidados e, se ela vier logo, estarei ocupada demais tentando distrair uma criança com canções de ninar para escrever contos a outras pessoas ou ir a qualquer lugar, mesmo que seja para ver meus amigos gentis.

Chegou ao fim em Paris o romance mais doce que qualquer um que eu jamais conseguiria conceber; e os fatos tristes da vida não me dão ânimo para ficções alegres.

Cordialmente,

L. M. Alcott.

Últimos anos

MINHA ORAÇÃO
(*Escrita em outubro de 1886*)

*Senhor, peço coragem e paciência
Neste meu último pesar
Pois há dez anos acho difícil minha penitência
Em que aprendo a sofrer e a esperar.*

*A vida parece tão rica e grandiosa
Tão cheia de trabalho para o cérebro e coração
É uma cruz que posso carregar, onerosa
Sem ajuda, sem presentes, mas com aflição.*

*A colheita duramente nestes anos conquistada
Desejo generosamente compartilhar
As lições aprendidas com lágrimas amargas
Para com ternura novamente ensinar,*

Para suavizar o caminho espinhoso e pesado
Onde outros pés começam a pisar,
Para alimentar a cada dia algum espírito esfomeado
Com o pão da compaixão a sustentar.

Tanta beleza tais prazeres mostram
Que anseio por torná-los meus.
Para amar, trabalhar e conhecer
A alegria que essa vida divina deu.

Mas, se eu não puder, apenas farei uma solicitação
Coragem e paciência para meu destino
E aprender, Senhor, tua última missão –
Sofrer com paciência e aguardo.

A primeira parte do ano de 1880 foi uma sombra profunda de tristeza por causa da morte da irmã de Louisa. Caixas cheias de fotos, roupas e livros de May chegavam a casa, trazendo à tona todas as lembranças do espírito vívido que deu origem a uma vida tão bela e que tão rapidamente esmoreceu.

A senhorita Alcott tentou superar o luto e se ocupar com novos interesses. Participou ativamente da votação das mulheres em Concord e se alegrou com a eleição de um bom comitê escolar. Em abril, voltou a seus antigos quartos em Bellevue, onde se ocupou com a encenação de *Michael Strogoff*[145], a qual nunca finalizou. Ela continuou interessada em jovens meninas e recebeu com prazer uma visita de trinta alunas da Universidade de Boston, além de ajudar crianças da North End Mission[146] a ter um dia feliz em Walden Pond[147]. Ela foi descansar e se restabelecer em Nova Iorque durante o verão. Seu coração desejava a chegada da criança [Lulu], e tudo o que fazia era pensando nisso.

---

[145] Romance do francês Júlio Verne, publicado em 1876. (N.T.)
[146] Antigo lar para crianças. (N.T.)
[147] Lago no Estado de Massachusetts. (N.T.)

Como setembro trouxe um clima mais fresco, um navio trouxe o bebezinho para aquecer os corações ávidos por recebê-lo. Nenhuma mulher era mais verdadeira e amorosa que Louisa Alcott, além de ter um coração naturalmente maternal; e ela não pôde deixar de sentir um novo brotar de amor e vida quando a filha de uma pessoa tão querida foi colocada em seus braços para ser sua. Corada e saudável, cheia de vida e energia – não um exemplo de santidade, mas da autêntica natureza humana, com vontades a serem reguladas, não podadas, com ímpetos a serem treinados, talentos e tendências a serem estudados, e um coração genuíno e amoroso para encher de alegria –, Louisa descobriu na criança uma fonte constante de interesse e prazer. A autora a instruiu como ela mesma havia sido educada – mais por influências do que por regras – e buscou seguir as orientações que descobriu no jovem caráter, em vez de moldá-lo a bel-prazer. Estes novos cuidados e alegrias ajudaram a preencher o vazio de sua vida por causa da perda da mãe, por quem se esforçara com tanta lealdade, e da irmã mais nova, de quem sempre fora boa provedora.

O principal interesse nos anos seguintes foi cuidar dessa criança. Era uma ocupação agradável para Louisa, preenchendo seu coração e ligando-a a novas relações com gerações mais jovens. O diário conta toda a história simples da "viagem pelos mares".

A senhorita Alcott exerca muita atração sobre crianças, principalmente as pequenas, que se amontoavam em volta dela e imploravam por histórias; mas esta criança foi a primeira que realmente preencheu seu coração com o desejo de ser mãe. Agora ela era uma verdadeira "mamãe" e, lembrando a bênção que sua própria mãe fora para ela, seus padrões maternos devem ter sido bem altos. Ela também dispensava muitos cuidados ao pai, e fala com orgulho do velho filósofo bonito de roupas novas.

A senhorita Alcott foi agraciada pela visita de um dos homens com quem conversou na prisão de Concord. Ele lhe contou sua história, e ela o ajudou a encontrar trabalho, tendo tido a satisfação de ouvir falar que ele estava se saindo bem.

Há poucos registros de coisas escritas neste período, já que o tempo e os pensamentos de Louisa foram absorvidos pela criança. No outono de

1881, ela escreveu um prefácio para a nova edição de *Prayers of Theodore Parker*, e outro para a nova edição de *Moods*.

Louisa manteve as comemorações de aniversário de novembro, embora com o coração entristecido. Ela escreveu um conto para a Soldiers' Home – "My Red Cap", em "Proverb Stories" –, um para a feira do New England Hospital, "A Baby's Birthday", e outro para seu antigo editor. A sensação de que ela era uma benfeitora universal era tal que uma mulher pobre lhe escreveu pedindo presentes de Natal para seus filhos, já que eles haviam escrito ao Papai Noel pedindo alguns. Com ajuda de Lulu, ela conseguiu uma caixa para a família pobre e, depois, escreveu uma história sobre o acontecimento, pela qual recebeu cem dólares.

Havia um novo projeto de um grupo de abstêmios, considerado necessário em Concord.

Louisa ficou muito envolvida em examinar os papéis de sua mãe e, infelizmente, destruiu-os em vez de preparar sua biografia, o que tinha intenção de fazer. É lamentável que ela não tenha se sentido capaz de fazer esse trabalho, pois as cartas da senhora Alcott teriam sido um registro valioso da vida de sua época, bem como um tesouro de pensamentos vívidos e sentimentos autênticos. Louisa não estava disposta a confiar a tarefa a mais ninguém, e a oportunidade foi perdida.

À senhora Dodge

CONCORD, 29 DE MAIO

CARA SENHORA DODGE – Estava longe de casa, então sua carta não chegou a mim até meu retorno de ontem.

Obrigada por pensar com gentileza a meu respeito e pelas lembranças da semana agradável em que os L. L. fizeram uma festa. Gostaria de outra, mas neste mundo de trabalho diário as pessoas não dão muitas, como sabemos.

Se eu escrever uma série, você ficará com ela; mas duvido que, com um bebê de um ano, o silêncio e a tranquilidade necessários a uma tarefa como essa sejam possíveis. É claro que a pequena Lu é uma criança muito *admirável*, mas presumo que me sentirei tão responsável quanto uma galinha com seu pintinho, empenhando-me em cacarejar e ciscar para benefício único de minha filha.

No entanto, talvez ela tenha uma tendência literária e possa ser minha assistente, oferecendo dicas e estudos de personagens para meu trabalho. Se tudo der certo, ela chega em setembro.

Se eu começar uma história nova, como ficaria An Old-Fashioned Boy e a vida dele? Quis dar esse título a um livro, mas outra mulher o pegou. Uma vez você propôs um conto revolucionário, mas eu não estava preparada para ele; para isso, tenho um material peculiar nos diários, cartas e recordações de meu pai. Ele nasceu na virada do século e teve um tio que lutou na guerra de 1812; e sua vida foi bem boa e bucólica nos primeiros anos. Acho que outro tipo de história não seria nada mau, com diversão e os velhos nomes e hábitos esquisitos. Eu o comecei muito tempo atrás, e se tivesse chance terminaria alguns capítulos e lhes enviaria, se você quisesse.

Cordialmente,
L. M. ALCOTT.

Ao senhor Niles, sobre a nova edição ilustrada de *Mulherzinhas*:

YORK, 20 DE JULHO DE 1880.

Todos os desenhos são essenciais, e nos divertimos muito com eles aqui neste dia chuvoso. O senhor Merrill sem dúvida merece uma boa gorjeta pelo trabalho. Uma imaginação fértil e uma mão rápida como a dele merecem ser bem remuneradas, e não vou invejar seus merecidos rendimentos nem o elogio que tenho certeza de que essas ilustrações ganharão. É muito bom pensar que essa historieta de sorte foi útil para um colega de trabalho, e agradeço muito a ele por ter melhorado meus esboços feitos às pressas com papel e tinta. O menino Teddy fica um briguento adorável com esse chapéu de feltro!

Os jornais são excelentes fofoqueiros e nunca deixam nada muito claro, e pretendo inaugurar meu próprio estabelecimento em Boston (D. V.). Agora tenho um pretexto para ter uma casa própria e, como todas as outras solteironas das artes e da literatura têm uma casa, tentarei esse plano, ao menos por um inverno.

Venha no próximo mês de outubro para ver como estamos bem instalados na rua Pinckney, 81. A senhorita N. a receberá.

Sinceramente,

L. M. A.

À senhora Dodge

Rua Pinckney, n.º 81, 1880.

Cara Senhora Dodge – *O editor da* Harper's Young People *pediu uma série e recusei; depois, quiseram um conto curto de Natal, e enviei um. Mas não era longo o suficiente, embora mais extenso que todos os meus contos de cem dólares.*

Então eu disse: "Se não o quer, envie-o para o Saint Nicholas".

Portanto, se "How It Happened" for extraviado, você saberá o porquê. Se não o quiser, favor enviá-lo a mim para a rua Pinckney, 81, em Boston; de fato, sempre há demanda por contos de Natal, e não tenho tempo para escrever mais.

Você gostará de saber que meu bebê está aqui e em segurança – uma almazinha saudável e feliz, que chegou como um raio de sol em nossos corações tristes e cativa a todos com suas qualidades e traços adoráveis.

Logo devo me preparar para o inverno, e espero passar bons momentos depois desses difíceis.

Afetuosamente,

L. M. A.

Diário.

Abril de 1880. – Triste e fraca demais; fui a B. para mudar de ares. O velho quarto em Bellevue.

Diverti-me encenando *Michael Strogoff*; li, caminhei e descansei. Repórteres entraram em contato para saber a história da minha vida; não conseguiram muita coisa. Fiz meu testamento, dividindo tudo que tenho entre Nan e os meninos, papai como legado para Nan, e para Lulu as fotos de sua mãe e a pequena fortuna de quinhentos dólares.

Maio. – Trinta garotas da Boston University entraram em contato; contei histórias, mostrei fotos, dei autógrafos. Foi muito bom ver tanto entusiasmo inocente, mesmo com algo tão fraco como uma velha cansada. Garotas inteligentes! Vestidos simples, ideias sensíveis sobre a vida e amor pela educação. Desejo-lhes toda a sorte do mundo.

Encomendei uma lápide para o túmulo de May como a do de mamãe e Beth, pois espero que algum dia consiga trazer as cinzas dela para casa.

Dia 23 marca o trigésimo terceiro aniversário de casamento de mamãe. Se ela estivesse viva, teriam sido bodas de ouro.

Fui ver as salas do Saint Botolph's Club. Bem formais e organizados, com cadeiras em toda parte; há vitrais e um pequeno *bar* que cumpre o que promete, sem nada visível além de um virtuoso balde de gelo e um copeiro como um bispo. Os cavalheiros reverendos ficarão à vontade e felizes, imagino, já que há um salão para fumar e uma mesa de jogos, bem como uma biblioteca e uma galeria de imagens. Hoje em dia as coisas divinas não são tão de Deus quanto antigamente, ao que parece.

A senhora Dodge quer uma série nova, mas duvido que eu consiga fazê-la; meninos, bebês, doenças e todo tipo de negócios não deixam muito tempo para histórias.

Junho. – Todos gostamos das salas novas, e papai está adorando seus estudos. Preparamos a Orchard House para W. T. Harris, que está para alugá-la.

Crianças da North End Mission no Walden Pond. Ajudei a dar a elas um dia feliz – há mais de mil delas. Levei Anna e John para Walpole. Limpei a casa.

Madame N. enviou uma foto de Lulu – criaturinha engraçada e gorda em sua carruagem. Não me dou conta de que é a filha de May e de que ela está longe, em um cemitério francês, e nunca mais voltará para nossa casa.

Decidiu-se que o bebê virá nos visitar em setembro.

Dia 24. – Aniversário de Lizzie e Johnny. Ele está com 15 anos – um menino adorável e bondoso, amado por todos. Comprei roupas novas para Dean, já que ele precisa estar bonito para suas novas funções na Escola. A toga de Platão não era tão cara, mas mesmo ele tinha uma aparência melhor que meu belo e velho filósofo.

Julho e agosto. – Fui a York com os meninos. Descansei e aproveitei os bons ares. De volta para casa em agosto, e deixei Anna continuar. Quatrocentos contatos desde que a Escola começou. A filosofia é um tédio para quem vem de fora.

Deixei as coisas preparadas para meu bebê – uma bata quentinha e tudo o mais de que a querida precisar em sua longa viagem. No dia 21 vi a senhora Giles (que foi buscar um bebê) partir; a última vez foi para ver May ir embora. Ela estava séria e triste, não alegre como antes; a sensação era a de que seria uma viagem mais longa do que achávamos. Na última vez em que a vi ela estava em pé, sozinha, usando a longa capa azul e acenando para nós, sorrindo com olhos úmidos até se perder de vista.

Quão pouco pensamos na experiência de amor, alegria, dor e morte que ela estava para ter!

Momentos solitários, com todos distantes. Meu luto me encontra quando volto para casa, que está cheia de fantasmas.

Setembro. – Organizei os papéis e dei uma arrumada nas coisas em geral, para tudo estar em ordem quando nossa Lulu chegar. Montei um quarto de criança confortável para a queridinha, e fiz minhas orações sobre o bercinho branco que a espera, se ela vier. Que Deus cuide dela!

Paguei meu primeiro *imposto*. Já que minha *cabeça* é minha propriedade mais valiosa, acredito que dois dólares sejam um imposto barato sobre ela. Encontrei minhas mulheres para falar sobre a votação, etc. É duro estimulá-las; bolo e empregados parecem interessar mais.

Dia 18. – Em Boston, esperando o navio a vapor que trará meu tesouro. O oceano parece muito grande e terrível quando penso na criaturinha sem mãe que está vindo de tão longe até nós.

Dia 19. – Lulu e Sophie N. chegaram com a pobre G., esgotada de ansiedade. Um trajeto tempestuoso e muita preocupação, expulsa por uma costureira rude de Nova Iorque da cabine que eu contratara para elas e pela qual pagara. Nenhuma ajuda apareceu, então a pobre G. foi para uma espelunca na parte de baixo e fez o melhor que pôde.

Esperando no cais enquanto as pessoas saíam do navio, vi vários bebês, e me perguntava a cada vez se aquele era o meu. Finalmente o capitão apareceu, e em seus braços uma coisinha loira vestida de branco, com o chapéu meio caído, olhava para os lados com seus vivos olhos azuis e balbuciava lindamente. A senhora G. também veio, e eu soube que era Lulu.

Atrás vinha uma linda garota de olhos castanhos com uma expressão ansiosa, já que tudo era novo e estranho para Sophie.

Estendi meus braços para Lulu, conseguindo apenas dizer seu nome. Ela me olhou por um instante e depois veio até mim dizendo "Mamã" de um jeito melancólico e descansando como se tivesse, finalmente, encontrado seu próprio povo e lar – e os encontrara, graças aos céus! Só conseguia ouvir enquanto a segurava, e os outros contaram suas histórias. Então fomos para casa o mais cedo possível, e o querido bebê se comportou muito bem, embora com fome e cansada.

A princesinha foi recebida com lágrimas e sorrisos e, após tomar um banho e ser alimentada, adormeceu tranquilamente em sua nova cama, enquanto a vigiávamos sem nunca nos cansarmos de olhar para o rostinho do "bebê de May".

Ela é uma criança muito ativa e vivaz; bonita ainda não, por estar curtida de sol, ter uma penugem amarela na cabeça e um nariz achatado. Seu corpinho tem um formato lindo, ombros largos, tórax bonito e braços adoráveis. Uma coisinha feliz, que ri e acena com as mãos, confiante e ousada, com um olhar penetrante como o de May, que odiava fingimento e o percebia imediatamente. Ela sempre vem até mim, e aparentemente decidiu que sou a verdadeira "Mamã". Meu coração está cheio de orgulho e alegria, e o toque de suas queridas mãozinhas parece levar embora a amargura do luto. Sempre vou verificar de madrugada se ela está realmente *aqui*, e a visão de sua cabecinha é como um raio de sol para mim. Papai a adora, e ela ama ficar em seus braços fortes. Eles fazem uma bela imagem quando ele anda pelo jardim com ela para "ver passarinhos". Anna cuida dela como de May, que foi sua filha no passado por ser dez anos mais nova, e todos achamos mais fácil viver agora que o bebê chegou. Sophie é um doce de menina, com muita personalidade e beleza. Uma cunhada e uma irmã encantadora.

Outubro. – Dias felizes com Lulu e Sophie; estou começando a me aproximar delas. Agora Lulu está rosada e bela, e cresce bonita com seu ar natural – uma garotinha feliz, que parece se sentir em casa e floresce em um clima de adoração. Pessoas vêm ver o "bebê da senhorita Alcott" e estranhos param seu carrinho na rua para olhá-la, mas ela não permite que a beijem.

Como papai quer ir para o Oeste, decido contratar o primo L. A casa de W. está mobiliada para o inverno, para que Sophie e os meninos possam ter momentos agradáveis. S. sente falta da alegria de sua vida familiar na tola Concord, onde a fofoca e a falta de boas maneiras repercutem nela de forma muito desagradável. As pessoas fazem perguntas impertinentes a ela, que fica surpresa com as coisas bizarras e rudes que lhe dizem.

Dia 8 de novembro. – Aniversário de Lulu. Um ano de idade. Seus presentes foram colocados sobre uma mesa para ela os ver quando descer, à tarde – um bolo pequeno com *uma* vela, uma coroa rosa para a rainha, uma caneca prateada, uma bonequinha, livros com gravuras, uma bola colorida, brinquedos, flores e muitos beijos. Ela ficou sentada, sorrindo com seus tesouros bem abaixo do retrato de sua mãe.

De repente, atraída pela luz do sol no rosto do retrato que ela sabe que é "Mamã", ela estendeu uma rosa branca para ele chamando "Mãe! Mãe!", sorrindo de um jeito que fez todos nós chorarmos. Dia feliz para ela e triste para nós.

Dia de Ação de Graças. – Jantar em família.

Papai em Siracusa, tendo conversas no Bishop Huntington's e bons momentos em todos os lugares.

Dezembro. – Ocupada demais para escrever muito no diário. Minha vida está absorvida pelo bebê. No dia 23 ela se levantou e andou sozinha; nunca engatinhou, mas quando estava pronta correu pela sala e caiu, rindo triunfalmente de seu feito.

Natal. – Tentei deixá-lo alegre para os jovens, mas é um dia pesado para Nan e para mim. Foram colocados sessenta presentes em mesas diferentes, e todos gostaram muito. Sophie tinha muitas coisas bonitas, e presenteou a todos com generosidade.

Ano difícil para todos, mas, quando abraço minha Lulu, sinto como se mesmo a morte tivesse suas compensações. É um mundo novo para mim.

Certo dia, pedi para ver um jovem. Encontrei um daqueles com quem conversei na prisão em Concord no último mês de junho. Ele veio me agradecer pelo bem que minha pequena história lhe fez, já que o mantive na linha e o lembrei de que nunca é tarde demais para se corrigir.

Contou-me sobre si mesmo e sobre como começaria de novo e apagaria o passado. Ele trabalhava nas minas, e ao vir para o Leste conheceu alguns colegas que o fizeram beber; embriagado, roubou alguma coisa do consultório médico e, por não ter nenhum amigo, foi condenado a três anos de prisão. Deu tudo certo, e agora ele havia saído. Tinha como perspectiva fazer uma expedição para a América do Sul com uma equipe de levantamento geológico. Um jovem interessante. Fã de livros, ansioso para fazer as coisas certas, inteligente e, aparentemente, ávido para redimir suas faltas. Dei-lhe uma carta para S. G., em Chicago. Escrevi ao carcereiro, que confirmou a história de D. e falou bem a respeito dele. Mais tarde a senhorita Willard me escreveu falando sobre ele, que parecia estar se saindo bem. Perguntei se ele poderia me escrever, e o fez várias vezes, depois fui a S. A. e nunca mais ouvi falar. Estou contente por ter dito umas palavras que ajudaram o pobre rapaz.

Março de 1881. – Votei no comitê da escola.

Outubro. – Escrevi um prefácio para Parker's Prayers, que acabou de sair pela F. B. Sanborn.

Novembro. – 49 anos no dia 29. Escrevi um prefácio para a nova edição de *Moods*.

Dia 8. – Dei *dois* beijos no meu bebê quando ela acordou, e a acompanhei até ela encontrar uma cadeira enfeitada com fitas e um carrinho de boneca cor-de-rosa; brinquedos, retratos, flores e um bolo com uma vela vermelha e azul com uma chama agitada.

Escrevi um conto para o *Soldiers' Home* – "My Red Cap" – e um para a feira do Woman's Hospital, "A Baby's Birthday". Também um conto para F.

Dezembro. – Uma mulher pobre de Illinois me escreveu para que eu enviasse a seus filhos alguns presentes de Natal, por ser muito pobre e doente para comprá-los. Eles lhe pediram que escrevesse ao Papai Noel e ela escreveu para *mim*. Enviei uma caixa e fiz uma história sobre isso – cem dólares. Lulu ficou bastante interessada, e trouxe seus melhores brinquedos e roupas "para os meninos pobrezinhos". Um bebê generoso.

Ao senhor Niles

12 DE FEVEREIRO DE 1881.

CARO SENHOR NILES – *Wendell Phillips escreveu-me uma carta insistindo que eu fizesse um prefácio para a "History of the Suffrage Movement", da senhora Robinson; recusei-o, no entanto, assim como recusei o da senhora R., porque prefácio é uma coisa que não escrevo bem e, se eu começar a fazer isso, não terá fim...*

Você não pode fazer uma pequena edição para ela? Todos os defensores comprarão o livro, e acredito que os desenhos de L. M. Child, Abby May, Alcott e outros despertarão mais interesse pela obra.

Ela falou com você a respeito? Você olhará os manuscritos aos poucos ou despreza esse tipo de coisa? Melhor não, pois com o tempo iremos vencer, e quem é amigo de mulheres da literatura também deve ser amigo das mulheres em geral.

Vamos nos encontrar com o governador, o conselho e legisladores na casa da senhora Tudor na próxima véspera de quarta-feira e discutir coisas importantes. Espero que ele saia vivo do confronto.

Dê um incentivo à senhora R. se puder, e seus solicitantes orarão para sempre.

Cordialmente,

L. M. A.

19 DE FEVEREIRO DE 1881.

CARO SENHOR NILES – *Muito obrigada por se oferecer tão gentilmente para dar uma olhada no livro da senhora R. É sempre um prazer encontrar uma pessoa que consegue vencer os próprios preconceitos para ajudar um amigo, se não mais.*

Acredito que ficaremos contentes com cada pequena ajuda que pudermos dar a essa reforma durante seus momentos difíceis, pois aqueles que se esforçarem agora colherão os louros quando o trabalho estiver concluído.

Lembro que o movimento Antiescravagista aconteceu justamente no mesmo Estado em que o Sufragista está ocorrendo agora, e tenho mais orgulho de cada pequena ajuda que os Alcotts puderam dar do que de todos os livros que já escrevi ou que escreverei.

Você sabe que "Fanáticos da terra muitas vezes se tornam santos no céu", e é bom tentar a tempo esse tipo de promoção.

Se a senhora R. enviar os manuscritos dela, ajudarei com o que puder na leitura ou de qualquer outra forma. Se forem apenas registros sobre as mudanças justas e sensatas que o sufrágio fez nas leis para as mulheres, valerá a pena imprimi-los; e agora é hora de levar em consideração esses primeiros passos, pois eles contam mais.

Eu, por exemplo, não quero mais estar entre os idiotas, criminosos e insignificantes, pois não sou nenhum dos três, e sim muito grata a você.

L. M. A.

À senhora Stearns

21 DE FEVEREIRO DE 1881.

CARA SENHORA STEARNS – Muito obrigada pela terna consideração com que nos envia as pequenas mensagens preciosas das queridas mãos mortas.

Elas são tão características que trazem claramente mamãe e May à minha frente, vivas e cheias de coragem paciente e esperanças felizes. Estou resignada com a partida de minha abençoada mãe, já que a vida era um fardo, e o passado heroico tornou muito difícil imaginar um futuro inútil. Mas a perda de May, justamente quando a vida estava no ápice da plenitude e da doçura, ainda me parece muito amarga, apesar do adorável bebê que é um consolo indescritível. Gostaria que você pudesse ver a criaturinha, que já demonstra muitos dos gostos e características da mãe. Ela tem paixão por fotos, mas não olha para as mais alegres e comuns das quais a maioria dos bebês gosta. Ela escolhe as imagens delicadas, bem feitas e pintadas de Caldecotte da senhorita Greenaway; essas ela observa extasiada, apontando os dedinhos para as vacas ou os gatos, e beijando as crianças que tagarelam coisas engraçadas a esses companheiros bobos. Ela é uma menina bela, elegante, cheia de energia, inteligência e saúde; loira de olhos azuis como a mãe, mas com as feições do pai, o que me deixa contente, porque ele é um homem bonito. Louisa tem tudo para ser uma mulher nobre; e espero estar viva para ver a filha de May tão corajosa, brilhante e talentosa quanto ela era, e com um destino muito mais feliz.

Papai está no Oeste, ocupado e bem. Anna também lhe agradece e manda afetuosas lembranças.

Cordialmente,

L. M. Alcott.

Diário.

Março de 1882. – Ajudei a dar início a um grupo de abstêmios, muito necessário em C. Há muita bebedeira, não entre os irlandeses, mas entre jovens cavalheiros americanos, bem como fazendeiros e operários. As mulheres estão ansiosas por fazer alguma coisa, mas só encontro poucas interessadas. Faço reuniões e tento entender como lidar. Fui secretária e escrevi registros, cartas e enviei garantias, etc.; além de artigos no *Concord Freeman* e no *Woman's Journal* sobre a união e reuniões na cidade.

Abril. – Li e destruí os diários de mamãe, conforme ela pediu que eu fizesse. Um registro incrivelmente interessante de sua vida, desde a infância delicada e querida até seus longos, duros e românticos anos de casamento, velhice e morte. Algum dia escreverei uma história ou uma biografia a respeito.

Os dentes de Lulu a incomodam; mas aparentemente ela encontra alívio em meus braços, pois conto dezenas de histórias; e ovelhas, porquinhos e "pôneis" aliviam suas pequenas aflições. Gostaria de ser mais forte para poder cuidar integralmente dela. Parece que nos entendemos, mas meus nervos me deixam impaciente, e o barulho me esgota.

O senhor Emerson está doente. Papai vai visitá-lo. E. segurou sua mão, olhando para cima para o homem alto e pesaroso, dizendo, com aquele sorriso amoroso que foi luz para papai durante tantos anos: "*Você* está muito bem – continue, continue". Depois que papai saiu, ele o chamou de volta e apertou novamente sua mão, como se soubesse que seria a última vez, e os olhos gentis disseram: "Adeus, meu amigo!".

No dia 27 de abril de 1882, Louisa fala com extrema ternura sobre a morte do senhor Emerson. Ele fora o melhor amigo, e o mais verdadeiro, para ela e sua família; e a profunda reverência que tinha por ele exerceu sólida influência desde a época em que brincava com seus filhos no celeiro até quando o acompanhou a seu honrado túmulo. Que críticos e filósofos o julguem por seu intelecto; no coração da família e em muitos outros lares humildes, ele sempre será lembrado como o amigo mais terno, mais empático e mais leal de todos, cuja generosidade caiu silenciosamente sobre eles como orvalho celeste, e cuja presença era capaz de iluminar a maior das alegrias e atenuar as mais agudas tristezas que eles poderiam conhecer.

Diário.

Dia 27, quinta-feira. – O senhor Emerson morreu de repente, às nove horas da noite. Nosso melhor e maior americano se foi. O amigo mais próximo e mais querido que papai já teve, e o homem que mais me ajudou com exemplos de vida, livros e sociedade. Nunca conseguirei dizer o que ele significou para mim – desde que cantei a canção de Mignon sob sua janela (quando garotinha) e escrevi cartas *à La* Bettine a ele, meu Goethe, aos 15 anos, até meus anos difíceis, quando seus ensaios sobre Autoconfiança, Caráter, Compensação, Amor e Amizade me ajudaram a compreender a mim mesma e à vida, bem como Deus e a natureza. Adeus, ilustre e amado amigo!

Dia 30, domingo. – Funeral de Emerson. Fiz uma lira amarela de junquilhos para a igreja e ajudei a pendurá-la. Serviços privados na casa e uma imensa multidão na igreja.

Papai leu seu soneto, e o juiz Hoar e outros discursaram. Agora ele jaz no Sleepy Hollow entre os irmãos, debaixo dos pinheiros que amava.

Fiquei acordada até a meia-noite escrevendo um artigo no R. W. E. para o "Youth's Companion", para que as crianças possam saber algo sobre ele. Um trabalho de amor.

Maio. – Vinte e sete meninos assinaram o juramento. Trabalho sobre comedimento. Reuniões. Dou livros às escolas. Escrevi um artigo para a senhora Croly no R. W. E.

Junho. – Passei uma semana visitando A. B. em Mattapoisset. Momentos alegres, andando por aí ou conversando sobre nosso ano na Europa. Os alunos da escola me levaram flores, etc.

Dia 24. – Décimo sétimo aniversário de John. Um menino querido, bom e alegre, cheio de amor, virilidade e todas as características de uma pessoa honesta e amorosa, como o pai e a mãe. Vida longa a meu garoto!

Julho. – A Escola de Filosofia abriu no dia 17 com força total. Organizo flores, galhos de carvalho, etc., e então saio correndo antes que os repórteres cheguem. Papai está muito feliz. O pessoal do Oeste, chega, e a cidadezinha fica lotada de pensadores ideais. Penny tem um barco novo; nós o chamamos de "Blue Plato" [Platão Azul] (não o "Black Maria"), e ficamos vendo-o desfilar com Margaret Fullers de musselina branca e Hegels de chapéu de palha, enquanto a gorducha Penny ri da piada ao colocar dinheiro na bolsa. No primeiro ano o povo de Concord ficou indiferente, e os forasteiros acharam difícil encontrar quartos. Agora todos estão ávidos por eles, e a Escola é considerada um sucesso porque traz dinheiro à cidade. Nem mesmo filósofos podem passar sem comer, dormir e tomar banho; então, todos ficam contentes, e a nova mania floresce. Se todos os hóspedes pagassem, estaríamos bem; várias centenas deles por mês é muito desgastante. Papai perguntou por que nunca fomos, e Anna lhe mostrou uma lista longa com quatrocentos nomes de frequentadores, e ele não disse mais nada.

Outubro. – Ao Hotel Bellevue com John.

Senti falta de meu querido bebê, mas precisava de silêncio. A cabeça se pôs a funcionar, e planos para contos começam a fervilhar. Comecei *Os meninos de Jo*, já que a senhora Dodge quer uma série.

No outono de 1882, o senhor Alcott sofreu um ataque grave de paralisia, do qual nunca se recuperou totalmente; e pelo resto de sua vida suas filhas compartilharam a tarefa de vigiá-lo e cuidar dele nesse estado enfermo. A grande recompensa dos anos de trabalho árduo de Louisa foi ela ter conseguido cercar a mãe de todo o conforto que poderia fazê-la feliz em seus últimos anos decadentes. E ela não ficou menos satisfeita em cumprir cada desejo do pai. Sua biblioteca foi equipada com requinte, os livros e manuscritos foram encadernados, e ele foi "entronizado com comodidades de filósofo" pelo resto de seus dias.

Que alívio agora que ela podia ter uma fiel enfermeira pronta para atendê-la; que podia proporcionar a ele os passeios agradáveis dos quais tanto gostava, além de aliviar as tarefas da irmã com toda a assistência que o dinheiro podia obter!

A Orchard House, que foi o lar da família por vinte e cinco anos, foi vendida ao senhor Harris, e a casa da senhora Pratt era o lar de todos. Louisa passava parte do verão no litoral e finalmente comprou uma pequena casa em Nonquit, onde todas as crianças podiam passar o verão enquanto ela e a irmã se alternavam nos cuidados com o pai.

No outono de 1885, a senhorita Alcott decidiu alugar uma casa já mobiliada em Louisburg Square. Seus sobrinhos estavam morando em Boston, e a mãe queria ficar com eles. O senhor Alcott suportou bem a mudança, e eles acharam a situação bastante cômoda. A saúde de Louisa estava bem frágil. Ela tinha um problema sério na garganta, e seus antigos sintomas de dispepsia voltaram a perturbá-la. Não obstante, ela não consegue desistir de trabalhar, e se ocupa em preparar *Lulu's Library* para publicação, esperando conseguir fazer *Os meninos de Jo*.

Lulu's Library foi uma coleção de histórias que encantaram as crianças. A primeira série foi publicada em 1885, a segunda em 1887, e a terceira em 1889. Elas estão repletas das qualidades encantadoras de Louisa, e seu atrativo especial é o sentimento de ternura com que a autora as compilou para a sobrinha. O emocionante prefácio de *Os meninos de Jo* discorre a respeito dos sete anos de trabalho esporádico no livro e revela o sentimento profundo que não lhe permitiria escrever com tal formalidade sobre a mãe e Amy, que não estavam mais ali para aceitar as próprias semelhanças. Durante a última parte do trabalho neste livro, ela só conseguia escrever no máximo duas horas por dia. Foi publicado em setembro de 1886. Ele contém uma gravura dela em baixo-relevo, feita pelo senhor Ricketson.

Esse livro foi escrito sob difíceis circunstâncias, e talvez tenha exigido mais esforço da autora que qualquer outro. Evidentemente, não é uma profusão dos prazeres e diversões da vida como *Mulherzinhas*, mas é cheio de coisas biográficas interessantes. O relato sobre a própria carreira e as chateações a que sua fama a expôs está cheio da velha influência e humor. Ela havia expressado muitos pensamentos valiosos sobre educação, e sua alma tem tanta esperança por seus garotos quanto no tempo em que era jovem e saudável. Ela tem muitos personagens com os quais lidar; porém percebe-se um interesse aguçado pelos destinos de Dan e Emil, e pelo namoro entre o caloroso Tom e a médica a quem ama.

Prefácio para Os meninos de Jo

Por ter sido escrita em longos intervalos ao longo dos últimos sete anos, esta história tem mais falhas do que qualquer uma de suas antecessoras imperfeitas; mas o desejo de redimir uma inevitável decepção, e de agradar meus amiguinhos impacientes, estimulou-me a deixar isso para lá sem mais delongas.

Para justificar a aparente negligência a respeito de Amy, permitam-me acrescentar que, desde que a pessoa que deu origem ao personagem morreu, foi-me impossível escrever sobre ela da mesma forma como quando ela estava aqui para dar sugestões, criticar e rir de sua homônima. A mesma desculpa se aplica a Marmee. Mas as folhas dobradas não estão em branco para aqueles que as conheciam e as amavam, e que conseguem descobrir lembranças delas em tudo aquilo que for alegre, verdadeiro ou útil nestas páginas.

L. M. Alcott.
Concord, 4 de julho de 1886.

Ao senhor Horace Chandler.

Caro Senhor Chandler – Sem dúvida as correções são bem peculiares, e temo que meus esforços para corrigi-las só tenham gerado ainda mais confusão.

Felizmente a pontuação é uma instituição gratuita, e todos podem usá-la conforme o próprio gosto. Não me importo tanto e sempre deixo a discussão para os revisores, se assim preferirem.

Obrigada pelos ingressos. Receio não poder ir até quinta-feira, mas tentarei, e não me esquecerei de minhas funções, já que não sou das editoras mais experientes.

Cordialmente,

L. M. A.

Ednah Dow Cheney

À senhora Williams (Betsey Prig).

Nonquit, 25 de agosto

Querida Betsey – Que pena que o bonequinho está doente! Mime-o e ele ficará bem, pois o amor de mãe faz maravilhas.

Minha pequerrucha é a imagem viva da saúde, do vigor e de encantadoras travessuras. Ela corre à solta neste belo lugar com cerca de outras vinte crianças com quem brincar – bebês bonitos, bem criados, e mães adoráveis com quem posso fofocar.

Seria um bom lugar para seus pequenos, já que o ar é uma delícia, o banho é seguro e quente, e há chalés silenciosos se alguém quiser uma casa. Experimente no próximo ano. Avise-me antes. Posso conseguir um bom chalezinho para você (perto do meu) por cem dólares, ou talvez menos, de junho a outubro – se quiser ficar; eu quero...

Estamos aqui desde julho, todas gordas, bronzeadas e alegres como passarinhos.

John Inglesant[148] foi político demais para mim. Estou bem preguiçosa para ler muito; quero encontrar uma saleta em Boston e trabalhar por um mês ou dois; depois, partir para Nova Iorque, e talvez correr para ver minha Betsey. Estarei em casa em outubro e talvez possamos ver você nessa época, se a preciosa sombrazinha ficar bem e saudável novamente, e rezo para que ele consiga.

Lulu tem alguns probleminhas de vez em quando – apenas o bastante para me mostrar como ela é querida a todos nós, e que enorme vazio a perda de nossa garotinha causaria em nossos corações e em casa. Ela é muito inteligente e engraçada. Certo dia, quando lhe disse que os grilos estavam pulando e cantando na grama com suas mamães, ela disse sem pestanejar: "Não, com suas titias Weedys". Uma tia é mais próxima do que uma mãe para a pobre criança; e é uma doçura que assim seja, já que é necessário.

---

[148] Célebre romance histórico do escritor inglês Joseph Henry Shorthouse (1834-1903), ambientado em meados do século XVII. (N.T.)

Agora, minha bendita Betsey, mantenha-se corajosa, e tenho certeza de que tudo ficará bem em seu ninho. Amor e beijos às avezinhas, e os melhores votos aos pombinhos.

Cordialmente,

L. M. A.

O aniversário dos mais velhos é no dia 29 de novembro, o de Lulu, no dia 8; então, comemoramos em grande estilo e de uma só vez o de papai, o da titia e o de Lulu – 83 anos, 50 anos e 3 anos.

Quando eu estiver bem das pernas, vou (D. V.) me dedicar a acalmar pobres almas que precisam de um pouco de estímulo em tempos difíceis.

Ao senhor Niles

23 DE JUNHO DE 1883.

CARO SENHOR NILES – *Obrigada pelo livro de Goethe. Quero tudo que seja publicado sobre ele.* Princess Amelia *é encantador, e a surpresa no final é muito bem elaborada. Foi o autor de* My Wife's Sister *que escreveu?*

Disse a L. C. M. que ela poderia colocar Mefistófeles Moderno *em minha lista de livros. Várias pessoas o descobriram, e não adiantou tentar mantê-lo em segredo depois disso.*

A senhora Dodge insistiu que eu me desse como garantia a ela pelos contos, etc. e, como não tenho perspectiva alguma ou tempo para escrever livros, talvez consiga lhe enviar alguns contos de vez em quando e, portanto, arrumar material para uma nova série de livros como Scrap-bag, *mas com outro título. Você é ótimo para dar nomes, e pode pensar em um enquanto isso...*

Cordialmente,

L. M. A.

15 DE JULHO DE 1884.

Gostaria de estar inspirada para elaborar aqueles meninos terríveis Os meninos de Jo; *mas o descanso é mais necessário que dinheiro.*

Talvez durante agosto, meu mês em casa, eu possa colocar o velho moinho para funcionar.

Diário.

24 de outubro de 1882. – Um telegrama dizendo que papai havia tido um derrame que o paralisou. Fui imediatamente para casa e o encontrei abatido. Dias ansiosos, pouca esperança.

Novembro. – Desisti de nossos quartos, e fui para casa ajudar com os novos cuidados. Minha Lulu correu ao meu encontro, corada e alegre, e sinto que poderia suportar tudo com esse pequeno raio de sol para iluminar meu mundo.

O pobre papai está atordoado e indefeso; a fragilidade mental está voltando aos poucos. Ele nos reconhece, mas dorme na maior parte do tempo. Contrato uma enfermeira, e espero para ver se ele se reanimará. É triste ver a mudança que um único instante causa, transformando o velho bonito e sadio neste farrapo patético. Os quarenta sonetos do último inverno e as cinquenta palestras na Escola no último verão foram demais para um homem de 83 anos. O doutor W. o alertou, mas ele achou bobagem parar; e agora o pobre papai paga o preço por violar as regras da saúde. Fiz a mesma coisa: que eu seja poupada deste fim!

Janeiro de 1883. – Ocupada demais para escrever no diário. Só consigo rabiscar uma coisa aqui, outra ali.

Papai está melhorando. Muito problema com as enfermeiras; não tenho ideia de como está a saúde dele; não vai mais andar; senta-se à lareira e toma chá três vezes por dia; precisa ser um grupo de mulheres inteligentes e robustas. Eu poderia fazer melhor; é preciso preencher todas as deficiências e dobrar o trabalho.

Pessoas vêm visitar papai; mas isso o excita e temos que o proibir.

Fevereiro. – Fui a B. descansar por uma semana, já que deixei a senhora H. com papai e tudo bem organizado para novembro.

Comecei um livro chamado *Genius*. Ouso dizer que nunca o terminarei, mas preciso de uma válvula de escape para meus devaneios. Essa vida dupla é complicada, e minha cabeça funcionará tão bem quanto minhas mãos.

Março. – Para deixar A. descansar, levei Lulu e a criada para passar um mês em Bellevue. Lulu está muito feliz com seu novo mundo. Gosta das caminhadas, do canário que lhe comprei e dos mimos que *recebe* de todos. Mostrei-a aos amigos; queria que conhecessem a filha de May. Notman fez um retrato dela; ficou muito bom.

Dia 2 de abril. – Reunião na cidade. Sete mulheres votando. Sou uma delas, e A., outra. Um espetáculo pobre para uma cidade que se orgulha da própria cultura e independência.

Dia 6. – Voltei para casa, para ficar; papai precisa de mim. Nova enfermeira; vários contatos; Lulu inquieta, Anna cansada, papai frágil – tempos difíceis para todos.

Escrevi uma história para o *Saint Nicholas* nos momentos de ócio. Enfermeiras e médicos ganham muito dinheiro.

Maio. – Cuido de Lulu, já que não consigo achar nenhuma mulher boa para andar e brincar com ela, ou vesti-la. As mais velhas são incapazes ou orgulhosas; as mais jovens, vulgares ou rudes; então, minha pobre bebê passa maus bocados com seu temperamento e sua mente e corpo ativos. Eu mesma poderia cuidar dela se tivesse nervos e forças, mas sou necessária em outros lugares e preciso deixar a criança com alguém. Gostaria de ir embora com ela e fazer o que quiser. Nunca terei vida própria.

Julho. – Vou a Nonquit passar o verão com H. e Lulu. Um lugar silencioso e saudável, com pessoas agradáveis e bons ares. Soltei Lulu, H. correu atrás dela e tentei descansar.

Lulu toma seu primeiro banho de mar. Muito ousada; caminha em direção à Europa com água até o pescoço, e fica muito aflita por eu não a deixar ir até o fundo ver os "calanguejos"; imita um cupido, e é muito bonita e alegre.

Os meninos se deleitam com os prazeres simples de Nonquit – um bom lugar para estarem. Escrevi um conto para *Saint Nicholas* – "Sophie's Secret" –, cem dólares.

Agosto. – Voltei para casa em C. e deixei A. sair de férias. Muita companhia.

P. C. Mozoomdar fez um sermão, e conversamos na casa da senhora Emerson; homem sobretudo interessante. É curioso ouvir um hindu contar como a vida de Cristo o impressionou.

27 de novembro. – Decidi reduzir os cuidados e as preocupações em casa; então, aluguei quartos na rua Boylston e decidi, juntamente com Lulu, montar uma casa só para nós. Todo o piso do salão dá espaço para minha dama entrar correndo, e o Jardim Público em frente é o parque externo. A senhorita C. vem como governanta, e nos instalamos. Fred embarca conosco. Ouvi [a palestra de] Mathew Arnold.

Dia 29. – Aniversário de 51 anos. Em casa, com presentes para o pobre papai – 84 anos. Encontrei uma mesa inteira para mim.

25 de dezembro. – Em casa, com presentes para todos; dia triste. Vi a estátua de H. Martineau; muito bonita.

Janeiro de 1884. – O dia de Ano Novo se tornou inesquecível por eu ter batido de forma solene em minha filha. A senhorita C. e outras pessoas me garantem que é a única maneira de curar sua teimosia. Eu duvido; mas, sabendo que as mães geralmente são ternas e cegas demais, endireito minha querida à moda antiga. Ela diz, com orgulho: "Vamos, faça!", e, quando acaba, ela fica de coração partido com a ideia da tia Wee-Wee lhe causando dor. Sua perplexidade foi patética, e o efeito, como eu já esperava, um fracasso. Amor é melhor, mas também uma paciência sem fim.

2 de fevereiro. – Wendell Phillips morreu. Vou pranteá-lo próximo ao R. W. E. e Parker.

Dia 6. – Funeral na Hollis Street Church. Estou triste, entre Fred Douglas e sua esposa. Um bom encontro de todos os velhos trabalhadores que restaram. Feliz e orgulhosa de estar entre eles.

Junho. – Vendi a Orchard House a W. T. Harris. Fico contente em finalizar isso, embora, após ter vivido nela durante vinte e cinco anos, esteja cheia de lembranças; mas os lugares não me prendem muito quando as pessoas amadas que os tornaram queridos se vão…

Comprei um chalé em Nonquit, com uma casa e mobília. Todos gostam dele e me disseram que é um bom investimento.

Dia 24. – Fui a Nonquit com Lulu, K. e John. Consertei minha casa, e aproveitei ao máximo o descanso e o silêncio. Lulu está louca de alegria com a liberdade...

Julho e agosto. – Dias de descanso em minha casinha, que é fresca e silenciosa, e sem a maldição de uma cozinha para estragar tudo.

Lulu está bem e feliz, e todos se divertem muito no verão.

No dia 7 de agosto fui para casa, e deixei A. sair de férias.

Cuidei de papai e da casa, e fiquei à toa nos dias quentes lendo cartas e livros. Passeei com papai, já que ele gostava muito disso...

Outubro. – Fui a Boston com John e aluguei quartos em Bellevue. Muito cansada das preocupações domésticas, e corro para descansar em meu antigo refúgio, com J. e L. para cuidar e a quem dar um lar.

Vi Irving. Sempre gosto de sua companhia, embora ele seja bem estranho. Ellen Terry era a mesma de sempre, embora tenha lá seu charme.

Novembro. – Achei Bellevue desconfortável e cara, então aluguei quartos na rua Chestnut para mim e para os meninos.

Dia 8. – Aniversário de minha Lulu. Fui para casa com flores, presentes e um coração grato por a garotinha estar tão bem, feliz e boazinha. Um dia feliz com a pequena rainha da casa.

Dia 29. – Nosso aniversário – Papai, 84 anos; L. M. A., 52. Dia tranquilo; sempre triste ao pensar em mamãe, John e May, que nos deixaram nesta estação.

Dezembro. – Comecei novamente *Os meninos de Jo,* já que T. N. quer muito um livro novo e estou cansada de ficar ociosa. Escrevi durante duas horas em três dias, depois tive uma crise violenta de vertigem e fiquei doente por uma semana. A cabeça ainda não suporta trabalhar. Deixei os papéis de lado, e tentei ficar à toa e sair por aí como as outras pessoas.

Natal agradável com Lulu, Nan e o pobre papai, que adora nos ver por perto. Um mundo restrito agora, mas feliz para ele.

Último dia do ano. Tudo bem em casa, exceto eu; corpo fraco, mas a alma melhorando.

1.º de janeiro de 1885 – Cumprimentos agradáveis do irmão Ernest por telegrama – ele nunca nos esquece. Ópera à noite – "Emma Nevada". Enviei uma encomenda para casa. Muito frio.

John ganhou seu primeiro terno. Rapaz feliz! Várias noites agradáveis de domingo em E. P. W. Vi a senhora Burnett, gosto dela.

Visitei o Blind Asylum e North End Mission. Lulu passou uma semana comigo para mudar de ares.

Dia 19. – Uma festa à moda antiga em uma casa velha. Todos de roupas antigas; Lulu ficou muito bonita com a dela. Cozinha de interior e comida de interior; fiação e tecelagem; velhas músicas e danças; uma carruagem alta, e P. como um antigo Weller – muito engraçado.

Junho. – Li a biografia de Santa Elizabeth, de D'Alembert – curiosa e doce; e também romances franceses. Escrevo as historietas que conto a Lulu para um novo livro de Natal, já que não tenho mais nada. Envio uma, "The Candy Country", ao *Saint Nicholas*.

8 de agosto. – Vou para casa, e A. vai para N. Cuido de papai, organizo os contos curtos e dou uma olhada nas casas em B. Faço planos de alugar uma casa mobiliada para o inverno, para ficarmos todos juntos. A. está sozinha em C.; os meninos devem estar prontos. Quero Lulu, e papai vai gostar de uma mudança.

Separei cartas antigas e queimei muitas. Não é sensato guardar para olhos curiosos lerem e amantes de fofocas imprimirem uma e outra.

Durante dias vivi no passado e me senti muito velha, recordando tudo aquilo por que passei. Minhas experiências ficam mais profundas, e começo a pensar que seria bom manter algum registro de minha vida se isso ajudar outros a lê-las quando eu partir. Aparentemente, as pessoas acham nossas vidas interessantes e peculiares.

Setembro. – Depois de passar um bom tempo com corretores de imóveis, alugo uma casa na Louisburg Square por dois anos. É uma casa ampla, mobiliada e bem adequada a nossas necessidades – ensolarada, árvores na frente, um ar bom e amigos por perto. Todos estão satisfeitos, e preparamos a mudança para o dia 1.º de outubro...

Papai chegou muito bem. Está satisfeito com o novo quarto; Lulu, encantada com seu quarto de criança grande, ensolarado e com a casinha de brinquedo que ganhou; os meninos, deslumbrados; e Nan, preparada para os novos trabalhos domésticos.

Sentirei falta de minha vida silenciosa e sem preocupações em B.; mas assim é melhor para todos, então tentarei suportar o atrito e as preocupações que muitas pessoas sempre me trazem.

Será um inverno caro, mas T. N. me diz que os livros nunca venderam melhor, portanto uma boa série em janeiro trará segurança a todos.

Lulu's Library como um "ganha-pão" acalmará as crianças, e conseguirei trabalhar em *Os meninos de Jo*.

Março de 1886. – Fui à casa da senhora H. ouvir o senhor Snyder ler a *Ilíada*; gostei. Seis garotinhas entraram em contato, e há fanáticos por autógrafos no exterior.

Dia 27. – Outra crise de vertigem – uma semana doente; noites sem dormir. A cabeça trabalhou como uma máquina a vapor, sem parar. Planejei *Os meninos de Jo* até o fim, desejando me levantar para escrevê-lo. Disse ao doutor W. que era melhor ele deixar minhas ideias *sair*, aí eu poderia descansar. Ele sabiamente concordou, dizendo: "Assim que conseguir, escreva meia hora por dia e veja se isso lhe faz bem. Cérebros rebeldes querem ser atendidos, do contrário é só problema". Portanto, comecei assim que pude e fiquei satisfeita por estarmos certos; de fato, minha cabeça melhorou muito rápido e, com muito cuidado para não exagerar, passei horas agradáveis esquecendo meu corpo e vivendo na mente.

Abril. – Comecei a escrever uma ou duas horas por dia, sem sentir nenhum efeito colateral.

Maio. – Comecei a pensar em Concord, preparando-me para voltar no verão. Papai quer seu livros; Lulu, seu jardim; Anna, sua casinha; e os meninos, os amigos. Eu quero ir embora e descansar.

Anna parte no último dia do mês e deixa a casa pronta. Mandamos Lulu e papai depois, e os meninos e eu fechamos a casa de número 10...

Junho. – Em casa, em C. – ensolarada, limpa e agradável. Arrumo Lulu e me preparo para um mês em Princeton com a senhora H. Muito cansada.

Três semanas de silêncio nas colinas – um vale rosado com louros na frente, o Mount Wachusett atrás de nós e colinas verdes por toda parte. Algumas pessoas simpáticas. Leio, durmo, caminho e escrevo – finalizo quinze capítulos. Minha intuição estava certa; após sete anos de descanso, o velho cérebro estava pronto para trabalhar e cansado de se alimentar de si mesmo, já que precisa trabalhar em alguma coisa. Gostei [dos livros] de *Hourswith German Classics,* de Hedge, e *Baldwin,* de Vernon Lee.

Cheguei a casa a tempo de levar Anna e Lulu para passar o verão com N. A. precisa muito descansar, e Lulu, de liberdade. Vou me refestelar no silêncio e terminar meu livro.

Julho. – Fim de festa no litoral, e a paz reina. Descanso um dia e, então, ponho-me a trabalhar. Termino *Os meninos de Jo* e o levo a T. N. muita alegria com um novo livro. Tiragem de cinquenta mil exemplares na primeira edição; encomendas chegam rápido. Não é bom – intervalos grandes demais entre as partes, e ele começou há muito tempo; mas as crianças ficarão felizes, e minha promessa, cumprida. Foram necessários dois capítulos novos, então os escrevi e tampei meu tinteiro com alegria.

O que vem a seguir? A senhora Dodge quer uma série, e T. N., um romance. Tenho dezenas de enredos na cabeça, mas acho melhor a série vir antes. Quero muito dinheiro para várias coisas; cada pobre alma que conheci vem em busca de ajuda, e as despesas aumentam. Sou a única pessoa que ganha dinheiro e preciso girar a roda do moinho para os outros, embora meus grãos já estejam moídos e no celeiro.

A escola começou. Papai está fraco, mas comparece – pela última vez, acredito.

Uma sequência de cartas à amiga de seu pai, a senhora Stearns, revela a atenção cuidadosa e terna de Louisa dispensada ao lento declínio do homem abalado, mas elas contêm detalhes demais do quarto do doente para ser publicadas. Alguns trechos mostrarão seus sentimentos.

Dia 23 de maio [1885].

Cara Senhora Stearns – Muito obrigada pelo lindo buquê que você me enviou. Ele veio em uma boa hora, pois hoje é o aniversário de casamento de papai e bodas de prata de minha irmã. Bastante triste por ambos, sem seus pares; mas fizemos o melhor para animá-los, e a chuva suave é uma lembrança emblemática que suas lágrimas silenciosas mantêm vivas.

Papai lembrou-se de você e cheirou as flores com prazer. Ele está muito cansado da vida e quer "ir lá para cima", como diz. Um pouco mais ou um pouco menos de luz o deixaria feliz, mas a mente ainda ativa vai de encontro às grades da prisão e se rebela contra a fraqueza do corpo, que impede a antiga vida independente. Receio que seu fim não seja tão pacífico, a menos que seja repentino, que espero que seja pelo bem de todos nós; é exaustivo demais vê-lo definhar tão lentamente, e fazer poucas coisas além de pregar e praticar a paciência.

Cordialmente,

L. M. A.

Domingo.

Talvez seja apenas uma mudança temporária; porém ainda tenho esperanças de que durará e que sua mente fique ainda mais clara. Esses dias sem dor e tranquilos têm alguma doçura, por mais que seja triste ver o velho querido e vigoroso tão frágil. Se ele consegue nos reconhecer e aproveitar um pouco da antiga vida, vale a pena, embora o fim possa vir a qualquer momento...

De vez em quando vêm umas palavras sem esforço. "Para cima!" foram as primeiras, e parecem bem típicas dessa bela alma em ascensão, quase voando para o céu.

Ao senhor Niles

Nonquit, 13 de julho de 1885.

Caro Senhor Niles – *Quero saber se é tarde demais e se vale a pena fazer o seguinte: que tal reunir algumas das historietas que conto para Lulu e acrescentá-las às outras duas que devo ter imprimido no último ano, além do "Mermaid Tale", para combinar com as imagens que compramos, e chamá-las de "Lulu's Library"? Tenho vários livretos escritos para L.; e, como não consigo fazer nenhum* trabalho grande, ocorreu-me que posso arriscar copiá-los se servirem como um livro de Natal para o público mais jovem.

Anseio mergulhar fundo em algumas ideias que estão fervilhando em minha cabeça, mas não ouso, já que minha única tentativa desde o último colapso causado por Os meninos de Jo custou-me uma ou duas semanas de aflição e trinta dólares para o médico. Tenho dias longos e bons aqui e, se quiser, posso copiar essas histórias e enviá-las a você. Uma foi para o "Harper's Young People", e outra irá para o Saint Nicholas quando estiver concluída – sobre o jardim de infância para cegos. Estas, com as de Lulu, dariam um livro pequeno, e pode ser o início de uma série para crianças menores. Velhinhas começam a fazer essas bobagens quando não conseguem mais nada. O que me diz?...

Sinceramente,

L. M. A.

18 DE SETEMBRO DE 1885.

CARO SENHOR NILES – *Envio a você alguns esboços divertidos da senhora L. Parece que ela está pegando o jeito. Que tal pedir a ela para ilustrar o livro sobre fadas? Ela tem bom gosto para elfos, e a garotinha dela ficou boa. Espero fazer retoques nas outras histórias neste inverno, e ela pode ilustrá-las, para que no próximo Natal (ou quando ficar pronto) possamos publicar um livreto. Já que esse tipo de trabalho é tudo o que ouso fazer agora, também posso me preparar para a batalha quando receber novamente a ordem de "Subir e atirar", se isso voltar a acontecer.*

Gostaria de ajudar a senhora L. se pudesse, já que sabemos algumas coisas sobre ela e imagino que precise de estímulo. Talvez pudéssemos usar as imagens dela de alguma forma, se ela permitir. Talvez eu consiga trabalhá-las dentro de uma história sobre um amplo abate "culludbredren[149]*".*

---

[149] Do dinamarquês, "amplo". (N.T.)

Obrigada pelos livros. Dear Miss tem uma história bastante empertigada, mas é bonito e bem correto. Tão diferente do estilo impetuoso da senhorita Alcott.

O livro H. H. ["Ramona"] é um registro nobre dos grandes erros de seus escolhidos e deve despertar os pecadores para a contrição e a justiça antes que seja tarde demais. Isso lembra os antigos dias de escravidão, só que essas vítimas têm a pele vermelha em vez de negra. Terá sido um infortúnio se "H. H." deu seu sangue e suor em vão.

Sinceramente,

L. M. A.

[1885.]

Caro Senhor Niles *– Obrigada pelo livro, que terei prazer em ler. Por favor, diga à senhorita N. que ela encontrará no artigo de Sanborn, no* Saint Nicholas *ou no livro da senhora Moulton, o* Eminent Women, *tudo o que desejo que seja dito sobre mim mesma. Você pode acrescentar fatos sobre edições, etc., como achar melhor. Não gosto dessas notificações eternas, uma é suficiente; de outra forma, nós, coitados, sentimo-nos espremidos como laranjas e não resta nada de intocável.*

A nova biografia e as cartas de George Eliot[150] estão bem elaboradas, e não lamentamos por tê-las lido. O senhor Cross foi sensato, e tem todo o nosso amor e respeito em vez de estragá-los como Froude[151] fez com Carlyle[152].

Sinceramente,

L. M. A.

---

[150] Pseudônimo de Mary Ann Evans (1819-1880), escritora e romancista britânica. (N.T.)

[151] James Anthony Froude (1818-1894), historiador, biógrafo e editor inglês. Sua polêmica obra *Life of Carlyle* trouxe à tona a pretensa personalidade egoísta de Thomas Carlyle, gerando fofocas e discussões sobre a vida conjugal deste último (N.T.).

[152] Thomas Carlyle (1795-1881), historiador, ensaísta, matemático e professor britânico. (N.T.)

2 de janeiro de 1886.

CARO SENHOR NILES – Obrigada pelos bons votos e pelas notícias. Agora que não posso trabalhar, é muito agradável saber que os livros estão se saindo tão bem e que a preguiçosa aqui não precisa se preocupar com as coisas.

Sou grata por minhas bênçãos, isso eu lhe garanto. Gostaria imensamente de poder "inundar a sala dos livros com *Os meninos de Jo*, como diz Fred, e espero fazer isso em breve, quando minha cabeça e mãos puderem obedecer com segurança ao desejo do coração, que nunca ficará velho ou cansado demais para lembrar e ser grato.

Sua amiga,

L. M. ALCOTT.

MANHÃ DE SEGUNDA-FEIRA [1886].

CARO SENHOR NILES – Meu médico me proíbe de começar um livro longo ou qualquer coisa que exija muita reflexão neste verão. Assim, preciso desistir do *Tragedy of Today*, pois precisarei pensar muito para que ele fique como deve ficar.

Mas posso lhe entregar um livro para meninas, e acredito que será melhor que um romance. Tenho várias histórias prontas, e posso facilmente fazer mais e elaborar um volume complementar para *Spinning-Wheel Stories* no Natal, se você quiser.

Garanto que isso, junto com as histórias para Lulu, será melhor que a coleção de romances. Espere até eu poder escrever um romance e, então, lançar a coleção em grande estilo, se o nome Alcott não tiver sido esquecido na época.

Eu estava para enviar à senhora Dodge um dos contos para meninas, e se houver tempo ela pode receber mais. Mas quase todos os novos fariam um livro vender bem durante as férias. Agora você já pode recebê-los prontos, se quiser. "Sophie's Secret" é um, "An Ivy Spray: or Cinderella's Slippers" é outro, e "Mountain Laurel" está parcialmente finalizado. "A Garland for Girls" pode ser um título, já que todos são para meninas.

Sinceramente,

L. M. A.

Na primavera de 1886, o doutor Rhoda Lawrence se encarregou da saúde da senhorita Alcott, dando-lhe um tratamento com massagens e outros recursos adequados de que ela fez bom proveito. Ela passou o verão em Concord com o pai, marcado por uma viagem agradável às montanhas. A senhorita Alcott terminou *Os meninos de Jo,* que foi publicado em setembro. Ela também se mantinha ocupada vasculhando antigos jornais e cartas, e destruiu muitas coisas que não queria que viessem a público. Ela gostara da vida em Princeton e disse que se sentia melhor do que quinze anos antes; porém, em agosto ela teve uma crise grave de reumatismo e problemas de vertigem. Sofreu muito, e seus nervos estavam em condição precária.

A senhorita Alcott sempre considerou com bravura e calma todas as possibilidades da vida, e agora fazia todos os preparativos para a própria morte. Seu sobrinho mais novo sempre foi especialmente querido, e ela decidiu solicitar documentos de adoção para torná-lo seu filho e herdeiro legítimo. Ela queria que ele adotasse o sobrenome Alcott e também ser sua representante.

O diário de Louisa encerra julho de 1886 com a velha sensação – a de que precisa pôr o moinho para funcionar e fazer dinheiro para suprir as várias exigências que a pressionam de todos os lados. Ela sente na própria alma o peso de cada vida humana que sofre. Sabia que era capaz de escrever o que outras pessoas desejavam avidamente e que lhe traria recursos para ajudar os necessitados, e seu coração e mente se uniam para incitá-la a trabalhar. Se ela teria conseguido descansar de maneira mais plena ou trabalhado por mais tempo e melhor, é uma dessas perguntas que ninguém tem sabedoria suficiente para responder. Não obstante, as advertências dadas pela vida não devem ser negligenciadas, e o cérebro afoito precisa aprender a obedecer às leis da vida e da saúde enquanto ainda há tempo.

Em setembro de 1886, a senhorita Alcott voltou a Louisburg Square, onde passou o inverno cuidando do pai e na companhia da irmã, dos sobrinhos e da criança amada. Ela sofria muito de rouquidão, nervosismo e debilidade, bem como indigestão e insônia, mas ainda se esforçava para dar conforto a todos ao seu redor. Passou um Natal feliz e compartilhou da alegria do sobrinho mais velho durante o noivado dele. Em dezembro, estava tão cansada e esgotada que foi à instituição do doutor Lawrence em

Roxbury para descansar e se cuidar. Ela encontrou um alívio tão grande para seu cérebro e nervos sobrecarregados na reclusão e no silêncio de Dunreath Place que descobriu aí sua casa e descanso pelo resto da vida.

Para Louisa, foi um grande desafio ficar longe da família, à qual dedicara a vida. Ela se apegou com ternura cada vez maior ao pai moribundo e à querida irmã que ainda lhe restava, e sentia falta de seus meninos e da criança; porém seus nervos exaustos não conseguiam sequer suportar a companhia de seus familiares, e às vezes sua vontade era ficar sozinha durante dias. "Sinto-me tão segura aqui!", disse ela em uma ocasião.

O senhor Alcott passou o verão em Melrose, e Louisa foi visitá-lo em junho. Nos meses de junho e julho de 1887, ela foi a Concord solicitar documentações e concluiu o plano de adotar o sobrinho. Mais tarde foi a Princeton, acompanhada pelo doutor Lawrence. Ela passou oito semanas lá e aproveitou o ar e a paisagem montanhosa com o que lhe restava do antigo prazer. Ela conseguia caminhar por um quilômetro ou mais e andava sozinha pela manhã, coisa de que gostava demais. A caminhada noturna era menos agradável porque, dessa maneira, ela ficava exposta à curiosidade afoita de turistas, que a perseguiam constantemente.

A senhorita Alcott desfrutava de grande prazer intelectual na companhia do senhor James Murdock e sua família. O notável orador se esforçou muito para satisfazer o gosto dela por leituras dramáticas, selecionando as cenas favoritas para representação, e ela até assistiu a uma de suas leituras públicas no saguão do hotel. A antiga dor nas pernas de que sofreu durante a viagem pela Europa a incomodava de novo, e ela voltou para a instituição do doutor Lawrence no outono, onde recebeu cuidados atenciosos.

A senhorita Alcott ainda estava planejando histórias de maneira contínua. O doutor Lawrence lia muito para ela, e com frequência a leitura lhe sugeria temas. Ela pensou em uma série que seria chamada de *Stories of All Nations,* e já havia escrito "Trudel's Siege", que foi publicado no *Saint Nicholas*, em abril de 1888, e cuja ambientação se passa durante o cerco de Leiden[153]. A história em inglês seria intitulada "Madge Wildfire",

---

[153] O Cerco de Leiden ocorreu em 1573 e 1574 durante a Guerra dos Oitenta Anos e a Guerra Anglo-Espanhola, quando os espanhóis tentaram tomar a cidade holandesa de Leiden. O cerco, no entanto, acabou falhando. (N.T.)

e ela havia pensado em enredos para outras. Ela conseguia escrever muito pouco e mantinha-se ocupada e entretida fazendo trabalhos artesanais, flores e limpadores de caneta de várias cores, em formato de cravos, para enviar às amigas.

No último aniversário, Louisa recebeu muitas flores e lembranças agradáveis, que a tocaram profundamente, e ela disse: "Não queria chorar hoje, mas não consigo evitar, todos são tão bondosos". Ela ia ver o pai a cada um ou dois dias, consciente de que ele estava chegando ao fim.

Ao cavalgar com sua amiga, Louisa lhe contaria as histórias que planejava; uma delas seria intitulada "The Philosopher's Wooing", referindo-se a Thoreau. Ela também tinha ideia para um romance musical. Não podia ficar ociosa e, tendo respeito pelas costuras, ocupava-se com isso, fazendo roupas para crianças pobres ou ajudando o médico com seu trabalho. Ela insistiu em fazer uma cesta de costura para o médico, com um grande sortimento de materiais necessários, e gostou quando os viu ser usados. Uma roupa de flanela para uma criança pobre foi a última coisa que fez com as mãos. Sua saúde melhorou em fevereiro, especialmente no alento das madrugadas, já que os banhos que tomava lhe traziam o tão acalentado sono.

"Não há nada tão bom quanto dormir", disse. Mas um pouco de estímulos além da conta rendeu dores de cabeça violentas.

Durante esses meses, a senhorita Alcott escreveu parte do *Garland for Girls,* um de seus livros mais imaginativos e prazerosos. Essas histórias foram inspiradas pelas flores que várias amigas lhe enviavam, das quais gostava demais. Ela cavalgou muito, mas não viu ninguém.

Seus amigos estavam muito animados e, embora não se atrevessem a esperar uma recuperação total, tinham a esperança de que ela pudesse ser "uma inválida tranquila, capaz de aproveitar a vida, além de ajudar e agradar os outros". Suas dores não eram extremas, mas ela estava muito fraca; seu sistema nervoso parecia integralmente prostrado pelos anos de trabalho e lutas pelas quais passara. Ela afirmou: "Não quero viver se não puder ser útil". Sempre pensara na morte com coragem, e mesmo a separação de seus amigos mais queridos foi tolerada serenamente. Ela acreditava na presença e na influência constante deles, e sentia que a separação duraria pouco tempo. Louisa não tinha nenhum temor a Deus e nenhuma dúvida a respeito do futuro. Sua única tristeza era deixar os amigos a quem amava e que ainda poderiam precisar dela.

Um jovem escreveu à senhorita Alcott perguntando se ela o aconselharia a se dedicar à escrita; ela respondeu: "Se puder fazer qualquer outra coisa, não. Até abrir valas". Ele seguiu seu conselho e arrumou um serviço com o qual pôde se sustentar, mas ainda continuou a escrever histórias. Um garotinho enviou vinte e cinco centavos para comprar os livros da autora. Ela devolveu o dinheiro, dizendo que não era o bastante para comprar livros, mas lhe enviou *Rapazinhos*. Montanhas de cartas ficaram sem resposta por falta de forças para escrever ou até mesmo para ler.

No início de março, o senhor Alcott piorou muito rápido. Louisa foi vê-lo, ciente de que era a última vez. Estimulada pelo dia quente primaveril, fez algumas modificações no vestido e, absorta por pensamentos sobre a partida, ao entrar na carruagem se esqueceu de colocar o casaco de peles que usara.

Na manhã seguinte, ela se queixou de uma dor de cabeça violenta, atingindo um nível agonizante. O médico que a atendera durante as últimas semanas foi chamado. Ele percebeu que a situação era bem grave. Ela mesma perguntou: "Não é meningite?". Os problemas cerebrais aumentaram rapidamente. Por um instante ela reconheceu o querido sobrinho e sua simpática anfitriã, mas ficou alheia a todo o resto. Assim, às três e meia da tarde do dia 6 de março de 1888, faleceu tranquilamente, tendo o descanso tão necessário. Ela não sabia que o pai já havia partido antes de si.

Os amigos da família que se reuniram para prestar a última homenagem de respeito e amor ao pai idoso foram surpreendidos na soleira pela informação chocante – "Louisa Alcott morreu" –, e uma tristeza profunda se abateu sobre todos os corações. O velho patriarca fora descansar na infinitude do tempo, "milho já maduro para a foice", mas poucos perceberam como sua filha desgastara a própria estrutura terrena. Seus amigos tinham esperanças de saúde e força renovadas, e por um trabalho ainda maior e mais nobre de sua parte, com competências amadurecidas, maior facilidade e momentos de ócio.

A senhorita Alcott deixara tudo organizado para sua morte; e, a pedido dela, o funeral foi muito simples, no quarto do pai na Louisburg Square, ao qual compareceram apenas alguns familiares e amigos mais próximos. Eles leram o poema extraordinário que ela fez para a mãe, o nobre tributo do pai a ela, e falaram sobre sua vida séria e autêntica. Ela foi lembrada como gostaria de ser. Seu corpo foi levado a Concord e colocado no lindo cemitério de Sleepy Hollow, onde seus entes mais queridos já estavam descansando. "Seus meninos" foram ao lado dela como "guardas de honra" e ficaram por perto enquanto ela era colocada aos pés do pai, da mãe e da irmã, a fim de que pudesse "cuidar deles como fez a vida toda".

Não comentarei a respeito da dor silenciosa da família enlutada, mas o som da tristeza preencheu todo o continente e reverberou de países estrangeiros. As crianças do mundo inteiro haviam perdido sua amiga. A senhorita Alcott havia entrado em seus corações e as revelado a si mesmas. Em seu diário infantil, sua irmã mais velha disse: "Não tenho segredos com Louisa; conto tudo a ela, e não tenho medo de que ela me ache boba". Foi essa consideração pelo modo de pensar e pela vida das crianças que conferiu a Louisa Alcott sua enorme capacidade de conquistar o respeito e a afeição delas. Nada que lhes parecia real e sério era sem importância para ela.

ÚLTIMAS CARTAS.

Ao senhor Niles.

Domingo, 1886.

Caro Senhor Niles – O considerável estoque de livros foi muito bem-vindo; de fato, quando minhas duas horas de escrita acabam, preciso de algo que me console e desejo ir em frente e terminar Os meninos de Jo até o dia 1.º de julho.

Meu médico não aprova essa esperança e tem tanta certeza de que será um equívoco aumentar o ritmo que tenho medo de tentar, e mantenho [a virtude da] Prudência sentada na válvula para que o velho motor não ligue e sofra outro colapso.

Estou lhe enviando vários capítulos pelas mãos de Fred; gostaria que estivessem mais organizados, já que alguns foram escritos há muito tempo e estão por aí há anos; mas não posso perder tempo copiando, então espero que os tipógrafos não fiquem desesperados.

Planejei vinte capítulos e estou no décimo quinto. Alguns são longos, outros são curtos, e, já que estamos correndo contra o tempo, é melhor não tentarmos fazer coisas demais.

... Tenho poucas dúvidas de que ele estará finalizado no início de julho, mas comigo as coisas acontecem tão ao contrário que nunca posso ter certeza de levar a cabo um plano, e não quero falhar de novo; até agora sinto que poderia, sem me prejudicar, acabar com esses meninos horríveis.

Para que ilustrações? Não é um livro para crianças, todos os rapazes têm quase vinte anos, e imagens bonitinhas não são necessárias. Coloque o baixo-relevo se quiser, ou alguma coisa de qualidade no frontispício.

Posso fazer vinte e um capítulos e deixá-los do tamanho de Rapazinhos. Dezesseis capítulos dão 216 páginas, e posteriormente posso acrescentar uma página aqui e ali – ou, se necessário, um capítulo em algum trecho para completar.

Estarei em casa dentro de uma ou duas semanas, muito melhor pelo descanso e pelo ar de qualidade; e nos meus dias tranquilos em C. posso fazer retoques em provas e dar uma conferida no livro. Não devemos ficar contentes quando tudo acabar?

Sinceramente,

L. M. A.

À senhora Dodge

29 DE JUNHO.

CARA SENHORA DODGE – Vou desenvolver algo para dezembro (D. V.) e lhe disponibilizar assim que eu terminar.

Lu e eu vamos a Nonquit na próxima semana; depois de uns dias de descanso, vou reativar o velho motor e ver se ele funcionará para uma distância curta sem entrar em colapso.

Em geral, há cerca de quarenta jovens em N., e acho que alguns deles podem me dar dicas.

O senhor Burroughs e o senhor Gilder entraram em contato comigo na noite passada. O senhor G. perguntou se você estava em B., mas eu não sabia.

Papai continua à vontade e feliz entre os livros dele. Nossos rapazes estão visitando Nova Iorque pela primeira vez e talvez visitem "Saint Nick", a quem tornaram seu santo padroeiro.

Gostaria dos dois últimos volumes encadernados de Saint Nicholas, para Lulu. Ela adora os outros, e estão bem rasgados por seus movimentos carinhosos, mas descuidados, carregando-os para cima e para baixo e pedindo por "mais 'histólias', tia Wee-wee". Cobre-me.

Cordialmente,

L. M. A.

P. S.: *E não é que fiquei contente em vê-la em meu ululante deserto de preocupações domésticas exaustivas? Venha mais vezes.*

CONCORD, 15 de agosto

CARA SENHORA DODGE – *Gosto da ideia de* Spinning Wheel Stories *e consigo escrever várias para uma série que pode ser lançada posteriormente em um livro. Contos à moda antiga, com um fio condutor que perpassa todos desde a direção dada pelo primeiro.*

Uma festa de Natal com crianças pode se passar em uma antiga casa de fazenda e ativar a direção, e vovó a gira e conta a primeira história; e, estando isolados pela neve, a cada noite outras pessoas entretêm as crianças com mais contos. Isso serviria? A imagem da mãe e da criança cairia muito bem no primeiro conto – "Vovó e sua mãe".

Por estar em casa e em silêncio há uma semana ou mais (já que papai passa bem e tem uma enfermeira competente), dei início à série e fiz dois capítulos; mas os contos em espiral ficam girando tão rápido na minha mente que é melhor eu fixar alguns enquanto "queimo as pestanas". Talvez você queira começar a coleção no Natal. Com a imagem pronta e a primeira história finalizada em uma semana, Sophie's Secret pode vir depois. Avise-me se gostar da ideia e também quantas páginas escritas do jornal você acha que dariam para o tamanho adequado do conto. Se ainda não quiser o n.º 1, vou desacelerar e fazer vários.

Era para ser uma série intitulada "Mrs. Gay's Summer School"; alguns meninos e meninas da cidade iriam a uma velha casa de fazenda e, para se divertir, usariam roupas e viveriam como antigamente, aprendendo os bons e velhos costumes, com aventuras e diversão no meio. Ela pode sair na primavera, já que demoro mais para mover o moinho agora do que no passado.

Fico contente por estar melhor. Obrigada pelos bons votos pela casinha; venha vê-la e alegrar os olhos de quarenta jovens admiradores com a possibilidade de um M. M. D. no próximo ano.

Cordialmente,

L. M. A.

Rua chestnut, 31; 31 de dezembro.

Cara Senhora Dodge – *Uma priminha de 13 anos escreveu uma história e quer vê-la impressa. Está bem escrita e bem boa para uma iniciante, então a envio a você na esperança de que encontre um lugar na coluna infantil. Ela é neta de S. J. May, além de ser uma moça inteligente que pinta bem e uma pessoa caseira, apesar de suas realizações promissoras. Boa sorte a ela!*

Esperava ter uma história de Natal para alguém, mas estou proibida de escrever por seis meses depois de uma crise grave de tontura. Então deixei para lá e estou me cuidando. Todos os melhores votos para o Ano-Novo.

Cordialmente,

L. M. Alcott.

Ao senhor Niles.

1886.

CARO SENHOR NILES – *Lamento por você não gostar do meu baixo-relevo; eu gosto. Um retrato, se colorido e gracioso, não seria eu, e se for como eu decepcionará as crianças; então é melhor deixarmos que elas imaginem a "tia Jo jovem e bonita, com dois rabos de cavalo caindo sobre as costas", como disse a garotinha.*

Com pressa,

L. M. A.

À senhora Bond

CONCORD, TERÇA-FEIRA, 1886.

QUERIDA TITIA – *Quero encontrar a tia Gwinn, e não sei a quem mais perguntar a não ser você, pois seu grande coração de mãe tem compaixão por todos os pobres bebês e pode dizer a eles aonde ir quando o ninho ficar vazio. Uma pobre mulherzinha acaba de morrer, deixando quatro filhos para um beberrão. Duas tias que trabalham duro fazem tudo o que podem, e uma ficará com a menina mais velha. Queremos colocar as duas meninas pequenas e o menino em um lar até vermos o que vem a seguir. Lulu dá roupas para uma delas, e talvez consigamos colocar uma para morar com um primo. Mas, desde que a mãe morreu na última quarta-feira, eles estão muito desamparados e precisam de ajuda. Se não estivéssemos com a casa tão cheia, ficaria com uma; mas Lu é tudo de que consigo dar conta agora.*

Há um lar em Auburndale, mas está lotado; e não conheço nenhum outro a não ser o da tia Gwinn. Qual o endereço dela, por favor? Estarei na cidade no sábado, e posso ir vê-la se souber onde fica.

Não deixe isso incomodá-la; mas, em casos como esses, apela-se para orientações de santos, e as coitadas das tias não sabem o que fazer; então, esta tia está recorrendo à tia de todos.

Tive uma conversa agradável com Papa nas carruagens, e fiquei muito contente em saber que W. está melhor. Meu amor a ambos e a S.

Obrigada pelas novidades sobre os retratos. Terei isso em mente se G. H. entrar em contato. Lulu e Anna mandam beijos, e eu também, como sempre.

Cordialmente,

Louisa Alcott.

À senhora Dodge.

13 DE ABRIL DE 1880.

CARA SENHORA DODGE – Estou contente porque você fará um passeio tão bom. Que seja muito feliz.

Não posso prometer nada, mas espero que me permitam escrever um pouco, já que meu médico decidiu que é bom ele me deixar passar para o papel os contos "que estão batendo na tampa da panela e exigindo sair" (como as batatas da senhora Cratchit), pois eles continuam me preocupando por dentro. Então, estou fazendo uns rabiscos de Os meninos de Jo, prometido há muito tempo para o senhor Niles e cobrado pelas crianças. Só posso escrever uma hora por dia, então não posso prosseguir muito rápido; mas, se eu conseguir acabar, posso pensar em uma série para o Saint Nicholas. Comecei uma, e posso facilmente iniciá-la para 1888, se a cabeça e as mãos permitirem. Vou ferver os miolos neste verão e ver se ela pode ser feita. Espero que sim, pois não quero deixar de trabalhar tão cedo.

Li Mrs. Null, mas não achei muito bom – muito lento e sem graça depois de Anna Karenina, de Tolstói.

Conheci o senhor e a senhora S. na casa da senhora A. neste inverno. Gostei muito das histórias para crianças do senhor Stockton. As voltadas para os mais velhos são curiosas, mas artificiais.

Agora, adeus, e que Deus esteja com você, querida, e lhe traga a salvo para todos nós em casa.

Muito cordialmente,

L. M. Alcott.

À senhora Bond.

Dunreat Place, Roxbury,
15 de março de 1887

Querida titia – Fiquei na expectativa de sair e visitá-la durante todo o inverno, mas estive tão doente que meu único alívio de esperança foi meu mingau – falo de meu único alimento, e não de uma natureza que me desse forças. Agora estou começando a viver um pouco e a me sentir menos como uma ostra doente na maré baixa. Acredito que os dias de primavera vão me restabelecer, e minha primeira viagem será para ver você; na verdade, quero que vocês vejam como a flor de minha May está desabrochando maravilhosamente e se tornando um belo rebento da velha estirpe.

Lizzy Wells provavelmente lhe contou as novidades sobre Fred e sua noivazinha, e Anna lhe escreveu a respeito como só uma mãe orgulhosa sabe fazer.

Papai está se sentindo muito bem, mas diz com tristeza ao erguer os olhos do jornal: "Beecher se foi agora; todos vão embora, menos eu". Por favor, agradeça ao senhor Bond pelos belos poemas, que são interessantes mesmo para uma pobre minhoca ignorante que não sabe latim. Mamãe teria gostado muito deles. Eu deveria ter reconhecido a bondade dele antes; porém, como estou em Roxbury, minhas cartas são enviadas e muitas vezes chegam atrasadas.

Lamentei por ter ouvido falar que você estava mal de novo. Não é difícil ficar com a alma serena quando o corpo está em um estado deplorável? Acho isso muito chato, mas tento ter paciência e espero aos poucos enxergar o porquê, quando esta vida misteriosa se tornar clara para mim. Tive um sonho adorável sobre isso, e quero contá-lo a você algum dia.

Amor a todos.
Da sobrinha,

L. M. A.

Seu editor quis lançar uma edição nova de *Mefistófeles Moderno* e acrescentá-la à sua história "A Whisper in the Dark", com o que ela consentiu.

6 DE MAIO DE 1887.

CARO SENHOR NILES – *Era sobre isso que eu queria falar. Você pode conseguir corrigir ou sugerir algo. Apenas quero que fique entendido que o estilo rebuscado era para disfarçar, embora a história tivesse outro propósito; na verdade, não tenho vergonha dela, e a aprecio mais do que* Work *ou* Moods.

P. S.: Deseja mais contos de fadas?

Da apressada

L. M. A.

Prefácio

Mefistófeles Moderno foi escrito entre os primeiros volumes da *No Name Series*, quando a ideia principal dos autores foi lançar um desafio aos leitores disfarçando ao máximo o próprio estilo, já que eles poderiam gostar de dar palpites e criticar conforme cada romance era lançado. Este livro teve muito êxito em preservar seu anonimato, e muitas pessoas ainda insistem que ele não poderia ter sido escrito pela autora de *Mulherzinhas*. Como gostei demais de tentar incorporar uma sombra de meu poema favorito em uma história, e também da diversão que isso tem proporcionado aos que estão em segredo há alguns anos, considera-se bom acrescentar este volume aos poucos romances à disposição, não como uma obra finalizada de qualquer modo, mas como mera tentativa de algo mais sério que histórias de revistas ou literatura juvenil.

L. M. ALCOTT.

SÁBADO DE MANHÃ, 7 DE MAIO DE 1887.

CARO SENHOR NILES – *O seu acabou de chegar.* "A Whisper" *está mais para um conto macabro, mas pode servir se eu acrescentar* algumas linhas ao prefácio do Mefistófeles Moderno, *dizendo que é para preencher o volume ou para disponibilizar uma amostra das histórias necessárias de Jo March, que muitas garotas pediram. Será que daria certo?*

Tenho a impressão de que seria melhor esperar até que eu consiga adicionar um romance novo e, então, sair da série. Enquanto isso, deixe que o Mefistófeles Moderno vá sozinho, com meu nome, como um livro de verão antes de Irving chegar [Irving como Fausto].

Espero fazer A Tragedy of Today *neste verão, e ele pode ser publicado no outono ou na próxima primavera com* Mefistófeles Moderno, Work *e* Moods.

Um novo e enérgico, neste momento, faria os velhos sair. Hospital Sketches *não importa agora, e está cheio de outros contos que você conhece...*

Esse plano pode ser levado a cabo? Comecei minha tragédia, e acho que ficará boa; e também uma historieta curta chamada "Anna: an Episode", em que eu transformo Boston de um jeito divertido, com uma surpresinha interessante no final. Serviria para completar o Mefistófeles Moderno, já que ele não é longo, a não ser que eu queira que seja.

Virei na próxima semana para ver o que pode ser feito.

Sinceramente,

L. M. A.

À senhora Bond

Domingo, 16 de outubro [1887].

Querida titia – Como você e eu pertencemos à "Sociedade dos Eremitas", podemos de vez em quando animar uma à outra com cartas. Sua mensagem e poema estão me fazendo muito bem hoje, pois estou sentada tentando achar que está tudo certo, apesar da rigidez que não passa, do estômago rebelde que não funciona e da cabeça cansada que não repousa.

Ednah Dow Cheney

 Ultimamente, meus versos têm sido os do pequeno poema que encontrei embaixo do travesseiro de um bom soldado no hospital.

 Não sou mais disposto, ousado e forte – tudo isso ficou para trás.
 Estou preparado para não trabalhar mais
 Não mais – não mais
 Meu trabalho de meio período acabou,
 E essa é toda a parte que ficou.
 Entrego a um Deus paciente
 Meu coração doente.

 A preparação para não trabalhar mais é muito difícil após ser o arrimo da família por tanto tempo. Mas é bom que as pessoas ativas descubram que o mundo pode se virar sem elas e aprendam a ficar paradas, a desistir e esperar com alegria.
 Já que "entramos na poesia", como diz Silas Wegg[154], acrescento uma de autoria própria; de fato, já que agora você é a mamãe, sinto que não rirá de minhas fracas tentativas, não mais do que ela o fez, mesmo quando eu perdia o controle do alto de meus 8 anos.
 Amor a todas as pessoas queridas, e luz aos olhos gentis que foram como o brilho do sol a outros por tantos e tantos anos.
 De sua sobrinha, sempre.

Lu.

 À senhora Bond, com a primeira cópia
de Lulu's Library, segundo volume.

Outubro de 1887.
 Cara titia – Sempre dei à mamãe a primeira cópia autoral de um livro novo. Como você é a representante dela na terra, posso

---

[154] Personagem de Charles Dickens. (N.T.)

lhe enviar, junto com meu amor, o livrinho que está para sair em novembro?

Os contos foram narrados aos 16 anos para May e seus colegas; depois, à filha de May, aos 5 anos; e, por amor a ambas, você pode ter o cuidado de mostrá-los aos pequeninos.

Ainda estou limitada pela perna, mas sinto que estou um pouquinho melhor, e aos poucos espero estar de pé. Trabalho lento, mas sem dúvida parte da disciplina de que preciso; então aceito-o tão bem quanto possível.

Você e eu não conseguiremos ir às bodas de ouro de S. J. May. Estou sozinha há tanto tempo que sinto que gostaria de ver qualquer pessoa, e voltar aos bons tempos. L. W. diz que você é "boa e doce como um anjo"; então fico contente, e gostaria de poder dizer o mesmo de

Sua amada,

Lu.

À senhora Dodge

22 DE DEZEMBRO DE 1887.

CARA SENHORA DODGE – Envio-lhe a história que seu editor-assistente pediu. Já que a necessidade dela era urgente, não me demorei a copiá-la, pois só posso escrever durante uma hora por dia e fazer muito poucas coisas. Você está acostumada com meus manuscritos bagunçados, e conseguirá lê-los. Queria ter enviado o conto chinês, mas este estava quase pronto; portanto, aí vai, já que não importa de onde começamos. Espero que você esteja bem, e plena da paz que o trabalho bem feito concede a seu feliz executor.

Faço ajustes lentos, mas com segurança, e meu bom médico diz que minha melhor obra ainda está para vir; então ficarei contente se eu puder ter saúde. Com os melhores votos, e

Cordialmente,

L. M. A.

Ednah Dow Cheney

À senhora Bond

7 de FEVEREIRO [1888].

CARA TITIA – *Minha querida Anna está ocupada demais e, como pouco posso fazer para ajudá-la, sinto que posso tomar para mim a agradável tarefa de lhe escrever.*

Papai está melhor, e estamos muito agradecidos, pois agora queremos que tudo esteja perfeito para nosso menino.

O fim não está longe, mas papai se recupera incrivelmente bem de cada turno fraco e se mantém sereno e feliz com tudo.

Não peço para que ele fique agora que a vida é um fardo, e estou contente por ele partir antes que isso se transforme em sofrimento. Sentiremos falta da velha cabeça branca e do santo frágil de quem cuidamos por tanto tempo; mas, como diz Anna, "Ele estará com Mamãe". Portanto, ficaremos felizes na esperança desse encontro.

Domingo ele parecia muito fraco, e fui autorizada a entrar e dizer "adeus". Ele me reconheceu e sorriu, e mandou um beijo dizendo "Weedy", como ele me chama, e pensei que a sonolência e a dificuldade para respirar não poderiam durar muito. Mas ele se reanimou, levantou-se e parecia tão normal quanto de costume que talvez eu consiga vê-lo novamente. É lamentável eu não estar por perto como estive com Lizzie e mamãe, mas muito melhor, já que os nervos exaustos não aguentarão muito, e o silêncio é minha única cura.

Fico sozinha e abençoo o casalzinho como uma velha avó afetuosa. Você me mostra como fazer. Com amor a todos,

Sempre sua,

LU.

Sua última mensagem. À senhora Bond.

8 DE FEVEREIRO DE 1888.
Ária – "Haste to the Wedding"[155].

CARA TITIA – *Mal sabia da surpresa agradável que me aguardava quando lhe escrevi ontem.*

Quando acordei hoje de manhã, minha boa doutora L. entrou com a linda azaleia, seu rosto redondo radiante entre as folhas como uma lua cheia.

Foi muito adorável de sua parte ter-se lembrado de mim e animar meu dia solitário com um gesto tão lindo.

Ela está ao meu lado, na escrivaninha de mamãe, e me traz uma terna lembrança das flores favoritas dela; entre as que foram usadas em seu funeral havia um buquê destas, que duraram duas semanas depois, com um botão atrás do outro abrindo no vaso sobre a mesa, onde estão o velho e dileto livro de hinos "Jos. May" e seu diário com a caneta fechada como ela deixou quando escreveu nele pela última vez, três dias antes do fim: "O crepúsculo está se fechando sobre mim, e estou indo descansar nos braços de meus filhos".

Então você está vendo como amo a flor delicada e a aproveitei demais.

Agora posso escrever, e espero que em breve consiga sair e vê-la por alguns minutos, já que saio de carruagem em todos os dias bons e vou beijar meus entes queridos uma vez por semana durante quinze minutos.

A subida é lenta, mas não escorrego; então, pense em minhas bênçãos e cante com alegria, como mamãe costumava fazer, "Até agora me conduziu o Senhor!"

Sua amorosa,

LU.

---

[155] Originária no século XVIII, a melodia se baseia em tradições inglesas, escocesas e irlandesas. Desconhece-se quem a compôs pela primeira vez, no entanto. (N.T.)

Conclusão

A MEU PAI,

EM SEU ANIVERSÁRIO DE 86 ANOS

Caro peregrino, que com paciência aguarda
A longa, longa jornada cujo fim é iminente
Ao lado do sagrado rio que corre
Brilhando claro ao sol poente,

Olhe em retrospecto para a estrada variada
Que seus pés firmes pisaram
Da juventude à velhice, por bens e males
Mais perto de Deus para sempre escalaram.

A montanha e o vale ficam para trás
Cruza-se o pântano, passam-se os postigos
Dúvida e desespero, tristeza e pecado
Gigante e demônio, enfim vencidos.

Agora a negligência se transforma em honra
O crucifixo pode ficar no chão, pesado
A cabeça branca vence e se desgasta lentamente
A coroa é do profeta, não do imolado.

A de Grande Coração e a Fiel já se foram
A brava Cristã e a doce Misericórdia
São os Iluminados que resistem a esperar
O andarilho cansado para cumprimentar

Paciência e Amor suas servas são
E até que o tempo traga a libertação
O cristão pode descansar naquela sala brilhante
Cujas janelas se abrem para o levante.

O cajado no chão, os pés sem sandálias
Ainda pensando no pergaminho precioso
Sereno e forte, ele espera o chamado
Que liberta e dá asas a um espírito ditoso.

Então, belo como quando atraiu
Os olhos aspirantes do menino
Antes da visão do peregrino
Deve à Cidade Celestial ascender.

29 de novembro de 1885.　　　　　　　　　　*L. M. A.*

A aparência da senhorita Alcott era mais marcante e notável do que bonita. Era alta e de peso bem distribuído, revelando força e atividade, e caminhava com liberdade e grandeza. Sua fronte era ampla, e seus fartos cabelos castanhos eram longos e exuberantes, conferindo uma impressão de plenitude e riqueza vital a seu aspecto imponente. Embora nada convencional e até mesmo livre e simples à sua maneira, ela tinha um comportamento digno que impedia certas liberdades e fazia com que intrusos a admirassem.

Extremamente generosa em servir aos outros, ela conhecia os próprios direitos e não permitia que fossem tripudiados. Ela rechaçava "os pontapés que o paciente mérito recebe do incompetente"[156] e tinha muito do espírito de Burns, que canta "Um homem é um homem por isso"[157] com grandeza insolente.

A senhorita Alcott sempre saiu em defesa não de si mesma, mas de sua família, sua classe, seu gênero. O mais humilde escritor não deve se impor à própria pessoa; toda mulher deve ser mais corajosa e mais forte nas próprias atitudes. Ela não se importava com distinções externas; porém tinha um prazer simples pelas atenções que a fama lhe trouxe e ficava encantada em conhecer pessoas brilhantes, inteligentes e distintas, que contribuíam com seu estoque de observações e pensamentos. Ela teve a rara boa sorte, que um herdeiro milionário talvez inveje, de viver toda a vida na companhia dos mais nobres homens e mulheres. Os Emersons, os Thoreaus, os Hawthornes e a senhorita Elizabeth Peabody foram companheiros constantes de sua infância e juventude. Foi com base neles que os alicerces de seu caráter foram constituídos, e ela nunca poderia ter frequentado um círculo mais elevado do que aquele em que viveu livremente desde criança. Ela era perfeitamente capaz de adorar heróis, mas tinha poucos.

Mesmo com toda a imaginação e romantismo, a senhorita Alcott era uma tremenda destruidora de ilusões; ela as extraiu sem remorso de si mesma, persistindo em segurar uma lupa diante de cada falta ou loucura próprias, e procedeu da mesma maneira em relação aos que mais amava. Apenas as coisas intrinsecamente nobres e autênticas podiam resistir ao crivo rigoroso de seu escrutínio intelectual e percepção aguda do incongruente e do ridículo.

---

[156] Trecho do famoso monólogo de *Hamlet*, de William Shakespeare (1564-1616), *To be or not to be: The insolence of office, and the spurns/That patient merit of th'unworthy takes*. (N.T.)

[157] Fragmento de uma canção de Robert Burns (1759-1796), conhecida por expressar ideias sobre uma sociedade mais igualitária. (N.T.)

Essa atitude era patente na relação de Louisa com o pai, a quem nunca compreendeu integralmente. Talvez ele tenha percebido isso quando escreveu "Eu a pressiono contra o peito, como filho fiel do Direito".

Ela tinha pouca simpatia pelas fantasias especulativas dele, e percebeu com clareza a impraticabilidade de seus esquemas, não hesitando em abordar com leveza e gentil sarcasmo suas pequenas peculiaridades; não obstante, lá no fundo do coração ela lhe dedicava não somente afeto, mas uma reverência profunda. Ela percebia a nobreza de sua mente e coração. Em *Mulherzinhas,* a imagem do pai é menos vívida e menos literal que a de qualquer outro membro da família, e dificilmente é reconhecível; mas foi impossível fazer do estudante idealista uma parte da família como ela a retratava – cheia de diversão, alegria e aventura. Na segunda parte, ela se esforçou para reparar essa aparente negligência e presta homenagem ao homem recluso nos fundos da casa, cuja influência era muito potente e doce sobre tudo o que nela habitava.

A senhora Alcott tinha uma personalidade preciosa e nobre, cheia de zelo e impulsividade, que lutava diariamente contra um temperamento sempre prestes a explodir, pronta para brigar feito uma leoa por seus filhos ou trabalhar arduamente por eles até sua natureza sucumbir sobre o fardo. Ela valorizava imensamente o heroísmo e a beleza em todas as vidas nobres, tinha verdadeira paixão pela literatura e transbordava de compaixão por todos os seres humanos que sofriam, mas também era capaz de indignação justa e desprezo mordaz. A essa mãe, que exercia a maternidade de forma majestosa, Louisa estava ligada pelos elos mais íntimos de amor filial e compreensão mútua. No início, ela acreditava que era a filha favorita da mãe, sabia que estava em seu coração, que ela observava cada luta sua, repreendia cada falha, estimulava cada ambição, cada esforço após serem bem reconhecidos. Acredito que Louisa não sentia nenhum orgulho dessa preferência. Ela sabia que era querida por sua mãe porque seu coração tempestuoso e instável era mais bem compreendido por ela; portanto, a mãe, mais prudente pela filha do que por si mesma, observou o desenrolar de sua vida com preocupação ansiosa.

Ao longo de seu diário infantil, essa relação fica evidente: o coração da criança está sempre aberto à mãe, e ela pode ajudá-la porque a entende, além de considerar sagrado cada chamado de seu coração.

Uma relação tão amável com a mãe – tão rica, tão plena, tão duradoura – foi possivelmente a maior bênção de sua vida. E Louisa retribuiu o cuidado generosamente. Desde a mais tenra idade ela foi confidente, amiga e consolo da mãe. Seu sonho de sucesso não estava relacionado a fama e glória, mas ao momento em que poderia levar esta peregrina exausta ao "recinto denominado Paz", e ali deixá-la sentada com as mãos unidas, ouvindo as amadas vozes de seus filhos e sorvendo a plenitude da vida sem preocupações ou ansiedade.

E tudo isso se realizou, como a conclusão de um conto de fadas; de fato, boas fadas estiveram ocupadas trabalhando durante anos para preparar o caminho. Quem viu essa mãe descansando de suas labutas, orgulhosa do sucesso das filhas, feliz por ver o marido contente e tendo um amor que nunca faltou em seus dias mais sombrios, consegue esquecer a paz de seu semblante e a doce alegria de seu coração?

A relação da senhorita Alcott com a irmã mais velha era de confiança e confidencialidade. Anna herdou o temperamento sereno e não exigente do pai, e grande parte do calor amoroso da mãe. Ela adorava se esconder atrás da irmã talentosa e manter uma lareira aquecida para esta se refugiar quando estivesse com frio e cansada. As refinadas capacidades intelectuais de Anna eram mostradas mais pelo reconhecimento alheio do que pela autoexpressão; suas habilidades dramáticas e vivos devaneios, aliados à sua afeição por Louisa, deixavam-na sempre pronta para apoiar todos os planos de lazer ou caridade. Ela surge com brilho autêntico na doce e amável Meg de *Mulherzinhas;* e, ainda que não tenha tido a fama ou o sucesso financeiro da irmã, ela teve a felicidade do casamento e da maternidade, menos rara, mas igualmente satisfatória. Assim, ela retribuiu a Louisa o que esta fizera com tanta generosidade pela família, oferecendo-lhe novos objetos de afeição e conectando-a a uma geração mais jovem.

Louisa sempre teve um carinho especial por meninos, e suas naturezas distintas lhe proporcionaram uma percepção sobre suas batalhas e dificuldades sem lhe conferir uma sensação dolorosa das próprias lutas árduas. Ela encontrou nos sobrinhos um alvo para seus cuidados sensatos e ternos, a que retribuíram com dedicada afeição. Quando os meninos se tornaram homens, "ficaram menos interessantes para ela, que não conseguia compreendê-los".

Elizabeth era diferente das outras irmãs. De comportamento mais tímido, ela teria ficado feliz em viver para sempre na intimidade do lar, sendo seu único desejo a música que amava. O temperamento idealista do pai era nela um terno sentimento religioso; os ímpetos passionais da mãe, uma afeição abnegada – uma melodia doce e triste que queremos e adoramos ouvir e que, não obstante, quase parte o coração com sua iminente separação. Ela era muito querida tanto pelo pai como pela mãe, e o retrato do pai acordado a noite toda olhando os restos de sua filha sob o mármore é muito emocionante. Ele poderia ter dito:

"Ah, meu Deus! A vida não é vida sem ti".

Da mais jovem de todas – a brilhante, esfuziante e volúvel May, de temperamento e arrependimento ágeis, passional e generosa, mas voltada aos próprios planos e bem inclinada a fazer o mundo girar de acordo com os próprios caprichos –, já falei em outro trecho. De características intelectuais e religiosas menos profundas que qualquer uma das irmãs, ela era como uma ninfa da natureza, plena de espírito esportivo e disposta a viver a própria vida, já que a vida pode ser apenas um dia breve de verão. Era a filha especial de Anna, e Louisa nem sempre era tão paciente com ela como a irmã mais velha; ainda assim, o primor com que Louisa compreendeu sua natureza generosa é revelado na linda descrição que ela fez da irmã em *Mulherzinhas*. Era considerada a sortuda da família, e colheu as vantagens do generoso trabalho da irmã nas oportunidades de educação que teve.

A obra literária da senhorita Alcott está tão intimamente conectada à sua vida pessoal que quase não precisa de menção à parte. Sem dúvida a literatura era sua verdadeira busca, e ela a amava e a reverenciava. Fica evidente em seus diários que ela tinha desejos ambiciosos por formas mais elevadas de arte do que histórias para agradar crianças, e por duas vezes ela tentou retratar a vida de homens e mulheres maduros lutando contra grandes dificuldades. Em *Moods* e *Mefistófeles Moderno*, temos a prova de seu interesse por temas complicados. Falei a respeito deles em conexão com sua vida; mas, por mais que demonstrem grande poder e que o fato de ficar sozinha a tenha marcado como uma autora de observações originais e pensamento sagaz, dificilmente se pode considerar que eles atingiram um sucesso integral, e certamente não ganharam aprovação do público como *Hospital Sketches* e *Mulherzinhas*. Se ela tivesse tido tempo livre e um nível aceitável de saúde, poderia ter trabalhado seus devaneios em uma estrutura mais bem elaborada e obtido o sucesso a que mirava.

Por mais que a senhorita Alcott amasse literatura, ela não era um fim em si mesmo para a autora, mas um meio. Seu coração estava tão ligado à família – ela sentia com demasiada plenitude que sua missão sagrada era prover as necessidades deles – que sacrificou todos os sonhos ambiciosos, saúde e lazer, tudo, menos sua alma íntegra. No entanto, como "aquele que perde sua vida deve encontrá-la"[158], sem dúvida ela realizou um feito bem maior do que se não tivesse tido esse estímulo constante ao esforço. Na própria linha de trabalho, ela é insuperável. Ao mesmo tempo que dá pinceladas amplas e livres da vida de sua própria época, representada especialmente por crianças e jovens, ela sempre tem um propósito moral elevado, o que confere força e doçura ao delineamento; ainda assim, nunca alguém ouve falar de crianças reclamando de suas lições de moral – são os eventos que mostram a lição que ela reforçaria. Sua própria natureza profunda resplandece por meio de todas as experiências dos personagens e imprime no coração das crianças um senso de realidade e verdade. Ela as incita, com sabedoria, a amar as virtudes comuns da verdade, do altruísmo, da bondade, da diligência e da honestidade. O doutor Johnson afirmava que as crianças não queriam saber sobre si mesmas, mas sobre gigantes e fadas; porém, mesmo que a senhorita Alcott pudesse tramar histórias de fadas para elas, as crianças estão bem satisfeitas com seus meninos e meninas de verdade em seus trajes mais simples.

---

[158] Trecho bíblico encontrado no Evangelho de Mateus, 10:39. (N.T.)

Um mérito particular desses livros para meninos e meninas é sua pureza de sentimentos. A afeição familiar que era tão predominante na vida da própria autora sempre aparece como a fase mais sagrada e doce da natureza humana. Ela não se recusa a pintar o amor inocente e o casamento feliz pelos quais todo coração jovem naturalmente se interessa, mas em cores suaves e modestas. Ela não os torna mestres e tiranos da alma, nem os conecta a imagens sensuais; mas eles surgem como "mandamentos sagrados de Deus" – naturais e belos – e não estão separados da reflexão sobre trabalho, dever e abnegação para com os outros. Nenhuma mãe teme que os livros da autora apagarão a modéstia da face de seus rapazes ou moças.

Mesmo nas histórias do período inicial, em que trabalhava por dinheiro, a que ela sabiamente renunciou por se tratar de baboseiras – por haver muita coisa totalmente inútil enquanto arte e pouca que tenha algum tipo de valor –, a senhorita Alcott nunca se rebaixa a pensamentos grosseiros ou sentimentos vis. Ela é sentimental, melodramática, exagerada e irreal nas descrições, mas as histórias não deixam mácula alguma de maldade para trás. Duas delas, "The Baron's Gloves" e "A Whisper in the Dark", foram incluídas em suas obras sob permissão da autora. Seus amigos ficam propensos a lastimar por elas, já que não acrescentam nada à sua reputação; mas elas servem ao menos para mostrar a qualidade do trabalho que ela condenou com tanto rigor e também para satisfazer a curiosidade dos leitores a respeito. Seria fácil apontar defeitos em seu estilo, e em algumas obras fica evidente o trabalho forçado pela produção em vez do fluxo espontâneo de pensamentos. A falha mais grave consiste em seu estilo de expressão, que certamente ultrapassa a linha tênue entre a simplicidade coloquial e a gíria; é seu próprio estilo natural e peculiar, que aparece nos diários e cartas. Isso sem dúvida atrai crianças, mas ofende o gosto de quem aprecia uma linguagem pura e elegante. Ele não aparece nos romances mais ambiciosos de Louisa; aqui, por vezes ele cai no extremo oposto da expressão rebuscada e formal. No entanto, a maior parte desses livros é escrita em um estilo puro e belo, mostrando que ela poderia ter unido simplicidade e elegância se não tivesse trabalhado com tanta frequência a toque de caixa e com tão poucas revisões. Ela era grande admiradora das obras de Dickens e, embora nunca o tenha imitado, talvez tenha reforçado o costume de usar uma linguagem ousada e expressiva tendo como base um modelo tão fascinante.

No início de cada capítulo, coloquei um dos poemas da senhorita Alcott, geralmente escritos no período de que o capítulo trata e característica da vida dela nesse momento. Sua primeira tentativa literária foi "Little Robin". Porém, embora sua amorosa mãe visse o futuro de uma grande poetisa nestes versos simples, Louisa nunca reivindicou esse título. Suas reflexões frequentemente se deparam com rimas, e ela enviou muitos poemas de aniversário e Natal às amigas e principalmente ao pai. Em geral, eles são lúdicos. Ela sempre escreveu para expressar algum sentimento momentâneo, e não encontro nenhuma poesia objetiva ou descritiva. Mas alguns de seus versos sagrados, pois sem dúvida podemos chamá-los assim, são muito ternos e belos e merecem um lugar permanente entre os poemas sentimentais – aqueles que um coração genuíno escreve para si mesmo. "Thoreau's Flute" foi originalmente publicado no *Atlantic Monthly*. Esse é o menos pessoal dos poemas dela. Os versos que compôs para o pai em seu aniversário de 86 anos, os que dedicou à mãe e "My Prayer", o último poema que escreveu, exalam seu sentimento religioso mais profundo em acordes doces e oportunos. Eles falarão ao coração de muitos nas horas desafiadoras, comuns a toda a humanidade. O extenso poema lúdico chamado "A Gansa dos Ovos de Ouro" foi enviado da Europa à sua casa, como resposta às várias perguntas de seus admiradores e pedidos de histórias novas. Ele nunca foi publicado, e é uma amostra interessante de suas rimas divertidas.

Embora a senhorita Alcott não possa ser considerada uma grande poetisa – o que, na verdade, ela nunca reivindicou –, seria difícil negar um lugar em nossa antologia mais seleta para "Thoreau's Flute" ou "Transfiguration", os "Lines to my Father on his eighty-sixth Birthday" e "My Prayer". Portanto, achei por bem conservar seus melhores poemas relacionados à sua vida, que é o lugar certo deles; de fato, todos são verdadeiramente autobiográficos, revelando o significado intrínseco de sua existência.

O sucesso financeiro dos livros da senhorita Alcott lhe permitiu levar a cabo sua meta principal de proporcionar conforto e felicidade à família.

Após a publicação de *Mulherzinhas*, ela não apenas recebeu uma bela soma por cada história nova como, também, uma renda fixa pelas antigas. Seus editores norte-americanos calculam que elas "venderam um milhão de volumes de suas várias obras, e que ela recebeu mais de duzentos mil dólares por elas". Mesmo que seus gostos fossem muito simples, suas despesas eram grandes, pois queria satisfazer cada desejo daqueles a quem amava e fazia doações generosas a todos os necessitados. Ela tinha uma noção real do valor do dinheiro. Sua pobreza inicial não a impediu de gastá-lo, e seu sucesso posterior não a fez esbanjá-lo. Ela nunca foi escrava de dívidas ou se deixou corromper pela riqueza. Ela sempre se manteve superior à sua fortuna, fazendo seus recursos servir aos propósitos mais elevados.

A respeito de suas leituras, a senhorita Alcott afirma:

"Nunca fui estudante, mas leitora voraz. R. W. E. me deu as obras de Goethe aos 15 anos, e desde então elas têm sido meu deleite. Minha biblioteca consiste de Goethe, Emerson, Shakespeare, Carlyle, Margaret Fuller e George Sand. Não me importo com George Eliot, nem com nenhum dos poetas modernos, a não ser Whittier; dos antigos – Herbert, Crashaw, Keats, Coleridge, Dante e alguns outros – eu gosto."

Ela faz este relato sobre o início de sua carreira literária:

"Minha mãe guardou com carinho esta preciosidade ['The Robin'], garantindo-me que, se eu continuasse assim, com o tempo poderia me tornar um segundo Shakespeare. Impulsionada por essa modesta ambição, continuei a escrever poemas sobre borboletas mortas, gatinhos perdidos, os olhos de um bebê e outros temas simples até surgir a mania de contar histórias; e, depois de assustar minhas irmãs com contos de terror sussurrados na cama, comecei a escrever essas histórias de gigantes, ogros, meninas corajosas e transformações mágicas até que tivéssemos uma biblioteca de pequenos volumes encadernados ilustrados pelo autor. Posteriormente, os poemas ficaram sombrios e sentimentais, e os contos, mais fantasiosos e menos

trágicos, com elfos e espíritos amigáveis tomando o lugar dos antigos monstros."

Acerca de seu método de trabalho, ela declara:

"*Nunca tive método de estudo. Qualquer caneta e papel servem, e um velho atlas sobre os joelhos é tudo o que quero. Tenho dezenas de enredos na cabeça, e penso neles quando estou no clima. Às vezes guardo um durante anos, e de repente o considero pronto para ser escrito. Frequentemente fico acordada e planejo capítulos inteiros palavra por palavra, depois me resumo a rabiscá-las como se estivesse copiando.*

Costumava ficar sentada catorze horas seguidas por dia, comendo pouco e sem conseguir me mexer até que um certo trecho estivesse pronto.

Escrevi muito poucas histórias em Concord; não há inspiração nesse lugar monótono. Vou a Boston, alugo um quarto silencioso e me fecho nele."

A carta a seguir contém conselhos a jovens escritores:

Ao senhor J. P. True.

CONCORD, 24 DE OUTUBRO.

CARO SENHOR – *Nunca faço cópias ou "retoques", portanto não tenho nenhum manuscrito antigo para lhe enviar; e, mesmo que tivesse, seria pouco útil, pois o método de uma pessoa não vale como regra para outra. Cada uma deve trabalhar à própria maneira, e o único procedimento necessário é continuar escrevendo e tirar vantagem das críticas. Pense na gramática, ortografia e pontuação, use palavras curtas e expresse o que quer dizer da maneira mais breve possível. Jovens usam adjetivos demais e tentam "escrever com elegância". As palavras mais marcantes e simples são melhores, e, se possível, nada de termos* estrangeiros.

Escreva e imprima, se puder; se não, continue escrevendo e aprimore-se à medida que segue em frente. Leia os melhores livros, e eles refinarão seu estilo. Veja e ouça bons oradores e pessoas sábias, e aprenda com elas. Trabalhe por vinte anos, e então talvez chegue o dia em que você descubra seu próprio estilo e lugar, e poderá pedir um bom pagamento pelas mesmas coisas que ninguém aceitaria quando você era desconhecido.

Conheço pouco sobre poesia, já que nunca leio tentativas modernas, mas aconselho a qualquer jovem que continue na prosa, já que um poeta de verdade surge uma vez a cada século; além disso, é tão fácil compor versos que não é necessária muita ajuda para escrevê-los. Recebo tantas cartas como a sua que não consigo dizer mais nada, mas lhe desejo sucesso e deixo como lema as sábias palavras de Michelangelo[159]: "O gênio é a paciência eterna".

Sua amiga,

L. M. ALCOTT.

P. S.: Os versos que você enviou são melhores que muitos dos que vejo; mas rapazes de 19 anos não sabem muito sobre coisas do coração, e é melhor que escrevam sobre algo de que entendam. O sentimento pode descambar para o sentimentalismo; o bom senso é sempre mais seguro, assim como o melhor treinamento, para fantasias e sensações jovens.

Leia Ralph Waldo Emerson e perceba o que é uma prosa boa, e algumas das melhores poesias que temos. Gosto infinitamente mais dele do que de Longfellow.

"Anos mais tarde", afirmou o senhor True, "após ter alcançado algum sucesso, escrevi mais uma vez, agradecendo a ela pelos conselhos; e a carta a seguir revela o coração gentil com que dispensou pronto reconhecimento e estímulo a profissionais menos importantes em sua área de atuação":

---

[159] Considerado um dos maiores artistas italianos da época do Renascimento, Michelangelo di Lodovico Buonarroti Simoni (1475-1564) ficou famoso pelos afrescos no teto da Capela Sistina e pela famosa escultura *Davi*, entre muitas outras obras. (N.T.)

Concord, 7 de setembro de 1883.

Meu Caro Senhor True – Obrigada pelo bonito livro, que li de uma só vez e com prazer, pois gosto de brincadeiras de meninos mais do que nunca.

Não me lembro do conselho que lhe dei e, a julgar pela sua primeira história, você não precisou de muitos deles. Seus meninos são de verdade, e as meninas sabem correr – um feito raro hoje em dia, creio eu. Eles também não são sentimentais, e esse é um bom exemplo que pode servir tanto a seus irmãos escritores quanto às meninas que leem o livro.

Desejo, de coração, que você tenha sucesso no caminho escolhido, e sempre ficarei contente em saber como está indo rápido e longe ao subir essa estrada íngreme que leva à fama e à fortuna.

Sinceramente,

L. M. Alcott.

A Roberts Brothers, que editou as obras da senhorita Alcott por quase vinte anos, reuniu todas as suas histórias em uma edição especial unificada de vinte e cinco volumes. Elas estão agrupadas em séries diferentes, de acordo com tamanho e tipo, de romances à "Lulu's Library" para crianças bem pequenas, e podem ser enumeradas desta forma:

Romances (quatro volumes). – *Work, Moods, Mefistófeles Moderno, Hospital Sketches*.
Série *Mulherzinhas* (oito volumes). – *Mulherzinhas, An Old-Fashioned Girl, Rapazinhos, Eight Cousins, Rose in Bloom, Under the Lilacs, Jack and Jill, Os meninos de Jo*.
Série de Histórias *Spinning-Wheel* (quatro volumes) – *Silver Pitchers, Proverb Stories, Spinning-Wheel Stories, A Garland for Girls*.
Aunt Jo's Scrap-Bag (seis volumes) – *My Boys, Shawl-Straps, Cupid and Chow-Chow, My Girls, Jimmy's Cruise in the Pinafore, An Old-Fashioned Thanksgiving*.
Lulu's Library (três volumes).

Muitas dessas histórias foram originalmente publicadas em revistas variadas – a popular *Saint Nicholas*, para a qual a senhorita Alcott escreveu algumas das melhores nos últimos anos, a *Youth's Companion* e outras. Suas obras foram republicadas na Inglaterra; e, por meio de seus editores ingleses, a Messrs. Sampson Low and Company, de Londres, ela tirou proveito dos direitos autorais de lá e os livros foram traduzidos para vários idiomas. Seu nome é conhecido e querido entre as crianças europeias, e elas leem seus livros com a mesma avidez com que as crianças da terra da autora o fazem.

Este trecho de uma carta da tradutora dos livros da senhorita Alcott para o holandês mostrará como ela é querida na Holanda:

> *"A senhorita Alcott é e continua sendo tão apreciada aqui por seus livros que dificilmente se encontra uma menina que não tenha lido um ou mais deles. No último outono, fiz uma tradução de* Lulu's Library, *que saiu em novembro de 1887; no ano anterior, uma coleção de contos e histórias de Natal, publicadas sob o título 'Gandsbloempje' ('Dente de leão'). Ontem uma jovem sobrinha minha veio e disse: 'Ah, tia, como gosto dessas histórias! Mas ainda prefiro a antiga, de Meh Meh'. Uma amiga escreveu: 'Meus filhos estão confinados no quarto dos doentes, mas encontram alento em* Under the Lilacs, *de Alcott. Aqui ela ganhou fama principalmente por* Mulherzinhas *e* Little Women Wedded, *que em holandês se chamam 'Under Moedervleugels' ('Sob as Asas da Mãe') e 'Op Eigen Wieken' ('Com as Próprias Asas').* Work *foi traduzido como 'De Hand van den Ploey' ('A Mão no Arado')."*

Quanto tempo durará a fama de Louisa M. Alcott, só o tempo dirá; porém, se ser querida por duas gerações de crianças e moldar de um jeito cativante a mente delas por meio de conselhos sábios faz um país agradecer a um autor pelo resto da vida, esses elogios e méritos pertencem a LOUISA MAY ALCOTT.

EDNAH DOW CHENEY

TÉRMINO.

É hora de envelhecer
De embarcar
O deus dos limites
Que põe nos mares litorais
Veio a mim em suas rondas fatais
E disse: "Chega!
Não lança mais afastados
Tua raiz e teus grandes ramos arrojados
Fim da fantasia: chega de invento,
Apanha teu firmamento
Para cercar teu intento.
Não há o bastante para isso e aquilo,
Escolhe tua opção entre os dois;
Economiza o rio decadente,
Não obstante, reverencia o Generoso;
Deixa os muitos e fica com os poucos.
Oportunamente sábio, aceita os termos
Suaviza a queda com pé cauteloso.
Só um pouquinho
Planeje e dê um sorrisinho
E, por culpa das sementes novas,
Amadurece a fruta não caída".
Enquanto o pássaro se apronta para o trovão
Eu me apronto para o vendaval temporão
Recolho a vela, manejo a direção
Obedeço na véspera à voz que obedeci de antemão:
Humildes fiéis, esqueçam a covardia
Sigam em frente, sem ferimento;
O porto está perto, e faz valer a travessia
E cada onda é um encantamento.

EMERSON.